Beck'sche Reihe

BsR 1103

BsR

Am 6. August 1945 begann mit der Katastrophe von Hiroshima das Nuklearzeitalter. 140000 Menschen starben bis Ende 1945 beim Abwurf der ersten Atombombe auf die japanische Hafenstadt, und noch heute erliegen Opfer den damals erlittenen Verletzungen.

Dieses Buch schildert die Geschichte der „Bombe" vom „Manhattan-Projekt" bis in die Gegenwart, und es zeichnet die einschneidenden Veränderungen nach, die die Kernwaffen für die Weltpolitik, aber auch für das ethische Denken und unser kulturelles Selbstverständnis heraufbeschworen haben. Die Krisen am nuklearen Abgrund – Suez-Krise, Berlin-Krise, Kuba-Krise – werden in den von ausgewiesenen Sachkennern geschriebenen Beiträgen ebenso behandelt wie die Entwicklung der strategischen Doktrinen, der Rüstungswettlauf, die Geschichte der Rüstungskontrolle und die Anti-Atombewegung. Daß das Zeitalter der Bombe mit dem Ende des Ost-West-Konflikts keineswegs vorüber ist, zeigt eindringlich der abschließende Beitrag über die Rolle der Kernwaffen in einer unübersichtlicher gewordenen Weltpolitik. Das Beispiel Nord-Korea oder die „Plutonium-Transfergeschäfte" aus den Atomanlagen der ehemaligen Sowjetunion haben in jüngster Zeit gezeigt, daß auch die Zukunft „atomar" bleiben wird.

Michael Salewski ist Professor für Geschichte an der Universität Kiel. Von ihm liegt bei C. H. Beck vor:
„Deutschland. Eine politische Geschichte von den Anfängen bis zur Gegenwart". Bd. 1: 800–1815; Bd. 2: 1815–1990 (BsR 1009, 1010)

Das Zeitalter der Bombe

Die Geschichte der atomaren Bedrohung
von Hiroshima bis heute

Herausgegeben von
Michael Salewski

VERLAG C.H.BECK

Mit 4 Abbildungen

Die Deutsche Bibliothek – CIP-Einheitsaufnahme

Das Zeitalter der Bombe : zur Geschichte der atomaren Bedrohung von Hiroshima bis heute / hrsg. von Michael Salewski. – Orig.-Ausg. – München : Beck, 1995
(Beck'sche Reihe ; 1103)
ISBN 3 406 39203 2
NE: Salewski, Michael [Hrsg.]; GT

Originalausgabe
ISBN 3 406 39203 2

Umschlagentwurf: Uwe Göbel, München
Umschlagabbildung: J. R. Eyerman, Atombombentest, Yucca Flat, Nevada 1953

Satz und Druck: Presse-Druck- und Verlags-GmbH, Augsburg
Gedruckt auf säurefreiem,
aus chlorfrei gebleichtem Zellstoff hergestelltem Papier
Printed in Germany

Inhalt

Michael Salewski

Einleitung: Zur Dialektik der Bombe

Die bloße Existenz der Bombe hat ein neues Zeitalter heraufgeführt. Das alte endete, als diese Bombe zum ersten Mal gegen Menschen angewendet wurde. Seitdem ist dies absichtlich nie mehr der Fall gewesen, und so stehen wir vor einer wahrhaft paradoxen Situation: Ein ganzes Zeitalter – wie das der Antike oder das des Mittelalters – findet Namen und Begriff in einem technischen Konstrukt, das im Gegensatz zu sonst aller bekannten Technik seine Räson darin sucht und bisher gefunden hat, nie und nimmer für den Zweck verwendet zu werden, für den es entwickelt worden ist. Mehr: Daß wir vom Zeitalter der Bombe sprechen; daß wir in ihm leben können, geht einzig und allein darauf zurück, daß äußerlich betrachtet alles so geblieben ist, wie es seit Jahrhunderten war: Wir leben in einer „konventionellen" Zeit; die beiläufig 160 Kriege, die seit dem Abwurf der ersten Atombomben rund um den Erdball tobten, waren samt und sonders „konventionelle", kein einziger Atomkrieg war darunter, weder in Korea noch in Vietnam, oder wo auch immer. Daß wir dies jedoch wissen und damit leben, geht auf das Paradoxon der Bombe zurück. Vor 1945 wäre es ganz sinnlos gewesen, von „konventionellen" Kriegen oder einer „konventionellen" Abrüstung zu sprechen; man kann nur spekulieren, was beispielsweise der deutsche Abrüstungsbeauftragte in Genf 1932 gesagt hätte, wäre er mit diesem Wort konfrontiert worden: „Ah, es hat eine Abrüstungskonvention gegeben? Wie schön."

Die Bombe hat die Bedeutung der Wörter verdreht, Sprache ist Denken, sie hat das Denken fundamental verändert. Kein Mensch vermag mehr so zu denken, wie er es vor „der Bombe" getan hat. Es mag uns passen oder nicht: Das Wort „Atombombe“ hat einen Stellenwert gewonnen wie einst die Wörter „Stein“, „Bronze“, „Eisen“.

Diese Wörter wurden mit dem Begriff der Zeit verschmolzen und lieferten damit den Bauplan für die Geschichte. Wir lebten bis 1945 in der „Eisenzeit“, seitdem in der „Atomzeit“. Zwar gibt es „das Eisen“ immer noch so, wie es in der Zeit der Bronze noch „den Stein“ gab, aber der Begriff unserer Zeit hat sich seit einem halben Jahrhundert mit dem Wort „Atom“ verknüpft, das ist eine unauflösbare Symbiose.

Die Wörter „Stein“, „Bronze“, „Eisen“ standen für Erfindungsreichtum, Handwerkszeug, ja Leben, Blühen und Gedeihen. Das Wort „Atom“ besitzt auch einige freundliche Konnotationen, in Verbindung mit dem Wort „Bombe“ können sie allesamt zermalmt werden, und zwar wirklich und wahrhaftig, nicht symbolisch oder metaphorisch. 1967 verfügten die Amerikaner über 32500 atomare Gefechtsköpfe, die Sowjetunion über 45000. Zusammen lagerten auf der Erde rund 30000 Megatonnen atomaren Sprengstoffs *(Reinhard Wolf)*. Man stelle sich vor, diese rund 77000 atomaren Sprengkörper wären sorgfältig und flächendeckend über alle Kontinente und Ozeane verteilt worden, man stelle sich vor, man hätte sie so programmiert, daß sie gleichzeitig zur Explosion hätten gebracht werden können: dann wäre die Erde zermalmt, genauer: Dann wäre die Geschichte zermalmt worden. Noch genauer: Dann würde es eine Menschen-Geschichte nie gegeben haben, weil niemand überlebt hätte, um darüber zu berichten. Die Sage von Atlantis würde demgegenüber blanke Realität spiegeln.

Daß es die Geschichte im Atomzeitalter seit fünfzig Jahren überhaupt gibt, ist deswegen nicht selbstverständlich. Noch nie in der Geschichte der Menschheit war dem Menschen selbst das mögliche Ende der Schöpfung in die Hand gegeben; als die erste Bombe am 16. Juli 1945 in der Wüste von New Mexico explodierte, mag tatsächlich viele, die dabeiwaren, ein mythisches, erhabenes Schaudern ergriffen haben, wie es der amerikanische Journalist Laurence später formulierte. In den kommenden Jahren wurde in Amerika das Weltende immer wieder aufs neue beschworen, seltsame „Angstlust“ *(Ilona Stölken-Fit-*

schen) bescherte den Menschen einen Kitzel ganz eigener Art; es dauerte elend lange, bis die „Lust" abklang und von der Angst überwunden wurde. Diese Angst gerann zum standardisierten Begriff des „atomaren Schreckens" und der „atomaren Abschreckung".

Wenn Historiker historische Epochen zu bilanzieren suchen, müssen sie nie erklären, daß es diese Epochen überhaupt gegeben hat – das kann man voraussetzen. Daß es eine atomare Epoche gegeben hat, es sie immer noch gibt, obwohl Menschen sie brutal beenden könnten, bedarf allerdings der Erklärung. Bis 1945 konnten die Menschen gleichsam nichts dafür, in der „Antike" oder im „Mittelalter" zu leben (natürlich lebten immer alle Menschen in ihrer jeweiligen Gegenwart); daß wir in der Atomzeit leben, geht einzig und allein auf uns selbst zurück, das ist eine neue Stufe im historischen Bewußtsein. Schienen Raum und Zeit vor allem Menschlichen bislang gegeben, so steht die Zeit nun in der Hand des Menschen: Er könnte die Zeit beenden. Da er es kann, muß er erklären, warum er sie weiterlaufen läßt. Tatsächlich ist die „Doomsday-Uhr" zu einer eindrucksvollen Metapher für dieses Problem geworden. Jahrelang rückte sie im Titelblatt einer vielbeachteten amerikanischen Zeitschrift nach vorne, verharrte meist schon jenseits von 5 vor 12. Erst in den letzten Jahren sind die Zeiger merklich zurückgestellt worden – so bleibt eine Verschnaufpause, in der man Zeit hat, darüber nachzudenken, warum man wider allen Erwartens doch nicht tot ist.

Man kann sich dieses Nachdenken verhältnismäßig leicht machen, indem man mit Carl Friedrich von Weizsäcker behauptet, daß man es gelernt habe, mit der Bombe zu leben; man kann auf das Schlagwort vom „Gleichgewicht des Schreckens" verweisen oder darauf, daß die atomare Abschreckung offensichtlich „funktioniert" habe. Aber schon der auf den ersten Blick absurde Satz von der „gesicherten gegenseitigen Vernichtung", der *„mutual assured destruction"*, ironischerweise mit *„mad"* abgekürzt, verweist in ganz andere Bereiche des Nachdenkens, des Denkens überhaupt: Wenn die gesicherte gegenseitige Vernichtung die Sicherung der Weiterexistenz garantiert, läßt sich der Widerspruch nur auflösen, wenn man ihn dialektisch begreift.

Eben dies: Das dialektische Denken ist mit der Geschichte der Atombombe dermaßen eng verknüpft, daß man die Räson der Bombe nur versteht, wenn man sie als Teilstück einer übergeordneten, nach 1945 aber qualitativ veränderten Raison d'étât begreift. Der Epocheneinschnitt von 1945 bestimmt sich nicht zuletzt aus dieser völlig andersgearteten Perzeption politischen, besser: staatlichen Handelns.

Auch wenn es anfangs nicht so aussah. Im Abstand eines halben Säkulums wird nämlich deutlich, daß der „verspätete Schock" des 6. August 1945 wohl deswegen unvermeidlich war, weil die Bombe früher existierte als das Instrumentarium des verantwortlichen Umganges mit ihr. Sie ist entstanden aus dem Bedürfnis des Krieges, sie beflügelte moralische Ansprüche wie pure Machtphantasien, sie war noch zum Zeitpunkt ihrer Explosion nichts als eine neue Waffe im Arsenal des Zweiten Weltkrieges, für die nachdenklicheren Wissenschaftler, die sie erfanden und bauten, nicht viel mehr als Bulwer-Lyttons *Vril* oder Karel Căpeks *Krakatit*: Eine schier unerschöpfliche Energiequelle von überragender zerstörerischer Wucht – nicht größer freilich als jener, die Dresden und Tokio schon heimgesucht hatte. Noch viele Jahre später konnte Adenauer mit voller Überzeugung von den Atomwaffen als der „Fortentwicklung der Artillerie" sprechen: Er gab nur die Meinung der militärischen Fachleute wieder. Diesen mußte der Gedanke, daß man mit Atombomben Kriege führen, ja gewinnen könne, erst ausgetrieben werden, und noch heute, fünfzig Jahre später, kann man nicht ganz sicher sein, ob dies tatsächlich gelungen ist, denn wenn nach den USA auch Rußland allen atomaren Kriegführungsstrategien wohl abgesagt hat, weckt der unscheinbare Text eines amerikanischen Briefmarkenentwurfs zum 6. August 1995 doch Zweifel: „Atomic bombs hasten war's end, August 1995" kann man da lesen.

Der Protest gegen die hinter solchen Formulierungen vermuteten Gedankengänge kam prompt, nicht nur von japanischer Seite, und so darf man hoffen, daß die Großen und Mächtigen unserer Zeit das atomare Lehrstück, das fünfzig Jahre lang auf der Bühne der Welt wieder und wieder aufgeführt worden ist, endgültig begriffen haben: Die Atombombe ist ein Stück Politik, vielleicht sogar Philosophie und Kultur, nicht jedoch ein Stück Krieg. Wenn in der Begeisterung der frühen industriellen Revolution Friedrich List von den Eisenbahnen als dem „Kriegsverhütungsmittel" par excellence schwärmte – womit er sehr irrte –, so könnte man hundert Jahre später geneigt sein, eben diese Qualität den Atombomben zuzusprechen; das Ausbleiben des Dritten Weltkrieges scheint in der Tat dahin zu deuten. Daß ein neuer qualitativer Rüstungssprung wie der vom 16. Juli 1945 zwar zu einer neuen, gigantischen Runde im Wettrüsten der Supermächte führte, nicht jedoch zu einer Katastrophe, wie sie die Menschheit mit dem 1. August 1914 und dem 1. September 1939 zweimal erlebt hat, geht wahrscheinlich auf die Vernichtungsqualität des neuen Kriegsmittels zurück. Zum ersten Mal in der Geschichte verfügte der Mensch nämlich mit den Atomwaffen über glaubhafte Abschreckungsmittel. *„Yesterdays deterrent"*, wie es Jonathan Steinberg im Hinblick auf das deutsch-englische Wettrüsten zur See vor 1914 genannt hat, konnte nicht funktionieren, weil auch die imposantesten Schlachtschiffe zwar imposanten Schaden anzurichten vermochten, aber auch nicht ansatzweise die physische Existenz eines ganzen Volkes – sei es des englischen, sei es des deutschen – zu bedrohen in der Lage waren. Nicht zuletzt aus dieser Erfahrung heraus zerbrachen sich nach dem Ersten Weltkrieg die Fachleute den Kopf darüber, ob es denn nicht andere Massenvernichtungsmittel mit eben jener abschreckenden Wirkung geben könnte, die mit rein konventionellen Waffen offenbar nicht zu erzielen gewesen war. Die Diskussion um B- und C-Waffen lebte auf, der Einsatz von Giftgas im Ersten Weltkrieg aber bewies, daß auch dieses heimtückisch-grausame Kriegsmittel nicht entscheidend, schon gar nicht abschreckend wirkte. In den zwanziger Jahren hat dann der italienische Luftwaffengeneral Guilo Douhet neue Kriegsszenarien entwickelt, in denen er den Einsatz von Gas mit Hilfe großer strategischer „Raumflotten", wie er die Flugzeuggeschwader nannte, optimieren wollte. In seinen kühnsten Träumen hoffte er eine abschreckende Wirkung zu erzielen, wenn die „Vergasung“ von Millionenstädten – man konnte beiläufig an London denken – mit Millionen Toten tatsächlich technisch realisierbar war.

Am Ende erwiesen sich Douhets Phantasmagorien als ungeeignet, auch wenn sie bis in die Strategie des britischen Bomber-Kommandos unter dem unglückseligen Feldmarschall Harris spukten. Man konnte zwar „Sodom und Gommorah“ inszenieren und fünfstellige Totenzahlen „produzieren“ – abschreckend hat all dies nicht gewirkt. Gerade darum galten *„Fat Man“* und *„Little Boy“*, die ersten Atombomben, durchaus als Kriegführungsmittel, und die amerikanischen Militärs konnten sich nur schwer mit dem Gedanken anfreunden, diese teuren Spitzenprodukte der Kriegstechnik gleichsam nutzlos über der See oder der Wüste zu bloßen Demonstrationszwekken explodieren zu lassen.

Man kann lange darüber spekulieren, ob es nicht tatsächlich der reale Abwurf der Bomben auf Hiroshima und Nagasaki gewesen ist, der nicht allein das atomare Abschreckungssystem möglich gemacht, sondern auch die Einsicht befördert hat, daß es sich bei Atombomben eben nicht um Kriegführungsmittel handelt. Nicht so sehr die unmittelbaren Auswirkungen der Explosionen sind es bekanntlich gewesen, die zu diesem Um- und Nachdenken geführt haben, als die Spät- und Folgewirkungen. Nach und nach wurde in den frühen fünfziger Jahren bewußt, daß die Atombombe nicht nur den potentiellen Gegner, sondern womöglich, ja wahrscheinlich, die gesamte Menschheit in eine Art Geiselhaft zu nehmen imstande war. Der Atompilz, die eigentliche Signatur des neuen Zeitalters, wurde zum schrecklichen Geist aus der Flasche, der Wind aber wehte den atomaren *Fallout*, wohin er wollte – unbeeinflußt, unbeeinflußbar von Menschen. Eben diese Erkenntnis, in Film und Literatur bald detailliert und eindrucksvoll ausgemalt, löste jenen atomaren Schock aus, der vonnöten war, um das dialektische „Spiel“ mit der Bombe auf dem Schachbrett der Weltpolitik zu etablieren.

„Weltpolitik“ suggeriert, daß das Atomzeitalter weltweit

zum gleichen Zeitpunkt seinen Ausgang nahm. Tatsächlich kam es, betrachtet man es rückblickend, ja gar nicht darauf an, ob nun die eine oder andere, später eine dritte, vierte, fünfte Macht über die Bombe verfügte; enscheidend war, daß die Wirkungen aller Atombomben, gleichgültig wo sie lagerten, gleichgültig wo sie eingesetzt wurden, weltweite Auswirkungen zu erzeugen vermochten. Man kann daher sagen, daß das „Zeitalter der Bombe", ganz anders als das des Eisens, schlagartig begonnen hat – auch dies ist eine Erfahrung, die in der Geschichte nicht ihresgleichen findet. Über Jahrzehnte hinweg freilich waren es die USA und die UdSSR, die die höchste Verantwortung für die atomare Weltpolitik trugen. Daß sie dies rechtzeitig erkannten und daraus die richtigen Schlüsse zogen, gehört wohl zu den größten Glücksfällen der neueren Geschichte; man kann dies sehr eindrucksvoll nachvollziehen, wenn man sich beispielsweise mit *Eckart Conze* die Geschichte der Kuba-Krise von 1962 vor Augen führt.

Zu diesem Zeitpunkt, 1962, waren die atomaren Spielregeln bereits aufgestellt und auch schon erprobt worden – hier sei an die Suez- und Ungarn-Krise wie auch an die Berlin-Krise von 1958–1961 erinnert. Zwar war es im ersten Fall gar nicht, im zweiten nur, wie es *Jost Dülffer* und *Reiner Pommerin* darstellen, ansatzweise zur Implementierung einer realen atomaren Strategie gekommen, es steht aber außer Frage, daß die bloße Existenz der Bombe die Krisen wesentlich steuerte. Ähnliches hatte in der Anfangsphase des atomaren Zeitalters schon für den Korea-Konflikt gegolten, später für den Krieg in Vietnam.

Wie sah das atomare dialektische „Spiel" aus? *Christian Tuschhoff, Reinhard Wolf* und *Erhard Forndran* stellen die Spieler, die „Chips" und die Spielregeln vor, den Verlauf des Spiels und sein glückliches Ende, das sich mit dem Abschluß des INF-Vertrages im Jahr 1987 zum ersten Mal abzeichnete; der Historiker freilich stellt sich im Abstand der Jahre und Jahrzehnte die Frage nach der Räson des Spiels und nach den historischen Kräften, die hinter ihm wirkten, sichtbar oder unsichtbar, kontrolliert oder unkontrolliert.

Vielleicht wäre es überhaupt nicht zur atomaren Dialektik

gekommen, wenn der Aufbau des Atomwaffenarsenals bei den beiden Supermächten nur langsam, zögernd in Gang gekommen wäre. Man stelle sich vor, Bernard Baruch hätte mit seinem Abrüstungsplan von 1945, den *Harald Müller* beschreibt, Erfolg gehabt, die Sowjetunion hätte auf die Herstellung von Atomwaffen verzichtet, die Amerikaner hätten einer internationalen Kontrollbehörde auch für ihr Atompotential zugestimmt – dann wären die Bomben, besser: dann wären die Materialien für die Bomben und das Know-how zu ihrer Herstellung gleichsam ins Zeughaus gewandert. Welche Wirkungen sie dort in Krisenfällen entfaltet hätten, muß Spekulation bleiben; daß die Versuchung, das Zeughaus zu öffnen, immer dann schier überwältigend geworden wäre, wenn es real oder vermeintlich an die Existenz des eigenen Staates, des eigenen Gesellschaftssystems ging, läßt sich leicht vermuten. Noch heute beschleicht uns ja Unbehagen beim Gedanken, daß kleine, nicht saturierte, eventuell sogar fundamentalistisch gesteuerte Staatswesen über Atombomben verfügen könnten (oder tatsächlich verfügen). Es ist schwer, sich vorzustellen, daß diese kleinen atomaren Potentiale ebenfalls als bloß politische Optionen gewertet und genutzt werden, es ebenfalls zur Einrichtung des atomaren Spieles zwischen den potentiellen Gegnern käme.

Auch die beiden Supermächte brauchten nämlich ihre Zeit, um das Spiel aufzubauen, zu lernen, und in all den Jahrzehnten, die von der Existenz der Bombe bestimmt waren, wurden immer wieder Zweifel laut, ob dieses „Spiel" wirklich fehlerfrei zu erlernen und zu spielen sei. Fehler und Irrtümer aber konnte man sich nicht leisten, das bekannte und bewährte Verfahren nach dem Prinzip *„trial and error"*, das die Entwicklung der Technik seit dem späten 18. Jahrhundert wesentlich geprägt hatte, war nicht anwendbar. Jeder „Fehler" konnte apokalyptische Folgen zeitigen, und wie ein roter Faden durchzieht den atomaren Dialog in der zweiten Hälfte des 20. Jahrhunderts die Furcht vor einem solchen Fehler – trotz „roter Telefone" und „heißer Drähte". *Reinhard Wolf* weist darauf hin, daß die Gefahr eines unbeabsichtigten globalen Atomkrieges wohl doch größer war, als es die Zeitgenossen ohnehin befürchtet haben.

Man war zum Spiel aber deswegen verdammt, weil sich die Atombomben nach dem Scheitern des Baruch-Planes selbst geradezu explosionsartig vermehrten. Mit ein paar Bomben war eventuell noch fertig zu werden, ihre abschreckende Wirkung war begrenzt, mit Hunderten, bald Tausenden von atomaren Sprengköpfen im Megatonnenbereich, die man mit Hilfe immer perfekterer Träger- und Sensorsysteme immer rascher und präziser an jeden beliebigen Ort der Welt bringen konnte, ließ sich nicht so umgehen wie einst mit den schwerfälligen Schlachtschiffen der Churchills, Fishers und Tripitz'.

Es war denn auch die schiere Masse der atomaren Vernichtungsmittel, die zur Aufstellung der ersten „Spielregel" führte: dem Konstrukt von der „massiven Vergeltung". Die atomaren Furien, die man loszulassen androhte, waren schon Mitte der fünfziger Jahre real vorhanden, bald war jeder sowjetischen Großstadt „ihre" Bombe „zugeteilt", und umgekehrt konnte sich auch kaum eine amerikanische Metropole Hoffnung machen, vom Inferno verschont zu werden. Die Vernichtung war technisch machbar, aber es blieb die Frage, ob sie auch glaubhaft war.

Die Amerikaner, länger noch die Europäer, am längsten wohl die West-Deutschen waren davon überzeugt. Ja, man war bereit, die Sowjetunion massiv atomar anzugreifen, sollte diese den Krieg vom Zaun brechen, und je drückender die konventionelle Überlegenheit des Ostblocks empfunden wurde, desto niedriger war die Schwelle, jenseits derer nur eine massive atomare „Antwort" möglich schien. Im nachhinein kann man kaum begreifen, daß die „massive Vergeltung" als ernsthafte Option gewertet wurde, aber das ist auch die Folge einer jahrzehntelangen Friedensperiode. Man muß sich klarmachen, daß die für die atomare Planung Höchstverantwortlichen bis in die Mitte der fünfziger Jahre hinein durch nichts mehr geprägt worden waren als das Phänomen Krieg. Der Zweite Weltkrieg lag keine zehn Jahre, der Erste immerhin auch nur gute dreißig Jahre zurück. Und daß die Geschichte nichts anderes sei als ein ewiger Wechsel zwischen Frieden und Krieg, jedem Krieg ein Frieden, jedem Frieden ein Krieg geradezu schicksalhaft zu folgen pflegte, gehörte zum weitverbreiteten Gedankengut überall in der westlichen wie kommunistischen Welt. Die gelebte eigene Erfahrung und die vermeintlichen Lehren aus der Geschichte wiesen allesamt darauf hin, daß Woodrow Wilsons Vision von der auf ewig friedlichen Welt, die nicht zuletzt Amerika 1917 in den Krieg gebracht hatte, bloßes Wunschdenken war, von der harten Realität drastisch und wiederholt widerlegt.

Mehr kam hinzu: Die Großen der Atomwelt lebten in einem Zeitalter der Gewalt, der Ideologien, der Inhumanität. Man soll nicht glauben, daß „Auschwitz" nur auf die Deutschen wirkte. Was unter diesem symbolischen Namen einer polnischen Stadt geschehen war, schien so unglaublich, so außer aller göttlichen und irdischen Ordnung, daß viele Menschen sich weigerten, an die reale historische Existenz von Auschwitz zu glauben. Aber Auschwitz war real, es war geschehen, wider alle Vernunft, Ethik, Moral. Wenn es aber Auschwitz geben konnte: dann konnte es auch den „atomaren Holocaust" geben, er war auf Grund dieser Erfahrung tatsächlich möglich, das war kein pädagogisches Schreckgespenst. Es kommt gewiß nicht von ungefähr, daß das Wort „Holocaust" sowohl mit Auschwitz wie mit der Atombombe assoziiert wurde. Das eine war entsetzliche Wirklichkeit schon geworden, das andere – mochte bevorstehen.

So zynisch es klingt: Wie das Schicksal von Hiroshima und Nagasaki hat wohl auch das Schicksal der Juden im Zweiten Weltkrieg für die Zukunft tatsächlich abschreckend gewirkt, weil eine Wiederholung dieser unausdenkbaren Schrecken wirklich möglich schien. Es war dies ein ungeheurer Preis für die Spielregel „Glaubwürdigkeit"; jene, die ihn entrichtet hatten, hatten davon nichts, sie waren die Opfer, die zum Menschenschlachthaus gebracht worden waren, um die Menschheit vom Atomkrieg zu erlösen.

Es mag daneben viele andere Gründe gegeben haben, warum die Androhung der „massiven Vergeltung" glaubwürdig war und eben deswegen funktionierte, aber der düstere Schatten des Zweiten Weltkrieges begann zu verblassen, eine neue, junge Generation übernahm die Verantwortung. Im kollektiven Gedächtnis steht für diesen Prozeß der Name des amerikanischen Präsidenten John F. Kennedy, aber auch Nikita Chruschtschow gehörte nicht mehr der Generation Stalins und Roosevelts an. Die Kriegstraumata wichen zurück, inzwischen freilich war das atomare „Spiel" weitergegangen, es hatte sich verfeinert, neue Elemente waren hinzugetreten. In dem Maße, in dem jedermann klar wurde, was eine „massive Vergeltung" real bedeuten würde, mußte die Androhung mit ihr unglaubwürdig werden, zumal sich das politische Denken zuerst im Westen, später auch im Osten langsam, aber sicher aus jenen vermeintlich unabwendbaren Fatalitäten zu befreien begann, die mit dem Krieg-Frieden-Muster in der Geschichte angedeutet wurden. Die Existenz der Bombe erzwang ein fundamentales Umdenken, ja eine Neukonstruktion von Geschichte, denn es war nicht mehr verantwortbar, dem „Schicksal" oder der „Geschichte" die Zukunft anheimzugeben. Da war kein „Mantel Gottes" mehr, der durch die Geschichte wehte, die Atombombe hat deswegen zu einem letzten, entscheidenden Säkularisierungsschub geführt. Kein Gott und kein Teufel: Allein der Mensch ist für sich und seine Geschichte verantwortlich, und im Zeichen der Bombe konnte er diese Geschichte nur dann verantworten, wenn der große Atomkrieg nicht nur für eine gewisse Zeit, sondern für Zeit und Ewigkeit aus der Geschichte verbannt blieb.

Darin waren sich wohl die meisten Menschen einig, und wer sich an die Anti-Atom-Tod-, die Ohne-mich-Kampagnen der späten fünfziger und der frühen sechziger Jahre erinnert, der wird die Sehnsucht nach dem „ewigen Frieden" (fast im Sinne Kants), wie uns *Otfried Höffe* aufmerksam macht, nicht verkennen. Wenn aber die Gesellschaften des Westens, und so sah es zeitweise aus, den Atomkrieg a priori als nicht nur unführbar, sondern auch als undenkbar aus dem Arsenal menschlicher Handlungsmöglichkeiten definitiv verbannten, war die „massive Vergeltung" nur mehr eine leere Drohung. Der potentielle Gegner konnte sicher sein, daß sein „Sanktuarium" eben nicht „massiv" angegriffen und vernichtet würde. Genau damit aber stieg die Gefahr des Krieges, genauer: die Gefahr der atomaren

Erpressung. Es genügte ja vollkommen, daß man in dem Spiel mit den beiden aufeinanderzurasenden Autos die Nerven behielt: Man konnte sicher sein, der andere würde, wenn vielleicht auch nur knapp, rechtzeitig ausweichen, den *all-out*-Atomkrieg würde es nicht geben.

An diesem Punkt wird das dialektische Denkprinzip gut erkennbar: Um den Atomkrieg zuverlässig zu verhindern, desgleichen die atomare Erpressung, mußte der atomare Gegenschlag absolut glaubhaft angedroht werden, das heißt konkret, daß z.B. die für atomare Einsätze vorgesehenen Piloten wirklich und tatsächlich diese Einsätze planen und gegebenenfalls durchführen mußten; daß, auf der politischen Ebene, Konrad Adenauer wirklich und wahrhaftig dem Einsatz von Atomwaffen auch auf dem Bundesgebiet zustimmen mußte, daß sogar atomare Minen wirklich und wahrhaftig an der Zonengrenze installiert und daß die atomaren Optionen den „*men on the spot*" wirklich und wahrhaftig eröffnet werden mußten.

Diese aufs äußerste zugespitzte Dialektik war der Bevölkerung im übrigen nicht zu vermitteln – zuletzt hat das die große, imponierende Friedensbewegung der frühen achtziger Jahre deutlich unter Beweis gestellt. Gerade deswegen konnte in der Endphase des Ost-West-Konflikts eine Idee wie Ronald Reagans SDI entstehen, in der die unmögliche Denkfigur der gesicherten wechselseitigen Vernichtung vermittelst einer von beiden Seiten zugestandenen Zweitschlagskapazität durch die schlichte Idee einer atomaren Käseglocke, an der alle Atomraketen gleichsam zerschellen sollten, ersetzt wurde. Daß die Gefahr einer atomaren Erpressung dadurch unkalkulierbar gesteigert worden wäre, hat damals die breite Öffentlichkeit kaum zur Kenntnis genommen, die „*Star-Wars*"-Rede Reagans stieß in den USA auf helle Begeisterung, zumal sie Erinnerungen an andere gigantische, nationale Identität stiftende Projekte weckte: das Manhattan-Projekt und das Apollo-Programm.

Die Glaubwürdigkeit der „massiven Vergeltung" wurde langsam, aber sicher erodiert, das „Spiel" mußte nun subtiler, gleichsam miniaturisiert fortgesetzt werden. Politisch geschah dies auf dem Feld der atomaren Rüstungskontrolle, die *Erhard*

Forndran als einen „säkularen Dialog“ kennzeichnet, militärisch in Form eines „Strategiepokers“, wie es *Christian Tuschhoff* nennt. Die Spielregeln wurden komplizierter, immer weniger gelang es „einfachen“ Menschen, die Räson all jener Vereinbarungen zu durchschauen, die mit so merkwürdigen Kürzeln wie „ABM“, „SALT“, „START“ oder „MBFR“, „MIRV“, „MARV“ usw. daherkamen. Das „Atomspiel“ geriet in die Hände hochspezialisierter Fachleute, immer weniger waren die „Normal“-Politiker überhaupt noch in der Lage, die Implikationen dieses zu höchster Feinheit entwickelten dialektischen Dialoges zu verstehen. Vorübergehend konnte es so scheinen, als hinge das Wohl und Wehe der Menschheit von der Intelligenz einer Handvoll Experten ab, die gleichsam einen Orden strenger Observanz bildeten. Wie sich diese Entwicklung mit den Prinzipien der „offenen Gesellschaft“, der fortschrittlichen Demokratie, der Mitbestimmung der Staatsbürger auf allen Ebenen politischer Entscheidungsprozesse vertrug, blieb eine offene Frage. An diesem Punkt wurde ein neues Nachdenken über die Raison d'étât unvermeidlich, nichts hat dies deutlicher gemacht als das politische Schicksal des Bundeskanzlers Helmut Schmidt, als es um die „Nachrüstungsdebatte“ der frühen achtziger Jahre ging. Die Verantwortung für den Frieden auch gegen die ethischen Postulate der Friedensbewegung, ja gegen den mehrheitlichen, also demokratisch legitimierten Willen der eigenen Partei durchzusetzen: Das war eine neue Qualität der Staatsräson im Zeitalter der Atombombe.

Als niemand recht eigentlich mehr an das Konstrukt von der „massiven Vergeltung“ glaubte, begann die Suche nach einem glaubwürdigen Ersatz. Der fand sich bekanntlich in dem Wort von der „flexiblen Reaktion“. Nicht mehr der flächendeckende, alles zerstörende globale strategische Atomkrieg galt nun als glaubwürdige „Antwort“ auf jede Regelverletzung, sondern der gezielte, vielleicht nur punktuelle, gar „chirurgisch“ dosierte Einsatz militärischer Mittel. Die Verkleinerung der Atomwaffen auf der einen Seite, die enorme Effizienzsteigerung bei den konventionellen Waffensystemen auf der anderen, ließ dabei eine „Grauzone“ entstehen, innerhalb derer konventionelle und nukleare Optionen ineinanderschmelzen konnten. Die Atombombe drohte ihren politischen Signalcharakter zu verlieren, erneut trat an die Militärs die Versuchung heran, die atomaren Gefechtsfeldwaffen als Kriegführungsinstrumente zu begreifen. Das dialektische Geflecht wurde damit nochmals komplizierter: Mit der „flexiblen Reaktion“ war die Glaubwürdigkeit der gesicherten Vernichtung zurückgewonnen, mehr, es gab nun eine Art „Zuviel“ an Glaubwürdigkeit, denn im Rahmen der neuen Strategie schien die Regionalisierung eines Atomkrieges durchaus wieder denkbar. Die schon seit Anfang der sechziger Jahre präsente Mittelstreckenproblematik erfuhr eine äußerste Verschärfung, als die Sowjetunion mit dem Aufbau eines modernisierten Mittelstreckenpotentials begann, dessen vordergründige Räson überhaupt nur darin zu liegen schien, Europa atomar erpressen und von den USA politisch abkoppeln zu können. Man weiß bis heute nicht, ob dies wirklich der Sinn der SS-20 war, die Befürworter des sogenannten „Nachrüstungsbeschlusses“ jedenfalls haben es so gesehen. Unterstellt man jedoch, daß auch die Sowjetunion unter einem atomaren Bedrohungssyndrom litt, so konnte die SS-20 aber auch als östliches Signal dafür verstanden werden, das Prinzip der Glaubwürdigkeit ernst zu nehmen, also nicht nur so zu tun, als glaubte man an die Abschreckung. Der auch in dieser durchaus kritischen Phase keineswegs abreißende strategische Dialog, der zumindest zu einem zweiten SALT-Abkommen führte, scheint auf diesen Zusammenhang zu weisen.

Der endlich gegen größte politische und gesellschaftliche Widerstände durchgesetzte Entschluß zur „Nachrüstung“, also zur Stationierung von Pershing-II-Raketen und Marschflugkörpern, schien für viele letzter Beweis dafür zu sein, daß es trotz jahrzehntelangen Abrüstungs- und Rüstungskontrolldiskurses nicht gelungen war, die Spirale des Wettrüstens aufzuhalten, und es gab nicht wenige, die nun doch noch Parallelen zum Jahr 1914 sahen, schien das Außer-Kontrolle-Geraten der Julikrise dieses Jahres doch nicht zuletzt Folge einer Kombination aus politisch-diplomatischer „Sprachlosigkeit“ und ungehemmten Wettrüstens gewesen zu sein. Noch immer war den

Menschen nicht klar, daß die atomare Dialektik diesen Vergleich geradezu unmöglich machte. Zu keinen Zeitpunkt nämlich war die eine oder andere Seite auch nur ansatzweise dazu entschlossen, das atomare Spielbrett zu verlassen, sich in die Bunker zu begeben in der Hoffnung, den unvermeidlichen Atomkrieg zu überleben. Es mag sein, daß die Aussicht, die eigene Entscheidung zum Atomkrieg selbst nicht zu überleben, zusätzlich dämpfend wirkte, wie *Reinhard Wolf* meint, ausschlaggebend war doch sicherlich die Erkenntnis von der Alternativlosigkeit zu dem säkularen Strategiepoker. Indem nun aber die westlichen Regierungen, die Repräsentanten des demokratischen Wertesystems, sich gegen die Massen durchsetzten, die sie gewählt hatten, sandten sie das vielleicht stärkste Glaubwürdigkeitssignal gen Osten. Eine Gesellschaftsform, die den Sozialismus zu leben vorgab und dem Kommunismus nachstrebte, mußte in diesem an sich systemwidrigen Verhalten des Kontrahenten einen ernsten Hinweis auf die innere Unangreifbarkeit des westlichen Systems selbst sehen. Die atomare Bedrohung im Mittelstreckenbereich und die Reaktionen des Westens hierauf lieferten den letzten Beweis dafür, daß eine Destabilisierung des ideologischen Gegners aussichtslos war. So gesehen aber gewann die nach Hunderttausenden zählende Friedensbewegung einen politischen Stellenwert eigener Art: Sie demonstrierte durch ihre pure Existenz die Stärke des westlichen Systems; wer sie duldete, respektierte und dennoch ohne zu zögern „nachrüstete", bewies, daß er entschlossen war, es mit allen Herausforderungen aufzunehmen – eben diese Erkenntnis dürfte erheblich zu der sich nun bald abzeichnenden ideologischen, dann auch politischen Resignation des Ostblocks beigetragen haben.

Im Rückblick auf ein halbes Jahrhundert Atomzeitalter stellt sich die Frage, ob der welthistorische Ost-West-Konflikt, dessen Dimensionen in mancherlei Hinsicht an den säkularen konfessionellen Konflikt des 16. und 17. Jahrhunderts erinnern, auch eine Folge der Atombombe gewesen ist. Nachdem die ständig wie ein Damoklesschwert drohende globale Atomgefahr gebannt zu sein scheint, hat sich dieser Konflikt gelöst, an seine Stelle tritt wieder die ganze Vielfalt unterschiedlichster politischer Verhaltensweisen, manchmal scheint es, als sei eine Eisdecke gebrochen: Die Wasser werden wieder lebendig, und jeder hineingeworfene Stein zieht seine eigenen Kreise, die sich mit vielen anderen ständig überschneiden. Hat also die Bombe die Welt fünfzig Jahre lang in den starren „systemischen Konflikt" gestürzt? Hat sie Politikmuster generiert, die es zuvor nicht gab und die es nun bald wieder nicht geben wird?

Soviel scheint sicher: Mit ihrem nuklearen Monopol stellte sich den Supermächten die Frage nach der Dominanz allen anderen Mächten gegenüber nicht mehr, sie war a priori atomar entschieden. Wer über die Bombe verfügte, konnte jedem, der sie nicht besaß, wenn es ihn denn danach gelüstete, seinen politischen Willen aufzwingen. Die Atombombe schuf damit ein neues Verständnis von Souveränität. Wirklich souverän waren nur noch die Atombombenbesitzer, Deutschland, beispielsweise, war so gesehen niemals souverän, auch wenn es sich auf seine 1955 „zurückgewonnene" Souveränität einiges einbildete.

Idee und Begriff der Souveränität gehörten bis 1945 zu den Arcana der Interessenlehre der Staaten, wie sie seit Macchiavelli und Jean Bodin, also seit dem 16. Jahrhundert, sich entwickelt hatte. Bis 1945 galt die Souveränität des Nationalstaates als höchstes Gut des nationalen Selbstverständnisses und -bewußtseins, und die strikte Weigerung jedes Nationalstaates, sich in die „inneren Angelegenheiten" von anderen Staaten hineinreden zu lassen – noch heute hochgehaltenes Prinzip in den meisten Staaten – galt praktisch unumschränkt.

Mit der Bombe wurde all dies radikal in Frage gestellt. Wer auf die Bombe verzichtete oder zum Verzicht auf sie gezwungen wurde, gab sich eine Blöße, die nach den Maßstäben der Vergangenheit geradezu tödlich sein mußte. Hatte bis 1945 immer noch Leopold von Rankes Definition der „großen Macht" gegolten, nach der sich als Großmacht nur der Staat bezeichnen konnte, der sich in seinem Bestand auch gegen den Willen aller anderen Großmächte zu behaupten verstand – deswegen war Preußen erst mit dem Frieden von Hubertusburg 1763 zur „Großmacht" avanciert –, so schuf die Atombombe neue Definitionen: Nur noch Atommächte konnten „Großmächte" sein; wer über die Bombe nicht verfügte, sank auf das Niveau einer kleinen Macht herab, deren Existenz einzig und allein vom Wohlwollen der atomaren Mächte abhing.

Man weiß, wie schwer beispielsweise Konrad Adenauer und Franz Josef Strauß diese Einsicht gefallen ist, als es um die in der Tat schwerwiegende Frage ging, ob die Bundesrepublik den Atomwaffensperrvertrag unterzeichnen sollte oder nicht. Von einem „Versailles von kosmischen Ausmaßen" sprach Strauß, und auch Adenauer kam die Einsicht sauer an, daß kein Weg am Atombombenverzicht vorbeiführte. Nicht die seit Potsdam festgeschriebenen alliierten Sonderrechte über Deutschland schränkten nämlich die Souveränität der Deutschen ein, entscheidend war der Verzicht auf Atomwaffen und die freiwillige (?) Unterschrift unter den Nonproliferationsvertrag. Dieser Vertrag trug entscheidend zur Veränderung staatlichen Denkens überhaupt bei; die letztlich eher kläglich anmutenden Versuche Englands, vor allem Frankreichs, sich eine Atommacht zu beschaffen, koste es, was es wolle, um nicht aus dem Kreis der „großen Mächte" im Sinne Rankes verbannt zu werden, unterstreichen diesen Paradigmawechsel eindrucksvoll.

Auch die anscheinende Wiedergewinnung der „vollen" Souveränität des vereinten Deutschland am 3. Oktober 1990 hat an diesen Verhältnissen nichts geändert: Deutschland ist keine Atommacht, es hat sich verpflichtet, keine zu werden, damit gehört es auf unabsehbare Zeit militärisch zu den „kleinen" Mächten – gewiß zu seinem eigenen Wohl, und nur blinder Chauvinismus könnte den Beitritt zum Nichtverbreitungsvertrag als demütigend werten und die Kündigung des Vertrages 1995 fordern.

Zumal in diesem Zusammenhang ein weiteres dialektisches Paradoxon zu erwähnen ist: Seitdem die Atomwaffen, sei es in nationaler amerikanischer, sei es in NATO-Verfügung, den atomaren Schutzschirm über Europa aufspannten, also seit den frühen fünfziger Jahren, stellte sich die Frage nach den Entscheidungsprozessen im Falle eines drohenden Atomkrieges. Gewiß, das Abschreckungssystem verhinderte diesen, gleichwohl war es nicht unlogisch zu fragen, wer denn wann gegebenenfalls darüber zu entscheiden hätte, ob, wann, wo und wie Atombomben im Verteidigungsfall einzusetzen seien.

Soviel man heute weiß, haben sich Adenauer und Strauß und nach ihnen auch andere Kanzler und Minister vehement für ein deutsches Mitspracherecht im atomaren Entscheidungsprozeß eingesetzt. Dies würde freilich bedeuten, daß selbst ihnen die atomare Dialektik nicht klargeworden ist: Wenn Westdeutschland tatsächlich über den Einsatz von Atombomben in Deutschland hätte entscheiden können, wäre ein gutes Stück der Abschreckungsglaubwürdigkeit verlorengegangen, denn es konnte nicht glaubhaft sein, daß die Bundesregierung dem Einsatz von Atombomben beispielsweise am Hattenbacher Dreieck zugestimmt hätte. Allein der Umstand, daß die nukleare Planungsgruppe der NATO auch ohne, ja gegen den Willen der Bundesrepublik einen solchen Einsatz hätte anordnen können, mußte diesen für die andere Seite als glaubwürdig erscheinen lassen – eben deswegen war es ganz unwahrscheinlich, daß es zu einer Eskalation kam, die eben diesen Einsatz zwingend erforderlich gemacht hätte. Auch dieser Komplex erscheint als so subtil, so „sophisticated“, daß er im „normalen“ politischen Diskurs der Gesellschaft nicht zu vermitteln war, ja man kann sogar daran zweifeln, daß er allen politischen Entscheidungsgremien in der Bundesrepublik voll bewußt war.

Nun könnte es scheinen, als seien alle derartigen Überlegungen mit dem Ende des Ost-West-Konfliktes obsolet geworden, die Zeit des Rückblicks ist angebrochen, man zieht Bilanz, eine Epoche scheint sich zu runden, die Geschichte des 20. Jahrhunderts neigt sich ihrem Ende zu, und damit die Geschichte des atomaren Antagonismus, der die Weltgeschichte ebenso simpel wie raffiniert 50 Jahre lang strukturiert hat. Gelegentlich entsteht der Eindruck, als befänden wir uns wie einst der berühmte Reiter, schon jenseits des Bodensees auf festem Grund: Alles ist noch einmal gutgegangen, ja, es gab und gibt Optimisten, die die Weltgeschichte nun in ein ewigwährendes friedliches Zeitalter hineingleiten sehen, in dem die Geschichte gleichsam zu Ende ist. Es ist müßig, solchen Optimismus zu widerlegen, die vergangenen Jahre haben vielmehr gezeigt, daß die Zukunft der Welt wie eh und je, vielleicht noch mehr als sonst, verhangen ist. Zukunft ist eben das, was wir nicht wissen, nicht prophezeien können, und deswegen wäre es völlig verfehlt, gegen Ende des 20. Jahrhunderts auch das atomare Zeitalter als das der atomaren Weltkonfrontationen enden zu lassen. Zwar ist der Mensch nach Strukturen und Zäsuren des historischen Zeitstroms geradezu süchtig, aber es wäre unangebracht, wollte man die Auflösung der atomaren Dialektik seit 1987 mit einem Ende des atomaren Syndroms überhaupt gleichsetzen. Auch hier hält die Geschichte einige Lehren bereit, man denke beispielsweise an den schönen Augsburger Religionsfrieden von 1555, der gute dreißig Jahre eines hochbrisanten ideologischen Konflikts zu beenden schien, tatsächlich knappe sechzig Jahre hielt, um dann in den bis dahin entsetzlichsten Krieg der Neuzeit zu münden. Dieser dauerte dann nochmals dreißig Jahre und ließ ein verwüstetes Mitteleuropa zurück. Noch nie haben irgendwelche historischen Entwicklungen Garantien dafür geliefert, daß sich alles zum Guten oder wenigstens Kontrollierbaren wenden müsse; immer war die Geschichte der Boden der Überraschungen, des Nichtvorhergesehenen – und, um mit Jacob Burckhardt zu sprechen, nahezu niemals der Boden des Glücks. Was um alles in der Welt sollte uns heute sicher machen, daß es anders sein könnte als in den vergangenen 2000 Jahren der menschlichen Zivilisation?

Oder wird es doch anders, ganz anders sein? Die Atombombe war das wirklich Neue in der Weltgeschichte, das Unvermutete, das Nicht-Ausdenkbare. Die Grundbegriffe des Staates, der Gesellschaft, der Historie sind durch „die Bombe" fundamental verändert worden. Könnte es nicht sein, daß das Atomare Zeitalter, dessen bloß erste fünfzig Jahre wir miterlebt haben, die Tür der Geschichte zu völlig neuen Dimensionen aufgestoßen hat? Wir sind immer noch geprägt von der Tragik der Geschichte, von dem Unglück, das sie in aller Regel ist, wer aber wollte behaupten, daß dies immer und ewig, bis zum Ende der Tage der Menschheit so bleiben muß? Die Väter des Manhattan-Projekts, die geistigen und die realen, haben zwischen

1938, als Otto Hahn die Spaltung des Uranatoms gelang, und dem Moment, in dem die Bombe in Alamagordo explodierte, immer zwischen Himmel und Hölle in ihren Stimmungen, Hoffnungen, Befürchtungen geschwankt, *Erich Bagge* als prominenter Zeitzeuge und *Stefan Fröhlich* weisen nachdrücklich darauf hin. Die Atombomben über Hiroshima und Nagasaki säten den Tod, den in all seiner Entsetzlichkeit zu schildern auch *Wieland Wagner* in seinem eindrucksvollen Beitrag nicht gelingen kann. Aber vielleicht haben die beiden Bomben doch auch das Leben gesät. Dem 20. Jahrhundert folgt, so hoffen wir, das 21. Jahrhundert. Es könnte sein, daß viele weitere Jahrhunderte folgen, und es könnte sein, daß irgendwann einmal in ferner Zukunft eine Bilanz zu ziehen sein wird: die Bilanz des atomaren Zeitalters. Wir stehen am allerersten Anfang, das Bilanzenziehen ist uns nicht angemessen, für uns kommt es nur darauf an, über „die Bombe" ein wenig nachzudenken, wo sie doch in diesem Jahr 50 Jahre alt geworden ist. Nichts anderes will dieser kleine Versuch – Anregung geben zum Nachdenken über die Bombe.

Eckernförde, 21. 12. 1994

I. Der geplante Schrecken

Erich R. Bagge

Keine Atombombe für Hitler

1. Die Uranspaltung durch Neutronen von Otto Hahn und Fritz Straßmann

Bei der „Gautagung“ der Deutschen Physikalischen Gesellschaf in Breslau am 30. Mai 1938 hielt ich einen Vortrag über das Thema: ‚Die durch Stöße energiereicher Protonen der kosmischen Strahlung auf Atomkerne ausgelösten Schwingungen dieser Teilchen‘. Unmittelbar im Anschluß daran hatte ich zwei mich sehr bewegende Erlebnisse. Auf dem Wege zum Mittagstisch im Speisesaal der Tagung rief mich im Vorbeigehen der durch sein bekanntes Buch *Thermodynamik* von allen Physikern sehr geschätzte Professor Walter Schottky zu sich: „Herr Bagge, setzen Sie sich doch bitte einmal zu mir!“ Das tat ich natürlich als ein unmittelbar vor seiner Promotion stehender Student sehr gerne. Als ich dann bei ihm saß, fragte er mich sofort: „Warum beschäftigen Sie sich so intensiv mit Kernphysik? Ich habe gerade letzte Woche bei verschiedenen Kernprozessen nachgerechnet, welche technischen Nutzeffekte sich dabei erreichen lassen. Da stellte sich heraus, daß alle kleiner als 10^{-5} waren. Mit Kernphysik ist offenbar also nichts zu erreichen.“

Das war die Einleitung zu einem sonst recht freundlichen Gespräch mit dem von mir hoch geachteten Professor. Es ging dann aber auf sein Ende zu, als ich deutlich werden ließ, daß ich gerne einige Zeit in Leipzig noch Heisenbergs hervorragende Vorlesungen hören möchte, und so verabschiedeten wir uns bald sehr warm und herzlich. Ich selbst war jedoch etwas niedergeschlagen. Man konnte ja nicht ahnen, daß diese Unterhaltung mit einem sehr bedeutsamen Fachmann über die Hoffnungslosigkeit kernphysikalischer Möglichkeiten für neue Energiequellen genau sieben Monate und 20 Tage vor dem Augenblick lag, an dem Professor Otto Hahn am 19. Dezember 1938 abends gegen 19 Uhr den ersten Brief an die Redaktion der Zeitschrift „Naturwissenschaften" in den Postkasten am Correnspiatz in Berlin-Dahlem einwarf, mit dem er und Professor Fritz Straßmann die Entdeckung der Uranspaltung durch Neutronen bekanntgaben.

Nach meinem Aufstehen war ich gerade dabei, im Speisesaal einen neuen Platz zu suchen, als ich von zwei mir ganz unbekannten, aber sehr seriös wirkenden Herren angesprochen wurde, die meinen Vortrag gehört hatten. Sie sprachen davon, daß ihre Dienststelle auf der Suche nach einem Kernphysiker sei, und fragten, ob ich wohl bereit wäre, eine solche Stelle zu übernehmen. Erst auf sehr direktes Fragen waren sie bereit zu erklären, daß es sich um ein militärisches Institut handle. Ich antwortete wie bei Professor Schottky, daß ich vorerst noch bei Professor Heisenberg am Institut für Theoretische Physik der Universität Leipzig bleiben wolle, und damit war auch dieses Gespräch schon im Gehen sehr schnell beendet.

Ich saß dann allein an meinem Eßtisch in Breslau und konnte nicht ahnen, daß ich ein Jahr, drei Monate und neun Tage später durch einen militärischen Gestellungsbefehl zum 8. September 1939 ins Heereswaffenamt in Berlin bestellt wurde, der mich für den Rest des acht Tage zuvor begonnenen Zweiten Weltkrieges festhielt. Dort konnte ich den beiden seriösen Herren von der Breslauer Tagung Ende Mai 1938 nun nicht mehr entrinnen.

Bis dahin erschienen u. a. noch mehrere wichtige Artikel, Schreiben und Vorträge, die für Hellhörige Andeutungen und wichtige Hinweise auf die Möglichkeit der Herstellung von hochbrisanten ‚Atombomben' enthielten. Dazu gehört als erstes Otto Hahns Bemerkung in seiner zweiten Arbeit „Über die Uranspaltung durch Neutronen" in den „Naturwissenschaften“ vom 10. Februar 1939. In dieser Arbeit wird deutlich ausgesagt, daß durch diesen Prozeß auch selbst wieder Neutronen freigesetzt werden können. Das ist der entscheidende Gesichtspunkt für die Auslösung von Kettenreaktionen in Kernreaktoren und Atombomben. Ohne diese scheinbar einfache, aber fundamentale Erkenntnis gäbe es auch heute noch keine Spur von Kerntechnik auf der Erde.

Die Hahnsche Idee wurde sofort von den Franzosen Halban, Joliot und Kowarski aufgegriffen. Einer Notiz in der englischen Zeitschrift „Nature“ konnte man bald darauf entnehmen, daß nach deren inzwischen angestellten Messungen die durch ein einzelnes Neutron ausgelöste Spaltung eines Urankerns neben den beiden Zertrümmerungsprodukten, d. h. zwei Atomkernen, im Mittel noch rund drei weitere Neutronen emittiert, die für zusätzliche Reaktionen zur Verfügung stehen.

Damit können jetzt Kettenreaktionen zustande kommen, da diese Neutronen ihrerseits drei neue Kernspaltungen auszulösen vermögen. Ihnen folgen nunmehr neun Neutronen. Dieser Prozeß kann sich im Prinzip in solcher Weise so fortsetzen, wie es in Reaktoren geschieht oder in Atombomben ablaufen würde, wenn letztere heute noch jemals gegen alle Vernunft und Menschlichkeit militärisch eingesetzt werden sollten.

Das war Otto Hahns hochbedeutsame Bemerkung. Als nächstes ist in diesem Zusammenhang der Brief des Hamburger Professors Harteck für Physikalische Chemie vom 24. April 1939 an das Heereswaffenamt Berlin zu nennen, der ganz eindeutig auf die Hahn-Straßmannsche Entdeckung und die „Nature“-Notiz der drei Franzosen hinweist und zugleich auch aussagt, daß damit die Herstellung von Sprengstoffen ganz ungewöhnlicher Sprengkraft möglich sein muß. Ganz ähnliche Gedanken hat in der Zeit um Anfang Mai 1939 der Gießener Professor für Physik Hanle in einem Göttinger Kolloquium seinen dortigen Kollegen erläutert, die dann sogar in einem Brief dem damaligen Reichskultusminister mitgeteilt wurden. Beide Schreiben hatten zunächst keine unmittelbaren Folgen, da Ministerien sehr vorsichtig sind und neuartige Mitteilungen erst anderen Fachleuten zur Begutachtung vorlegen, bevor sie handeln.

2. Die Gründung des „Uranvereins" im Heereswaffenamt (HWA)

Etwas deutlicheres, öffentliches Interesse erregte dann ein längerer Artikel in den „Naturwissenschaften" vom 19. Juni 1939 des damaligen Haustheoretikers von Otto Hahn, Siegfried Flügge. Sein Titel lautet: „Kann der Energieinhalt der Atomkerne technisch nutzbar gemacht werden?" Dieser beschrieb die physikalische Situation der Erschließungsmöglichkeit einer neuen Energiequelle mit Hilfe der Uranspaltung durch Neutronen schon sehr gut und weitgehend.

Hier taucht zum ersten Mal der Prozeß der Neutronen-Diffusion und ihre theoretische Behandlung durch entsprechende partielle Differentialgleichungen auf, die in ergänzter und modifizierter Form auch heute noch die Grundlagen für die Beschreibung der Brems- und Ausbreitungsvorgänge der Neutronen in allen kerntechnischen Energiequellen bilden.

Bald nach dem Erscheinen von Flügges Arbeit begann am 1. September 1939 Hitlers Polenfeldzug und damit der II. Weltkrieg. Für mich bedeutete dies, daß ich durch einen Gestellungsbefehl des Oberkommandos der Wehrmacht für den 8. September um 10 Uhr zum Heereswaffenamt in Berlin bestellt wurde. Dort traf ich, wie schon oben angedeutet, die beiden Herren, die mich bei der Breslauer Physikertagung 1938 fragten, ob ich nicht zu Forschungsarbeiten in ihre Dienststelle kommen wolle. Ihr damaliger Freund und Kollege, der Referent für Kernphysik des Heereswaffenamts, Dr. Kurt Diebner, der in Halle beim Erfinder des Quantenelektrometers und Entdeckers der hochenergetischen Hoffmannschen Stöße der kosmischen Strahlung promoviert hatte, empfing mich mit den Worten: „Sie sind doch Kernphysiker und kennen auch Ihre deutschen Kollegen. Sie sollen für den 16. September hier bei uns eine Sitzung von etwa zehn Experten vorbereiten. Wir brauchen dazu eine Tagesordnung und bis morgen eine Namensliste für einzuladende Fachleute." „Ja, und um was geht es eigentlich?" war meine Frage. Dabei lächelte Herr Diebner, als ob er sagen wollte: ‚Wir sind ja hier im HWA!' Dabei ist damals zum ersten Mal für mich ein Wort gefallen, bei dem ich erschrak. Er sagte nämlich ganz trocken: „Es geht um die Atombombe." Dabei deutete er auf das gleiche Wort, das handgeschrieben auf einem Fensterbrett lag.

„Kennen Sie den Artikel von Flügge?" war Herrn Diebners nächste Frage. Zufällig hatte im Februar 1939 in Heisenbergs Seminar in Leipzig Otto Hahns zweiter Haustheoretiker, der damalige Dr. von Weizsäcker, einen sehr aufschlußreichen Vortrag über die Uranspaltung gehalten, und damit war unser Interesse für dieses Thema bereits gut geweckt. Beim Erscheinen der Flügge-Arbeit im Juni waren wir schon bestens vorbereitet und lasen diese auch. So konnte sie leicht die Grundlage des von Diebner gewünschten Besprechungsprogramms für das Treffen der ‚Experten' am 16. September 1939 werden. Es war auch keine Schwierigkeit, die Namensliste der gewünschten Teilnehmer zusammenzustellen und Herrn Diebner noch vor Dienstschluß zu überreichen. Es waren die Herren: 1) Bothe, 2) Flügge, 3) Geiger, 4) Hahn, 5) Harteck, 6) Heisenberg, 7) Hoffmann, 8) Mattauch, 9) E. Schopper. Als Herr Diebner diese Liste ansah, sagte er plötzlich: Heisenberg? Warum? Ich erklärte ihm: „In Flügges Artikel wird darauf hingewiesen, daß bei einer Energiegewinnung mit der Uranspaltung Neutronen eine große Rolle spielen werden. Da wird es eine Neutronenbremsung und Diffusionsprobleme geben. In diesem Artikel führt er bereits beispielhaft auch eine solche Diffusionsgleichung an. Ich habe bei Heisenberg eine Vorlesung über die Theorie der Atomkerne gehört, die sich auch mit Fermis Theorie der Neutronenbremsung beschäftigte. Diese spielt sicher bei unseren künftigen Problemen eine Rolle." Diebner hörte sich das ruhig an, kam aber am nächsten Morgen auf mich zu und sagte: „Ich habe mit Bothe und Hoffmann über Ihre Namensliste gesprochen, und beide meinten: ‚Heisenberg? Was hat ein Theoretiker dabei zu tun?' Darauf habe ich Heisenberg in Ihrer Liste gestrichen."

Bei der ersten Sitzung vom 16. September 1939 fehlten nach obiger Namensliste der vorgeschlagenen Experten tatsächlich die Herren Heisenberg und Flügge. Diebner ist nie wieder darauf eingegangen.

Leiter war damals der damalige Vorgesetzte Diebners, der Oberregierungsrat Dr. Basche, der eine sehr bemerkenswerte Einführungsrede hielt. Er wies darauf hin, daß der vor wenigen Tagen begonnene Krieg eine neue Situation auch für solche Institutionen wie das Heereswaffenamt geschaffen habe, in der man Ereignisse, die man sonst in aller Ruhe sich entwickeln lassen kann, durch deutliches Handeln erzwingen müsse:

„Eine solche Lage ist vor kurzer Zeit durch eine Veröffentlichung von Herrn Flügge in den ‚Naturwissenschaften' entstanden. In diesem Artikel wird gezeigt, daß es nach der Entdekkung der Uranspaltung durch Neutronen von Otto Hahn und Fritz Straßmann möglich sein sollte, unter gewissen Bedingungen die Energiereserven von Atomkernen technisch nutzbar zu machen. Das ist natürlich die Aussage einer rein theoretischen Betrachtung.

Wir sind selbstverständlich sehr daran interessiert, ja geradezu dazu gezwungen, zu prüfen, ob diese Möglichkeit wirklich besteht. Wir haben Sie deshalb hierher gebeten, um den Weg zur Beantwortung der Frage zu finden, ob eine solch neuartige Energiequelle auch wirklich erschließbar ist.

Die Antwort darf dabei JA! oder NEIN! sein. Es ist praktisch gleichgültig, wie sie tatsächlich ausfällt. Ist sie positiv, dann müssen wir in unserem hochtechnisierten Staat diesen Weg auch mitbeschreiten, ist sie negativ, dann wissen wir in dieser Kriegssituation, daß unsere Feinde sie auch nicht haben werden. Das genügt uns, und Sie belastet es nicht." Er bedankte sich bei allen Teilnehmern und eröffnete eine fast vierstündige Diskussion.

Ich möchte feststellen, daß in der Rede von Herrn Basche das Wort ‚Atombombe' mit Sicherheit überhaupt nicht vorkam. Ich achtete sehr darauf, weil es mir beim Empfang im HWA durch Diebner am 8. September 1939 so einprägsam aufgefallen war.

Bei Wortmeldungen beteiligten sich ohnehin in der Hauptsache nur die Institutsleiter und Herr Diebner. Die ersteren hatten durch Gestellungsbefehle schon Mitarbeiter freigeben müssen und fürchteten weitere Verluste, und die anderen hatten Angst um ihre Institutsetats und um sonstige Mittel für Experimente.

Hinzu kamen Otto Hahns Bedenken hinsichtlich der militärischen Anwendung der Uranspaltung, in welcher Form auch immer. Herr Mattauch vertrat diese Meinung noch energischer, während Harteck frisch und geschickt und Diebner mehr sachlich deutlich machten, was zu geschehen habe, welche Experimente durchzuführen und welche Materialien in welchen Mengen zu beschaffen seien. Beide befürworteten es, die Arbeiten zur Beantwortung der von Herrn Basche aufgeworfenen Fragen aufzunehmen. Es begann sich jedoch auch eine gewisse Müdigkeit unter den Anwesenden zu entwickeln, die man mehr den kurzen Nebenfragen entnahm. Da stand Herr Geiger, der bisher interessiert zugehört, aber eisern geschwiegen hatte, plötzlich mit energischem Schwung von seinem Sitz auf und redete mit erhobener Stimme: „Meine Herren, wir haben heute hier gehört, daß die Möglichkeit besteht, die Energie der Atomkerne technisch nutzbar zu machen. Dies ist eine Gelegenheit, die wir nicht übersehen dürfen. Ich bin deshalb der Meinung: Auch wenn nur die Spur einer Chance besteht, eine solche neue Energiequelle zu erschließen, dann muß dieses geschehen – und zwar sofort!" Nach den letzten Worten setzte er sich hin, nicht ohne vorher auf den Tisch geklopft zu haben.

Darauf stand Herr Diebner auf und sagte: „Wir danken alle dem von uns sehr verehrten Herrn Professor Geiger für seine erfrischenden Worte. Ich schlage deshalb vor, jetzt Aufgaben zu formulieren und Persönlichkeiten zu benennen, die für diese zuständig sind." Natürlich ging das nicht schnell, aber Bothe, Heidelberg, und Harteck, Hamburg, erklärten schon ihre Bereitschaft zur Mitarbeit. Otto Hahn bemerkte, daß bei ihm die Arbeiten über die Natur der Spaltprodukte des Urans ohnehin liefen, und die übrigen Herren wollten noch Zeit zum Nachdenken und zu Besprechungen haben.

Als Termin für die nächste Sitzung dieses gerade gegründeten, aber erst später mehr spaßhaft sogenannten „Uranvereins" wurde der 26. September 1939 verabredet.

Man war schon fast beim Aufbrechen, als Diebner noch sagte: „Ich möchte doch noch fragen, ob jemand Fachleute nennen könnte, die für weitere Sitzungen dieser Art eingeladen werden sollten." Da entschloß ich mich als ein frisch Promovierter und jüngster Anwesender in diesem Kreis hochbedeutsamer Persönlichkeiten, etwas zu sagen. Es geschah Auge in Auge mit Hoffmann, Bothe und Diebner: „Es ist meine Meinung, daß nicht nur erfahrene Praktiker, sondern auch mindestens ein renommierter Theoretiker dabeisein muß, der die Probleme der Neutronenbremsung und Diffusion sehr gut kennt. Das geht aus Flügges Artikel ganz deutlich hervor. Dort stehen für solche Prozesse im Text sogar schon die entsprechenden Differentialgleichungen.

Ich habe aber auch Heisenbergs Vorlesungen zur Theorie der Atomkerne gehört und weiß, daß er zum guten Teil die auf Fermi zurückgehende Behandlungsweise sehr schätzt. Ich schlage deshalb vor, Herrn Heisenberg für den 26. September einzuladen."

Es gibt aber noch einen, sonst nur ungern ausgesprochenen Grund. Herr Heisenberg hatte sich 1937 als begeisterter Bergsteiger freiwillig zu den Gebirgsjägern gemeldet und dort eine Ausbildung von sechs Wochen hinter sich gebracht. Das konnte in der damaligen Kriegssituation seine baldige Einziehung zu den Soldaten bedeuten, und vor einer solchen war er als Mitglied einer Arbeitsgruppe des HWA mit Sicherheit vor dem normalen Soldatenschicksal geschützt.

Alle Anwesenden stimmten jetzt diesem Vorschlag zu, und so kam Heisenberg ohne die Frage: ‚Warum?' auf die Liste der Einzuladenden für den 26. September 1939. So hat er den Krieg ohne einen Einzugsbefehl bis 1945 glücklich überstanden.

Die verabredete Sitzung kam heran, und ihre Besetzung war fast dieselbe wie die vom 16. September, mit dem Unterschied, daß Herr Dr. Basche fehlte und dafür Herr Heisenberg und überraschenderweise auch Herr Flügge erschienen. Die Leitung hatte Herr Diebner. Es zeigte sich, daß Herr Harteck schon mit festen Plänen gekommen war und mit dem Experimentieren bald beginnen wollte. Ihm war auch klar, daß eine Kettenreaktion mit Neutronen am besten wohl mit schwerem Wasser als Moderator und reinem Uranmetall auszulösen sei. Da aber unter den jetzigen Umständen beide Materialien in größeren Mengen nicht zu erhalten seien, müsse man wohl vorerst anders vorgehen.

Die beiden neuen Herren wurden über das unterrichtet, was in der ersten Sitzung besprochen wurde. Der Text der Rede von Dr. Basche lag offenbar vor. Herr Heisenberg wurde dann gefragt, ob er bereit sei, sich mit der Theorie der neuen Energiequellen im Sinne des Textes von Flügges Artikel zu beschäftigen. Er stimmte ohne Bedenken zu.

Herr Harteck war andererseits an einem Experiment interessiert, und im Hahnschen Kaiser-Wilhelm-Institut, so hörte man, war Herr Dr. von Droste mit dem Plan eines Experiments zur Messung von Wirkungsquerschnitten mit Hilfe einer Anordnung von Uran und einem Moderator beschäftigt, was wohl aus Gesprächen zwischen ihm und Flügge hervorging.

Im Hintergrund wurden Probleme bekannt, daß es mit dem bisherigen Direktor des KWI für Physik in Berlin-Dahlem, Professor Dr. Debye, einem Holländer, Schwierigkeiten gab. Dessen Institut sollte angeblich in den engeren Interessenbereich des HWA einbezogen werden. Herr Debye verließ wohl bald darauf Deutschland. Er erreichte schließlich die Vereinigten Staaten und blieb auch dort.

Das HWA übernahm die Betreuung des KWI für Physik in Berlin-Dahlem, und Herr Diebner leitete es an Stelle von Debye. Offensichtlich ging er in der Absicht dorthin, auch im Sinne des Flügge-Artikels Kernenergie-Versuche durchzuführen.

Herr Heisenberg war, ebenso wie ich, nach Leipzig zurückgekehrt. Er wollte dort die Theorie der damals sogenannten ‚Uranmaschine' aufnehmen, um sie mit großer Energie durchzuführen, und das tat er ganz alleine. Er hat es mir deutlich vorgeführt. Es war etwa vier Wochen nach der ersten HWA-

Sitzung mit ihm vom 26. September 1939, also gegen Ende Oktober. Wir trafen uns beide zufällig morgens mit unseren Fahrrädern am Institutseingang in der Linnestr. 5 in Leipzig. Heisenberg war frisch und froh: „Guten Morgen, Herr Bagge, kommen Sie mal gleich mit in mein Zimmer. Ich muß Ihnen etwas erzählen." Im raschen Schritt ging es in sein Zimmer, und er ging an die kleine Wandtafel an der Tür zum Nachbarzimmer, und schon legte er los. Er schrieb ein paar Formeln über Neutronen-Bremsung und -Absorption an und erzählte ganz bewegt: „Wenn man eine Anordnung von Uran und Graphit in einem bestimmten Mengenverhältnis vor sich hat, dann wird die ganze Einrichtung nicht unbegrenzt immer heißer und heißer. Sie kennen doch die bekannte Neutronenresonanz beim Uran von 7 eV. Sie sorgt dafür, daß die Energieerzeugung ganz von selbst vermindert wird. Bei einer solchen Uran-Graphit-Mischung stellt sich eine Grenztemperatur von etwa 2000 Grad ein." Er war also ganz glücklich, eine solche Selbstbegrenzung gefunden zu haben. Offenbar hat er dies am Abend vorher erstmals bemerkt. Daß ihn eine solche Erkenntnis sehr erfreut hat, war natürlich klar, und daß dieser Zustand bis zum nächsten Morgen anhalten kann, ist auch verständlich.

Auf seinen ausdrücklichen Wunsch wollte Heisenberg von mir aber haben, daß ich mit einer ausgezeichneten Wilsonschen Nebelkammer Blackettscher Bauart, die er ursprünglich für Messungen zur kosmischen Strahlung hatte bauen lassen und die als Kammergas nicht Luft, sondern das Gas des Elements Deuterium D_2 enthalten mußte, experimentieren sollte. Die Deuteriumkerne in ihr wurden dabei mit schnellen Neutronen beschossen, um so deren Wirkungsquerschnitte für die künftigen Uranmaschinen zu messen.

Heisenberg hatte schon seit längerer Zeit den Wunsch, auf diesem Wege experimentell tätig zu werden. Es waren nur die besonderen Kriegsverhältnisse, die ihn daran hinderten, auf dem Gebiet der kosmischen Strahlung auch selbst messend aktiv zu sein.

Die Beschäftigung mit der Nebelkammer hat mich allerdings fast ein ganzes Jahr gekostet. Es war aber für mich eine sehr lehrreiche Zeit, die ich gerne auf mich genommen habe. Wir haben später noch in Hamburg, Geesthacht und Kiel mit diesem wertvollen Instrument sehr interessante Ergebnisse erzielen können.

Heisenberg hat sich in dieser Zeit in Leipzig zunächst einmal mit der Theorie der ‚Uranmaschine' befaßt und am 5. Dezember 1939 ein fertiges Manuskript beim HWA abgeliefert, das dann bis Kriegsende 1945 für alle Experimentatoren mit Reaktorprototyp-Einrichtungen maßgebend war und blieb. Es wurde allerdings vom HWA sofort zur ‚Geheimsache' erklärt und verschwand damit in den Tresoren, d. h. das Manuskript konnten nur diejenigen einsehen, die offiziell an einem Reaktorprojekt selbst arbeiteten.

3. Die Versuche zum Uranbrenner

Nachdem seit dem 5. Dezember 1939 Heisenbergs Theorie des Uranbrenners vorlag, war es naheliegend, Experimente mit Prototypen von solchen Reaktoren auch vorzubereiten. Das geschah unabhängig voneinander im Kaiser-Wilhelm-Institut für Physik in Berlin-Dahlem unter Leitung von Dr. Wirtz in engem Kontakt mit dem weiterhin in Leipzig tätigen Professor Heisenberg und bei zeitweiser Mitwirkung des Straßburger Professors Carl Friedrich von Weizsäcker. In Hamburg entstand unter Führung des Physikochemikers Professor Paul Harteck, in guter Verbindung mit dem Theoretiker Hans Jensen und der Mitarbeiter von Hartecks Institut für Physikalische Chemie der Universität Hamburg, eine Gruppe von völlig eigenen Vorstellungen und Plänen.

Bei der Berliner Gruppe wurden nach Heisenbergs Vorschlag in der Zeit von 1940 bis 1943 insgesamt sieben verschiedene und laufend verbesserte ‚Uranbrenner' B_1 bis B_7 mit parallelen Plattenschichten aus Uranoxyd U_3O_8 als ‚Brennstoff' und aus Paraffin als Moderator ausprobiert und genau vermessen. Die Abbildungen 1 und 2 stellen beispielhaft die Aufbauten für die Experimente B_1 und B_3 dar.

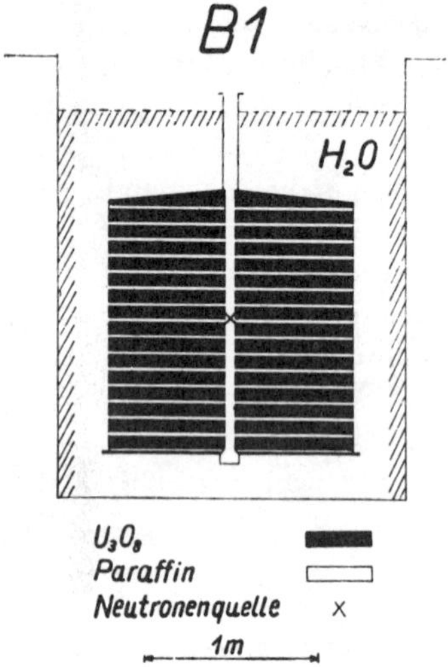

Abb. 1: Vertikalschnitt durch Berliner Uranbrenner B_1; Kessel: Aluminiumblech.

Ihr letztes Experiment B_8 von 1944/45 geht zurück auf eine von Diebner 1943 original erfaßte und in einem Labor des HWA in Gottow bei Berlin erstmals verwirklichte und erfolgreich erprobte Idee mit Uranmetallwürfeln von 5 cm Kantenlänge.

Die 1944 von Berlin nach Haigerloch in Württemberg verlagerte Gruppe der Herren F. Bopp, E. Fischer und K. Wirtz unter Beteiligung von C. F. von Weizsäcker hat das Diebnersche Würfel-Konzept bei erhöhtem Materialaufwand und verbessertem Meßverfahren übernommen und so durchgeführt. Die Metallwürfel wurden in einem 2 cbm D_2O fassenden kubischen Aluminiumzylinder mit Drähten aus einer zähen Aluminiumlegierung aufgehängt und damit annähernd gleichmäßig über das Innere des schweren Wassers verteilt. Die Abbildung 2 zeigt ein Bild von der inneren Belegung dieses Kessels. Die ganze Einrichtung war in mehrfacher Hinsicht nicht mehr ganz optimal dimensioniert und eingerichtet, aber unter den allgemeinen technisch-wirtschaftlichen Umständen in den letzten

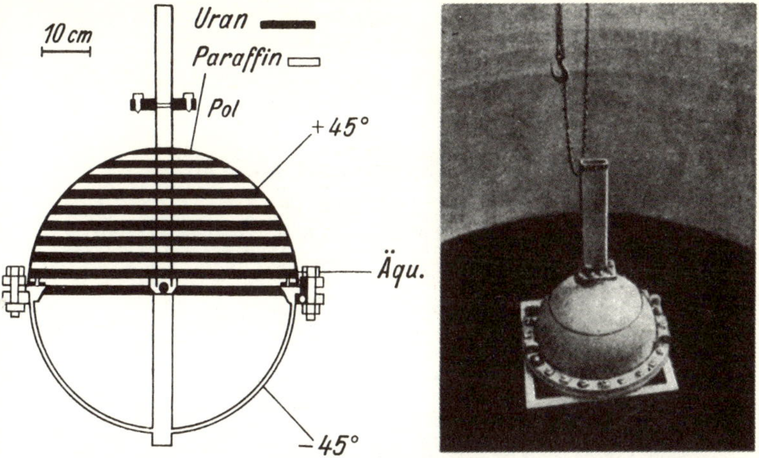

Abb. 2: Schema des Innenaufbaus von B_3; Schnitt durch die Schichten von Uranmetallpulver (schwarz) und Paraffin (weiß). Die Schichtung setzt sich in die untere Halbkugel fort, ist jedoch dort nicht eingezeichnet. Im Zentrum befindet sich die Neutronenquelle.

Monaten vor dem Ende des II. Weltkrieges nicht verbesserbar, sondern sie stellte umgekehrt das Optimum des damals gerade noch Erreichbaren dar. Das zeigte auch das endgültige Meßergebnis für den dafür maßgebenden Vermehrungsfaktor k_∞ der Neutronen $k_\infty = 1{,}08$. Dieser Wert 1,08 des Vermehrungsfaktors besagte, daß bei gleicher Belegungsdichte mit den Uranwürfeln und entsprechender Vermehrung des Schwerwasserinhalts in einem größeren Zylinderbottich um 25 % die Einrichtung die kritische Größe für die Aufrechterhaltung einer Kettenreaktion erreicht hätte. Es fehlten aber zu jener Zeit die notwendige halbe Tonne D_2O und etwa ebensoviel Uranmetall.

Eine weitere bemerkenswerte Besonderheit dieses letzten Versuches B_8 ergab sich noch durch eine Rechnung des Verfassers während des Aufenthaltes der zehn internierten deutschen Wissenschaftler im Hause Farmhall in Godmanchester in England 1945/46, als sich herausstellte, daß mit exakt denselben Uranwürfeln und der gleichen Menge D_2O eine sich selbst aufrechterhaltende Neutronenmenge, d. h. ein kritisch gewordener Reaktor entstanden wäre, wenn man das gleiche Material nicht in einem zylindrischen, sondern in einem kugelförmigen Aluminiumbehälter unter sonst gleichartiger Anordnung im Innern der Kugel untergebracht hätte.

Als der Verfasser dies Herrn Heisenberg berichtete, hat er dies sofort angenommen, aber nie darüber gesprochen. Es geschah wohl aus Rücksichtnahme auf die Mitarbeiter der B_8-Gruppe.

a) Das Hamburger Trockeneis-Experiment von 1939/40 der Harteck-Gruppe

Es sei hier kurz darauf hingewiesen, daß die Harteck-Gruppe in Hamburg eine sehr interessante Möglichkeit für einen Uranbrenner plante und nur einmal realisierte. Das geschah aber letzten Endes nur deshalb, weil die Berliner ebenso wie die Hamburger Versuche als ‚Brennmaterial' das Uranoxyd U_3O_8 benötigten und zu jener Zeit die im deutschen Bereich verfügbare Uranmenge sehr begrenzt war. Die Hamburger und die Berliner Gruppe gerieten damit in eine Wettbewerbssituation hinein, bei der es um die jeweils benötigten, doch erheblich verschiedenen Uranmengen ging.

Die Berliner hatten sich wegen seiner guten Neutronenbremsung das Paraffin mit seinem hohen Anteil an Wasserstoff-Kernen als guten Moderator ausgesucht und nahmen dafür in Kauf, daß diese Protonen vom Atomgewicht 1 in einem gewissen Sinne begierige Neutronenfresser sind und damit die Ausbildung von Kettenreaktionen reduzieren. Daran hielten sie bis zu ihrem Versuch B_7 1943 in einem gewissen Grade fest, ersetzten aber nach Möglichkeit einen zunehmenden Anteil des leichten durch schweres Wasser. Eine sich selbst erhaltende Kettenreaktion war aber noch nicht zu erkennen.

Die Hamburger hatten sich für einen ganz anderen Moderator, das tiefgekühlte CO_2, sogenanntes ‚Trockeneis', mit Kohlenstoff C vom Atomgewicht 12 und Sauerstoff O vom Atomgewicht 16 als Bremssubstanz für die Neutronen entschieden, die beide praktisch diese Teilchen nicht absorbieren und in diesem Sinne für das Zustandekommen von Kettenreaktionen dieser Teilchen gewissermaßen günstig wirksam sind. Dafür aber verdampft das Trockeneis bei längeren Versuchsreihen relativ schnell, und das hat schließlich mit dazu geführt, daß Herr Harteck dieses Konzept nicht aus kernphysikalischen, sondern aus technischen Gründen aufgab und sich der Schwerwassererzeugung in Rjukan in Norwegen mit voller Kraft und mit seiner ganzen Mannschaft widmete.

Das schwere Wasser war ja ohnehin von Anfang an der von Harteck vorgeschlagene Moderator. Dieser war aber zu Beginn des II. Weltkrieges nicht erhältlich, weil die Schwerwasserfabrik in Rjukan ihren Vorrat vollständig an Professor Joliot in Paris verkauft hatte. So war in Norwegen das D_2O nicht mehr erhältlich. Ihre damalige Erzeugungsmenge für diese Flüssigkeit pro Monat lag andererseits bei nur zehn Litern. Der Eingriff der Hamburger Mannschaft Hartecks war aber bald recht erfolgreich und lag schon 1941 bei 120 Litern/Monat und bis zum Sommer 1943 sogar bei 300 Litern/Monat.

Das kam auch der Berliner Gruppe zugute, die nach und nach durch geeignete Maßnahmen ihren Paraffinmoderator teilweise durch Schwerwasser ersetzen und damit bei ihren Schichtenversuchen die Neutronenvermehrung laufend verbessern konnte. Der Neutronenvermehrungsfaktor k_∞ lag aber immer noch deutlich unter Eins, was bedeutete, daß bei keiner der neuen Anordnungen eine Aussicht auf die sich selbst aufrechterhaltende Kettenreaktion bestand.

Das wurde bei den folgenden beiden Versuchen anders. Sie wirkten sich natürlich aus Geheimhaltungsgründen nur intern (sofern sie nicht verraten und auch ausspioniert wurden?) für den „Uranverein" wie zwei Sensationen aus.

b) Der Leipziger Kugelschalenversuch von Heisenberg und Döpel

Die ersten Berliner Versuche von 1940 und teilweise noch 1941, die ja anfangs durch Heisenberg von Leipzig aus und über Wirtz hinweg in Berlin gesteuert wurden, hatten ja wegen ihres Paraffin-Moderators deutliche Hinweise dafür geliefert, daß das schwere Wasser unbedingt fest mit in die weiteren Entwicklungsarbeiten einbezogen wird. Heisenberg hatte ja den besten Einblick dafür, und da ab 1941 die norwegische D_2O-Quelle nach Eingriff der Harteckschen Hamburger Helfergruppe auch zu sprudeln begann, hat er mit seinem Leipziger Kollegen Döpel unabhängig von Berlinern und ohne sie eine Reihe L_1 bis L_4 von Leipziger Uranbrennern gebaut, betrieben und vermessen. Das aufregende Ergebnis des Versuches L_3 nach Abbildung 3 war dasjenige, das er am 26. Februar 1942 vor einem größeren Kreis geladener Gäste im Harnackhaus der Kaiser-Wilhelm-Gesellschaft (KWG) in Berlin-Dahlem bekanntgab: Der gemessene Vermehrungsfaktor k_∞ der Neutronen hat bei diesen Messungen den Wert: $k_\infty = 1{,}01 \pm 0.01$. Damit war erstmals der Nachweis gelungen, daß für einen Reaktorprototyp von geeigneter Größe eine ständig sich aufrechter-

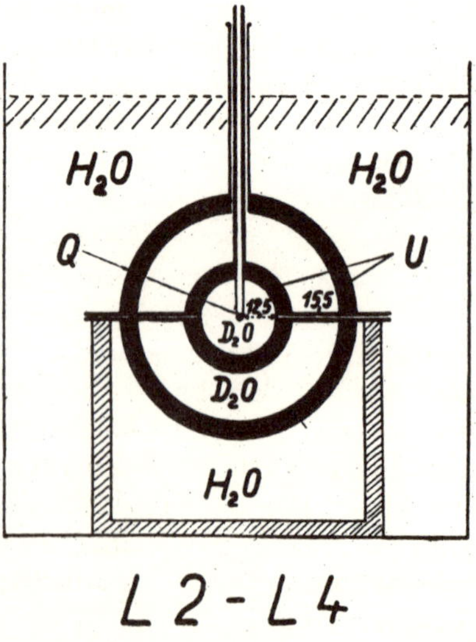

Abb. 3: Schema der Versuchsanordnung. Dicke der Kugelschalen 3,5 cm. Uran und D_2O sind durch nicht eingezeichnete Wände aus Aluminiumblech getrennt. Abstandsangaben in der Figur in cm.

haltende Kettenreaktion mit Uran und Moderator im Prinzip realisierbar sein muß. Zugleich war ein entscheidender Schritt zur Freisetzung nuklearer Energien getan. Bei der sich anschließenden Diskussion fragte einer der anwesenden Generale Herrn Heisenberg, in welcher Zeit diese Feststellung dazu führen könne, eine militärische Waffe damit herzustellen. Herrn Heisenbergs vorsichtig formulierte Antwort, die nicht im Wortlaut niedergeschrieben ist, besagte, daß es nach seiner Schätzung mindestens noch zwei Jahre dauere. Nach dem 6. August 1945 sagte mir Herr Diebner im englischen Farmhall, er habe damals aus dem Kreise des fragenden Generals die Antwort gehört: „Bis dahin muß der Krieg längstens gewonnen sein."

c) *Die Gottower Würfelversuche von Diebner 1943*

An dieser Stelle muß darauf hingewiesen werden, daß die KWG bald darauf Herrn Heisenberg zum Leiter des KWI für Physik nach Berlin berief und damit Herr Diebner an seine frühere Stelle beim HWA voll zurückkehrte. Für den letzteren bedeutete dies, daß er von der Berliner Gruppe voll unabhängig war und ganz seinen eigenen Ideen und diesen mit allen Mitteln des HWA gut nachgehen konnte. So baute er sich auf einem Forschungsgelände in Gottow bei Berlin ein kleines Labor auf, das im Lauf der Zeit die Prototypen von Uranbrennern aufnehmen konnte, wie er sie wollte. Er stellte auch Physiker und Ingenieure ein, wie er sie brauchte, und die bekam er trotz des Krieges, weil das HWA dahinterstand und diese Fachkräfte auch freigestellt werden konnten.

Außerdem hatte er praktisch freien Zugriff zum norwegischen schweren Wasser. Das gleiche galt für alle Formen des Urans. So konnte ein neuer Prototyp eines Uranbrenners entstehen, der, wie sich herausstellte, besser arbeitete als alle seine Berliner und Leipziger Vorgänger.

Das Diebnersche Konzept arbeitete folgendermaßen: Er verwendete reines Uranmetall in Form von Würfeln von 5 cm Kantenlänge als Brennstoff und reines schweres Wasser als Moderator. Beide Materialien befanden sich in einem zylindrischen Kessel, der auf einer Kühleinrichtung stand, die die runde Grundplatte des Zylinders so kalt werden ließ, daß schweres Wasser auf ihr zum Gefrieren kam. Die Füllung des Kessels geschah nun folgendermaßen: Bei Beginn wurde nur so viel schweres Wasser hineingegeben, daß z. B. eine etwa 10 cm hohe Flüssigkeitsschicht auf der Bodenfläche lag, die man dann gefrieren ließ.

Die feste Eisschicht belegte man mit den Uranwürfeln mit je 10 cm Abstand voneinander nach allen Richtungen, so daß diese erste Platte gleichmäßig bedeckt war. Danach goß man so viel schweres Wasser nach, daß wiederum nach dem abermaligen Gefrieren eine neue Eisplatte entstand, auf die man wieder Uranwürfel legen konnte, und das geschah so lange, bis der Schwerwasservorrat erschöpft war.

Während des ganzen Füllvorgangs wurde an sehr vielen Stellen innerhalb und außerhalb des allmählich immer weiter gefüllten Aluminiumzylinders fleißig gemessen. Am Schluß wurden vom Theoretiker Dr. Höcker die Ergebnisse sehr sorgfältig ausgewertet. Es ergab sich dabei das Ergebnis:

$k_\infty = 1{,}13 \pm 0.01$

Das war das im Herbst 1943 erreichte damalige Rekordergebnis der Gottower Diebner-Hartwig-Herrmann-Höcker-Gruppe, so wie ich dies von Diebner in mehreren Gesprächen persönlich erfuhr. Man kann in diesem Sinne das 1944/45 mit etwas größerem Aufwand an schwerem Wasser und Uranmetall durchgeführte Berliner Experiment B_8 (siehe Abbildung 4) als eine gute Bestätigung des hier beschriebenen Gottower Versuchs dafür ansehen, daß die Würfelkonzeption für Natururan, jedenfalls in Verbindung mit D_2O, den besseren Reaktorprototyp im Vergleich zur Berliner Scheibenkonzeption darstellt. Der beim B_8-Versuch etwas niedrigere Vermehrungsfaktor $k_\infty = 1.08$ hing wohl damit zusammen, daß die Aluminiumdrähte als eine schwache Legierung eine leichte Absorberwirkung für Neutronen hatten, die es im Gottower Versuch im gleichen Sinne nicht gab.

Es bleibt deshalb dabei, daß es vor dem Ende des II. Welt-

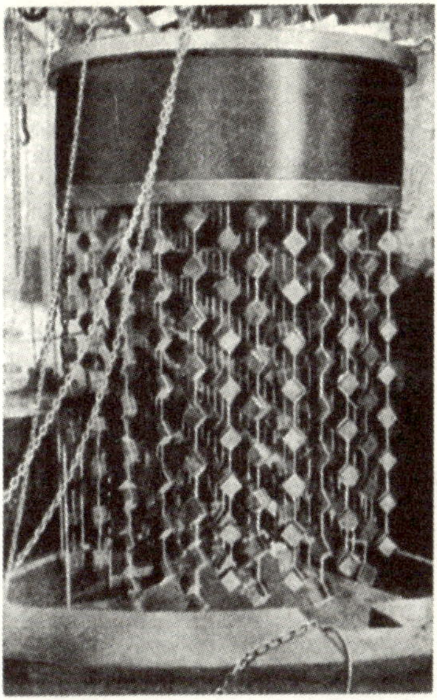

Abb. 4: Raumgitter der U-Würfel im B_8. Würfeldimensionen aller Kantenlängen: 5 cm; Abstand nächster Nachbar: 14 cm. Die Würfel sind an 78 Ketten am Boden des auf dem Bild sichtbaren Deckeleinsatzes über der Kesselanlage aufgehängt, 40 Ketten mit 9 Würfeln, 38 Ketten mit 8 Würfeln. (Dies sind weder die günstigsten Würfeldimensionen noch die günstigsten Abstände für ein optimales k_∞.)

krieges, d. h. für Deutschland und damit auch für Hitler keine Atombombe hätte geben können, denn bis zu diesem Zeitpunkt existierte noch kein selbsterregter Uranbrenner, und vorher konnte es kein Physiker wagen, über so etwas wie den Bau einer Atombombe ernsthaft nachzudenken. In den wissenschaftlichen Berichten seiner Mitglieder und in ihrer Zusammenfassung, den Fiat Reviews of German Science von 1948[1], kommt dieses Wort auch nirgends vor.

Bis zu Hitlers Ende hatten wir mit dem ‚Berliner' Reaktorprototyp B_8 mit dessen Einrichtung in Haigerloch in Württemberg genau nur 75 % der kritischen Größe für die Selbsterregung erreicht. Der Umbau der zylindrischen Anlage in eine kugelsymmetrische hätte vielleicht noch ein halbes Jahr gedauert. Dann wären wir in Deutschland so weit gewesen, wie die US-Amerikaner bereits am 2. Dezember 1942 mit ihrem Uran- und Reinstgraphit vorgestoßen waren. An diesem Tage hatte der Italiener Enrico Fermi den ersten Reaktor mit der sich selbst aufrechterhaltenden Kettenreaktion im Sportstadion der Universität von Chicago in Betrieb genommen. Dabei ging es damals ebenso wie bei den Gottower oder Berliner Einrichtungen auch um sog. thermische Neutronen, d. h. um sehr energiearme Teilchen. Damit kann keine Atombombe betrieben werden. Deren Energien sind um das viele Millionenfache höher als die in normalen Kraftreaktoren, und das ist nicht möglich mit Natururan, das ein Isotopengemisch von Uran vom Atomgewicht 235 und Uran 238 ist. Die beiden Isotopen 235 und 238 sind aber von sehr unterschiedlicher Häufigkeit, nämlich in der Folge beider Zahlen wie 1:139. Beide sind chemisch nicht voneinander unterscheidbar und damit auch auf chemischem Wege nicht trennbar. In der Natur ist es nun gerade so eingerichtet, daß das seltenere Isotop 235 der eigentliche Kernbrennstoff ist, der bei der Atombombe sogar in möglichst hoher Reinheit gebraucht wird.

Das ist nur auf sehr umständlichen Wegen mit physikalischen Methoden zu erreichen. Im März 1943 hatten wir nach dem Vorbild unserer labormäßig aufgebauten, schon am 24. Februar 1940 dem HWA vom Verfasser dieses Artikels vorgeschlagenen und dann für „Geheim" erklärten Isotopenschleuse[1] bei einer Berliner Firma ein erstes mehr technisches Gerät zur Isotopentrennung mit dem Gas UF_6 in Auftrag gegeben. Als es gerade fertiggestellt und seine Lieferung an das KWI für Physik in Berlin angekündigt war, rief mich der Direktor dieser Firma an und teilte mir mit, daß ein Bombenangriff in der vorhergehenden Nacht genau das Gebäude getroffen hatte, in dem sich die lieferbereite Einrichtung zur Isotopentrennung befand. Es war völlig vernichtet worden. Damit waren die Ergebnisse ei-

[1] Siehe die ein halbes Jahrhundert spätere Veröffentlichung der Originalarbeit im Band 58, Heft 2, Seite 68 der Abhandlungen der Sächsischen Akademie der Wissenschaften zu Leipzig

ner zweijährigen Forschungs- und technischen Entwicklungs- und Aufbauarbeit verlorengegangen.

Diese Vernichtung geschah im Herbst 1943 praktisch gleichzeitig mit der Bombardierung und restlichen Sprengung durch ein alliiertes Fallschirmkommando des norwegischen Schwerwasserwerks in Rjukan. Damit war nicht nur der Beginn der ersten Versuche zur Uranisotopentrennung verhindert, sondern zugleich die für uns sehr wichtige Schwerwasserquelle restlos beseitigt.

Man kann natürlich darüber nachdenken, ob die Bombardierung der Berliner Firma ein scharf geplantes und der genaue Treffer der Isotopenschleuse ein gut gezieltes oder ein reines Zufallsunternehmen war. Jedenfalls war es für uns ein harter Schlag.

Selbstverständlich hat Herr Diebner nach der Vernichtung der Isotopentrennapparatur durch den Bombentreffer dafür gesorgt, daß ein Ersatzgerät nach denselben Zeichnungen von einer Filiale der Berliner Firma Bamag-Meguin in Butzbach-Oberhessen gebaut werden sollte. Das geschah in der Tat. Es dauerte angesichts der allgemeinen Kriegsverhältnisse mit ihren Materialknappheiten und dem großen Facharbeitermangel 1944/45 aber ungefähr ein Jahr, bis die nächste Apparatur fertiggestellt und dann in das von Berlin nach Hechingen verlagerte KWI für Physik geliefert und betriebsbereit wieder aufgestellt war.

Am 20. April 1945 besetzte die amerikanische ALSOS-Besatzungsmission unser Hechinger Institut. Sie interessierte sich besonders für meine Isotopenschleuse und ein zweites, anderes Gerät von meinem Kollegen Dr. Korsching. Als sie anfingen, unsere Geräte dann sogar abzubauen, wobei ich wegen der Giftigkeit von Uranhexafluorid aus Sicherheitsgründen sogar mithelfen mußte, ging meine zweite Apparatur wiederum verloren.

Beide Einrichtungen wurden dann in Kisten verpackt und auf Lastautos geladen, die schließlich nach Oak Ridge ins Tennessee Valley, USA, kamen. Das war dort, wo die Amerikaner schon 1943/45 ihre riesenhaften Isotopentrennanlagen angelegt hatten.

Als ich 1956 einmal besuchsweise nach Oak Ridge kommen durfte, fragte ich auch nach meiner Apparatur aus Hechingen. Darauf antwortete man mir: „Die befindet sich dort in diesem Gebäude. Aber wir können sie Ihnen jetzt leider nicht zeigen." Sie deuteten dabei auf eins von vielen, vielen Gebäuden.

Ich dachte damals zurück an den in amerikanischer Uniform gekleideten Physiker, der meine Apparatur in Hechingen abbauen mußte und mich mit meinem etwas traurigen Gesicht ansah und dann offenbar zum Trost zu mir sagte: „C'est la guerre, monsieur!" Deutsch konnte er offenbar nicht. Ich dachte für mich nur: ‚Der II. Weltkrieg ist offenbar immer noch nicht ganz zu Ende!'

4. Schlußbemerkung

Der am 16. September 1939 gegründete, etwas später oft sog. „Uranverein" war an diesem Tage vom Heereswaffenamt in Berlin durch die Herren Dr. Basche und Dr. Diebner vor die Frage gestellt worden, ob es auf dem Wege über die Uranspaltung durch Neutronen möglich ist, eine neue Energiequelle zu erschließen. Eine eindeutige Antwort von der Form ‚JA' oder ‚NEIN' sei durch geeignete experimentelle und theoretische Untersuchungen herauszufinden.

Diese Aufgabe an die eingeladenen Physiker, Wissenschaftler von verwandten Gebieten, Ingenieure und Techniker, legte deren Arbeiten für die Jahre des II. Weltkrieges vom 1. September 1939 bis zum 8. Mai 1945 im Rahmen der durch den Krieg erheblich eingeschränkten Möglichkeiten weitgehend fest. Es war dabei das Ziel, einen Reaktorprototyp zu entwickeln, der mit Hilfe einer Kettenreaktion von Neutronen eine sich selbst aufrechterhaltende Energieerzeugung bewirkt.

Im Rahmen von verschiedenen und laufend verbesserten Prototypen solcher Reaktoren sowohl in Berlin von B_1 bis B_7 als auch in Leipzig von L_1 bis L_4 und in Gottow bei Berlin von G_1 bis G_3 sind diese so weit entwickelt worden, daß kurz vor Kriegsende der letzte Reaktorprototyp B_8 in Haigerloch schon bis zu 75 % der Leistungsfähigkeit und Größe eines selbsterregten und unbegrenzt arbeitenden Reaktors gekommen war.

Etwa vier bis sechs Monate später hätte er den schließlich angestrebten Zustand der Kritikalität mit Sicherheit erreicht. Nur das Kriegsende 1945 und die Besetzung von Haigerloch konnten das gerade noch verhindern. Solange dieser Zustand noch nicht vorlag, durfte man nicht einmal entfernt an eine spätere militärische Anwendung der Kernenergienutzung denken. Das war die damalige Situation.

Während des Krieges war es also ohnehin ganz unmöglich, eine Atombombe für Hitler herstellen zu wollen. Wir waren weit, viel zu weit entfernt davon. In dieser Zeit sprach auch kein einziges Mitglied des Uranvereins oder des HWA je eine solche Idee aus.

Das gilt ganz abgesehen davon, daß wir 1945 keine größere Einrichtung zur Isotopentrennung zur Verfügung hatten, die das stark angereicherte Uran 235 hätte produzieren müssen. Daß dabei die Kriegsereignisse vom Herbst 1943, unter anderem mit der Bombardierung der Bamag-Meguin-Werke von Berlin und der Zerstörung des Schwerwasserwerks in Rjukan in Norwegen, wesentlich mit zum stark verzögerten Verlauf dieser ganzen Entwicklung auf deutscher Seite beigetragen haben, bedarf wohl keiner weiteren Erklärung.

Stefan Fröhlich

Das Manhattan-Projekt

Am Anfang stand Hitler, am Ende das nukleare Inferno über Hiroshima und Nagasaki; beides veränderte die Welt. Fünfzig Jahre Atomzeitalter, mehr als vier Jahrzehnte Ost-West-Gegensatz – eine symbiotische Verbindung, die sich aufgelöst hat an der Wendemarke zu einem Epochenwechsel in den Jahren 1989/90. Letzterer ist hoffentlich ein Stück Zeitgeschichte, ersteres lediglich in eine neue Dimension gerückt.

Das Nuklearzeitalter, wie man die Nachkriegszeit gerne bezeichnet hat, ist mit dem Ende des Kalten Krieges keinesfalls abgeschlossen. Man mag die Dominanz, mit der die Nuklearwaffen in der Vergangenheit das strategische Denken in Ost und West bestimmten, angesichts der zu bewältigenden Aufbauarbeiten im Osten zwar durchaus aus den Köpfen expedieren wollen. Das Wissen um den traurigen Ruhm aber, den ein 1940 in Berkeley als erstes nicht in der Natur vorkommendes, künstlich erzeugtes chemisches Element (Plutonium) innerhalb von nur fünf Jahren erlangte – von der naturwissenschaftlichen Sensation zum Massenvernichtungsmittel –, läßt sich nicht rückgängig machen.

Über das Manhattan-Projekt ist gerade in den vergangenen Jahren wieder eine Flut von Schriften erschienen. Der folgende Beitrag beabsichtigt, Grundlagen und Stationen für die Entwicklung der Kernwaffen nur insoweit nachzuzeichnen, als dies für den Kontext der Analyse und zum besseren Verständnis erforderlich ist. Eine detaillierte Chronologie der Ereignisse ist in diesem Rahmen nicht möglich und wohl auch nicht erforderlich; die Entwicklungsstufen sind hinlänglich bekannt: Entdeckung der Uranspaltung durch Otto Hahn und Fritz Straßmann Ende 1938; darauf aufbauend die Untersuchungen von

Enrico Fermi zur Erzeugung von Atomenergie durch Kettenreaktion bei der Uranspaltung, die schließlich am 2. Dezember 1942 in Chicago gelang; künstliche Erzeugung von Plutonium 1940; Empfehlung Einsteins und einer amerikanischen Wissenschaftskonferenz an den Präsidenten 1939 bzw. am 6. Dezember 1941, mit dem Bau einer auf dem Prinzip der Kernspaltung beruhenden Bombe zu beginnen; daraufhin ab 1943 Errichtung von Großanlagen in den USA zur Gewinnung von Uran 235 und Inbetriebnahme des ersten plutoniumerzeugenden Reaktors 1944; schließlich parallele Einrichtung des Forschungslaboratoriums unter der Leitung von Robert Oppenheimer in Los Alamos (New Mexico), in dem im Rahmen des Manhattan-Projekts die ersten Atombomben gefertigt werden.[1]

Gewiß sollte sich ein Politikwissenschaftler tunlichst nicht auf technische Diskussionen im Detail einlassen. Vielmehr ist im folgenden beabsichtigt, nach den Ursprüngen, Bedingungen und Motiven einer Entwicklung zu fragen, die nicht allein die Grundsätze der Militärstrategie, sondern auch die Außen- und Sicherheitspolitik der Staatenwelt nach 1945 tiefgreifend verändert hat.

Allzuoft vermögen wir bereits in den Ursprüngen einer neuen Technologie jene Faktoren und Kräfte auszumachen, die deren Entwicklung vorantreiben oder aber in dem Moment zu blockieren suchen, da sie in eine andere als die gewünschte Richtung zu laufen droht. Die Untersuchung solcher Determinanten sollte Aufschluß geben über die Frage, warum Staaten überhaupt in diesen Entwicklungsprozeß eintraten, warum Kernwaffen in den fünfziger Jahren nicht etwa als politische Waffen verstanden wurden, zu denen man allenfalls in aussichtsloser Situation Zuflucht nimmt, sondern als mit konventionellen Waffensystemen gleichwertige Kriegsführungsinstrumente, und warum Staaten voraussichtlich auch künftig auf sie als Abschreckungsinstrument zurückgreifen werden.

1. Die Idee – ein unvermeidliches Kriegsprodukt?

Was waren die Gründe für die amerikanischen Anstrengungen zur Herstellung der Bombe? Es gibt zwei grundsätzliche Wege, diese Frage zu beantworten. Auf der einen Seite können wir die individuellen Entscheidungsprozesse zum Maßstab nehmen, also die Entscheidung zur Erforschung der wissenschaftlichen Dimensionen des Kernspaltungsprozesses, die Entscheidung darüber, ob die Zielvorstellungen realisierbar waren oder nicht, die Entscheidung, ungeachtet des Kostenaufwandes alle Optionen zur Umsetzung des Projektes in Betracht zu ziehen; und wir können die Erklärungsmuster der Zeitzeugen für ihre Entscheidungen heranziehen. Beides ist für die Differenzierung von Mythos und Wirklichkeit im Zusammenhang mit dem amerikanischen Programm zur Entwicklung der Atombombe unerläßlich.

Auf der anderen Seite ignorieren Betrachtungen, die sich ausschließlich in dieser Fluchtlinie bewegen, den wesentlich breiteren Kontext, innerhalb dessen am Ende die Entscheidungen zur militärischen Nutzung der Atomenergie getroffen wurden. Jede Analyse der Motive erfordert selbstverständlich die Extrapolation auf die gleichsam entscheidungsrelevanten historischen, sozialen und politischen Hintergründe des Projektes. Diese zweite Betrachtungsweise stellt die Frage nach den Entstehungsursachen in den Kontext einer Untersuchung des Krieges als sozialer Prozeß.

Von entscheidender Bedeutung ist zunächst die Feststellung, daß die Atombombe ein Kriegsprodukt war. Der Zweite Weltkrieg war sowohl auslösendes Moment wie Voraussetzung für die Entwicklung der Kernwaffen. Er ermöglichte eine ungeahnt rasche Mobilisierung wissenschaftlichen Know-hows und industrieller Ressourcen. Roosevelt und ein kleiner Beraterstab trafen die Entscheidung zum Bau der Bombe bereits im Oktober 1941 quasi unter dem Kriegssiegel der strikten Geheimhaltung. Auf diese Weise unterlag das Projekt bis zum Abwurf der Bomben über Hiroshima und Nagasaki im Augsut 1945 der Kontrolle des Präsidenten und seines Nachfolgers Harry Truman. Auch der Kongreß war von den Zielvorstellungen des Manhattan-Projekts nicht unterrichtet. Lediglich einige führende Mitglieder wurden, nachdem das Programm bereits in Gang war, in das Unternehmen eingeweiht, um lästigen Anhörungen in beiden Häusern zu den seit 1943 in Bau befindlichen 37 Großanlagen in insgesamt 19 verschiedenen Staaten und in Kanada vorzubeugen und die dafür in weniger als drei Jahren erforderlichen gewaltigen Summen in Höhe von 2 Mrd. Dollar bewilligt zu bekommen.[2] Hinzu kam, daß es im Umfeld des Präsidenten zu keinem Zeitpunkt ernsthafte Zweifel an der Richtigkeit der Entscheidung zugunsten der Entwicklung von Kernwaffen gegeben hat.

War die Entwicklung zum Nuklearstaat somit vorgezeichnet? Es ist eher unwahrscheinlich, daß ein so groß angelegtes Unternehmen wie das Manhattan-Projekt auch zu Friedenszeiten hätte umgesetzt werden können. Weder wäre der Kongreß unter normalen Umständen zu umgehen gewesen, noch hätte ein derartiges Projekt als reine Defensivmaßnahme in einer noch weitgehend isolationistisch, neutralistisch und anti-kriegsgestimmten Öffentlichkeit politisch „verkauft" werden können. Die Gefahr, daß andere Staaten ähnliche Anstrengungen unternehmen und auf kurze Sicht die eigene Sicherheit erstmals in der Geschichte des Landes wirklich bedrohen könnten, hätte im Innern wie mit Blick auf die internationale Staatenwelt wohl eher unruhestiftend gewirkt.

Hätten andere Staaten auf dem alten Kontinent bereits mit der Entwicklung eines vergleichbaren Programms begonnen – die Situation wäre natürlich eine andere gewesen. Ihnen wären aber mit gleicher Vehemenz Vorbehalte begegnet, bedenkt man die geographischen Nachteile im Vergleich zu der insularen Lage der USA, im Falle des nationalsozialistischen Deutschlands wären ihnen wahrscheinlich bereits in einem viel früheren Stadium altbekannte Schutzstrategien wie Einkreisung, antideutsche Beistandspakte, Boykott deutscher Exporte etc. gegenübergestanden. Tatsache ist jedenfalls, daß die besonderen Kriegsumstände die Entwicklung von Kernwaffen begünstigt haben und daß ohne diese eine sicherlich größere Chance bestanden hätte, sie zu verhindern. In dem Moment aber, da ein Staat im Besitz des technischen Know-hows zur Entwicklung von Nuklearwaffen war, mußte die Kernwaffenproblematik eine unumkehrbare Eigendynamik entfalten.

Man mag solche Überlegungen als Analytik post festum oder reine Spekulation abtun. Sie scheinen jedoch angemessen, will man die historischen und sozialen Umstände, aus denen heraus die Entwicklung von Nuklearwaffen erst möglich war, analysieren bzw. deren Kontingenz verstehen. Die Atombombe war, wie gesagt, das Produkt des Zweiten Weltkrieges. Die Tatsache, daß das Prinzip der Kernspaltung durch Hahn und Straßmann im nationalsozialistischen Deutschland am Vorabend des Krieges entdeckt wurde und damit die Voraussetzung für die Möglichkeit der Erzeugung einer schier unvorstellbaren Sprengkraft geschaffen war, war so gesehen eine zufällige Koinzidenz. Warum diese Entdeckung ausgerechnet in den USA für Kriegszwecke instrumentalisiert wurde, wird uns im folgenden mit zu beschäftigen haben. Wäre diese Entdeckung jedoch drei bis fünf Jahre früher gemacht worden, so schrieb der Historiker James Phinney Baxter unmittelbar nach Kriegsende, und wäre es Deutschland gelungen, sich zu einem früheren Zeitpunkt die eigenen wissenschaftlichen Erkenntnisse „nutzbar" zu machen – die Weltgeschichte hätte wahrscheinlich einen anderen Verlauf genommen.[3] Deutschland wäre in die Lage versetzt worden, eben jenes Bedrohungsszenario zu realisieren, welches Nicholas Spykman Anfang 1942 entfaltete – die Kontrolle der eurasischen Landmassen durch einen ihrer Schlüsselstaaten.[4]

2. Der Krieg als Stimulus für wissenschafts-technologische Innovation

Der Zweite Weltkrieg hat in weit stärkerem Maße wissenschaftlichen Sachverstand gebündelt als die vorangegangene erste Jahrhundertkatastrophe. Aber diese Bündelung, so hat Alan S. Milward 1977 eindrucksvoll nachgewiesen, führte längst nicht selbstverständlich zur Fertigung der ersten Atombombe.[5] Es gab starke Vorbehalte unter den Wissenschaftlern und Bemühungen, das Projekt, wenn nicht in jedem Fall zum Scheitern, so doch unter Kontrolle zu bringen und auch zu halten. In Militärkreisen bestand keinesfalls uneingeschränkt die Neigung, die Erkenntnisse zur zivilen Nutzung der Atomenergie militärischen Zwecken zuzuführen. Und selbst die von Roosevelt im Oktober 1941 als technische Direktoren der sog. *„Top Policy Group"* eingesetzten und für die Entwicklung des Programms verantwortlichen Wissenschaftsberater Vannevar Bush (Direktor des *Office of Scientific Research and Development* – OSRD) und James B. Conant (Vorsitzender des *National Defense Research Committee* – NDRC), unbestritten die treibenden Kräfte des Projekts, beurteilten dessen Erfolgsaussichten anfänglich eher skeptisch; in verschiedenen Schreiben an den Präsidenten wiesen sie auf die mit dem geplanten Programm verbundenen Kosten, die Konsequenzen für die übrigen Kriegsproduktionsprogramme und den Zeitfaktor hin.[6]

Dennoch setzten die USA und Großbritannien – und nicht Japan und Deutschland – schließlich alles an eine erfolgreiche Umsetzung des Programms. Entscheidend dafür war nicht zuletzt, daß die deutsche und japanische Kriegszielplanung auf möglichst rasche Erfolge an der Front ausgerichtet war. Entgegen weitverbreiteter Ansicht hatten die Achsenmächte erst nach den ersten größeren Verlusten einen dem amerikanischen und britischen vergleichbaren, hohen Kriegsmobilisierungsgrad erreicht. Strategie und militärische Forschungs- und Entwicklungsanstrengungen waren auf kurzfristige Erfolge, nicht auf mittel- bis langfristige Entwicklungsprozesse angelegt.

Vor allem in den USA hingegen herrschte innerhalb der Administration das Gefühl – ungeachtet der Stimmen, die vor der zunehmenden eigenen Verwundbarkeit warnten –, aus der vergleichsweise sicheren geostrategischen Position heraus doch eine insgesamt größere Planungssicherheit zu besitzen, die es erlaubte, in längerfristigen Kategorien des *„all-out war"* oder der *„unconditional surrender"* zu denken. Dies klingt angesichts der Angst, den Rüstungswettlauf gegen Deutschland zu verlieren, zunächst paradox. Im Grunde aber war die Auffassung eines Spykman, durch militärische Präsenz und verstärkte eigene Rüstungsanstrengungen das europäische Gleichgewicht nicht erneut ins Wanken geraten zu lassen, nur bei Teilen der militärischen Führung und im State Department, vor allem aber bei zahlreichen Wissenschaftlern, populär. Roosevelt dagegen verwarf diese Linie.

Hinzu kam, daß der Präsident wie auch Marshall und Stimson eigentlich kein allzu großes Interesse an den Möglichkeiten waffentechnologischer Innovationen zeigten – ganz abgesehen davon, daß wohl alle dem Projekt trotz uneingeschränkter Unterstützung mit einem letzten Unbehagen gegenüberstanden.

Unter diesen Bedingungen spielte der Zeitfaktor auch bei der politischen Führung von Anfang an eine entscheidende Rolle für die amerikanische Strategieplanung. Nichts wog in Washington schwerer als die Angst, Deutschland könne das Rennen um die Bombe aufgrund des ohnehin erzielten zweieinhalbjährigen Wissensvorsprungs am Ende für sich entscheiden. Alle am Projekt Beteiligten, Militärs wie Zivilisten gleichermaßen, waren sich zumindest in diesem Punkt einig: Die schnellstmögliche Entwicklung der Bombe hatte oberste Priorität. Bereits vor Übernahme der Kontrolle des Kernenergieprogrammes durch die Militärs Ende 1942 arbeiteten die Wissenschaftler ganz offensichtlich unter dem Gefühl eines enormen Drucks und der Verantwortung, den Rüstungswettlauf gegen die deutschen Kollegen nicht zu verlieren. Arthur Compton, Direktor des Atomenergieprogramms an der Universität von Chicago, forderte im Juni 1942 angesichts der geringen Fortschritte in den amerikanischen Forschungslaboratorien verstärkte Anstrengungen, um dem „deutschen Atomprogramm" entgegenzusteuern. Oppenheimer mahnte einen Monat später, der Krieg könne bereits verloren sein, noch bevor eine Antwort auf ihn gefunden war. Und Leo Szilard, Mitglied der Arbeitsgruppe Fermis, stellte im September 1942 in einem Memorandum die bange Frage: „*What is wrong with us?*"

Andererseits aber war man auch der Überzeugung, daß nur eine gezielte Verbesserung der Kriegsführungstechnologie, wie sie schließlich mit der strategischen Bomberflotte auch gelang, den Krieg überhaupt zugunsten der Alliierten entscheiden konnte. Dies aber erforderte eine verstärkte Nutzbarmachung der Wissenschaft für die Kriegszielplanung auch unter Inkaufnahme des Risikos einer entsprechend verzögerten Einsetzbarkeit dieser Technologien. Abgesehen davon schien man in Washington vor allem kurz vor Kriegsende darauf zu spekulieren, daß die Deutschen aufgrund der fragmentierteren Forschung zu einer vergleichbaren Mobilisierung wissenschaftlichen Knowhows vielleicht doch nicht in der Lage sein würden.[8] Nichts deutete mehr darauf hin als eine der größten Ironien in der Geschichte des Krieges überhaupt – die Tatsache nämlich, daß die sechs hauptverantwortlichen Wissenschaftler für die Initiierung von Atombombenprogrammen in den USA und Großbritannien aus Deutschland vor dem Nationalsozialismus geflohen waren bzw. durch ihn vertrieben wurden.[9]

Für die Wissenschaftler aber blieb der Zeitfaktor ein überragendes Motiv. Einzig aus diesem Grund bemühten sich Bush, Conant und Groves von Beginn an um eine möglichst enge Koordinierung aller Aktivitäten und eine aktive Rolle der Wissenschaftler im politischen Entscheidungsprozeß.

3. Das Anlaufen des Projekts im Spannungsverhältnis zwischen Wissenschaft und Politik

Daß damit wiederum große Spannungen zwischen Wissenschaft und Politik vorprogrammiert waren, liegt auf der Hand. Bush und Conant in Washington wie die Forscher in den verschiedenen Laboratorien führten von Anfang an eine Auseinandersetzung an zwei Fronten: an der einen gegen die Achsenmächte, allen voran Deutschland; an der anderen gegen die wissenschaftsfeindlichen Kräfte im eigenen Land.

Schon in der entscheidenden Forschungsphase zwischen Oktober 1941 und Dezember 1942 im Metallurgischen Laboratorium (Met. Lab.) der Universität von Chicago kam erschwerend hinzu, daß die im Zusammenhang mit dieser engen

Verflechtung geplanten Kontrollmechanismen gleichsam zu Spannungen zwischen Universitäts- und Industriewissenschaftlern führten; auffällig war der teilweise ungestüme Ehrgeiz jüngerer Forscher, die soeben die Universitäten verlassen hatten, nun zu dem Projekt hinzugestoßen waren und sich weniger um solche Reglementierungen sorgten, den Krieg quasi durch ihren Beitrag im Forschungslaboratorium zu gewinnen.

Hans Bethe und Edward Teller, der acht Jahre später die entscheidenden Bedingungen für den Bau der Wasserstoffbombe finden sollte, schlugen aus diesen Gründen im August 1943 die alleinige Übernahme der Verantwortung des Projekts in Los Alamos durch die an ihm beteiligten, erfahrensten Forscher vor. Andernfalls, so die Wissenschaftler, drohe das Programm in den Mühlen von zivilen oder Militärbürokraten zu ersticken.

Tatsächlich unterlag das Projekt bis zum Schluß strengsten Kontrollen und Sicherheitsbestimmungen durch die politisch-militärische Führung. Oppenheimer hatte im Frühjahr 1943 größte Überzeugungsarbeit leisten müssen, um die Vorbehalte der schließlich am Projekt in Los Alamos beteiligten Wissenschaftler gegenüber einer quasi reglementierten Wissenschaft abzubauen. Ohne eine Reihe von Konzessionen seitens des OSRD, so machte er in einem Schreiben vom Februar 1943 an Conant deutlich, würde das Projekt auf keinen Fall durchzuführen sein. Zentrale Forderung sei die Demilitarisierung von Los Alamos. Zwar sei man bereit hinzunehmen, daß die Wahrnehmung der Sicherheitsmaßnahmen durch die Militärs erfolgte, wie diese jedoch im Detail auszusehen hätten, müsse den Wissenschaftlern überlassen bleiben. Andernfalls, so hätten ihm vor allem die bekannten Physiker Rabi, Bacher, McMillan und Alvarez bedeutet, sei das Projekt erheblich beeinträchtigt. Unter diesen Umständen, so schloß Oppenheimer, sei es daher dringend erforderlich, eine Kompromißlösung zu finden.[10]

Diese fand man schließlich dergestalt, daß die Arbeit in Los Alamos praktisch in zwei mehr oder weniger voneinander unabhängige Phasen, eine zivile und eine militärische, aufgeteilt wurde. Groves und Conant erläuterten Oppenheimer in einem Antwortschreiben vom 25. Februar die Details ihrer Überlegungen: Die zivile Phase enthalte sozusagen die Grundlagenforschung, einschließlich aller technischen Arbeiten und Verwaltungsaufgaben (Rekrutierung des Personals etc.) im Rahmen des Projekts durch die Wissenschaftler, die zweite, frühestens am 1. Januar 1944 beginnende militärische Phase die Implementierung bzw. notwendige *Contingency*-Planung.[11]

In der Literatur ist viel darüber räsoniert worden, ob nun dieser Kompromiß am Ende ein Erfolg für die Wissenschaftler war oder nicht. Tatsächlich ist an dem zivilen Status des Projekts niemals gerüttelt worden (wahrscheinlich aufgrund seines reibungslosen Funktionierens). Auf der anderen Seite wurde die letztendliche Kontrolle durch die Militärs lediglich aufgeschoben, keinesfalls aber aufgehoben. Auf beiden Seiten wogen daher die Argumente schwer.

Viel fataler als die Kontrollbestimmungen zum äußeren Schutz des Projekts schien in den Augen der Wissenschaftler zunächst, daß Washington sich das Argument der größtmöglichen Autonomie quasi zu eigen gemacht hatte und daraus seinerseits die Forderung nach strikter Vermeidung eines internen, freien Informationsflusses ableitete. Erschwerend hinzu kamen zwei weitere Faktoren: Erstens das Paradoxon, daß bei aller gebotenen Eile die politische Führung nunmehr entgegen ihrer im Oktober 1941 erklärten Absicht keine Anstalten zu machen schien, das Projekt durch Aufhebung unnötiger bürokratischer Hemmnisse voranzutreiben. Zweitens die Neigung der Forschungselite, seit 1943 ihrem Unmut nicht nur über die schleppende Bürokratie, sondern auch über die zusehends geringere Involvierung Luft zu machen. Die Kritik ging bisweilen so weit, daß das Projekt insgesamt in Frage gestellt wurde; der Physiker Philip Morrison faßte die wesentlichen Aspekte im Juli 1943 in einem Brief an Oppenheimer nicht ohne Pathos im Stile des gekränkten Demiurgen zusammen: Die augenblicklich schlechte Moral, so Morrison, sei das Ergebnis der „hohen Politik, des Verantwortungsverlustes des Chicago-Laboratoriums, der Ineffizienz der Washingtoner Bürokraten, der geradezu verschwenderischen ‚Business-as-usual'-Haltung der Vertragspartner in der Industrie und der mangelnden Bereitschaft der Militärs, eben jenen zu vertrauen, die einzig über den entscheidenden Sachverstand verfügten".[12]

Äußerer Anlaß für den plötzlichen Stimmungswandel war der nach dem erfolgreichen Abschluß der Forschungsphase im Met. Lab. praktisch über Nacht eingetretene Bedeutungsverlust der „Chicagoer" Wissenschaftler. Mit Fermis Entdekkung ging das Projekt in die experimentelle Phase in den Forschungslaboratorien in Oak Ridge (Tennessee), Hanford (Washington) und Los Alamos über; dort galt es nun herauszufinden, ob eine sich selbst erhaltende Kettenreaktion grundsätzlich auch unter Beschießung schneller Neutronen möglich war und ob eine auf dem Einfang schneller Neutronen beruhende Kernspaltung sowohl in dem im natürlichen Uran wesentlich häufiger vorkommenden Isotop U 238 als auch in dem seltenen Isotop U 235 stattfand. Wenn nämlich der Kernspaltungsprozeß nur über langsame Neutronen erfolgte, wie das im Chicago-Experiment der Fall war, dann, so die Befürchtung der Wissenschaftler, würde die Bombenhülle wahrscheinlich zerbersten, noch bevor die mindestens zwei unterkritischen Kernbrennstoffmengen in einer Kettenreaktion zu einer kritischen Masse vereint waren. Nachdem sich U 235 als geeignetes Material für die Kernspaltung bei nuklearen Sprengkörpern erwiesen hatte, war schließlich ein (thermisches) Verfahren zu entwickeln, bei dem das im natürlichen Uran nur zu 0,71 % vorkommende U 235 in speziellen Anlagen angereichert werden konnte.

Auf diese Fragen und Probleme zur weiteren Entwicklung des Programms aber hatten jene Forscher, die die Voraussetzungen dafür geliefert hatten, seit Ende 1942 keinen Einfluß mehr. Quasi isoliert von dem Endprodukt ihrer Arbeiten fühlten sie sich durch die schleppende Implementierung des Projekts seitens der Washingtoner Bürokraten und der Industrie brüskiert. In einem Schreiben an den Präsidenten machten die Wissenschaftler keinen Hehl aus ihrer großen Enttäuschung über diese Entwicklung, nicht ohne Roosevelt die altbekannte, dringliche Mahnung ans Herz zu legen: „*Our enemy must not solve this problem first.*"[13]

Höhepunkt der immer lauter werdenden Frustrationen war schließlich die heftige Kritik des Met. Lab. an dem geplanten Einsatz der Bombe gegen Japan. Sowohl hinter anfänglichem Engagement wie auch späterer Obstruktionshaltung gegenüber Washington steckte jedoch die gleiche Grundüberzeugung: eben die von der alleinigen, persönlichen Verantwortung der Wissenschaftler des Manhattan-Projekts für die Entwicklung der Atombombe – und damit auch für deren Einsatz und Kontrolle.

Dennoch bewahrten sich die Wissenschaftler bei allen Sicherheitsbestimmungen und Kontrollvorschriften zum reibungslosen äußeren Ablauf des Projekts ein hohes Maß an Autonomie. Von Subordination gegenüber militärischer Kontrolle konnte jedenfalls keine Rede sein. Zwar enthielt der Kompromißvorschlag vom Februar 1943 eher unspektakuläre Vereinbarungen, doch können solche bekanntermaßen bisweilen durchaus wirkungsvoll sein. Die Frage nach der Position der Wissenschaft im Projekt evoziert jedenfalls bei genauerer Betrachtung eher ein Bild, das auf insgesamt günstige Rahmenbedingungen für die Wissenschaftler hinweist.

Die Atombombe war nun einmal ein Produkt der theoretischen und angewandten Kernphysik. Wenn auch die Kriegsumstände die Entwicklung ermöglichten, so machte die Wissenschaft sie doch erst vorstellbar. Im Vergleich zur Ausgangssituation in Deutschland war die Position und Organisationsstruktur der amerikanischen Wissenschaft von überragender Bedeutung sowohl für die anfängliche Entscheidung über die Durchführbarkeit der Idee generell wie auch bei der letztendlich erfolgreichen Ausgestaltung des Projekts. Eben diese Organisationsstruktur zeichnete sich durch drei Besonderheiten aus:

1. Die Autonomie in der Entwicklungsphase galt als wesentliche Voraussetzung für die effiziente Nutzbarmachung des wissenschaftlichen Know-hows; dies war die conditio sine qua non für Bush und Conant bei Übernahme der technischen Leitung und spiegelte sich auch in der Verwaltungsstruktur sowohl des NDRC wie auch des OSRD wider. Beide Einrichtun-

gen wurden im *White House* angesiedelt, von Beginn an einer zivilen Kontrolle unterstellt und waren allein dem Präsidenten gegenüber verantwortlich. 2. Die Mobilisierung des Wissenschaftspotentials erfolgte ausschließlich unter zentraler Kontrolle und Direktion; das OSRD unter Leitung von Bush trug die alleinige Verantwortung für die Auswahl der Wissenschaftler sowie aller Forschungs- und Entwicklungsaktivitäten im militärischen Bereich während des Krieges. 3. Die Wissenschaftler erhielten uneingeschränkten Zugang zu den erforderlichen Ressourcen für die Umsetzung der Programme.

In diesem Kontext bleibt festzuhalten, daß solche Strukturen keinesfalls das Ergebnis eines Evolutionsprozesses hin zu einer bürokratischen Rationalität im Weberschen Sinne waren. Sie waren vielmehr bewußt das Produkt der Organisationsbemühungen von Bush und wenigen anderen Wissenschaftlern im Range von Staatsmanagern, um die notwendige Infrastruktur zur Vorbereitung und Mobilisierung der Wissenschaft für die Kriegszielplanung zu schaffen. Diese Bemühungen im Interesse des *„national interest"* setzten bereits vor Kriegseintritt der USA ein. Bush, Conant und andere Mitarbeiter im OSRD waren Interventionisten, die die Wissenschaft in den Dienst des Krieges zu stellen suchten; sie hofften auf den baldigen Kriegseintritt der USA. Zu einem Zeitpunkt, da die vorherrschende Stimmung im Lande noch isolationistisch bis neutral war, dachten führende Wissenschaftler bereits in Kategorien eines erweiterten *Commitments* der USA – mit allen Konsequenzen für die Entwicklung neuer Kriegstechnologien.

Bushs Organisationsgenie, von dem Conant in seinen Memoiren sagt, daß es allein die Instrumentalisierung dieses gewaltigen Wissenschaftspotentials zu Kriegszwecken erst ermöglicht hat *(„the art of management")*,[14] ging weit über die bloße Koordinations- und Mobilisierungsfunktion im Rahmen des Projekts hinaus. Seine ganze Karriere kreiste um die Grundüberzeugung, daß die Wissenschaft den entscheidenden Beitrag zum Gewinn des Krieges und Erhalt der nationalen Sicherheit zu leisten imstande sei. Dies ist auch das zentrale Thema seiner zahlreichen Schriften über Wissenschaftspolitik und das Verhältnis zwischen Staat und Wissenschaft.[15] Von daher bestand von Anfang an sowohl im NDRC wie später im OSRD die Neigung, die Auswahl der Wissenschaftler im Sinne dieser Maxime vorzunehmen.

Skeptisch war Bush mit Blick auf den Konservativismus staatlicher Bürokratien und die Risikobereitschaft der Industrie. Nach seiner Überzeugung konnte einzig die organisierte Wissenschaft Innovationsdynamik entfalten. Aus diesem Grunde müßte sie die Führung des Militärs und der Industrie übernehmen.[16]

Eben diese Führungsrolle, gestützt auf eine vergleichsweise größere Risikobereitschaft und eine erhebliche Portion Optimismus, suchten die Wissenschaftler bereits beim ersten, vom Präsidenten auf Warnung Einsteins hin anberaumten Treffen des sog. *„Advisory Committee on Uranium“* im Oktober 1939 wahrzunehmen, als sie auf die Möglichkeit der Verwendung einer kontrollierten Kettenreaktion sowohl für den Antrieb von U-Booten wie auch für die Herstellung von Bomben „mit einer bislang ungekannten Zerstörungskraft“ aufmerksam machten.[17] Wie wenig schließlich Militärs und Industrie in der eigentlichen Forschungsphase involviert waren, macht eine Äußerung Bushs in seinen Memoiren deutlich. Selbst nach Einrichtung der sog. *„Top Policy Group“* zur Unterrichtung des Präsidenten über die Entwicklung der Bombe, so schreibt Bush, sei der ranghöchste amerikanische Offizier, der Chef des Stabes, General Marshall, niemals wirklich an den Diskussionen beteiligt gewesen.[18] Hewlett und Anderson berichten in ihrer exzellenten Geschichte der *„Atomic Energy Commission“* von ähnlich retardierenden Einstellungen in der Industrie.

So gesehen agierten die Wissenschaftler zwar nicht in einer völlig isolierten Sphäre. Der Impetus für die Entwicklung der Nuklearwaffen aber entsprang ihrer Imagination, nicht jener von Industrie oder Militär.

4. Das Entscheidungsjahr 1942 – Die Wissenschaft übernimmt die Führung, das Militär die Kontrolle

Die Chronologie der Ereignisse des Jahres 1942 unterstreicht eindrucksvoll die These, daß die entscheidenden Impulse für das Projekt aus der Wissenschaft kamen. Das Jahr 1942 markiert den Übergang von der theoretischen, rein spekulativen Auseinandersetzung zum entscheidenden *Commitment* für den Bau der Bombe. Es illustriert zudem, daß die Entwicklung zum Nuklearstaat keinesfalls monokausal bedingt war, sondern durch eine Reihe von weiteren sozialen und politischen Faktoren bestimmt wurde.

Seit Mitte des Jahres waren Physiker der Überzeugung, daß insgesamt gute theoretische Chancen für den Bau einer Atombombe bestanden. Die zentrale Aufgabe war die Herstellung des Materials für die Kernspaltung: U 235 und Plutonium. Das Met. Lab. an der Chicago-Universität unter Leitung von Arthur Compton stand vor der Aufgabe herauszufinden, inwieweit eine sich selbst erhaltende Kettenreaktion im Uran auslösbar war und ob eines der bei der Reaktion auftretenden Elemente, Plutonium, chemisch von dem übrigen Material zu trennen war. Ziel war die Herstellung des Plutoniumisotops Pu 239 in Brutreaktoren. Ähnlich wie U 235 konnte das radioaktive chemische Element durch Einfang thermischer Neutronen zur Kernspaltung veranlaßt werden und durch Anhäufung zur kritischen Masse eine kernphysikalische Kettenreaktion auslösen.

Zur Herstellung des Plutoniums aber bedurfte es der Unterstützung eines der größten Industrieunternehmen im Lande. Groves hatte auf Empfehlung von Compton die Firma du Pont mit dem Bau eines Atommeilers und einer getrennten Aufbereitungsanlage zur künstlichen Herstellung des chemischen Elements beauftragt. Die Vorbehalte und Bedenken des Unternehmens jedoch wogen schwer. Weder war man begeistert von der Vorstellung, zum Experimentierfeld der Wissenschaftler zu werden, noch war man ohne weiteres bereit, die mit dem Projekt verbundenen Imponderabilien – Gesundheits- und Unfallrisiken, Imageverlust etc. – in Kauf zu nehmen; der Vizepräsident des Unternehmens, der anerkannte Chemiker Charles Stein, so berichtet Groves, stellte dem Projekt eine Erfolgsprognose von 1:100.[19] Nur durch nachdrückliche Fürsprache Groves beim Vorstand und unter Hinweis darauf, daß das Projekt ein nationales Anliegen sei, welches die volle Unterstützung des Präsidenten, Kriegsministers Stimson und Marshalls genieße, gelang es schließlich, die Zustimmung der Unternehmensführung einzuholen – allerdings nicht ohne die einschränkende Auflage seitens des Vorstands, daß ein Komitee *(„Lewis Committee")* mit entsprechend starker Firmenrepräsentanz eine nochmalige Überprüfung des gesamten Projekts vornehme.[20] Das Met. Lab. bereitete daraufhin einen Bericht an das *Lewis Committee* vor, in dem die Wissenschaftler ihre bisherigen Forschungsergebnisse zusammenfaßten, und forcierte schließlich seine Anstrengungen zur Fertigstellung des ersten Kernreaktors in Chicago. Beinahe zeitgleich erhielt das *Lewis Committee* in Berkeley einen enthusiastischen Bericht von Ernest Lawrence und seinen Kollegen über die Aussichten für eine erfolgreiche elektromagnetische Scheidung von U 235.

Daß die Beschleunigung des Unternehmens nicht ohne Risiko war, räumt Compton in seinen Memoiren offen ein.[21] Hewlett und Anderson bezeichneten den Versuch als das, was er tatsächlich war: ein gefährliches „Spiel mit einem möglicherweise katastrophalen Experiment in einer der dichtbesiedeltsten Regionen des Landes".[22] Ungeachtet dessen wurden Crawford Greenewalt, ein hochrangiger Ingenieur von du Pont, und Mitglieder des *Lewis Committees* am 2. Dezember 1942 Zeuge der ersten kontrollierten und sich selbst erhaltenden Kettenreaktion. Nur zwei Wochen später teilte Stein dem Firmenvorstand von du Pont mit, daß „die Produktion von Plutonium essentiell für die nationale Sicherheit" sei und daß „einzig die Firma du Pont in der Lage wäre, die ihr angetragene Aufgabe angemessen zu erfüllen".[23]

Der Bericht des *Lewis Committees* empfahl darauf zunächst die Fortsetzung des Atommeiler-Projekts, die verstärkte Anwendung des Gasdiffusionstrennverfahrens zur Anreicherung des spaltbaren U 235, hingegen eine geringere Nutzung des elektromagnetischen Scheidungsverfahrens. Als Grundlagendokument für weitere Berichtsentwürfe an Roosevelt schien Lawrence, Conant, Groves und anderen die eher nüchtern bis kritisch gehaltene Diktion der Autoren wenig geeignet, das Programm in Washington zügig voranzutreiben; die Schwierigkeiten, so die Physiker, würden überbetont, hingegen die Bedeutung der Entwicklung der Waffe innerhalb der nächsten 18 Monate völlig verkannt. Erst allmählich wurden die Produktionsziele entscheidend nach oben korrigiert. Am 16. Dezember 1942 schließlich empfahl Bush dem Präsidenten den Bau von annähernd einem Dutzend Großanlagen zur Gewinnung spaltbaren Materials im Wert von etwa 400 Millionen Dollar. Mit dem Bau der Bombe, so Bush, könne voraussichtlich Anfang 1945 begonnen werden, doch wolle er nicht ausschließen, daß die Deutschen den USA womöglich ein halbes bis zu einem Jahr voraus sein könnten.[24]

5. Der besondere Charakter der Wissenschaft als Voraussetzung für die Entwicklung zum Nuklearstaat

Die bisher angestellten Überlegungen lassen ein besonderes Charakteristikum des Entwicklungsprozesses zur Herstellung der Atombombe erkennen: Es waren nicht Industrieforscher, sondern Universitätswissenschaftler und Akademiker, die die Entwicklung vorantrieben; es waren nicht Ingenieure, sondern Physiker, deren Optimismus, gestützt auf ihre theoretischen Überlegungen, die entscheidenden Impulse für die Implementierung gab. Kurzum, das Projekt wurde von dem getragen, was wir die reine Lehre zu nennen pflegen. Dies ist keinesfalls unerheblich. Während Industrie und Militär weit größeren Beschränkungen durch Bürokratie und Marktmechanismen unterworfen sind und daher grundsätzlich einer eher konservativen Grundhaltung anhängen, besteht das wesentliche Interesse der rein theoretischen Wissenschaft und Grundlagenforschung in der Verbreitung von Wissen, beflügelt von einem fast grenzenlosen Wissens- und Fortschrittsoptimismus. Das Ethos der theoretischen Wissenschaft ist die Entwicklung neuer Erkenntnisse und die Eröffnung neuer Grenzbereiche. Ein wesentliches Erfolgskriterium liegt in der möglichst raschen Umsetzung von Erkenntnissen in praktisch-angewandte Ergebnisse.

Es war also nicht nur die universitätsgestützte, sondern auch die theorieintensive Wissenschaft, die letztlich die Grundlage für die expansiven Vorstellungen der Physiker in bezug auf die Produktionsmöglichkeiten der Bombe bildeten. Dort, wo Industrie und Politik Hindernisse und Unsicherheiten bei der Implementierung abwogen, schlossen die Physiker mit geradezu unerschütterlicher Selbstüberzeugung aus der erfolgreichen Durchführung der ersten Kettenreaktion durch langsame Neutronen auf einen ebenso sicheren Ausgang bei dem Versuch einer explosiven Kernspaltungsreaktion. Aufbauend auf den Entdeckungen Einsteins, Bohrs, Heisenbergs, Chadwicks, Fermis u.a. genoß die Kernphysik seit der Jahrhundertwende hohes Ansehen, und nach der erfolgreichen Durchführung einer Reihe von Experimenten und theoretischen Fortschritten Mitte der dreißiger Jahre, welche schließlich in der von Hahn und Straßmann entdeckten induzierten Kernspaltung gipfelten, mündeten ihre Erkenntnisse geradezu zwangsläufig in den Versuch ihrer Nutzbarmachung für militärische wie zivile Zwecke.

Nur unter diesen Voraussetzungen und aufgrund des Vertrauens der Physiker in die eigene Problemlösungskapazität war es möglich, daß die Abfolge der Experimente, die Abstimmung zwischen Forschung und Entwicklung und die notwendigen Infrastrukturmaßnahmen schließlich mit einer derartigen Präzision und Geschwindigkeit abgewickelt werden konnten. Die Tatsache, daß vier Jahre Forschungs- und Entwicklungsarbeit und mehr als 2 Mrd. Dollar quasi in den Fortschrittsoptimismus einiger Wissenschaftler investiert wurden, zeigt das große Vertrauen, welches man sowohl in die Theorie wie in die Fähigkeiten der Kernphysiker hatte. Ohne dieses Vertrauen hätte das Unternehmen wahrscheinlich auf Jahrzehnte hin angelegt werden müssen oder wäre überhaupt nicht erst in Gang gekommen. Mit anderen Worten, die Wissenschaft war im Falle des Manhattan-Projekts zum entscheidenden Motor für die Ausweitung von Staatsmacht geworden.

In diesem Kontext sind wiederum die Motive der Wissenschaftler selbst von Bedeutung. Natürlich waren ihre Fähigkeiten als Physiker, nicht die dahinterstehende politische Gesinnung, primäre Voraussetzung für die Entwicklung der Bombe. Auf der anderen Seite entsprachen Lawrence, Compton, Fermi, Teller u.a. keinesfalls dem Idealtypus des objektiven, neutralen, allein der Gewinnung neuer Erkenntnisse verschriebenen Wissenschaftlers. Es war eine einzigartige Mischung verschiedener Faktoren, die den scheinbar grenzenlosen Enthusiasmus und Elan der Physiker bei der Entwicklung der Nuklearwaffen ausmachte.

Alle betrachteten ihre Forschungsergebnisse insgesamt als Beitrag der Kernphysik zu einem „neuen Zeitalter" nicht nur militär-technologischer, sondern auch sozialer und industrieller Fortschrittlichkeit – einem Zeitalter, in dem Wissenschaft und Staat eine bislang ungekannte, enge Liaison einzugehen hatten. Nur durch eine konzertierte Aktion, so betonte Compton rückblickend, sei das Nuklearzeitalter einzuleiten gewesen. Hinzu kam, daß die Wissenschaftler nahezu ausnahmslos leidenschaftliche Antifaschisten waren – ein Phänomen, welches durch den einzigartigen internationalen, offenen Charakter der Kernphysik vor dem Krieg und die daraus resultierende Solidarität mit den verfolgten europäisch-jüdischen Kollegen mitbedingt war. Weiterhin existierten ein großer Respekt vor den Leistungen der deutschen Wissenschaft auf dem Gebiet der Atomenergieforschung und die stets latente Furcht, den Anschluß an die Entwicklung zu versäumen und die ungeahnten Möglichkeiten sowohl für die zivile wie auch die militärische Nutzung leichtfertig aufs Spiel zu setzen.

All dies wiederum beförderte insgesamt die Einschätzung, der Erfolg des Manhattan-Projekts sei lediglich der Auftakt zu dem, was Compton wohl zu Recht einen *„Atomic Crusade"* genannt hat.[25] Tatsächlich war das Projekt das Ergebnis der ersten sozialen Bewegung des Nuklearzeitalters gewesen – einer Bewegung von Kernphysikern zur Sicherung staatlicher Unterstützung für die Entwicklung von Nuklearwaffen.

Wissenschaftler wie Bush waren dabei in einer politisch starken Position, weil sie ihre Empfehlungen an die politische Führung weitergeben konnten und somit unmittelbaren Einfluß auf die Entscheidungsprozesse gewannen. Bush selbst hat darauf hingewiesen, daß das Motiv für die Unterstützung des Projekts einzig das Vertrauen in die Empfehlungen und die Aussagekraft der Physiker war. Exakt an diesem Punkt aber bestand der entscheidende Spielraum für politisches Kalkül. Warum übertrugen Bush und Conant, ihres Zeichens Chemiker und daher selbst nicht immer in der Lage, die Empfehlungen der Kernphysiker zu beurteilen, den Optimismus, den die Wissenschaftler verbreiteten, auf die politische Führung?

In der Memoirenliteratur und in der Geschichtsschreibung zum Manhattan-Projekt gibt es hierfür ein dominantes Erklärungsmuster: die Furcht vor der Entwicklung der Bombe durch Deutschland. Conant hat darauf verwiesen, daß für Bush weniger der Optimismus von Lawrence oder Compton ausschlaggebend gewesen sei für seine Empfehlung an Roosevelt, die Entwicklung des Programms energisch voranzutreiben, als vielmehr die zahlreichen Berichte der in die USA immigrierten Wissenschaftler über die Forschungsaktivitäten in Deutschland. Daß diese mehrheitlich ausgerechnet durch Compton auf den Tisch von Bush gelangten und nicht selten wenig Beweiskraft in bezug auf den tatsächlichen Entwicklungsstand besaßen, änderte nichts daran, wie Conant resümiert, daß auch nur die leiseste Vermutung solcher Anstrengungen in keinem Fall ignoriert werden dürfte.[26]

Nach Ansicht von Conant war der Sieg der Alliierten nur für den Fall in Frage gestellt, „daß die Nazis die Bombe (zuvor) produzierten und auch einsetzten". Ein Gespräch mit Compton und Lawrence im September 1941 in Chicago hatte ihn nach eigenen Aussagen entscheidend beeinflußt. Darin hatten die beiden Wissenschaftler betont, daß es allen Grund gäbe für die Vermutung, daß Deutschland nicht nur bereits erhebliche Fortschritte in Richtung einer erfolgreichen Zündung der Bombe gemacht hätte, sondern zudem wohl auch bereit sei, sie als kriegsentscheidende Waffe einzusetzen. „Kämen die Deutschen uns zuvor", so Compton, „so wäre dies gleichbedeutend mit der Weltkontrolle."[27]

Ähnlich argumentierten schließlich auch Bush und Groves. Daß die allseits beschworene Furcht vor den Deutschen tatsächlich das entscheidende Motiv für das Drängen der „*Top Policy Group*" beim Präsidenten gewesen ist, das Programm ohne Wenn und Aber zu unterstützen, ist sehr wahrscheinlich. Ob gleiches hingegen für diejenigen zutrifft, die durch ihre Forschungsergebnisse die Voraussetzungen dafür schufen, ist eine andere Frage. Wenn Leo Szilard zunächst alles daran zu setzen schien, den Präsidenten von der Dringlichkeit des Forschungsprojekts zu überzeugen, um dann später zu den vehementesten Kritikern eines militärischen Einsatzes der Bombe und entschiedensten Verfechtern eines internationalen Kontrollregimes zu zählen, so mögen dafür zwei Gründe die plausibelste Erklärung liefern:

1. Wie viele seiner Kollegen hoffte vielleicht auch Szilard, daß die Bombe sich am Ende als nicht realisierbares Unternehmen entpuppen würde; solange dies aber nicht der Fall war, gab es vor dem Hintergrund der Kriegsrisiken nur einen Weg: die uneingeschränkte, ungehinderte Fortsetzung der Forschungsarbeiten.

2. Der verhältnismäßig frühe Ausschluß zahlreicher Forscher von der weiteren Entwicklung des Projekts Anfang 1943 lieferte auf relativ bequeme Weise den Vorwand, sich der ursprünglich eingeforderten Verantwortung sowohl für die Entwicklung wie auch für den Einsatz der Bombe gewissermaßen zu entledigen. Dadurch aber wurde es ungleich leichter, nunmehr ex post auch den Einsatz der Bombe zu verurteilen.

Solche Thesen mögen Spekulation sein, sie laufen aber darauf hinaus, daß alle Argumente und Begründungen für das Projekt sich letzten Endes auf ein Grundprinzip reduzieren lassen, welches wiederum als genereller Trend in der politischen Entwicklung zum Nuklearstaat ausgemacht werden kann: die Furcht nämlich vor der Ablehnung einer reinen Hypothese. Was schließlich als wirkliche Gefahr betrachtet wurde, war das Versäumnis, die Konsequenzen der Hypothese vom möglichen

Bau einer Bombe in ihrer ganzen Dimension ins Kalkül zu ziehen. Die Entwicklung der Bombe, die Entwicklung zum Nuklearstaat und zu dem, was Amerikaner gemeinhin als „*national security state*" bezeichnen, entsprang im Grunde ausschließlich einer bestimmten Bedrohungsperzeption. Eben dieses Prinzip evozierte eine erhebliche Expansionsdynamik staatlichen Handelns. Im Falle der Nuklearwaffen bedeutete dies die konsequente Förderung von „*Research and Development*" in alle erfolgverheißenden Richtungen, mit anderen Worten eine Art „präventiver Wissenschaftsförderung". Das nukleare Wettrüsten begann bereits mit den Ursprüngen des Manhattan-Projekts, also noch bevor die erfolgreiche Fertigung der Bombe gelungen war. Die expansiven Tendenzen des nuklearen Wettrüstens der Nachkriegszeit lagen schon im Manhattan-Projekt begründet. Als Versicherungspolice gegenüber der möglichen Entwicklung einer deutschen Bombe intendiert, begründete es während des Krieges, ungeachtet aller Differenzen über die Ausgestaltung des Projekts, jenen einzigartigen, aus der gemeinsamen Bedrohungsperzeption genährten Konsens zwischen Wissenschaftlern und Politikern, unter ihnen auch Pazifisten und Isolationisten, der auch während des Ost-West-Gegensatzes zum konstitutiven Prinzip des Nuklearstaates wurde.

Wieland Wagner

Das nukleare Inferno: Hiroshima und Nagasaki

1. „Regen der Verheerung“

In den frühen Morgenstunden des 6. August 1945 startete der B-29-Bomber „Enola Gay“ vom US-Luftwaffenstützpunkt auf der westpazifischen Insel Tinian in Richtung Japan. An Bord hatte die überladene Maschine die 4,5 Tonnen schwere Uranbombe „Little Boy“, bestimmt zum Abwurf auf Hiroshima.[1] Etwa eine Stunde vor dem Anflug der „Enola Gay“ auf die westjapanische Stadt übermittelte ein vorausfliegendes Meßflugzeug die Daten eines typisch schwül-heißen japanischen Sommertags: 26,7 Grad Celsius, 80 Prozent Luftfeuchtigkeit. Um 8.15 Uhr japanischer Ortszeit war der Augenblick erreicht, auf den die mit dem „Manhattan-Projekt“ befaßten Wissenschaftler und Militärs, aber vor allem die Politiker in Washington jahrelang hingearbeitet hatten: In 9000 Metern Höhe warf die „Enola Gay“ ihre atomare Fracht auf Hiroshima ab; binnen Sekunden verwandelte eine Explosions- und Hitzewelle die Stadt in eine lodernde Hölle. Wo eben noch vollbesetzte Straßenbahnen ein Bild morgendlicher Geschäftigkeit widergespiegelt hatten, schuf der atomare Blitz ein Inferno aus zerberstenden Steinmauern, brennenden Holzhäusern, verkohlten Leichen, Schwerverwundeten und ziellos Flüchtenden. Auf einer Fläche von 13 Quadratkilometern wurde Hiroshima dem Erdboden gleichgemacht, von etwa 76000 Gebäuden wurden 70000 zerstört oder beschädigt.[2] In einem Umkreis von 1000 Metern um das Hypozentrum riß die Bombe neun von zehn Menschen sofort in den Tod. Von den etwa 350000 Menschen, die sich zum Zeitpunkt der Explosion in der Stadt aufhielten, sollten bis Ende 1945 schätzungsweise

140 000 Menschen sterben, darunter auch 90 Prozent des medizinischen Personals.

Drei Tage später, am 9. August, nahm die B-29 „Bock's Car" Kurs auf die japanische Stadt Kokura auf der südlichen Insel Kyûshû. Geladen hatte sie die Plutoniumbombe „Fat Man" (so benannt in Anspielung auf den britischen Premierminister Winston Churchill, während „Little Boy" den ehemaligen amerikanischen Präsidenten Franklin D. Roosevelt bezeichnete). Doch einer Wolkendecke über dem Abwurfziel verdankte es die Rüstungsschmiede Kokura, daß sie dem zweiten und bislang letzten Atombombenabwurf in der Geschichte entging. Pilot Charles Sweeney drehte seine Maschine unverrichteter Dinge ab und flog statt dessen in Richtung Süden nach Nagasaki weiter. Um 11.02 Uhr ließ er „Fat Man" über dem Urakami-Tal von Nagasaki fallen.[3] Es wiederholte sich die Abfolge der Verheerung, deren ganzes Ausmaß sich auch durch Berichte von Augenzeugen nur unzureichend erfassen läßt.[4] Anders als in Hiroshima sorgte diesmal jedoch eine Hügelkette zwischen den beiden Tälern der Stadt dafür, daß die Wirkung der Bombe vergleichsweise „beschränkt" war. Dennoch: Sie tötete 60 000 bis 70 000 von den etwa 260 000 bis 270 000 Menschen, die sich in Nagasaki aufhielten; sie zerstörte 18 400 Gebäude und verwüstete eine Fläche von 6,7 Quadratkilometern vollkommen. Wie im Falle von Hiroshima sollte auch in Nagasaki die Zahl der Opfer erst allmählich offenbar werden, aber auch dann nie in exakter Höhe. Auch die medizinischen Langzeitfolgen von Hitzewelle und radioaktiver Verseuchung sollten erst später deutlich werden und die Überlebenden auf Jahrzehnte kennzeichnen: körperliche Entstellungen, Fehl- und Mißgeburten, Leukämie und andere Krebserkrankungen sowie psychische Leiden. Hinzu kam die Zerstörung sozialer Gemeinschaften durch das Auslöschen ganzer Stadtteile.

Nagasaki hatten die militärischen Planer des Atombomben-Einsatzes erst spät auf die Liste der japanischen Zielorte gesetzt.[5] Zuvor hatten sie ihre ursprüngliche Favoritin, die frühere Kaiserstadt Kyôtô, auf energischen Einspruch von Kriegsminister Henry Lewis Stimson von der Auswahl streichen müssen.

Stimson hatte das kulturelle und historische Zentrum Japans in den zwanziger Jahren dreimal persönlich besucht. Mit seinem Veto gegen Kyôtô gab er nicht nur sentimentalen Erinnerungen nach, vielmehr sorgte er sich angesichts des heraufziehenden Kalten Krieges mit der Sowjetunion um den dauerhaften Schaden, den eine Bombardierung der alten Kaiserstadt auf die US-japanischen Beziehungen in der Nachkriegszeit haben würde. Die südjapanische Hafenstadt Nagasaki dagegen hatte keinen Fürsprecher in der amerikanischen Regierung. Dabei hätte sie ihre rund vierhundertjährige Geschichte als Japans Tor zur Welt geltend machen können: Über Nagasaki waren 1543 erstmals portugiesische Missionare und Kaufleute ins Land gekommen; und während der über zweihundertjährigen Abschließung des Landes von der Außenwelt ab 1639 versorgten holländische Kaufleute das Inselreich über Nagasaki mit politischen und wissenschaftlichen Neuigkeiten aus westlicher Politik, Kultur und Wissenschaft. Nagasaki besaß die größte katholische Kathedrale in Ostasien – auch sie wurde samt den darin versammelten Gläubigen völlig zerstört. Sowohl Nagasaki als auch Hiroshima – zwei der wenigen japanischen Großstädte, die als Schauobjekte für die Atombombe von amerikanischen Luftangriffen bewußt verschont worden waren – blickten aber auch auf eine bedeutsame Tradition als Kriegsmarine- und Rüstungsstandorte zurück. Im Zweiten Weltkrieg fertigte die Mitsubishi-Werft in Nagasaki unter anderem Flugtorpedos für Japans Überfall auf Pearl Harbor, und das Hauptquartier der Zweiten Armee in Hiroshima war für die Abwehr der erwarteten alliierten Invasion Südjapans zuständig.

Trotz ihrer strategischen Bedeutung ließ sich die Auswahl der beiden Zielorte aber kaum mit der Vorgabe des amerikanischen Präsidenten Harry S. Truman in Einklang bringen, die Atombombe solle möglichst auf militärische Objekte beschränkt werden, Frauen und Kinder jedoch verschonen.[6] Angesichts tausender Opfer unter der Zivilbevölkerung von Hiroshima und Nagasaki muß diese Anweisung entweder als völlig realitätsfremd gewertet werden oder aber als Selbsttäuschung des Präsidenten. Hatte doch Truman die Liste der zu bombardierenden Städte persönlich abgesegnet und den Befehl zum Abwurf erteilt. Ebenso wie sein Kriegsminister Stimson mußte auch Truman um die dicht vermischten Wohn- und Gewerbegebiete in japanischen Städten wissen, die eine Unterscheidung zwischen zivilen und militärischen Zielen geradezu illusorisch machten. Andererseits waren selbst deutlich auszumachende strategische Ziele in beiden Städten angesichts der alliierten Seeblockade und des bevorstehenden Zusammenbruchs der japanischen Kriegsmaschinerie nur noch eingeschränkt funktionstüchtig; ihre Zerstörung rechtfertigte keineswegs ein nukleares Inferno. Doch sollten diese Überlegungen für die amerikanische Entscheidung über die Atomabwürfe auf Hiroshima und Nagasaki letztlich eine untergeordnete Rolle spielen. Ging es der Großmacht doch in erster Linie darum, den schon sicheren Sieg über das japanische Kaiserreich in die Scheuer zu fahren, bevor die Rivalin Sowjetunion ihre Ansprüche auf Mitsprache in Ostasien geltend machen konnte. Um Tokio kurz und bündig zur Kapitulation zu zwingen, nahm Washington den Atomtod tausender Zivilisten in Kauf – und übersah dabei, daß der Verlust von Menschenleben im Kalkül der japanischen Führung am wenigsten zählte.

2. Rückblick: Von Pearl Harbor nach Hiroshima

Mit den Bombenabwürfen von Hiroshima und Nagasaki erreichte die moderne Kriegsstrategie der Massenvernichtung ihren vorläufigen Höhepunkt. Die revolutionäre technische Neuerung der Atombombe potenzierte jedoch im Grunde nur die Gewalt, welche im Zweiten Weltkrieg zunächst die Achsenmächte Deutschland, Italien und Japan und als Reaktion darauf auch die Alliierten gegenüber der gegnerischen Zivilbevölkerung bereits angewendet hatten. Auf dem pazifischen Kriegsschauplatz hatte der japanische Expansionismus die Spirale der Vernichtung in Bewegung gesetzt: Seit Japan in der Mitte des 19. Jahrhunderts seine über zweihundertjährige Abschließung von der Außenwelt unter dem Druck des Westens hatte aufgeben müssen, bemühte sich der imperiale Nachzügler durch eine Serie von militärischen Eroberungsfeldzügen, mit den westlichen Großmächten gleichzuziehen. Für das Inselreich mit dem göttlichen Tennô an der Spitze dienten die asiatischen Nachbarn vor allem als Puffer, um die aus der überhasteten Modernisierung resultierenden politischen und gesellschaftlichen Spannungen nach außen abzulenken. Durch Siege im Chinesisch-Japanischen Krieg 1894/95 und im Russisch-Japanischen Krieg 1904/05 bauten Heer und Marine ihre überragende Stellung im Staate ständig aus; am Kabinett vorbei besaßen die Generalstabschefs schließlich direkten Zugang zum Kaiser.[7]

In den zwanziger und dreißiger Jahren geriet das Militär indes zunehmend unter den Einfluß radikaler jüngerer Offiziere. Unter ihrem Druck eskalierte Japans Expansionismus auf dem asiatischen Festland im Juli 1937 zum offenen Krieg mit China.[8] Auslöser war die von japanischer Seite provozierte Schießerei an der Marco-Polo-Brücke in Peking. Aus der folgenden internationalen Isolation suchte die verblendete japanische Führung ihr Land schließlich durch den aussichtslosen Krieg mit den Vereinigten Staaten zu befreien: Am 7. Dezember 1941 überfiel die kaiserliche Marine den US-Flottenstützpunkt Pearl Harbor auf Hawaii. Die Reaktion von Präsident Franklin D. Roosevelt auf Pearl Harbor zeichnete indirekt bereits den Weg nach Hiroshima und Nagasaki vor. Der moderne Krieg, drohte Roosevelt, sei ein „schmutziges Geschäft“, und da die USA nun einmal in den Krieg hineingezogen worden seien, würden sie mit allen Mitteln kämpfen, die ihnen zur Verfügung stünden.[9] Die blutige Vorlage für das „Kriegsgeschäft“ hatten die Japaner bei ihrem Eroberungszug durch Asien bereits mit zahllosen – und bis heute zumeist ungesühnten – Greueltaten geliefert. Das Massaker an der Bevölkerung der chinesischen Stadt Nanking 1938, bei dem die Soldaten des Tennô etwa 200 000 Menschen ermordeten, war dafür ebenso ein Beispiel wie der „Todesmarsch“ auf der philippinischen Halbinsel Bataan Mitte 1942, bei dem japanische Offiziere Tausende amerikanischer und philippinischer Kriegsgefangener elend umkommen ließen. In den Augen der empörten amerikanischen Öffentlichkeit hatten die Japaner den Anspruch auf humanitäre Rücksichtnahme durch die Alliierten gründlich verwirkt.[10]

Seinen Höhepunkt überschritt der japanische Siegeszug in Asien Mitte 1942. Zählte die ‚Großostasiatische Wohlstandssphäre' zu diesem Zeitpunkt noch rund 450 Millionen Menschen, so schrumpfte sie nach einer Serie von Rückzugsgefechten am Ende praktisch auf das japanische Kernreich zusammen. Nach dem Fall der Inselkette Okinawa südlich von Japan blieb den japanischen Streitkräften ab Juni 1945 nur noch die verzweifelte Aussicht auf eine Abwehrschlacht gegen die Alliierten im eigenen Lande. Angesichts der dramatisch verschlechterten Kriegslage erzwangen besonnene Kräfte in der japanischen Führung im Juli 1944 den Rücktritt von Kriegspremier General Tôjô Hideki.[11] Mit Admiral Suzuki Kantarô als Premierminister und Tôgô Shigenori als Außenminister übernahmen nach einer Übergangszeit im April 1945 Politiker das Ruder des angeschlagenen Staatsschiffes, die trotz unveränderter Siegesparolen entschlossen waren, den Frieden mit den Alliierten zu suchen.

Ungeachtet der verfahrenen Lage war das Oberkommando der japanischen Streitkräfte indes entschlossen, den Krieg bis zum bitteren Ende fortzuführen. Ein letztes Aufgebot, darunter Kamikaze-Flieger und mit Bambusspeeren ausgerüstete Zivilisten, sollte die auf Kyûshû erwartete Entscheidungsschlacht mit den Alliierten abwehren. Welch hohen Blutzoll eine alliierte Invasion, die der amerikanische Generalstab für den 1. November 1945 angesetzt hatte, beiden Seiten abgefordert hätte, läßt sich angesichts der fast dreimonatigen erbitterten Kämpfe um jeden Quadratzentimeter Okinawas erahnen, in deren Verlauf etwa 12500 US-Soldaten, 70000 japanische Soldaten und 150000 Einheimische starben. Nicht zuletzt Okinawa diente daher US-Politikern wie Kriegsminister Stimson als Argument für den Abwurf der Atombombe: Sie sollte vor allem der amerikanischen Seite unnötiges Blutvergießen ersparen.[12]

Allerdings ist zu fragen, ob sich die japanische Niederlage nicht auch ohne den Einsatz der neuen Massenvernichtungswaffe hätte beschleunigen lassen: Mit ihren konzentrierten

Brandbombenangriffen auf rund 60 japanische Großstädte hatten die Amerikaner seit März 1945 zwar nicht den fanatischen Kampfeswillen der japanischen Militärs brechen können, aber das Kriegs- und Rüstungspotential des Gegners doch empfindlich geschwächt. Japan lag wirtschaftlich und militärisch am Boden. Seine Flottenstärke betrug „gleich Null“ [13], seit die Marine ihr Superschlachtschiff „Yamato“ auf eine Reise ohne Wiederkehr nach Okinawa geschickt hatte. Ähnlich verheerend stand es mit der Luftabwehr: Unbehelligt von einheimischer Luftabwehr zogen amerikanische B-29-Bomber am Himmel über Japan ihre Kreise. Die Rüstungsindustrie des rohstoffarmen Landes war außerstande, die Verluste an Kriegsmaterial auch nur annähernd auszugleichen. Allein die Stahlproduktion fiel im letzten Kriegsjahr auf ein Viertel der Erzeugung von 1944 zurück. Aufgetaucht waren die Engpässe in der Rüstungsproduktion indes schon 1942. Hinzu kam die katastrophale Versorgungslage der Bevölkerung mit Lebensmitteln. Da ein großer Teil der bäuerlichen Landbevölkerung im Kriegsdienst oder in der Rüstungsproduktion eingesetzt war und außerdem akuter Mangel an Düngemitteln herrschte, sank die Agrarerzeugung 1945 auf rund die Hälfte der jährlichen Durchschnittsleistung. Sowohl Militär, Rüstung als auch die Landwirtschaft waren überdies durch die Unterbrechung wichtiger Versorgungswege stark beeinträchtigt. Spätestens Ende 1945, so sollte eine offizielle amerikanische Untersuchungskommission ein Jahr später feststellen, hätte sich Japan auch ohne den Einsatz der Atombombe ergeben müssen.[14] Auch der langjährige Berater von Präsident Roosevelt, Admiral William Leahy, betrachtete angesichts der Wirksamkeit der alliierten Seeblockade und der B-29-Einsätze den Abwurf von Atombomben auf Japan als überflüssig. Generalstabschef George Marshall hielt unterdessen den erhofften Kriegseintritt der UdSSR für ausreichend, um die japanische Kapitulation zu erzwingen. Auch wenn es Washington darum gegangen wäre, der japanischen Zivilbevölkerung die Sinnlosigkeit eines längeren Krieges vor Augen zu führen, hätte es des atomaren „Schocks“ [15] kaum bedurft. Allein der amerikanische Luftangriff auf die japanische Hauptstadt am 9. und 10. März 1945 hatte 83793 Tote und 40918 Verletzte gefordert.

Gegen die von amerikanischer Seite behauptete Notwendigkeit der Atomabwürfe[16] spricht auch der seit Mitte 1944 verstärkte Gärungsprozeß innerhalb der japanischen Führung. Mit Blick auf die absehbare Niederlage dachten die Berater des Tennô um den Kaiserlichen Siegelbewahrer Kido Kôichi verstärkt darüber nach, wie sie das Kaiserhaus aus der Katastrophe heraushalten könnten. Spätestens seit Juni 1944 war auch der Tennô über diese Überlegungen informiert.[17] Zu den Hauptakteuren des Friedensflügels zählte Ex-Premier Konoe Fumimaro, jener schillernde Aristokrat, der zunächst den Krieg mit China mitverantwortet hatte und später zum Sturz von Kriegspremier Tôjô beitrug. In einer Audienz bei Tennô Hirohito plädierte Konoe im Februar 1945 dafür, den aussichtslosen Krieg zu beenden. Nur so lasse sich vermeiden, daß die unausweichliche Niederlage in eine kommunistische Revolution münden und letztlich auch den „*kokutai*", das japanische Nationalwesen mit dem Kaiser an der Spitze, ins Verderben ziehen werde. Zwar ging der Tennô zu diesem Zeitpunkt auf Konoes Gesuch nicht direkt ein, zumal auch das abschreckende Beispiel der deutschen Kapitulation im Mai 1945 die Regierung zunächst eher darin bestärkt hatte, das eigene Volk nun erst recht und voller Trotz auf Endsiegparolen einzuschwören.[18] Gleichzeitig aber intensivierten die Kreise um Kido ihre Aktivitäten zwecks Beendigung des Krieges, wobei sowohl die Berater bei Hofe als auch der Tennô selbst offenbar einen Staatsstreich des Militärs befürchteten.[19]

Die japanischen Bemühungen um einen Ausweg aus dem Krieg nahmen Form an, als der Oberste Kriegsrat Mitte Mai 1945 beschloß, die sowjetische Regierung um Vermittlung zu ersuchen. Ziel war es zum einen, den befürchteten Kriegseintritt der bislang neutralen UdSSR auf seiten der Vereinigten Staaten und Großbritanniens gegen Japan zu verhindern, zum anderen wollte Tokio mit Hilfe der sowjetischen Vermittlung möglichst vorteilhafte Waffenstillstandsbedingungen erwirken. Stalin hatte den Neutralitätspakt mit Japan zwar schon im

April 1945 aufgekündigt; im Februar hatten die Alliierten dem Sowjetreich im Geheimabkommen von Jalta außerdem umfangreiche Territorialgewinne im Gegenzug für den versprochenen Kriegseintritt gegen Japan zugesagt, insbesondere Eisenbahn- und Hafenrechte in der Mandschurei sowie Südsachalin und die Kurilen. Ungeachtet von Stalins erkennbar antijapanischer Haltung und in Unwissenheit des Abkommens von Jalta klammerten sich die Berater des Tennô um Siegelbewahrer Kido Kôichi sowie Außenminister Tôgô an die Hoffnung auf eine Vermittlerrolle Moskaus.[20] Daß im Kriegsrat außer dem Premier- und dem Außenminister auch die Minister von Heer und Marine sowie die Generalstabschefs dieser Linie zustimmten, spricht dafür, daß die führenden Militärs trotz ihres Beharrens auf einer Entscheidungsschlacht ein Kriegsende auf dem Verhandlungswege zumindest ins Auge faßten.[21] Am 10. Juli 1945 beschloß der Oberste Kriegsrat schließlich, Konoe als Emissär des Tennô nach Moskau zu entsenden. Doch dazu sollte es nichtkommen: Moskau lehnte das japanische Ansinnen am 18. Juli ab. Erst am 8. August, nach seiner Rückkehr von der Potsdamer Konferenz, sollte sich der russische Außenminister Molotow Zeit für Japans Botschafter Satô Naotake nehmen, jedoch nur zu dem Zweck, ihm die Kriegserklärung an Japan auszuhändigen.

Die amerikanische Regierung war sowohl durch ihren Geheimdienst als auch durch Stalin persönlich über die japanischen Friedensavancen informiert.[22] Washington mußte daher wissen, daß einflußreiche Kreise in Tokio grundsätzlich zur Kapitulation bereit waren, allerdings unter der Bedingung, daß der Fortbestand des Kaiserhauses garantiert werde. Die Wahrung des Nationalwesens war für alle Lager in der Reichsspitze unabdingbar. Die mit dem Glauben an die japanische Einzigartigkeit verbundene Kaiserideologie, von den Gründungsvätern des modernen Japan erst in der Meiji-Restauration von 1868 als nationaler Identifikationsfaktor künstlich wiederbelebt, stellte somit das Haupthemmnis für ein japanisches Einlenken dar. In der amerikanischen Regierung gab es Tendenzen, den Japanern mit Blick auf den Tennô entgegenzukommen und die seit dem alliierten Treffen von Casablanca monoton wiederholte Forderung nach bedingungsloser Kapitulation abzumildern. So schlug Washingtons Vize-Außenminister und Vorkriegsbotschafter in Tokio, Joseph Grew, Truman im Mai 1945 eine Garantieerklärung für den Tennô vor.[23] Der Diplomat wollte den Krieg gegen Japan schnell beenden und im Vorgriff auf den sowjetischen Kriegseintritt den Einfluß des kommunistischen Riesenreiches in Ostasien eindämmen. Aus ähnlichem Grunde empfahl auch Stimson seinem Präsidenten während der Potsdamer Konferenz eine Garantie gegenüber dem Tennô, die mit einer Warnung vor der Atombombe verbunden werden sollte. Doch der Einfluß des alternden Kriegsministers war bereits im Schwinden.

Zwar war die Außenpolitik der Vereinigten Staaten nach dem Tode Roosevelts verstärkt vom Mißtrauen gegenüber der UdSSR geprägt.[24] Doch setzten Präsident Truman und Außenminister James Francis Byrnes bei der Zurückdrängung sowjetischer Nachkriegsansprüche in erster Linie auf die Wirkung des nuklearen Faustpfandes. Nach dem erfolgreichen Atombomben-Experiment in der Wüste von New Mexico am 16. Juli, rechtzeitig einen Tag vor Beginn der Potsdamer Konferenz, meinte Truman jene Wunderwaffe in Händen zu halten, mit der er alle außenpolitischen Ziele auf einen Schlag würde erreichen können: den Sieg über Japan noch vor dem Kriegseintritt der UdSSR sowie eine Demonstration des amerikanischen Führungsanspruches. Bedenken gegen den Einsatz der Atombombe, die es bei amerikanischen Politikern, Militärs und beteiligten Wissenschaftlern des Manhattan-Projekts durchaus gab[25], rückten nicht zuletzt angesichts der hohen Entwicklungskosten für die Bombe von rund zwei Milliarden Dollar in den Hintergrund. Zu stark hatten sich die militärischen Vorbereitungen des gigantischen Atombombenprojektes schon verselbständigt, als daß die politische Spitze in Washington meinte, der Entwicklung noch Einhalt gebieten zu können. Am Zug waren nun die in ihr Projekt verliebten Militärs um General Leslie Richard Groves. Ausschlaggebend für ihr Handeln war in erster Linie das Motiv, das vorhandene Kriegswerkzeug auch einzusetzen und so gerade in der Endphase des Krieges das eigene Können noch einmal unter Beweis zu stellen. Hier gab es durchaus Parallelen zu den vernichtenden Bombardements deutscher Städte wie Dresden und Freiburg im Breisgau: Mit strategischen Notwendigkeiten kaum zu rechtfertigen, dienten die Angriffe der amerikanischen Luftwaffe vor allem dazu, ihre Existenzberechtigung als der teuersten Waffengattung bis zum Ende nachzuweisen. In beiden Fällen, den atomaren Abwürfen auf Japan wie den konventionellen Luftangriffen auf Deutschland, dürfte überdies ein gewisser Spieltrieb militärische Entscheidungen erheblich beeinflußt haben; man denke zum Beispiel an die umfangreichen technischen Messungen, welche die Luftwaffe sowohl vor als auch nach den Bombeneinsätzen vornahm. In Hiroshima führte der Abwurf von Fallschirmen mit Meßgeräten sogar dazu, daß Augenzeugen diese anfangs mit der eigentlichen Bombe verwechselten.

Die Potsdamer Erklärung der USA, Großbritanniens und Chinas vom 26. Juli 1945 liest sich vor diesem Hintergrund geradezu als Rechtfertigung für den bereits beschlossenen Abwurf der Atombombe auf Japan.[26] In dem Dokument stellten die Alliierten das Kaiserreich vor die Wahl, entweder bedingungslos zu kapitulieren oder die völlige Verwüstung des Landes zu gewärtigen. Die Atombombe wurde dagegen mit keinem Wort erwähnt. Ebenso fehlte die von den gemäßigten Kräften in der japanischen Führung dringend erhoffte Garantie für den Fortbestand des Kaiserhauses. Einen entsprechenden Zusatz hatte Truman aus dem ursprünglichen Entwurf der Potsdamer Erklärung streichen lassen.[27] Statt dessen fand sich dort die vage Zusage, das japanische Volk könne in freier Selbstbestimmung über seine künftige Regierungsform entscheiden. Wohl auch aus diesem Grunde war der amerikanische Präsident davon überzeugt, daß die Japaner die Potsdamer Erklärung nicht annehmen würden. Schließlich hatte er selbst die – wenn auch noch so vage – Chance vertan, Tokio in letzter Minute doch noch zum Einlenken zu bewegen.

Als ein Grund für die Unbeirrbarkeit, mit der die USA auf den Abwurf der Atombombe zusteuerten, wird vor allem in der japanischen Geschichtsschreibung auf rassistische Voreingenommenheit der „weißen“ Amerikaner gegenüber den „Japsen“ abgehoben.[28] Statt der abendländischen Deutschen, so lautet die auch in der japanischen Bevölkerung verbreitete Überzeugung, seien die „gelben“ Japaner als Objekt des „Atomexperiments“ mißbraucht worden. Zwar läßt sich dieses Argument auf den ersten Blick leicht entkräften, war Deutschland doch im Mai 1945 schon besiegt – noch vor dem entscheidenden Atombomben-Experiment in der Wüste von New Mexico – und kam als Einsatzziel folglich nicht in Betracht. Auch die Flächenbombardements deutscher Städte widerlegen den Vorwurf alliierter Rücksichtnahme auf die Deutschen. Andererseits aber läßt sich ein gewisser amerikanischer Rassismus gegenüber den Japanern nicht von der Hand weisen. Die japanischen Kriegsgreuel trugen eher noch dazu bei, daß Politiker wie Roosevelt, dessen Nachfolger Truman und der britische Premier Churchill „the Japs“ letztlich als „Wilde“[29] betrachteten. Der kanadische Ministerpräsident MacKenzie King dürfte daher auch die Gefühle der verbündeten Staatsmänner treffend zum Ausdruck gebracht haben, als er erleichtert in seinem Tagebuch vermerkte, daß die Atombombe nicht die weiße Rasse, sondern ein asiatisches Volk getroffen habe. Hinzu kommt, daß die Alliierten in ihrer Politik gegenüber Japan nicht zwischen verbrecherischer Führung und Volk unterschieden, im Falle des Dritten Reichs eine solche Trennlinie aber zogen.[30] Gewiß, der latente westliche Rassismus gegenüber den Japanern hat mitnichten den Ausschlag für den Einsatz der Bombe gegeben; doch dürfte er die moralische Hemmschwelle eher gesenkt als gehoben haben.

Tokio empfing den Wortlaut der Potsdamer Erklärung am 27. Juli. Zwar lehnten die Vertreter des Militärs das bedingungslose Ultimatum rundweg ab, doch Außenminister Tôgô meinte in dem Dokument eine Bestätigung seiner Friedensstrategie vermittels der Sowjetunion zu entdecken. Er verwies auf den Umstand, daß Stalin das alliierte Dokument nicht unterschrieben habe und überdies vertraglich nach wie vor zur Neutralität gegenüber Japan verpflichtet sei. Angesichts des Patts zwischen Friedensgeneigten und Kampfwilligen zog es die handlungsunfähige japanische Führung vor, zunächst einmal überhaupt nicht auf die Potsdamer Erklärung zu reagieren und sich in offizielles Schweigen zu hüllen, bis der sowjetische Außenminister Molotow aus Potsdam nach Moskau zurückkehren und den japanischen Botschafter empfangen würde. Allerdings sorgte am 28. Juli Ministerpräsident Suzuki – ob gewollt oder ungewollt – dafür, daß die Weltöffentlichkeit Japans Entgegnung auf Potsdam als offizielles „Nein“ auslegen mußte: Seine Regierung, so verkündete Suzuki vor der heimischen Presse, messe der Deklaration keinen besonderen Wert zu; man werde das Dokument stillschweigend übergehen und bis zuletzt für den Sieg kämpfen. Zwar sollten japanische Beamte im nachhinein erläutern, der Regierungschef habe mit einer mißverständlichen Formulierung nur die Hinhaltepolitik seines Kabinetts umschreiben wollen. Vom Ergebnis her lieferte Suzuki den USA aber die Rechtfertigung für den Abwurf der Atombombe. So konnte Präsident Truman in seiner offiziellen Erklärung zum Abwurf auf Hiroshima darauf verweisen, das Ultimatum von Potsdam habe die Japaner vor der völligen Zerstörung bewahren sollen, doch die japanischen Führer hätten das Ultimatum zurückgewiesen. Wenn Japan die alliierten Bedingungen auch künftig nicht akzeptiere, werde es sich auf einen „Regen der Verheerung aus der Luft“ gefaßt machen müssen, „wie man ihn auf Erden noch nicht erlebt hat“.[31]

3. Verpuffte Bombe: Tokios Ringen um die Kapitulation

Den amerikanischen Präsidenten erreichte die Nachricht vom ‚gelungenen‘ Abwurf der Atombombe an Bord des Kriegsschiffes „Augusta“ auf dem Rückweg von der Potsdamer Konferenz nach Washington. „Dies ist die größte Sache der Geschichte. Es ist Zeit, daß wir nach Hause kommen“[32], verkündete Truman seinen Mitreisenden. Ungeachtet dieser euphorischen Bewertung verfehlte die Bombe von Hiroshima jedoch die politische Wirkung auf jene, die sie zur bedingungslosen Kapitulation hatte veranlassen sollen: die Führer in der japanischen Hauptstadt.[33] Die Ereignisse des 6. August vermochten die zerstrittene Führung keineswegs aus ihrer Lähmung aufzuschrecken. Statt sich um Tausende Opfer in der westjapanischen Provinzstadt zu sorgen, stritten Militärs und zivile Friedensadvokaten in erster Linie darum, wie sie den Tennô und den japanischen „*kokutai*" über die bevorstehende Kapitulation hinüberretten könnten.

Im Kaiserlichen Hauptquartier traf die Meldung von der völligen Zerstörung Hiroshimas durch eine einzige Bombe am Vormittag des 6. August ein. Die um ihre Endsiegstrategie besorgten Militärs bemühten sich daraufhin nach Kräften, die Bedeutung der Bombe herunterzuspielen. Die Presse wurde angewiesen, das Ereignis von Hiroshima als normalen Luftangriff zu behandeln, bis die Armee der Sache nachgegangen sei. Bis zum Nachmittag des folgenden Tages wurde nur die Erklärung nachgeschoben, der Feind habe „eine neuartige Bombe" eingesetzt, die beträchtlichen Schaden verursacht habe. Offiziell sollte die Armee erst am 10. August einräumen, daß es sich um eine Atombombe handelte. Auch wenn sich Heeresminister Anami Korechika anfangs weigerte, die Existenz der Atombombe anzuerkennen: Mit der noch am 6. August getroffenen Entscheidung, den japanischen Atomphysiker Nishina Yoshio nach Hiroshima zu entsenden, bestätigte die Armee indirekt, daß sie einen solchen Verdacht hegte. Nishina war zuerst im April 1941 von der Armee aufgefordert worden, die Möglichkeit einer Entwicklung von Atombomben durch Japan zu prüfen.[34] Zwar kam der Experte gemeinsam mit anderen Wissenschaftlern im März 1943 zu dem Schluß, daß Japan mindestens zehn Jahre zur Entwicklung der Bombe brauche und auch Deutschland oder die USA dies vorher nicht schaffen würden. Doch forschte Nishina an seinem Riken-Institut weiter an der Atombombe, bis amerikanische Brandbombenangriffe auf Tokio im April 1945 seinen Uran-Separator zerstörten. Von der erfolgreichen Entwicklung der Bombe war die japanische Wissenschaft zu diesem Zeitpunkt noch Jahre entfernt; es fehlte schon am nötigen Uran. Indes kann kaum ein Zweifel daran bestehen, daß die japanischen Militärs Atombomben bedenkenlos eingesetzt hätten, wären sie nur verfügbar gewesen.

Wie wenig sich die Armee vom Abwurf auf Hiroshima beeindrucken ließ, zeigte sich allein daran, daß Nishina erst zwei Tage später, am 8. August, in die verwüstete Stadt geflogen wurde. Die Hinhaltetaktik der Militärs zwang auch die politische Führung dazu, in der Inaktivität der vorangegangenen Tage zu verharren. Außenminister Tôgô erfuhr erst aus den amerikanischen Rundfunkmeldungen am Morgen des 7. August, daß es sich bei der Explosion von Hiroshima um eine Atombombe gehandelt hatte. Dem Tennô erstattete er am 8. August ausführlich Bericht, worauf der Kaiser seinen Außenminister aufforderte, die Friedensbemühungen mit Nachdruck fortzusetzen. Dabei nahm Hirohito zwar auf die neuartige Waffe Bezug, bekräftigte aber im Grunde nur seinen bisherigen Wunsch nach schneller Beendigung des Krieges. Eine dramatische Initiative ergriff der Souverän zu diesem Zeitpunkt noch nicht. Und auch die Regierungsmitglieder sahen sich nicht zu einem Kurswechsel veranlaßt: Der Versuch von Premierminister Suzuki, eine Krisensitzung des Obersten Kriegsrats für den 8. August einzuberufen, scheiterte an ‚Terminproblemen'.

Erst am Tag des Atombombenabwurfs auf Nagasaki, dem 9. August, beriet die japanische Führung wieder gemeinsam über die Lage. Am Tag zuvor hatte die Sowjetunion Japan als Antwort auf Hiroshima mit Wirkung vom 9. August den Krieg erklärt, sechs Tage früher als von Stalin ursprünglich geplant, und ihre Truppen in die Mandschurei einmarschieren lassen. Doch selbst jetzt stand für Tokio die von den Alliierten verlangte „bedingungslose" Kapitulation nicht zur Debatte. Außenminister Tôgô trat zwar für die Annahme der Potsdamer Erklärung ein, jedoch nur unter der Bedingung, daß das japanische Nationalwesen gewahrt werde. Auch Premier Suzuki und Marineminister Yonai Mitsumasa teilten diese Position. Dagegen beharrten die Vertreter des Heeres außer der Wahrung des *„kokutai"* auf drei weiteren Voraussetzungen, nämlich darauf, die alliierte Besatzung auf ein Minimum zu begrenzen sowie die Entwaffnung japanischer Truppen und die Aburteilung von Kriegsverbrechen in eigener Regie zu übernehmen. Eine Wende in dem ausgedehnten Streit mochte auch die Nachricht vom Atombombenabwurf auf Nagasaki nicht unmittelbar herbeizuführen. Unbeeindruckt pochten Heeresminister Anami und Generalstabschef Umezu Yoshijirô weiter auf eine Entscheidungsschlacht auf den japanischen Hauptinseln. Diese Haltung schloß allerdings ein Arrangement mit den Alliierten nicht völlig aus. So ging es Anami offenbar vor allem darum, dem Feind in letzter Minute empfindliche Verluste zuzufügen und ihm dadurch günstigere Friedensbedingungen abzuringen.[35] Schon der Erwartungsdruck ihres durch die Tennô-Ideologie aufgehetzten Offizierskorps verbot es den führenden Militärs, dem feudalen Kriegerethos des Samurai zuwiderzuhandeln und kampflos die Waffen zu strecken. Zu deutlich hatten nicht nur die Heereschefs, sondern auch die zivilen Mitglieder der Staatsführung noch den blutigen Putschversuch radikaler Offiziere vom Februar 1936 vor Augen. Ministerpräsident Suzuki war damals schwer verletzt worden.

Nach insgesamt etwa achtstündiger Debatte im Obersten Kriegsrat und später auch im Kabinett vertagten sich die Kontrahenten ergebnislos. Einig waren sie sich nur in dem Ziel, das Kaiserhaus zu retten. Den spektakulären Durchbruch brachte an diesem 9. August erst eine mitternächtliche Sitzung des Obersten Kriegsrats in Anwesenheit des Kaisers im Luftschutzkeller des Palasts. In einem dramatischen Bruch mit der Tradition trug Suzuki dem Tennô, dem üblicherweise nur die Absegnung einstimmiger Kabinettsbeschlüsse oblag, die Schiedsrichterrolle im Streit über die Annahme der Deklaration von Potsdam an. Zuvor hatte sich der Präsident des Geheimen Staatsrats, Baron Hiranuma Kiichirô, auf die Seite der Friedenspartei geschlagen und das für die engen Berater des Tennô entscheidende Argument ins Feld geführt, wonach die unhaltbare Kriegssituation letztlich die innere Sicherheit und Ordnung des Kaiserreiches bedrohe. Entsprechend einem mit den Kapitulationsbefürwortern vorher abgestimmten Szenario verkündete der Tennô schließlich sein Verdikt und billigte den Vorschlag von Außenminister Tôgô, die Erklärung von Potsdam unter der Bedingung anzunehmen, daß die Position des Kaisers als oberster Souverän garantiert werde.

Am 10. August teilte das Außenministerium den Alliierten die bedingte Annahme der Potsdamer Deklaration mit. Bis Japan aber die Kapitulation endgültig akzeptierte, sollten noch fünf quälende Tage vergehen: Als hätte die beispiellose Intervention des Tennô gar nicht stattgefunden, brach die Debatte über die Kriegsbeendigung von neuem auf, als die Antwort von US-Außenminister Byrnes auf die japanische Bedingung in Tokio einging. Demnach sollten der Kaiser und die japanische Regierung vom Zeitpunkt der Kapitulation ab dem Oberkommandierenden der Alliierten unterstellt sein. Entsprechend der Potsdamer Deklaration sei die endgültige Entscheidung über die Regierungsform des Landes dem freien Willen des japanischen Volkes anheimgestellt, hieß es. Mit der ausdrücklichen Erwähnung des Kaisers stellten die USA faktisch den Fortbestand der japanischen Dynastie in Aussicht und bauten ihrem Kriegsgegner jene goldene Brücke für die Annahme der Kapitulation, welche sie ihm vor Hiroshima und Nagasaki noch verweigert hatten. Durchgesetzt hatten sich damit Kräfte in Washington, die sich vom politischen Überleben des Tennô eine geordnete Rückführung japanischer Truppen aus Übersee und eine Erleichterung der amerikanischen Besatzungspolitik versprachen.

Trotz des amerikanischen Entgegenkommens spielte die zerstrittene Führung jedoch ihren Streit noch einmal durch: Plädierten Premier Suzuki, Außenminister Tôgô und Marineminister Yonai für die Annahme der Byrnes-Note, intervenierten Heeresminister Anami sowie Generalstabschef des Heeres Umezu und Admiralstabschef Toyoda Soemu beim Kaiser dagegen. Abermals legten die handlungsunfähigen Politiker und Militärs am 14. August dem Tennô ihren Zwist zur Schlichtung vor, und abermals – und diesmal endgültig – urteilte der Herrscher: Japan müsse das „Unerträgliche ertragen“ und die Potsdamer Erklärung annehmen. Er, der Kaiser, sei überzeugt, daß der Feind das japanische Nationalwesen, den „*kokutai*“, respektieren werde.[36]

Das japanische Volk sollte von der Kapitulation indes erst einen Tag später, am 15. August, durch die Rundfunkansprache des Tennô erfahren. In der Zwischenzeit lieferte sich die Führung noch einen Streit um den Wortlaut des kaiserlichen Kapitulations-Edikts, und in einem letzten verzweifelten Aufbäumen besetzten radikale Offiziere vorübergehend das Areal des Kaiserpalastes. Im letzten Moment wollten sie Hirohitos Rundfunkansprache verhindern und die Fortsetzung des Krieges erzwingen. Doch am Ende verebbte der Widerstand der Endsiegfanatiker in einer Welle von rituellen Selbstmorden.[37]

Statt der bedingungslosen Kapitulation, die Truman und Byrnes mit dem Einsatz der Atombombe bezweckt hatten, endete der Pazifische Krieg in einem unübersichtlichen Palastspektakel. Entgegen den Erwartungen Washingtons gab die Atombombe nicht den entscheidenden Anstoß zur japanischen Niederlage. Hiroshima oder Nagasaki tauchten in den Diskussionen der Führung nur am Rande auf; im Mittelpunkt stand der Fortbestand der Kaiserdynastie, die Wahrung des *„kokutai“*. Um dieses Ziel zu erreichen, setzten die Verantwortlichen in Tokio auch nach Hiroshima unbeirrt alle Hoffnungen auf die Sowjetunion. Erst als der – durch Hiroshima überdies noch beschleunigte – sowjetische Kriegseintritt diesen Ausweg verbaut hatte, erwog Japan ernsthaft die Annahme der Erklärung von Potsdam. Drohte doch in den Augen der Führer mit dem Kriegseintritt der Sowjets jenes Schreckensgemälde Wirklichkeit zu werden, das Ex-Premier Konoe dem Tennô schon im Februar ausgemalt hatte: kommunistisches Chaos und Sturz des Kaiserhauses. Folglich begrüßten die moderaten Kräfte in der japanischen Staatsführung insgeheim Stalins Kriegserklärung mindestens ebenso erleichtert als „Himmelsboten“ (so Konoe und Yonai)[38] wie den Abwurf der Atombombe. Erst mit der Byrnes-Note, mit der sie praktisch von der „bedingungslosen Kapitulation“ abrückten, sollten die Amerikaner jedoch den Friedensbefürwortern um den Tennô zu Hilfe kommen und ihnen gegenüber den Militärs das entscheidende Argument zum Abbruch des Krieges liefern.[39] Zugleich widerlegten die USA mit dieser späten Konzession aber auch die eigene Rechtfertigung für die Bombenabwürfe von Hiroshima und Nagasaki.

4. Japan als „Opfer“: die Bewältigung der Atombombe

Durch die Rundfunkansprache des Tennô am 15. August hörte das japanische Volk nicht nur zum erstenmal die Stimme seines göttlichen Herrschers, die Mehrheit erfuhr auch zum erstenmal, daß der Feind eine „neue und besonders grausame Bombe“ gegen ihr Land eingesetzt hatte.[40] Die Ungewißheit der letzten Kriegstage bis zur Landung des alliierten Besatzungsgenerals Douglas MacArthur am 30. August ließ der japanischen Öffentlichkeit kaum Zeit, sich ausführlich mit der Bombe auseinanderzusetzen. Bevor Hiroshima und Nagasaki hätten zum Thema werden können, unterdrückte die amerikanische Besatzungszensur jegliche Veröffentlichung über die Bomben.[41] Aufsehenerregende Berichte in der angelsächsischen Presse über die radioaktive Verseuchung der beiden bombardierten japanischen Städte ließen die amerikanischen Militärs um das internationale Ansehen der Vereinigten Staaten bangen. Zudem hatte die japanische Übergangsregierung noch kurz vor Ankunft der Besatzer versucht, die grausamen Folgen der Atombombe propagandistisch auszuschlachten. Im Interesse ihrer Atomstrategie ermutigten die USA japanische Wissenschaftler zwar, Erkenntnisse über die atomaren Explosionen in Hiroshima und Nagasaki zu sammeln. Die Ergebnisse durften jedoch nicht veröffentlicht werden; Filmmaterial über den atomaren Holocaust hielten die USA fast 25 Jahre lang unter Verschluß. Selbst japanische Versuche, die Atombombe literarisch zu bewältigen, mißfielen den US-Zensoren: Der katholische Arzt und Schriftsteller Nagai Takashi, selbst ein Opfer der Atombombe, durfte 1949 seine Erzählung über die Zerstörung von Nagasaki, *The Bells of Nagasaki,* erst nach zweijährigen Petitionen veröffentlichen, und dann auch nur unter der Auflage, dem Buch einen Bericht über japanische Kriegsgreuel auf den Philippinen anzuhängen.

Als die Amerikaner gegen Ende der Besatzungszeit die Zügel ihrer Pressezensur lockerten, hatte Japan zunächst andere Probleme, als über Ursachen und Folgen des Atombomben-Einsatzes zu reflektieren. Wirtschaftlich und militärisch lehnte sich das Land notgedrungen eng an die Schutzmacht USA an. Kalter Krieg und Wiederbewaffnung bestimmten die Notwendigkeiten des Tages. Auch das von Regierung und Wirtschaft forcierte Atomenergieprogramm ließ keinen Raum für ein Nachdenken über die Schrecken der atomaren Vernichtung, wenn man einmal von den jährlichen Gedenkfeiern am 6. und 9. August in Hiroshima und Nagasaki absieht. Der Mehrheit der Bevölkerung lag der wirtschaftliche Wiederaufbau näher als die Erinnerung an die demütigende Niederlage und an die Atombombenopfer *(„hibakusha“).* Die Überlebenden des nuklearen Infernos gerieten in Vergessenheit, falls sie nicht wegen sichtbarer oder unsichtbarer körperlicher Leiden an den Folgen des Atomblitzes wie Aussätzige behandelt wurden oder sich selbst schamhaft in die gesellschaftliche Isolation fügten. Zwar ließ der japanische Staat den Atombombenopfern eine gewisse Fürsorge zuteil werden, so die freie medizinische Behandlung; zu einer umfassenden Entschädigungsregelung raffte er sich jedoch lange Zeit nicht auf. Noch im Herbst 1994 sollte der sozialistische Ministerpräsident Murayama Tomiichi mit entsprechenden Plänen auf die hartnäckige Ablehnung seines liberaldemokratischen Koalitionspartners stoßen.

Erst spät gedachten sowohl die japanische Regierung als auch Repräsentanten von Hiroshima und Nagasaki auch der koreanischen und chinesischen Opfer der Atombombenabwürfe. Schätzungen sprechen allein von 70000 koreanischen *„hibakusha“* in Hiroshima und 30000 in Nagasaki.[42] Im Jahre 1990 bewilligte Tokio den koreanischen Opfern zwar 4,5 Mrd. Yen für „humanitäre Zwecke“, auf die uneingeschränkte Solidarität ihrer japanischen Leidensgenossen wartet diese Gruppe aber noch immer. So weigerte sich der Oberbürgermeister von Hiroshima noch 1990, eine Abordnung koreanischer *„hibakusha“* zu empfangen.

In das Blickfeld der japanischen Öffentlichkeit rückten Nagasaki und Hiroshima in der Nachkriegszeit vor allem wieder durch die amerikanischen Wasserstoffbomben-Tests auf dem Bikini-Atoll: Als im März 1954 unter anderem auch auf den japanischen Fischkutter „Daigo Fukuryû Maru" und seine Besatzung radioaktive „Todesasche" niederging, erregte die Nation vor allem, daß es erneut Japaner waren, die einem amerikanischen „Atomexperiment" zum Opfer gefallen waren.[43] Die anti-amerikanische Grundfärbung der japanischen Anti-Atombewegung war damit bis Ende der siebziger Jahre vorgezeichnet. Dabei rückte die Erinnerung an die eigene japanische Kriegsschuld weitgehend in den Hintergrund; insofern gab es durchaus Gemeinsamkeiten zwischen der linken Protestbewegung und der konservativen japanischen Regierung, die sich eifrig darum bemühte, dunkle Flecken der jüngeren japanischen Geschichte aus den Schulbüchern zu tilgen. Das historische Gedenken galt in erster Linie den Opfern des eigenen Volkes: Dem ehemaligen Kriegsgegner wurden höchstens halbfertige Reuebekenntnisse gewidmet, die sich jedoch auch als einseitige Schuldzuweisungen deuten lassen, wie zum Beispiel die Inschrift auf dem Gedenkstein im Friedenspark von Hiroshima, „*Rest in peace, the mistake shall not be repeated*".[44]

Gewiß, seit Anfang der achtziger Jahre bemühen sich Vertreter der japanischen Anti-Atombewegung und Repräsentanten von Hiroshima und Nagasaki, bei ihren regelmäßigen Appellen für den Weltfrieden auch das Eingeständnis japanischer Kriegsschuld hinzuzufügen. Und auch den Politikern des Landes gehen seit dem Tod Kaiser Hirohitos im Jahre 1989 Schuldbekenntnisse leichter von den Lippen. Doch nach wie vor dürfte die wahre Befindlichkeit der Japaner am ehesten in dem Film des renommierten Regisseurs Kurosawa Akira *Rhapsody in August*[45] von 1991 zum Ausdruck kommen. In der Schlüsselszene des Werkes, das bei der amerikanischen Kritik einen Sturm der Entrüstung entfachte, reist ein junger Amerikaner nach Nagasaki, um eine greise Japanerin um Vergebung für den Atombombenabwurf zu bitten.

5. Schluß: Devoter Schüler – Schuldbewußter Lehrmeister

Harry S. Truman sollte nach dem Zweiten Weltkrieg den Abwurf der Atombombe auf Hiroshima und Nagasaki mit dem Hinweis rechtfertigen, er habe die Bombe als eine militärische Waffe betrachtet und nie irgendwelche Zweifel gehegt, daß sie auch eingesetzt werden sollte.[46] Indes läßt sich die Ausschließlichkeit, mit der Truman spätestens nach dem erfolgreichen Test in New Mexico die atomare Option verfolgte, nur zum Teil mit dem Verhalten der japanischen Seite erklären. Ein ebenso gewichtiges, wenn nicht das entscheidende Motiv für den Einsatz der Atombombe war die Demonstration des amerikanischen Führungsanspruchs angesichts des heraufziehenden Kalten Krieges mit der Sowjetunion. Nach 1945 trug der Kalte Krieg zunächst dazu bei, daß langfristige negative Konsequenzen der Atombombenabwürfe für die Beziehungen zwischen den USA und Japan in den Hintergrund traten. Um so dringender stellt sich jedoch nach dem Ende des Kalten Krieges die Frage nach den bleibenden Hypotheken der Atombombe.

Stellte die amerikanische Regierung im Sommer 1945 moralische Bedenken gegen die Atombombe hintan, so verwirkte sie damit gleichzeitig auch ihren moralischen Führungsanspruch gegenüber dem unterlegenen Kaiserreich. Der langfristige außenpolitische Schaden für die westliche Großmacht wurde spätestens sichtbar, als der indische Richter Radhabinhod Pal sich 1948 mit einem Minderheitsvotum im Tokioter Kriegsverbrecherprozeß von der Anklageschrift distanzierte und den Abwurf der Atombomben mit deutschen Kriegsgreueln im Ersten und Zweiten Weltkrieg gleichsetzte.[47] Gleichsam in der letzten Minute des Krieges hatten die Vereinigten Staaten ohne Not den Grund gelegt für ein japanisches Opferbewußtsein, welches sich in der Nachkriegszeit ebenso hartnäckig halten sollte wie die von Japanern immer wieder beschworene Stilisierung des Pazifischen Krieges zum „Befreiungskampf für Asien“. Der Einsicht Japans in die eigene Kriegsschuld war die Atombombe zweifellos abträglich. Eine ‚Bewältigung‘ der Vergangenheit steht in Japan gerade auch aus diesem Grunde bis heute aus, sowohl gegenüber den asiatischen Nachbarn als auch den USA. So blockte das japanische Außenministerium noch beim Amerika-Besuch von Tennô Akihito im Frühjahr 1994 Vorschläge ab, anläßlich einer Stippvisite auf Hawaii auch eine Gedenkminute in Pearl Harbor auf das Programm zu setzen.

Oberflächlich fügte sich das Kaiserreich nach 1945 zwar in die Rolle des folgsamen Schülers der Vereinigten Staaten. Doch die stumme Opfermiene des Unterlegenen trug wesentlich dazu bei, daß sich die USA umgekehrt die Rolle des schuldbewußten Lehrmeisters zu eigen machten, so durch ihre inkonsequente Besatzungspolitik oder auch durch revisionistische Tendenzen ihrer Japan-Wissenschaft. Je ungezügelter Japan ab den sechziger Jahren indes seine wirtschaftlichen Energien auf den amerikanischen Exportmarkt lenkte, und je heftiger der Handelsstreit zwischen beiden Ländern entbrannte, um so deutlicher sollte wieder das gegenseitige Mißtrauen der ehemaligen Kriegsgegner zutage treten. Bisweilen weisen die Streitigkeiten der beiden Verbündeten geradezu frappierende Ähnlichkeiten mit den letzten Wochen des Zweiten Weltkriegs auf: handlungsunfähiges Lavieren auf japanischer Seite – ohnmächtige Sanktionsdrohungen auf amerikanischer Seite. Doch möglicherweise erklärt nicht nur die gegenseitige politische und wirtschaftliche Abhängigkeit, sondern auch die ambivalente Erinnerung an den 6. und 9. August 1945, warum die beiden größten Industrienationen der Welt nach dem Pazifischen Krieg ihre gravierenden Spannungen letztlich doch immer wieder überbrückt haben.

II. Abschreckung: Drei Fallstudien

Jost Dülffer

Die Suez- und Ungarn-Krise

Der Vorsitzende des Ministerrates der UdSSR, Nicolai Bulganin, richtete am 5. November 1956 laut TASS eine Botschaft an den britischen Premierminister Anthony Eden.[1] In außerordentlicher Schärfe verurteilte er das militärische Vorgehen Großbritanniens, Frankreichs und Israels gegen Ägypten. „Wie wäre die Lage Englands, wenn es selbst von stärkeren Staaten überfallen würde, die über sämtliche Arten moderner Vernichtungswaffen verfügen? (...) Würden Raketenwaffen gegen England oder Frankreich eingesetzt, so würden Sie das sicherlich als ein barbarisches Vorgehen bezeichnen! (...) Der Krieg in Ägypten kann auf andere Länder übergreifen und sich in einen dritten Weltkrieg verwandeln (...) Wir sind fest entschlossen, durch Einsatz von Gewalt die Aggressoren zurückzuschlagen und den Frieden im Osten wiederherzustellen." Eine solche öffentliche und offene Drohung, wie sie ähnlich auch an Frankreich sowie Israel gerichtet wurde, hatte es bislang im Kalten Krieg noch nicht gegeben. War sie ernst gemeint, stand die Welt am Rande eines Atomkrieges?

Am Tag zuvor, am Morgen des 4. November 1956, waren in Ungarn mindestens zehn sowjetische Divisionen zum zweiten Male binnen weniger Tage in die Hauptstadt Budapest eingerückt und hatten begonnen, die Regierung des Ministerpräsidenten Imre Nagy zu beseitigen und den Widerstand der sie tragenden ungarischen Bevölkerung zu brechen – unterstützt sogar von Jagdflugzeugen und Bombern.[2] Gab es auch in diesem Falle Drohungen militärischen Eingreifens aus dem entgegengesetzten, dem westlichen Lager?

Beide Krisen hängen, das wird schon aus der Chronologie deutlich, eng zusammen, bedingten sich in ihrem Ablauf von einem gewissen Punkte an wechselseitig.[3] Aber sie hatten unterschiedliche Ursprünge, und die Suez-Krise (1.) wie die Niederschlagung der ungarischen Revolution (2.) lassen sich zunächst einmal ganz unabhängig voneinander berichten, auch ohne die Reaktionen des gegnerischen Lagers im Kalten Krieg einzubeziehen. Das soll im folgenden geschehen. Erst dann wird in einem weiteren Durchgang (3.) nach atomarer Bedeutung der Weltkrise vom Herbst 1956 gefragt, und schließlich werden einige Folgerungen gezogen (4.).

1.

In der Suez-Krise vom Herbst 1956 bündeln sich verschiedene Ereignisstränge.[4] Am einfachsten lassen sie sich unter dem Begriff Dekolonisation zusammenfassen. Der Zweite Weltkrieg hatte im Nahen Osten die kolonialähnliche Dominanz Großbritanniens, aber auch Frankreichs erschüttert, wenn auch nicht gebrochen. Gerade in den letzten Kriegsjahren waren die USA zu einer auch militärisch in dieser Region wichtigen Macht geworden, nicht zuletzt veranlaßt durch die Erdölinteressen auf der arabischen Halbinsel. Ägypten bildete seit 1881 den Kern der britischen Nahoststellung. Obwohl formal unabhängig, was 1936 vertraglich bekräftigt wurde, stellte das Land nicht zuletzt wegen des Suez-Kanals einen Eckpfeiler des britischen Weltreiches dar, ging doch durch diese Verbindungsstraße zwischen Mittelmeer und (letztlich) Indischem Ozean der kürzeste und sicherste Weg nach Indien (ab 1947 unabhängig). Zu den Transportgütern gehörten zu einem beträchtlichen Teil seit dem Zweiten Weltkrieg die Öllieferungen von der arabischen Halbinsel, zumal aus Saudi-Arabien, während irakisches und syrisches Erdöl größtenteils über Pipelines zum Mittelmeer geführt wurde.

Einen entscheidenden Einschnitt stellte der Putsch jüngerer Offiziere in Ägypten 1952 dar, welcher dort die Monarchie abschaffte. Oberst Gamal Abdel Nasser entwickelte sich zum starken Mann und erreichte 1954 in Verhandlungen mit Großbritannien den Abzug der britischen Streitkräfte, die sich formal nur noch zum Schutz der Kanalzone im Lande befanden. Dieser Abzug war im Mai 1956 vollendet und gab den Ägyptern erstmals faktische Unabhängigkeit gegenüber potentiell direktem militärischem Druck. Viel hängt im weiteren von der Deutung von Nassers Absichten und Zielen ab. Die zeitgenössische Wahrnehmung in London und Paris differiert beträchtlich von der heutigen Sicht. Heute erscheint Nasser als ein charismatischer Führer, der durch außenpolitische Erfolge sein armes Land zum Fortschritt westlicher Prägung führen wollte. Gewiß pflegten er und seine Anhänger eine radikale arabische nationalistische Rhetorik, die einen Führungsanspruch von Nordafrika bis Pakistan suggerieren und gerade dabei traditionelle arabische Regimes etwa in Syrien, Jordanien und im Irak durch Revolution von unten bedrohen konnte. Insbesondere entzog sich Nasser westlichem (und vor allem britischem) Werben, ja Drängen zum Beitritt zum sogenannten Bagdad-Pakt[5], der 1955 zunächst die Türkei und den Irak, dann auch Großbritannien, Iran und Pakistan zusammenschloß. Aber auch die USA reagierten zurückhaltend in der Beitrittsfrage, obwohl der Pakt doch im Kern die antikommunistische Grundausrichtung zur Einkreisung der Sowjetunion an ihrer Südflanke in dieser Region bedeutete.

Ägypten schloß sich vielmehr im gleichen Jahr der Bewegung der Blockfreien an, die in der Bandung-Konferenz gipfelte. In westlicher Sicht wurde diese wegen der Teilnahme von Titos Jugoslawien und Mao Tse-tungs China als keineswegs neutral im globalen Ost-West-Kampf angesehen, sondern eher als antiwestlich eingeschätzt. Neben den beiden Genannten und dem Inder Nehru entwickelte sich Nasser zu einem der Führer dieser Bewegung. Die Ausstattung der ägyptischen Armee war traditionell von den Briten mit westlichen Waffen vorgenommen worden. Auch die Amerikaner hatten bislang geliefert. Nun jedoch zögerten sie, was sich aber nicht als geeignetes Druckmittel erwies. Nunmehr wandte sich Nasser mit chinesischer Hilfe an die Sowjetunion. Diese sprang nach einigem Zögern mit großzügigen Waffenzusagen ein, die in einem Vertrag vom September 1955 über die ČSSR abgewickelt wurden. Im Westen wurde dies – wohl fälschlich – als Beginn kommunistischer Unterwanderung angesehen, die von dem unabhängigkeitsbewußten Ägypter gewiß nicht angestrebt wurde.

Nasser hegte darüber hinaus ehrgeizige Ziele zur Entwicklung des vital vom Nilwasser abhängigen Landes.[6] 1955 schienen die Pläne für den Bau eines großen Staudammes am Oberen Nil bei Assuan finanziell gesichert zu sein. Für das arme Wüstenland wurde er zum Schlüsselprojekt der innenpolitischen Modernisierung: Die Verstetigung der Wasserzufuhr über das ganze Jahr hinweg sollte bedeutende neue Gebiete landwirtschaftlich erschließen. Beteiligt an der Finanzierung waren an diesem für damalige Verhältnisse gigantischen Projekt neben der Weltbank auch US-amerikanische und britische Geldgeber, die ihrerseits neben finanziellen Interessen ein spektakuläres Projekt der Hilfe für die Dritte Welt zu realisieren trachteten. Der Konflikt über das Milliardenprojekt zwischen Geldgebern und ägyptischem Staat entzündete sich an der Frage von Verzinsung und finanziellen Sicherheiten. Es geht hier nicht um die Beurteilung, was in diesem Zusammenhang angemessen war. Jedenfalls behaupteten die potentiellen Geldgeber, die erwarteten Zinsen und Sicherheiten – etwa im Hinblick auf die ägyptischen Staatseinnahmen – seien üblich gewesen, während Nasser eingedenk der über die Staatsschuldenverwaltung vor einem Jahrhundert etablierten westlich kontrollierten Machtübernahme geradezu traumatisch befürchtete, die finanzielle Absicherung könne über Finanzkontrolle in die gerade errungene Souveränität tiefgreifende Einwirkungsmöglichkeiten schaffen, ja neuen Imperialismus provozieren.

Unüberbrückbar waren die Differenzen in langwierigen Verhandlungen nicht, als US-Außenminister John Foster Dulles einseitig (und ohne Konsultationen mit anderen Geldgebern) am 19. Juli 1956 die bisherigen US-Angebote zurücknahm und damit letztlich auch die bisher engagierten anderen potentiellen Gläubiger zum Rückzug aus dem Staudammprojekt veranlaßte. Sicher gab es in den USA starke Gegenkräfte – von Baumwollfarmern bis zur jüdischen Pro-Israel-Lobby –, aber entscheidend war wohl bei ihm die Erwartung, Nassers Popularität und damit auch seinen weitreichenden Zielsetzungen buchstäblich das Wasser abzugraben. Der ägyptische Staatschef trat seinerseits die Flucht nach vorn an. Ob vorher bereits erwogen (was wahrscheinlich ist) oder nicht: Er verkündete in einem großen populistischen Auftritt am 26. Juli 1956, der Assuan-Damm werde doch gebaut, und zwar mit ägyptischem Geld. Dazu würden die Einnahmen des Suez-Kanals benötigt. Der Kanal wurde mit dieser in der ganzen arabischen Welt verbreiteten Rede verstaatlicht und zugleich von ägyptischen Truppen im direkten Zugriff gesichert. Die zugesagte Entschädigung der Eigentümer der internationalen Gesellschaft wurde in der internationalen Öffentlichkeit kaum wahrgenommen. Doch gerade im britischen Kabinett hielt man genau diese finanzielle Frage für regelbar. Die Verstaatlichung war gewiß ein Verstoß gegen internationales Recht, jedoch war es wichtig, daß man eben diese Frage von Eigentum und Entschädigung zum zentralen Politikum gegen Ägypten hochspielte und ganz in den Vordergrund rückte.

Auf der Ebene öffentlicher internationaler Politik argumentierte der Westen mit Völkerrecht versus Rechtsbruch.[7] Politisch ging es jedoch von Anfang an um die Frage, ob man sich Nassers, der aus mehreren Gründen gefährlich wurde, völlig entledigen könnte, ohne dabei in der internationalen Politik und zumal in der arabischen Welt zuviel „Flurschaden“ anzurichten. Intern überboten sich britische konservative Politiker wie Premierminister Anthony Eden in Vergleichen Nassers mit Adolf Hitler und Benito Mussolini.[8] Diese Einschätzung gab es jedoch auch in Frankreich und in der britischen Öffentlichkeit bis hin zum Oppositionsführer der Labour Party Hugh Gaitskell. Es ging um das Trauma gerade der Generation des „Münchner Abkommens“ von 1938. Sie hatte demnach damals dem Diktator Hitler wegen scheinbar limitierter Beschwerden der Sudetendeutschen nachgegeben, ihm aber tatsächlich einen weiteren Schritt zur unbegrenzten Expansion gegen die internationale Staatenwelt ermöglicht, ja ihn dazu erst aufgestachelt. Diese – nach heutiger Kenntnis grotesk übertriebene – Einschätzung Nassers korrespondierte jedenfalls aufs beste mit der Wahrnehmung der überall auf dem Rückzug befindlichen Weltmachtstellung Großbritanniens und ließ deswegen schnelles und energisches Handeln erwünscht erscheinen.

Mangels militärischer Machtmittel vor Ort, hoher Kosten und großer Risiken vertagte man das Problem in London und Paris jedoch vorerst, wo man sich – ganz im Sinne von US-Außenminister Dulles[9] – auf lange und zeitraubende Verhandlungen einließ. Es kann kein Zweifel bestehen, daß auch Dulles die Beseitigung Nassers im Prinzip wünschte, diese jedoch angesichts der übergeordneten strategischen und wirtschaftlichen Bedeutung des Nahen Ostens und des Ansehens der USA in der arabischen Welt vorerst zurückgestellt wissen wollte. Jedenfalls kam es zu zwei Verhandlungsrunden von 18 Seemächten, die – ganz US-legalistischem Denken entsprechend – am 21. September 1956 zum Beschluß der Gründung einer Kanalbenutzervereinigung führten, welche die entsprechenden Rechte wahrnehmen sollte. Großbritannien und Frankreich beschlossen dann, die Kanalfrage vor den UN-Sicherheitsrat zu bringen (26. 9.), wo man sich auf sechs Punkte einigte, die die beiden Westmächte jedoch als unzureichend empfanden. Weitere Vereinbarungen waren jedoch gegen sowjetischen Widerstand nicht durchzusetzen (13. 10.). Eine politische Lösung schien so weit entfernt zu sein wie vor Monaten. Dennoch liebäugelte der britische Premierminister mit dem Nachgeben.

In dieser Lage ergriff die französische Regierung, von Guy Mollet als Premierminister und Christian Pineau als Außenminister sozialistisch geführt, die Initiative zu einer für die westliche Staatenwelt nach dem Zweiten Weltkrieg einzigartigen Verschwörung zum Krieg.[10] Für die Franzosen waren die ägyptischen Interessen am Kanal sekundär. Man fühlte sich vor allem dadurch bedroht, daß Nasser arabische Freiheitsbewegungen auch in Nordafrika rhetorisch und zunehmend auch materiell unterstützte. Das galt besonders für Algerien, das für Paris staatsrechtlich zum Mutterland gehörte, wo aber in dieser Zeit die Unruhen zunahmen. Der Panarabist Nasser wurde als Anstifter zu einem blutigen Bürgerkrieg angesehen, in den man nach dem Trauma des gerade vor zwei Jahren vollzogenen Rückzuges aus Indochina nun verwickelt zu werden drohte – zu Recht, wie sich in der Folge herausstellte.

An dieser Stelle wurde auch das Existenzproblem Israels zentral.[11] Die 1948 mit Waffengewalt Großbritannien abgetrotzte Unabhängigkeit verwickelte den jüdischen Staat zur gleichen Zeit in einen Existenzkampf mit allen arabischen Nachbarstaaten, aus dem er 1949 siegreich hervorging. Unter diesem Eindruck dehnte Israel seine Grenze weiter aus, als es ein Vorschlag der UN für eine Teilung zwischen jüdischen und palästinensischen Gebieten im Jahr 1947 vorgesehen hatte. Dennoch boten auch diese erweiteren Grenzen militärstrategisch für Israel gegenüber den arabischen Nachbarn keine Sicherheit, nicht einmal zur Verteidigung. 1950 hatten sich Großbritannien, Frankreich und die USA formal auf eine zurückhaltende Politik im Nahen Osten, zumal im Hinblick auf Waffenlieferungen an die Konfliktregierungen, geeinigt. Es fehlte gerade in den Jahren vor 1956 nicht an Versuchen vor allem von seiten der USA und Großbritanniens, zwischen Israel und den arabischen Staaten einen dauerhaften und akzeptablen Frieden zu vermitteln. Für Israel sahen diese Abmachungen einen territorialen Status quo minus vor, der sich an den UN-Teilungsplan von 1947 anlehnte und im Kern eine Landverbindung zwischen Ägypten und Jordanien vorsah, daneben eine Aussiedlung von Palästinensern in andere arabische Staaten. Mit der Zunahme großarabischer Propaganda, aber auch sowjetischer Rüstungslieferungen, auf deren Verwendung der Westen noch weniger Einfluß ausüben konnte als zuvor auf die eigenen Lieferungen, verschlechterte sich die Lage im Nahen Osten weiter, wozu dann auch die Absetzung des bisherigen britischen Oberkommandierenden der jordanischen Streitkräfte durch König Hussein beitrug. Das war ein von dem gefährdeten Monarchen wohl eher innenpolitisch defensiv gemeinter Schachzug, der jedoch Zweifel an der weiteren probritischen Ausrichtung des Königreichs aufkommen ließ. Der anglo-amerikanische Plan ALPHA war somit erledigt. In dieser Situation trat der wieder als Ministerpräsident in sein Amt zurückgekehrte israelische Staatsgründer David Ben Gurion die Flucht nach vorn zu einem weiteren israelischen Macht- und Territorialerwerb an. Jedenfalls schien westlichen Beobachtern schon Anfang 1956 ein israelischer Angriff auf arabische Staaten wahrscheinlicher als das Gegenteil zu sein.[12]

Anfang Oktober 1956 unterbrachen die Briten den bisher üblichen Informationsaustausch mit den USA über Ägypten. Dafür kam es zu mehreren strikt geheimen Treffen zwischen unterschiedlichen französischen, britischen und israelischen Unterhändlern in Großbritannien, vor allem aber in Frankreich über einen Plan zur militärischen Lösung. Drängend und federführend waren die Franzosen. Eden und sein Außenminister Selwyn Lloyd setzten sich, ohne das Kabinett genau zu unterrichten, mit ihrem Engagement durch, das aber im Laufe der Krise immer stärker auf interne Kritik stieß. In einer informellen schriftlichen Vereinbarung zum Krieg beschlossen französische, israelische (Ben Gurion, Moshe Dajan, Shimon Peres) und britische Repräsentanten am 24. Oktober 1956 in einer Villa in Sèvres bei Paris, daß Israel einen Angriff auf Ägypten in Richtung Suez-Kanal starten werde, dem sich Briten und Franzosen anschließen würden.

Wie geplant griff Israel am Abend des 29. Oktober 1956 auf der Sinai-Halbinsel an. Schon am folgenden Tag, als israelische Truppen noch weit vom Kanal entfernt waren, stellten Großbritannien und Frankreich Ägypten und Israel gleichermaßen verabredungsgemäß ein auf zwölf Stunden befristetes „Ultimatum", ihre Truppen jeweils zehn Meilen beiderseits des Kanals zurückzuziehen, damit Briten und Franzosen temporär das Land zur Friedensstiftung besetzen konnten. Das war eine nur sehr dünn verhüllte Erpressung, von der auch die Amerikaner erst aus der Presse erfuhren.

Eisenhower und Dulles waren entsetzt und entschlossen sich, die Frage vor die Vereinten Nationen zu bringen. Briten und Franzosen begannen die Bombardierung der ägyptischen Flugplätze, die ursprünglich mit Israel für einen Tag früher vereinbart worden waren, erst in der Nacht vom 31. Oktober auf den 1. November. Die Landung von Bodentruppen in Port Said war aus militärtechnischen Gründen erst für den 6. November vorgesehen. Am 2. November votierte die Vollversammlung der UN mit 65 gegen nur fünf Stimmen für einen Waffenstillstand und für einen Rückzug israelischer, britischer und französischer Truppen aus Ägypten. Erst danach landeten französische und britische Fallschirmjäger am 5. November am nördlichen Ende des Suez-Kanals, eroberten Port Said und bombardierten am gleichen Tag Vororte von Kairo. Über 1000 ägyptische Todesfälle waren zu beklagen. Um Mitternacht vom 6. auf den 7. November verkündeten Briten, Franzosen und Israelis einen Waffenstillstand, als sie etwa ein Drittel der Suez-Kanalzone erobert hatten. Die Begründung war fadenscheinig: Man habe seine Ziele bereits erreicht.

Gemäß einer von den USA am 4. November lancierten UN-Resolution sollte eine UN-Streitmacht *(UN Emergency Force)* zeitweilig die abziehenden Aggressoren ersetzen. Nachdem Israel sich zunächst hartnäckig geweigert hatte, den Sinai zu räumen, begannen Mitte November Streitkräfte aus fünf Staaten, welche der UN-Generalsekretär darum gebeten hatte, die Positionen der Westeuropäer einzunehmen. Dieser Vorgang war bis Ende November abgeschlossen. Die Briten hatten zuvor zur Wahrung ihres Prestiges versucht, eines dieser Mandatsländer zu werden, aber US-Präsident Dwight Eisenhower lehnte dies unnachsichtig ab, da man sonst auch möglicherweise die Russen beteiligen müsse. Nach dem Abzug der Briten und Franzosen bedurfte es weiteren scharfen Drucks durch die USA, aber wohl auch französischer Vermittlung, bis sich nach einer erneuten Kriegskrise im Frühjahr 1957 um die Meerenge von Sharm-el-Sheik die Israelis aus dem Sinai, nicht aber dem Gaza-Streifen zurückzogen. Weder das vorgeschobene Ziel Suez-Kanal noch das eigentliche, der Sturz Nassers, war erreicht worden. Die USA suchten politisch und wirtschaftlich die Kapitulation der Westeuropäer aufzufangen, obwohl sie sich vor und nach der Krise intern einer Beseitigung Nassers – wohl durch Subversion oder Attentat[13] – nicht entgegengestellt hätten.

2.

Die Sowjetunion hatte es schwer, ihren in den vierziger Jahren errungenen Machtbereich in Ost- und Ostmitteleuropa zu konsolidieren. Sie konnte weder irgendwo auf eine Mehrheit in freien Wahlen für ihr ergebene kommunistische Parteien rechnen, noch an wirtschaftlichen Leistungen mit dem westlichen Wiederaufbau nach dem Zweiten Weltkrieg in Westeuropa konkurrieren. Dennoch unternahmen nach Stalins Tod im März 1953 seine Nachfolger unterschiedliche Versuche, das System von Terror und Einschüchterung im westlichen Vorfeld zu lockern, mehr Eigenständigkeit zuzulassen und vielleicht auch Teile des gewonnenen Machtbereichs zur Disposition zu stellen.

Ein erster Versuch scheiterte, als sich in der DDR unternommene Reformansätze von einem Arbeiteraufstand über Normerhöhungen zu einem Volksaufstand ausweiteten, der die Systemfrage stellte. Er wurde am 17. Juni 1953 blutig niedergeschlagen. Nikita S. Chruschtschow – er hatte sich bereits im Vorjahr als Erster Sekretär des Zentralkomitees der KPdSU als erster Mann im Staate durchgesetzt – war es dann am 25. Februar 1956, der in einer geheimen Rede vor seiner Partei schonungslos mit stalinistischen Machtpraktiken und Terror abrechnete. Personenkult und Machtmißbrauch sollten zugunsten wahrer „sowjetischer sozialistischer Demokratie" aufgegeben werden, beendete er seine Rede auf dem XX. Parteitag der KPdSU. Diese Rede, ein Gerücht zunächst unter Ostblockführern, wurde wenig später im Westen publiziert und war damit allgemein bekannt.

Der Versuch aufs Exempel zur Liberalisierung wurde zunächst in Polen unternommen.[14] Als Nachfolger des verstorbenen Altstalinisten Bierut wurde der nur weniger orthodoxe Edward Ochab ernannt. Aber die Unzufriedenheit unter Intellektuellen und Arbeitern milderte er nicht. Als sich Ende Juni 1956 in Posen das falsche, aber bezeichnende Gerücht verbreitete, eine Arbeiterdelegation mit wirtschaftlichen Forderungen sei verhaftet worden, wurden dort Partei- und Polizeigebäude gestürmt. Dieser Aufstand wurde in dreitägigen Kämpfen von polnischen und wohl auch sowjetischen Kampftruppen militärisch niedergeschlagen; etwa 50 Tote waren zu beklagen. Dennoch versuchte Ochab weiter einen vorsichtigen Kurs personeller Erneuerung und Amnestie zu steuern, ohne dabei aber antikommunistische Parolen zum Verstummen zu bringen. Die Weltöffentlichkeit diskutierte im Sommer und Frühherbst 1956 über die Möglichkeiten und Grenzen zur Konsolidierung des unpopulären Regimes in Polen. Eine Schlüsselrolle fiel dem vormaligen Ministerpräsidenten und Nationalkommunisten Wladislav Gomułka zu, dessen im Vorjahr erfolgte Entlassung aus der Haft im April 1956 bekannt wurde. In der polnischen Öffentlichkeit wurde er immer stärker als Alternative angesehen. Gerüchte über sowjetische und polnische Truppenkonzentrationen gingen parallel mit dem Aufstieg Gomułkas, der schließlich auf einem ZK-Plenum der Arbeiterpartei am 20./21. Oktober 1956 zum Ersten Sekretär ernannt wurde, formal eingebunden in ein Gremium von Repräsentanten des alten Regimes. Chruschtschow war bei dem Parteitag anwesend und akzeptierte widerwillig die Wahl als letzte Lösung vor dem Ausbruch neuer antikommunistischer und antisowjetischer Unruhen. Begleitet wurde diese Einsetzung Gomułkas von einer von unten ausgehenden Welle von Reformen und dem Zusammenbruch des alten Repressionssystems. Das geschah auf vielen Ebenen von der landwirtschaftlichen Kollektivierung bis hin zu den Universitäten und weckte vorerst große Hoffnungen. Gomulka betonte ferner die nationale Unabhängigkeit seines Kurses und wurde auch darin von der sowjetischen Führung akzeptiert, wie sich endgültig in Abmachungen zeigte, die der neue starke Mann Polens Mitte November 1956 in Moskau traf.

Zwischen seiner Ernennung und diesen Moskauer Abkommen lagen jedoch Ausbruch und Niederschlagung der ungarischen Revolution.[15] Ähnlich desolat und vielleicht noch unpopulärer als in Polen war das ungarische stalinistische Regime unter Mátyás Rákosi. Seine Versuche, intellektuelle Kritik nach bewährtem stalinischen Muster zu unterdrücken, scheiterten bis 1956 offenkundig. Wohl auch als Zeichen sowjetisch-jugoslawischer Annäherung wurde er unter aktiver Mitwirkung von Moskauer Abgesandten am 18. Juli 1956 durch Ernö Gerö als Erster Parteisekretär abgelöst. Auch dieser war ein Mann des alten Parteiapparates und Berufsrevolutionär, er konnte die unzufriedenen Stimmungen aller Schichten kaum besänftigen. Die Forderungen eskalierten und führten am 23. Oktober zu Demonstrationen zunächst von Studenten, weiteten sich dann aber zu Massenaktionen von einigen hunderttausend Menschen in Budapest aus. Sie forderten unter anderem freie Wahlen, ein Mehrparteiensystem und die Einsetzung des Altkommunisten Imre Nagy als Ministerpräsidenten. Er hatte schon in den Jahren zuvor vergeblich versucht, im Zuge der ersten Öffnung nach Stalins Tod in der Rolle des Ministerpräsidenten einen Reformkurs gegen Rákosi durchzusetzen, war aber im April 1955 aller Ämter enthoben worden.

Im Grunde war er ein viel zurückhaltenderer und weniger populärer und mitreißender Mann, als es in Polen Gomułka war. Nagy wurde am gleichen 23. Oktober von Gerö in sein altes Amt zurückberufen, an dem die erste militärische Niederschlagung von Demonstrationen durch die ungarische Geheimpolizei und die Rote Armee begann. Die ungarische Armee *(Honved)* war gespalten und hielt sich zurück, aber auch die oft lange Zeit in Ungarn stationierten Truppen der Roten Armee zeigten zum Teil Verständnis für die Anliegen der Massendemonstrationen. Unter diesen Bedingungen dauerten die Kämpfe in Budapest mehrere Tage. Auch Nagy suchte zunächst einen vermittelnden Kurs mit vielen verbalen Anleihen an die Sprache des alten Regimes zu steuern. Erst am 26. Oktober wurde Gerö als Parteisekretär durch János Kádár ersetzt, auch er ein Opfer stalinistischer Gefängnisse.

Sowjetische Truppen zogen demonstrativ aus Budapest ab, und Nagy konnte am 28. Oktober ein vorsichtiges nationales und wirtschaftliches Reformprogramm seiner neuen Regierung verkünden, das wohl vom sowjetischen Sondergesandten in Budapest akzeptiert worden war. Zugleich kündigte er Verhandlungen mit der Sowjetunion über einen Waffenstillstand, aber auch über einen Abzug aller sowjetischen Truppen aus Ungarn an. Mit dem Warschauer Pakt war das Vorgehen bei inneren Unruhen sowieso kaum zu vereinbaren, wie es dennoch von seiten Moskaus zur Legitimierung behauptet wurde. In einer ersten Phase der Revolution schien sich diese also, analog zu den Warschauer Vorgängen, durchzusetzen.

Den Nachrichten vom Abzug der sowjetischen Truppen standen aber bereits am 31. Oktober weitere interne Meldungen entgegen, wonach neue sowjetische Truppeneinheiten von außen über die ungarische Grenze einrückten, ferner die Sowjetunion die Flugplätze im Lande militärisch sicherte u. a. m. Während am gleichen Tag der sowjetische Abgesandte Anastas Mikojan Verhandlungen über den dauerhaften Abzug aller sowjetischen Truppen, auch über die Zugehörigkeit Ungarns zum Warschauer Pakt, freie Wahlen und ein Mehrparteiensystem, wohlwollend zusagte, ging der sowjetische Aufmarsch weiter, von sowjetischen Funktionären, unter anderem dem Moskauer Botschafter Jurij Andropov, verharmlost und heruntergespielt. In dieser Situation erklärte Nagy am 1. November öffentlich die ungarische Neutralität und den Austritt aus dem Warschauer Pakt, ohne jedoch eine Anlehnung oder gar Hilfe vom Westen zu verlangen. Das leitete die Phase der zweiten und weitaus blutigeren Niederschlagung der ungarischen Unabhängigkeitsbestrebungen ein. Während Kádár seit jenem 1. November aus Budapest verschwand, um dann ab 4. November als Leiter einer von der Sowjetunion eingesetzten (Gegen-)Regierung wieder aufzutauchen, suchten Vertreter der Sowjetunion die ungarische Regierung um Nagy in der Hauptstadt, aber auch an zahlreichen Orten außerhalb Budapests in der Provinz durch Verhandlungsbereitschaft hintanzuhalten.

In den frühen Morgenstunden des 4. November war es soweit: Der sowjetische Einmarsch mit großem militärischem Aufgebot begann aus drei unterschiedlichen Stoßrichtungen –

davon wurde berichtet. Nagy selbst appellierte über Rundfunk in dramatischen Appellen an die Weltöffentlichkeit um moralische Unterstützung, was jedoch nichts ausrichtete. Harte und nachhaltige Kämpfe begannen in vielen größeren Städten, aber auch in kleineren Orten, vor allem jedoch in Budapest. Tausende Ungarn kamen ums Leben, etwa 25000 Menschen wurden in der Folge in die Sowjetunion deportiert, weit über 100000 Ungarn flohen nach Westen. Der Widerstand dauerte örtlich noch mehrere Tage, ja Wochen an. Nagy selbst, der zunächst in die sowjetische Botschaft mit einigen Mitgliedern seiner Regierung geflohen war, wurde festgenommen und später hingerichtet; der populäre Verteidigungsminister Pál Máleter sogar unmittelbar beim sowjetischen Einmarsch.

3.

Die Krisen hatten unterschiedliche Ursprünge. Der akute Ausbruch erfolgte unabhängig voneinander. Die Budapester Revolution vom 23. Oktober (und deren Niederschlagung) war ohne Bedeutung für den Kriegsrat von Sèvres am folgenden Tag. Nicht ganz auszuschließen ist bei mangelnder Kenntnis des innersowjetischen Kalküls und der Auseinandersetzungen in Moskau, daß der Sinai-Angriff vom 29. Oktober den zweiten sowjetischen Aufmarsch in Ungarn zwei Tage später ermunterte. Auch wenn Eisenhower (nach den Ereignissen) am 8. November der Einschätzung zustimmte, die Russen hätten wohl wegen der Weltmeinung nicht gewagt in Ungarn einzumarschieren, wenn die Briten und Franzosen sich aus Ägypten herausgehalten hätten, ist dies nach heutiger Erkenntnis wohl kaum richtig.[16] Nach allem, was wir wissen, bekräftigte Suez bestenfalls einen bereits gefallenen sowjetischen Entschluß. Bemerkenswert und daher zu erklären bleibt es, daß einen Tag nach Beginn der Exekution in Ungarn die Sowjetunion ihre Atomkriegsdrohung verbreitete. War dies Ausfluß von Sicherheit angesichts der niedergeschlagenen ungarischen Revolution, oder diente es – dafür spricht alles – der Ablenkung auf einen anderen Kriegsschauplatz? Kann man die Ungarische Revolution ohne den Westen verstehen? Läßt sich die Suez-Krise ohne den Osten erklären? Die Antwort lautet beide Male: Nein. Aber – das ist noch zu belegen – die Motivation zum Aufstand in Ungarn wurde geweckt und bestärkte die Hoffnung auf westliche Hilfe; von ihrem Ausbleiben konnte die Sowjetunion früh überzeugt sein. Das Suez-Abenteuer wurde maßgeblich beeinflußt von einer übersteigerten Furcht vor sowjetischem Eindringen in den Nahen Osten – aber die Atomkriegsdrohung Moskaus trug nicht zum frühen Abbruch der militärischen Kämpfe bei.

Die US-Administration Eisenhower-Dulles war 1952 mit Parolen zum Wahlsieg gelangt, die von einem „Zurückrollen" *(roll back)* des „unmoralischen Kommunismus" ausgingen. Obwohl dieser Anspruch 1953 in der DDR nicht eingelöst wurde, fehlte es dennoch in den folgenden Jahren nicht an Rundfunksendungen nach Osteuropa in den jeweiligen Landessprachen, wie sie vor allem von der *Voice of America* und *Radio Free Europe* eingesetzt wurden. Das galt zumal für die erste Phase der Ungarischen Revolution. Diese Sender waren als unabhängige Informationsquellen eine Art Gegenöffentlichkeit. Neben Nachrichtenausstrahlungen wurde hier auch die Solidarität des Westens und zumal der USA beim Kampf um Freiheit und Selbstbestimmung bekräftigt. Genau dies führte bei großen Teilen der ungarischen Bevölkerung während des Aufstandes zur Erwartung oder gar Forderung nach militärischer Hilfe, die dann enttäuscht wurde. Imre Nagy selbst enthielt sich aller derartiger Appelle, nicht zuletzt, um der Sowjetunion einen Vorwand bei direkter Einmischung des kapitalistischen Lagers zu nehmen; er verkündete nur die (militärische) Neutralität. Aber das war eine vergebliche Zurückhaltung.

Es kann kein Zweifel bestehen, daß die USA weiterhin auf eine Auflösung des kommunistischen Lagers, auf eine Lockerung des sowjetischen Zugriffs auf Osteuropa setzten.[17] Die Genfer Gipfelverhandlungen vom Juli 1955 erbrachten in dieser Frage kein direktes Ergebnis, und so blieb die Alternative eines Freiwilligen Freiheitskorps *(Volunteer Freedom Corps).* Gemäß einer seit Mitte 1953 angelaufenen Planung des Nationalen Sicherheitsrates (NSC) war demgemäß an die Aufstellung entsprechender militärischer Einheiten in der Bundesrepublik gedacht. Sie sollten von den Amerikanern ausgebildet werden und nichtdeutsche Flüchtlinge aus allen sozialistischen Staaten inklusive der Sowjetunion enthalten. Ihren Zweck beschrieb in erfrischender Klarheit, wenn auch die offizielle Linie überzeichnend, Henry Cabot Lodge (damals UN-Botschafter der USA): „Wenn der Dritte Weltkrieg jemals kommt und wir *nicht* das Personal haben, das uns, militärisch gesehen, ermöglicht, die Millionen antikommunistischer Slawen zu assimilieren, die dann verfügbar sind (...), dann würden wir uns selbst entweder dem Vorwurf der Untätigkeit aussetzen oder dem der Unfähigkeit, aus Erfahrung zu lernen." Dabei meinte er in der Tat die mangelnde Fähigkeit der Nationalsozialisten, im Krieg die Slawen zum deutschen Nutzen zu verwenden. Aus praktischen Schwierigkeiten bei der Aufstellung, aber auch weil man die Regierung der – inzwischen souverän gewordenen – Bundesrepublik nicht zu informieren wagte, vertagte Dulles im April 1956 die Pläne bis auf weiteres: Man wolle mit den Russen insgesamt über Abrüstung ins Gespräch kommen und könne sie dabei nicht gut mit einem politisch gemeinten Druckmittel eines aufrüstenden Freiheitskorps konfrontieren.

Das Szenario eines Weltkrieges zur Befreiung der kommunistischen Welt, das zwar nicht aktiv auszulösen, sondern auch mit konventionellen Kriegsmitteln auszunutzen war, spielte also im Herbst 1956 keine Rolle mehr. Vielmehr entschloß man sich nach einigem Zögern in Washington, ein polnisches Modell zur Auflösung des Sowjetblocks zu akzeptieren, ja zu fördern. Eisenhower erklärte sogleich am 23. Oktober abends öffentlich[18], es sei die „amerikanische Mission als Vorreiter der menschlichen Freiheit, (...) den freiheitsliebenden Völkern dabei zu helfen, die unsere Hilfe brauchen, wollen und nutzen können, ihre Fähigkeit zur Selbsthilfe zu stärken und damit dem Frieden der freien Welt neue Kraft hinzuzufügen". Das bezog sich allein auf moralische und zusätzlich wirtschaftliche

Hilfe, wie sie im Fall Polen angeboten wurde und auch für das nachfolgende ungarische Beispiel gelten sollte. Außenminister John Foster Dulles, der intern frohlockte, der Kommunismus breche von allein zusammen, wie er immer gehofft habe, war sich aber auch der Gefahr bewußt, vor der sein Bruder und CIA-Chef Allen Dulles am 26. Oktober warnte: Die Sowjetunion könnte angesichts nachlassenden Zugriffs auf ihre Satelliten zu „extremen Maßnahmen, sogar zum Beginn eines Dritten Weltkrieges verführt" sein. So hielt der Außenminister am folgenden Tag, dem 27. Oktober, in Dallas eine wohlerwogene Rede. In ihr versicherte er: „Die USA verfolgen keine weiteren Zwecke, wenn wir die Unabhängigkeit der Satellitenstaaten wünschen" – insbesondere keine militärische Allianz. Die Unabhängigkeit dieser Staaten, so sie denn sogleich zugestanden werde, werde den Frieden zwischen Ost und West stabilisieren. Eisenhower faßte diese Zusicherung zwei Tage später nochmals in eine offizielle Erklärung: Es ging darum, die Sowjetunion als Großmacht zu ermuntern, keine neuen militärischen Akte zu begehen, denn man wolle den Wechsel auch in Ungarn nicht weiter ausnutzen. Genau das Gegenteil dürfte in der gespaltenen Moskauer Führung mit der Erklärung erreicht worden sein: Von nun an konnte man davon ausgehen, daß es keine amerikanische militärische Einmischung bei sowjetischem militärischen Vorgehen geben werde.

Gerade weil die USA nicht aktiv handeln wollten oder konnten, wurde die Frage an den UN-Sicherheitsrat und dann (wegen des Vetos jeder Großmacht) an die Vollversammlung abgegeben, wo man bereits zuvor die Suez-Frage vorgelegt bekommen hatte. Das Schattenboxen oder die Rhetorik in New York kann hier nicht weiter interessieren. Die Suez-Krise blokkierte rein zeitlich die von der Sowjetunion erwünschte und von den USA nicht ganz energisch betriebene Beschlußfassung in der Ungarn-Frage, die von Moskau hartnäckig als internes Problem zweier Staaten ausgegeben wurde. Es fehlte nicht an besorgten Stimmen in den USA, aber auch in Westeuropa, ein Eingreifen in Ungarn könne erforderlich werden, und das lasse einen Dritten Weltkrieg befürchten. Aber es war der ehemalige

Kriegsheld des Zweiten Weltkrieges, Eisenhower selbst, der jedes Risiko in dieser Hinsicht auszuschalten trachtete. Zwar diskutierte der NSC und ein „Sonderkomitee über sowjetische und verwandte Probleme" seit dem 26. Oktober alle Optionen der USA hinsichtlich Ungarns. Die entsprechende Dokumentenpublikation der USA weist beim Druck der Geheimdokumente beträchtliche Auslassungen auf.[19] Dabei ist es nicht auszuschließen, daß neben Geheimdienstoperationen als extreme Mittel auch über atomare Einsätze diskutiert worden sein mag. Jedoch geschah dies, soweit erkennbar, nicht im Sinne aktiver Planung, sondern die Debatten können nur Weiterungen sowjetischer Expansion über Ungarn hinaus zum Thema gehabt haben. Bereits in der ersten Phase der Budapester Kämpfe sprach Eisenhower intern am 26. Oktober[20] von einem gefährlichen Moment für den Weltfrieden: Die sowjetischen Machthaber glaubten wohl kaum an eine westliche Invasion; aber die Sowjetunion könne dennoch in Sorge um ihre Satelliten „zu extremen Mitteln, gar zu einem Weltkrieg greifen". Die Empfehlung des NSC vom 31. Oktober lautete: „Es ist sehr unwahrscheinlich, daß US-Aktionen unterhalb der Schwelle militärischer Invasion oder offenbarer Vorbereitung dadurch die UdSSR dazu bringen, Schritte zu tun, die materiell das Risiko eines allgemeinen Krieges vergrößern." Aber es könne dennoch aus sowjetischem Mißtrauen zu einer weiteren Eskalation kommen. Dulles jedenfalls listete dem State Department die Gründe gegen eine militärische Intervention auf: Die in Süddeutschland stationierten US-Truppen seien zu schwach; sollten sie eingreifen, müsse man die im Vorjahr international vereinbarte österreichische Neutralität verletzen; und gerade diese bot ja für Osteuropa künftig ein erwünschtes Modell. Volle militärische Intervention würde das Risiko eines Nuklearkrieges heraufbeschwören, das die USA nicht eingehen wollten. Schließlich werde jede Intervention Ungarn selbst zerstören, das Land, das man doch befreien wolle. Genau das war das klassische Dilemma jeder atomaren Kriegführung, wenn sie denn ihre abschreckende Wirkung verlieren würde.

Das blieb die Devise: Der ungarische Aufstand griff in revolutionärer Form nicht auf andere Länder (insbesondere nicht auf die DDR) über, wie zeitweilig befürchtet wurde. Die Franzosen, die in einer späteren Phase von einem sowjetischen Aufmarsch in der ČSSR wissen wollten, wurden dennoch nicht ernstgenommen. Die Sowjetunion ihrerseits machte keine Anstalten, ihre militärischen Aktionen über Ungarn hinaus auszudehnen, nicht auf Polen, aber insbesondere nicht gegen das neutrale Österreich, wohin Hunderttausende Menschen flohen. In den Vereinten Nationen wurde die Sowjetunion zwar von der Generalversammlung verurteilt, aber anders als im Falle Suez forderte hier kein Staat den Einsatz einer internationalen UN-Truppe – zur Verbitterung zumal Londons. Bereits zeitgenössisch hieß es in einer Zeitung[21]: „Ob wir es mögen oder nicht: das Atombombenpatt schafft zwei Einflußsphären, die russische und die westliche. So sehr wir Ungarn geholfen hätten, mußten wir uns dafür entscheiden, daß eine derartige Einmischung uns in einen Dritten Weltkrieg gestürzt haben könnte, der Hunderte von Millionen Menschen und die ganze Zivilisation einbezogen hätte."

Sehen wir uns auf der anderen Seite die Eskalationsgefahr um Suez an. Auch hier sind bis heute die internen sowjetischen Überlegungen und Militäroptionen nicht bekannt.

Chruschtschows Memoiren[22], sonst aufschlußreich, stellen kaum mehr als ein Bramarbasieren über sowjetische Entschlossenheit zur brüderlichen Hilfe und letztlich zum Krieg dar, der aber durch britisch-französisches Nachgeben abgewendet wurde. Das widerlegen schon die bekannten westlichen Dokumente. Hatten Franzosen und Briten über die Planung eines regionalen Krieges hinausgehende Befürchtungen oder Erwartungen einer Eskalation? Es spricht einiges dafür, daß Eden, der sich ja erst sekundär von den Franzosen zum Abenteuer von Suez verführen ließ, ein Stillhalten Washingtons erhoffte, vielleicht sogar ein Mitziehen, hatte es doch unabhängig von Ägypten um und neben dem Bagdad-Pakt einen weitreichenden britisch-amerikanischen Gedankenaustausch über ein Projekt zur Neuordnung des bisherigen Einflusses auf der arabischen Halbinsel gegeben, bei dem auch die Amerikaner gelegentlich Gewaltbereitschaft zeigten.[23] Das alles erwies sich als falsch. Die USA waren über den britisch-französischen Aufmarsch von Zypern aus informiert, nicht aber über das Ziel, und reagierten entsprechend empört. Gerade Eisenhower reagierte scharf, wenn die USA am 30. Oktober eine Resolution im Sicherheitsrat einbrachten, die einen uneingeschränkten israelischen Rückzug forderte. Auch als am folgenden Tag Großbritannien und Frankreich durch Bombardierungen eingriffen, verurteilte der Präsident öffentlich die Anwendung von Gewalt als Mittel zur Beilegung internationaler Konflikte. Dabei nannte er zwar Briten und Franzosen nicht ausdrücklich, dennoch ist dies Bekenntnis für die damalige Zeit aus dem Munde eines führenden Politikers bemerkenswert. Die latente sowjetische Drohung mit der Entsendung von Freiwilligen in die Dritte Welt zur Unterstützung von Freiheitsbewegungen wurde anfangs nicht ernstgenommen: Ein Blick auf die Landkarte genüge, so Eisenhower im NSC[24], um dies wenig wahrscheinlich zu machen. Allerdings gab es (unzutreffende) CIA-Berichte über sowjetische Flugzeugtransporte über Syrien nach Ägypten. Dennoch – und das kann nur heißen: als Vorsichtsmaßnahme – wurden Flugzeugträger und amphibische Streitkräfte ins östliche Mittelmeer Richtung Zypern verlegt, die zusätzliche Atomwaffen an Bord nahmen und sich auf kurze Alarmbereitschaft einzustellen hatten.[25] Hinzu kam eine bedingte Urlaubssperre der Streitkräfte, was ein nach außen hin wirksames Signal gegenüber Moskau gewesen sein dürfte. Schließlich wurde auch das strategische Bomberkommando (SAC) alarmiert, dazu näher an den Krisenherd verlegt. Es soll – aber wohl erst nach dem 5. November – in diesem Rahmen etwa 1000 Alarmflüge durchgeführt haben.

Die wichtigste Sorge einer Ausweitung bezog sich darauf, daß die Ölzufuhr aus dem Nahen Osten weitgehend unterbrochen werde. Das war im Falle Suez-Kanal einsichtig, aber auch die wichtigsten zum Mittelmeer führenden Pipelines wurden in einem Akt arabischer Solidarität von den Syrern gesprengt[26]: „Die Ölversorgung der NATO-Streitkräfte in Westeuropa kann bald in Gefahr sein." Es ging also auch Washington zunächst um Westeuropa (und in der Tat wurde seit Mitte Dezember 1956 das Öl knapp), erst über die NATO wurden die USA in ihren Interessen beeinträchtigt. Aber auch dies setzte keinen unmittelbaren Handlungsbedarf für Washington in Gang.

Auf welche Unterstützung konnte Ägypten rechnen? Gewiß gab es sogleich heiße Solidaritätserklärungen aus der arabischen Welt, aber kein militärisches Eingreifen. Entscheidend war die sowjetische Reaktion. Die Angriffsnachricht erreichte Moskau während eines Staatsbesuchs des (prosowjetischen) syrischen Staatspräsidenten Kuwatli, der zum Eingreifen aufgefordert haben soll. Die Antwort von Sowjetmarschall Schukow entsprach genau der Einschätzung seines vormaligen Kriegsverbündeten aus dem Zweiten Weltkrieg, Eisenhower: „Herr Präsident, hier ist die Karte, wie könnten wir einschreiten?" Moskau verhielt sich auch öffentlich zunächst außerordentlich vorsichtig. Erst am dritten Tage des Krieges und damit *nach* den USA plädierte man für unmittelbare UN-Aktionen; am nachfolgenden Tag bekundete die „Prawda" nur „warme Sympathie" mit Ägypten. Zur gleichen Zeit, am 31. Oktober, wurden gar die schon in Ägypten befindlichen sowjetischen Militärberater und Techniker in den Sudan verlagert, die Iliuschin-28-Bomber nach Syrien verlegt. Nur sie hätten direkt in Israel eingreifen können. 18 von diesen Bombern waren zuvor tatsächlich bei Luxor in Ägypten von britisch-französischen Bombardements zerstört worden.[27] Alles dies läßt darauf schließen, daß Moskau an einer Eskalation um Suez nicht gelegen war. Den vor allem von den Amerikanern vorbereiteten und intern ausgehandelten Resolutionen der UN-Vollversammlung ab 2. November stimmte die Sowjetunion jeweils zu. Das war eine völlig neue Konstellation nicht nur in der UN, sondern insgesamt in der Weltpolitik seit der Existenz des Sowjetstaates: USA und UdSSR versus Frankreich, Großbritannien und Israel.

Erst dies dürfte den Ausschlag für die Atomkriegsdrohungen gegen die Aggressorstaaten in jeweils anderen Formulierungen gegeben haben. Denn auch die USA erhielten an jenem 5. November 1956 eine Moskauer Note[28]: „Die sowjetische Regierung appelliert an die Regierung der USA, die beiderseitigen

Anstrengungen in den UN zu vereinen, damit sie entscheidende Mittel zum Ende der Aggression ergreifen." Gemeinsame sowjetische und amerikanische Unterstützung der Opfer – also Ägyptens – würde den Konflikt sofort beenden. Diese Hoffnung auf eine zumindest zeitweilige Umkehrung der Bündnisse, auf ein Zusammengehen der Supermächte gegen die kleineren europäischen Großmächte gab dem sowjetischen Vorgehen des 5. November erst seinen letzten Sinn: Eine Spaltung des westlichen Bündnisses, ein *renversement des alliances* des Kalten Krieges war einen Test wert, obwohl er natürlich keinerlei Erfolgsaussichten hatte. Damit haben wir ein weiteres Motiv neben der gewiß beabsichtigten Ablenkung von der ungarischen Invasion des Vortages. Noch ein drittes Element kommt hinzu. Am Tage der sowjetischen Drohung wurde im Weltsicherheitsrat auf amerikanische Initiative die Entsendung von UN-Truppen nach Ägypten beschlossen. Sie war vorher schon absehbar. Die Sowjetunion ging also kein Risiko ein, ihre Atomkriegsdrohung einlösen zu müssen.

Dennoch wurde eine Atomgefahr in London und Paris zunächst als Möglichkeit durchgespielt. Insbesondere in Paris fürchtete man, als man den konventionellen Sieg in Ägypten vor Augen hatte, daß sowjetischen Worten auch Taten folgen könnten. In ihren Sorgen wurden die französischen Sozialisten – eine markante Fußnote dieser Geschichte – in anderer Hinsicht vom Christdemokraten Konrad Adenauer bestärkt.[29] Er weilte zu einem länger geplanten Staatsbesuch in Paris und wurde damit zufällig an diesem Tage indirekt in die französischen Kabinettsberatungen einbezogen. In einzigartiger Weise antiamerikanisch auftrumpfend, befürchtete Adenauer zwar keinen Atomkrieg, wohl aber ein amerikanisch-sowjetisches Komplott, das seit Jahren vorbereitet worden sei, und solidarisierte sich so mit den Westeuropäern. Auch Außenminister von Brentano, der ihm während der Gespräche in Paris nachdrücklich widersprach, konnte den Kanzler nicht von seinen antiamerikanischen Angriffen und Animositäten abbringen. Die Furcht war völlig unbegründet. In überlegener staatsmännischer Taktik bekräftigte Eisenhower noch am gleichen Tag gegenüber Paris[30] die NATO-Beistandsgarantien gegen einen Angriff und ließ zugleich öffentlich ein US-sowjetisches militärisches Zusammengehen als „undenkbar“ zurückweisen. Die Franzosen waren soweit beruhigt, gedachten den Krieg auch noch weiterzuführen, da man hoffte, zwei Tage später den ganzen Suez-Kanal erobert zu haben und erwartete damit ein Faustpfand für die kommenden Verhandlungen. Aber London kapitulierte – nicht vor Moskau, sondern vor Washington.[31] Für das britische Pfund war der Krieg nicht nur kostspielig; die Währungsreserven und damit der Wert des Pfundes als (fast noch) Reservewährung drohten ins Uferlose zu stürzen. Gerade hier blieb unter dem Eindruck von Suez die sonst übliche diskrete US-Unterstützung aus. Es drohte eine wirtschaftliche Katastrophe für Großbritannien, die neben allem anderen auch Edens Sturz auslösen konnte. In dieser Situation kapitulierte der Premierminister vor dem Präsidenten, der ihm seinerseits am 6. November seine Zufriedenheit über den dann doch bevorstehenden Waffenstillstand versicherte.[32] Der – vorzeitige – Waffenstillstand und die darauf folgende amerikanische Unterstützung bewahrten Eden für einen weiteren Monat vor dem Sturz aus dem Amt.

Intern äußerte sich Eisenhower allerdings besorgt vor einer sowjetischen Wahnmentalität, indem er sich an die letzten Tage Hitlers 1945 erinnerte.[33] Letztlich war er für diesen Fall eines sowjetischen Angriffs bereit, das ganze Arsenal amerikanischen Vernichtungspotentials einzusetzen: „Wenn diese Jungs irgend etwas anfangen, könnten wir zuschlagen müssen – und wenn nötig auch mit allem, was wir einzusetzen haben.“ Die Möglichkeit sowjetischer Lufttransporte in den Nahen Osten über Syrien – von Truppen, von Waffen, von sonstigen Gütern – wurde in den folgenden Tagen erneut sorgfältig erwogen, sogar ein sowjetischer Entlastungsangriff auf Hongkong spielte eine Rolle. Alles dies erwies sich jedoch als falsch. Frankreich und Großbritannien verließen gedemütigt den nahöstlichen Schauplatz.

4.

War die Weltkrise vom Herbst 1956 also nur oberflächlich atomar bestimmt? Diese Einschätzung läßt sich gerade im Vergleich zur weitaus gefährlicheren nachfolgenden Nahost-Krise zwischen Israel und seinen Nachbarn von 1973 erhärten.[34] Aber die Krise hatte insgesamt doch nukleare Konsequenzen. Israel wie Frankreich zogen aus der politischen Niederlage gleichermaßen die Folgerung, die eigenen atomaren Rüstungen in Zukunft verstärkt voranzutreiben.[35] Frankreich hatte Israel bis 1956 mit Waffenlieferungen konventioneller Art unter allen Staaten am meisten geholfen. Nunmehr trieb man auch gemeinsam unter französischer Federführung die Entwicklung nuklearer Technologie auf militärischem Sektor voran. Die französische Atombombe von 1960, aber auch der israelische Kernwaffenbesitz, bis heute nicht offiziell zugestanden, waren jeweils das Ergebnis von Lehren aus dem atomaren Zeitalter. Eine in nationaler Gewalt befindliche Atomwaffe sicherte die Möglichkeit auch zu nationaler Unabhängigkeit gegenüber noch so guten Bündnispartnern, ja sie machte diese Partner bei allen Gemeinsamkeiten der Werte bis zu einem gewissen Grade hin entbehrlich. Nationaler Egoismus ließ sich also mit Atomwaffen besser durchsetzen als ohne.

Auch machtpolitisch hatte die Weltkrise fortdauernde Folgen. In Frankreich, aber auch in der Bundesrepublik wurden die Entscheidungen für eine europäische Integration vorangetrieben und zusätzlich gefördert. Die Römischen Verträge, die am 27. März 1957 unterzeichnet wurden, erhielten einen letzten Auftrieb auch durch Suez und Ungarn. Europäische Integration hatte einen Stellenwert *auch* gegenüber Washington wie Moskau.

Wichtiger aber war die Erkenntnis für die Struktur des gesamten internationalen Systems. Man kann zwar argumentieren, daß die USA auch ohne die Existenz von Atomwaffen nicht in Ungarn interveniert hätten, da Mitteleuropa nicht zu ihren vitalen Interessen gehörte.[36] Man konnte sich sogar über das schwächliche Verhalten der USA beklagen, wie es Henry

Kissinger tut[37]: „Die UdSSR wäre einem Entscheidungskampf in keiner Weise gewachsen gewesen, und falls es dazu gekommen wäre, hätte Chruschtschow ohne Frage schon damals jenen fast kleinlauten Rückzieher machen müssen", wie er es dann bei der Kuba-Krise sechs Jahre später getan hat. Genau dieses Duell am Abgrund wurde jedoch bewußt von Washington vermieden.

Man sollte nicht vergessen, daß die Einsicht, auch keinen konventionellen Krieg zur Befreiung des sowjetischen Machtbereichs führen zu können, letztmals in der Ungarn-Krise zur Debatte stand und zu dem Ergebnis führte, de facto die Machtsphäre der Sowjetunion in Europa zu akzeptieren. So ließ sich die Ungarische Revolution unter nur verbalen Protesten des Westens und der UNO von der Sowjetunion militärisch niederschlagen. Umgekehrt konnte die Sowjetunion in der Folgezeit ihre Position im Nahen Osten und später auch insgesamt in der Dritten Welt ausbauen. Doch das war eben keine Folge sowjetischer Drohungen mit Atomwaffen oder gar Interventionsbereitschaft. Dies Ergebnis lag vielmehr an der spätkolonialistischen Attitüde Frankreichs und Großbritanniens, die glaubten, ihre überkommenen und überholten Interessen auch gegen die westliche Führungsmacht USA durchsetzen zu können. Gerade das offenkundige Auftrumpfen der Europäer schadete der westlichen Position auf lange Sicht. Es war also die in Paris und London provozierte Spaltung des westlichen Bündnisses, für die man Washington nicht verantwortlich machen sollte[38], welche das Vordringen der UdSSR als Vorkämpfer des Antikolonialismus und Unterstützer der „Blockfreien" begünstigte. Daß die UdSSR jemals in der 1956er Krise militärisch oder gar atomar gegen den westlichen Machtbereich vorgehen wollte, erscheint fraglich. Jedenfalls tat sie es trotz verbaler Drohungen nicht. Die Weltkrise von 1956 bekräftigte also die Dominanz der beiden Supermächte. Sie festigte ihr stillschweigendes Einverständnis, die Blockgrenzen zu akzeptieren. Die atomare Komponente war angesichts der Unerwünschtheit und Nichtführbarkeit eines Krieges überhaupt nur sekundär.

Reiner Pommerin

Die Berlin-Krise von 1961 und die Veränderung der Nuklearstrategie

1.

Im Mai 1953 erstellte das *Board of National Estimates* der *Central Intelligence Agency* (CIA) unter Leitung des Harvard-Professors William Langer eine Studie, die sich mit möglichen Aktionen der Sowjetunion gegen die Bundesrepublik befaßte. Darin gingen die Autoren davon aus, daß, trotz des zur Zeit nachlassenden Drucks auf West-Berlin, die Sowjetunion ihre Anstrengungen nicht verringern würde, die Westalliierten doch noch zur Aufgabe und damit zum Abzug aus Berlin zu bewegen. Solange die sowjetische Führung jedoch an ihrem momentanen politischen Kurs einer „Friedenstaktik" festhalte, sei mit neuen Störungen im Bereich Berlins wohl nicht zu rechnen.[1] Bereits acht Jahre vor der Errichtung der Berliner Mauer kamen die gut informierten Experten zudem zu der Einschätzung, daß die Vorbereitungen, West-Berlin von der DDR und von Ost-Berlin abzuschotten, praktisch abgeschlossen seien. Im Fall einer Beendigung der sowjetischen „Friedenstaktik" drohe West-Berlin vom angrenzenden von der Sowjetunion kontrollierten Territorium abgeschnitten zu werden. Die Möglichkeit der Störung der Verbindung zwischen der Bundesrepublik und West-Berlin durch eine erneute Blockade der Zufahrtswege vergrößere sich ab dem Zeitpunkt, an dem die Verträge zum Beitritt zur Europäischen Verteidigungsgemeinschaft (EVG) von der Bundesrepublik ratifiziert worden seien.[2] Die Studie schloß allerdings mit der beruhigenden Feststellung: „Wir glauben jedoch, daß der Kreml die westliche Reaktion auf die verschiedenen Formen, Druck auszuüben, sorgfältig erwägen wird und daß der Kreml wahrscheinlich keine Maßnahmen ergreifen wird, die nach unserer Einschätzung die ernste Gefahr eines allgemeinen Krieges heraufbeschwören würden."

Demgegenüber sah das *National Security Council* (NSC) der USA ab März 1955 eine Blockade Berlins als ein mögliches Vorspiel zu einem sowjetischen Angriff auf die USA selbst an. Denkbar schien eine entsprechende Aktion in Berlin entweder durch die Sowjetunion oder durch die von ihr dazu beauftragte DDR. Trotz dieser Annahme gab es zunächst jedoch keinerlei militärische Planung für den Fall einer Berlin-Krise. Die operative Vorstellung und Planung zur Verteidigung Europas folgte zu diesem Zeitpunkt der „Schwert-Schild-Konzeption".[4] Als „Schwert" dienten der NATO die amerikanischen Kern- und Fernwaffen. Von diesen erhoffte sich das Bündnis nach wie vor eine die Sowjetunion vom Krieg abhaltende, abschreckende Wirkung. Im Fall eines sowjetischen Angriffs konnten diese Waffen jedoch auch für schnelle und wirksame Gegenschläge zur Vergeltung sowie zur Vernichtung des sowjetischen Angriffspotentials herangezogen werden. Das „Schwert", die strategischen Bomber des *Strategic Air Command* (SAC), lag allein in der Hand der USA, denn nur diese verfügten über die technischen, wirtschaftlichen und finanziellen Mittel, um wirkungsvolle Nuklearwaffen und entsprechende Trägerwaffen in erforderlichem Maß zu entwickeln, in Serie zu produzieren und zu transportieren. Es war daher nur zu verständlich, daß sich die USA auch die letzte Entscheidung über den Einsatz solcher Waffen durch ihren Präsidenten vorbehielten.

Zur Deckung nutzte die NATO auf dem europäischen Kontinent vom Nordkap bis zum Kaukasus einen „Schild". Dieser bestand aus den verfügbaren konventionellen Waffen, den taktischen Luftwaffen sowie den leichten Streitkräften der europäischen Armeen. Neben die Bereitstellung solcher konventionellen Streitkräfte, wie sie vor allem auch von der künftigen Bundeswehr erwartet wurden, traten bald taktische Nuklearwaffen, das heißt deren moderne Trägersysteme wie entsprechende Flugzeuge und Rakteten. Vorrangigster Auftrag der „Schild"-Kräfte war der Schutz der Flugplätze, Radarstationen,

Navigationsstützpunkte und Raketenbasen des nuklearen „Schwertes", um dessen wirksame Einsatzbereitschaft zu garantieren. Je weiter ostwärts der „Schild" aufgebaut werden konnte, um so wirksamer schien seine Schutzmöglichkeit.

Am 12. Januar 1954 hielt der amerikanische Außenminister John Foster Dulles eine Rede vor dem *Council on Foreign Relations* in New York über die künftige Außen- und Verteidigungspolitik der USA. Hier wurde die Drohung einer *„massive retaliation"* als das Herzstück der Strategie deutlich. Durch die amerikanische Bereitschaft zum vollen Einsatz atomarer Waffen sollte für den potentiellen Angreifer Sowjetunion ein unkalkulierbares Risiko entstehen und so zwangsweise deren Friedfertigkeit sichergestellt werden.[5] Nach mehreren Attakken in der amerikanischen Presse sah Dulles sich allerdings gezwungen, einschränkend zu bemerken, daß nicht jeder begrenzte Krieg automatisch zu einem allgemeinen Krieg mit Nuklearwaffen führen müsse.[6] Die Ausweitung eines lokalen Konfliktes in einen *„general war"*, der dann allerdings mit vollem Nukleareinsatz auszufechten war, blieb jedoch im Bereich des Möglichen.

Im April 1957 wurden die strategischen Richtlinien MC 14/2, *„Overall Strategic Concept for the Defense of the North Atlantic Treaty Organisation Area"*, sowie MC 48/2, *„Measures to Implement the Strategic Concept"*, vom NATO-Rat angenommen. Apodiktisch hieß es in diesen strategischen Richtlinien, daß im Falle eines Angriffs die nuklearen Waffen eingesetzt würden, wenn dieser die Dimension einer *„incursion"*, *„infiltration"* oder einer *„local hostile action"* überschreite. Bei den Mitgliedstaaten der Allianz und besonders auf dem europäischen Kontinent zählte es damals zum Allgemeingut, daß der Schwerpunkt einer *„nuclear retaliation* in einem nuklearen Gegenschlag nach dem *„strike plan"* bestand. Das Vertrauen in die abschreckende Wirkung des taktisch-strategischen nuklearen Gegenschlags war fast grenzenlos. Entsprechend liefen die großen NATO-Stabsrahmenübungen getreu dieser geltenden Strategie ab. Der Einsatz von bis zu 900 nuklear bewaffneten Jagdbombern beziehungsweise Flugkörpern gegen Ziele des

Gegners bis zum 15. Längengrad wurde wieder und wieder durchgespielt.

Zu dieser Zeit existierten bei vielen Militärs, Politikern und Wissenschaftlern zwar bereits Zweifel an der Durchführbarkeit der Strategie, doch zog es die Entwicklung der *„massive retaliation"* gleichsam automatisch nach sich, daß die Politische Richtlinie 5803 des NSC vom 7. Februar 1958 schon für den Fall einer Sperrung der Zufahrtswege von und nach Berlin durch die Sowjetunion die beinahe unmittelbare Auslösung eines Nuklearkrieges vorsah.[7] Der *Supreme Allied Commander Europe* (SACEUR), General Lauris Norstad, dem die exponierte Lage Berlins besondere Sorgen bereitete, schlug Präsident Dwight D. Eisenhower daher mit Erfolg die Einrichtung eines militärischen Planungsstabes für Berlin vor.

Unter dem Decknamen „Live Oak" nahm im Camp de Loges in St.-Germain im April 1959 ein Stab seine Tätigkeit auf. Die dort entstehende *„Berlin-Contingency"* wurde gemeinsam von amerikanischen, britischen und fanzösischen Stabsoffizieren erstellt. Die Bundesrepublik war nicht beteiligt, ein deutscher Verbindungsoffizier sollte erst im Ernstfall zum LIVE-OAK-Stab kommandiert werden. Dies machte das Festhalten der Drei Mächte an ihrer alleinigen Zuständigkeit für die Berlin-Planung deutlich, die sie bewußt von der NATO trennten. Es unterstrich aber auch ihre Distanz zur völligen politischen Einbeziehung West-Berlins in die Bundesrepublik und ihr Interesse am Erhalt des damit zusammenhängenden Sonderstatus der Stadt, die sie als „Vorbehaltsgebiet" ansahen.

In Bonn existierte seit geraumer Zeit die sogenannte „Berlin-Gruppe". Sie bestand aus den Botschaftern Großbritanniens, Frankreichs und der USA sowie Vertretern des Deutschland-Referats des Auswärtigen Amts. Diese Gruppe trat einmal im Monat zusammen, beriet aber nur über die eventuell notwendig werdenden organisatorischen und administrativen Maßnahmen zur Versorgung Berlins aus der Luft im Fall einer Blockade. Erst sieben Monate nach dem Berlin-Ultimatum Nikita S. Chruschtschows vom 27. November 1958 erreichten das Bundesministerium der Verteidigung erste Informationen über Zusammensetzung und Tätigkeit des Sonderstabes LIVE OAK im Camp de Loges. Die Hinweise, welche der *National Military Representative* (NMR) der Bundesrepublik bei SHAPE, Brigadegeneral Ruprecht von Butler, erhielt, verdankte er einer entsprechenden Weisung Norstads. Während die Bundesregierung mit den drei westlichen Berlin-Mächten intensiv über eine Antwort auf das Ultimatum verhandelte, auf der politischen Ebene also durchaus informiert und einbezogen war, wurde sie bei der Planung für eine militärische Antwort auf eine Sperrung der Zugänge Berlins nicht einbezogen. Im Hinblick auf die Abstimmung mit der Bundesrepublik zu den politischen Positionen ist anzufügen, daß die Drei Mächte zunächst noch untereinander verhandelten und erst dann, gleichsam geschlossen, mit einer gemeinsamen Position gegenüber der Bundesrepublik auftraten, es also keine Beteiligung im Sinne eines Meinungsbildungsprozesses gab. Erst vom Sommer des Jahres 1961 an sollte sich die Drei-Mächte-Gruppe schließlich zu einer Vier-Mächte-Gruppe erweitern, wurde eine volle Beteiligung der Bundesrepublik an der Planung und am Entscheidungsprozeß möglich.

Im Rahmen der von LIVE OAK angestellten Überlegungen wurden *„probing and sounding operations"* vorgesehen, für die allerdings nur amerikanische, britische und französische Truppen eingeplant waren. Diese Maßnahmen bestanden im Kern aus im Umfang variablen Testfahrten alliierter Truppen auf den Autobahnen nach Berlin sowie Aktivitäten in den Luftkorridoren. Mit ihnen sollten die Festigkeit sowie die Entschlossenheit der UdSSR und der DDR bei den Blockademaßnahmen getestet werden. Von ihren Schußwaffen durften die alliierten Soldaten allerdings nur dann Gebrauch machen, wenn sie angegriffen wurden. Als Indiz dafür, daß zu diesem Zeitpunkt gedanklich auch der Einsatz nuklearer Waffen einbezogen wurde, kann die in der Planung vorgesehene Verlegung der U.S. ATOMIC TASK FORCE zur britischen Rheinarmee bei der *Northern Army Group, Central Europe* (NORTHAG) gelten. Schließlich hatte die Eisenhower-Administration weder in der militärischen Planung noch in ihren öffentlichen Verlautbarungen Zweifel daran gelassen, daß sie im Fall einer Bedrohung Berlins, schon um den Mangel an konventionellen Streitkräften auszugleichen, gegebenenfalls auch zu nuklearen Mitteln greifen würde. Dies hatte vor allem der amerikanische Präsident selbst in mehreren öffentlichen Reden verdeutlicht.[8] Allerdings konnte diese deklaratorische Härte nicht darüber hinwegtäuschen, daß es eine Art Eskalationsleiter gab und sich die militärischen den politischen und wirtschaftlichen Optionen unterordneten, mittels derer vorsichtig und zurückhaltend versucht werden sollte, eine weitere Verschärfung der Lage zu vermeiden. Daß die allerorts geäußerten Zweifel an der Strategie der „*massive retaliation*" auch die Eisenhower-Administration erreicht hatten, offenbarten einige durchaus gegensätzliche Verlautbarungen zu diesem Thema.[9]

Vor allem die Studie, die Robert R. Bowie, Direktor des *Center for International Affairs* der *Harvard University* und früher Chef des Planungsstabes des *Department of State*, im Sommer 1960 für Außenminister Herter angefertigt hatte, spiegelte die großen Bedenken an der gültigen Strategie der NATO und regte deren Veränderung an. Anstöße für seine Vorschläge bezog Bowie aus der seit dem Chruschtschow-Ultimatum gespannten Situation in Berlin: „Wir sind gegenwärtig konfrontiert mit angespannten Verhandlungen und möglichen Feindseligkeiten, zum Beispiel über Berlin. Und solange Ostdeutschland unter sowjetischer Kontrolle verbleibt, kann die Ausbreitung von Unruhen nicht völlig ausgeschlossen werden. Die Frage ist, wo und unter welchen Bedingungen der Ausbruch von Feindseligkeiten an dieser zentralen Front gestoppt werden kann. Die Sowjets können ihren nicht-nuklearen militärischen Druck bis zu einem Punkt erhöhen, an dem unsere Streitkräfte nicht mehr in der Lage wären, in gleicher Weise zu antworten. Wir hätten dann zu wählen zwischen Niederlage und allgemeinem Krieg. Das sind düstere Alternativen."[10] „Es ist nicht länger politisch zweckmäßig, bei jedem größeren sowjetischen Angriff in Westeuropa mit einem allgemeinen Krieg zu drohen ..., die Risiken der gegenwärtigen Strategie sind exorbitant."[11] Angesichts dessen aber schlug er vor, den konventionellen „Schild“ in Europa so zu verstärken, daß sich die wachsende Abhängigkeit der NATO von einer nuklearen Antwort auf eine konventionelle sowjetische Aggression spürbar verringere. Die UdSSR würden die Eskalationsspirale schon nicht weiterdrehen, wenn dieser „Schild“ halte und ein schneller taktischer Sieg nicht zu erwarten sei. Da Bowie von einer Verteidigung mit taktischen Nuklearwaffen wenig hielt, sollten dem „Schild“ neue taktische Nuklearwaffen nur in begrenzter Zahl hinzugefügt werden. Allerdings müßten die Europäer sicher sein, daß weiterhin effektive strategische Nuklear-Kräfte für den Krisenfall vorhanden seien, um verbleibende Bedrohungen abzuschrecken. Die NATO in Europa müsse über eine eigene *„strategic strike capability“* verfügen und bedürfe deshalb einiger Nuklearwaffen unter eigener Kontrolle. Bowie sprach, wenn auch vergeblich, das Problem der „nuklearen Mitbestimmung“ deutlich an und schlug Eisenhower vor, einige amerikanische U-Boote mit POLARIS-Raketen und international gemischter Besatzung der NATO zu assignieren. Sodann müsse dem Bündnis bei der Schaffung von multinationalen und multilateralen *„indigenous strike forces“* geholfen werden, wobei die nuklearen Sprengköpfe allerdings in amerikanischem Besitz verbleiben könnten. Natürlich löste die Überlegung Bowies, daß eine begrenzte Aggression oder eine nukleare Erpressung NATO-Europas möglich werden könne, ohne daß die strategischen Nuklearwaffen der USA dies zu verhindern vermochten, unter den Vertretern der nicht-nuklearen NATO-Partner in Washington, wo das *Military Committee* (MC) des Bündnisses damals noch arbeitete, eine heftige Diskussion aus. Schließlich hatten die USA erst vier Jahre zuvor damit begonnen, die zumeist mit konventionellen amerikanischen Waffen ausgestatteten Partner in Europa schrittweise mit Trägersystemen für Nuklearwaffen auszurüsten. So waren Jagdbomber und Raketen wie CORPORAL und HONEST JOHN für den Transport von Atomsprengköpfen geliefert worden. Die Aufstellung der deutschen Streitkräfte in der NATO hatte noch ganz im Rahmen des strategischen Konzepts der MC 14/2 und ihrer Durchführungsanweisung der

MC 48/2 stattgefunden. Die Bundeswehr war mit dem Aufbau konventionell ausgerüsteter Kampfverbände noch mehr als beschäftigt. Die Bundesregierung hatte gerade erst die innenpolitische Diskussion um die Einführung von „Massenvernichtungsmitteln", gemeint waren die Trägerwaffen für nukleare Sprengköpfe, zu bestehen gehabt. Jetzt standen plötzlich die Strategie der „*massive retaliation*" und das „Schwert-Schild-Konzept" im Mittelpunkt einer militärpolitischen und strategischen Diskussion. Bundeskanzler Konrad Adenauer hatte allerdings schon im April 1957 Bedenken geäußert, „ob bei zunehmender Atombedrohung der USA diese bei größeren lokalen Konflikten in Europa wirklich die nuklearen Mittel einsetzen würden".[12]

Die operativen Planungen und Befehle der USA basierten noch eindeutig auf der Strategie der „*massive retaliation*", als John F. Kennedy zum 35. Präsidenten gewählt wurde. Seitdem auch die sowjetischen Streitkräfte über ein beachtliches Nuklearpotential verfügten, wurden die Implikationen eines von beiden Seiten geführten taktischen Nuklearkrieges deutlicher sichtbar. Dies nährte die bereits vorhandenen Zweifel an der taktischen Nukleardoktrin als dem Kernstück der Abschreckung der NATO. Daß sich Kennedys Vorstellungen von der Strategie der USA und der NATO nicht mit denen der Eisenhower-Administration deckten, war allgemein bekannt. In der Fachpublizistik mehrten sich vor und unmittelbar nach der Wahl Kennedys im Herbst 1960 denn auch die Beiträge, die einer flexibleren Strategie das Wort redeten. Deutlich machte Kennedy seine militärpolitische Grundüberzeugung mit einer Personalentscheidung: General Maxwell Davenport Taylor, der sich in früheren Jahren auch mit der *Berlin-Contingency* befaßt hatte und bereits pensioniert war, wählte er sich zunächst zu seinem Berater, reaktivierte ihn schließlich und ernannte ihn bald zum Vorsitzenden der *Joint Chiefs of Staff* (JCS). Taylor hatte schon Präsident Eisenhower seine Bedenken gegen die Strategie der „*massive retaliation*" vorgetragen. Von der großen Zahl thermonuklearer Waffen in den USA sowie in der UdSSR ausgehend, hielt er aufgrund des Erreichens einer „*mutual de-*

terrence" einen „großen Krieg" für wesentlich unwahrscheinlicher als einen „kleinen Krieg". Der Vorstellung, der Krieg werde am ersten Tag gleich in großem nuklearen Stil ausbrechen, widersprach er heftig. Von der gültigen Strategie glaubte er, „*that this concept would leave us less flexible*". Allerdings hatte er Eisenhower nicht überzeugen können, denn dieser antwortete ihm: „Massive retaliation, although the term has been scoffed at, is likely to be the key to survival."[13] Kennedy hingegen hatte Maxwells Buch *The Uncertain Trumpet*, in dem dieser seine Überlegungen näher ausführte, gelesen und teilte dessen Einschätzung.[14]

Während im Militärausschuß (MC) der NATO die Konturen einer neuen Strategie diskutiert wurden, stieß der amerikanische Vorschlag, die wesentlichen Nuklearträger zu Doppelzweckwaffen umzufunktionieren, ihnen also auch konventionelle Munition und Aufgaben zuzuordnen, auf den Widerstand der Nicht-Nuklearmächte. Der Deutsche Militärische Vertreter (DMV) im MC in Washington, Generalmajor Johannes Steinhoff, kam zu dem Urteil: „Die seit geraumer Zeit im Westen geführte Diskussion um das Verteidigungskonzept ist aber offensichtlich dazu geeignet, auf seiten der Sowjetunion die Bereitschaft des Westens – für seine Freiheit und die Unantastbarkeit seiner Grenzen kompromißlos zu kämpfen – in Frage zu stellen. (…) Die von den USA eingeleitete Auseinandersetzung um das Verteidigungskonzept sowie das erkennbare Bestreben, im Falle eines Krieges den Einsatz von A-Waffen hinauszuzögern beziehungsweise ihn örtlich auf Europa zu begrenzen, sind dazu geeignet, das Vertrauen der Bündnispartner und die Verteidigungsentschlossenheit der Gemeinschaft in Frage zu stellen; eine Gefahr, die sowohl hinsichtlich ihrer Auswirkungen auf die Lagebeurteilung durch die Sowjetunion wie auch hinsichtlich der Auswirkungen auf den eigenen Widerstandswillen nicht unterschätzt werden kann."[15]

Im Präsidentschaftswahlkampf hatte Kennedy einige Argumente gegen die Verteidigungspolitik der Eisenhower-Administration vorgetragen. So galt es seiner Meinung nach, die Gefahr eines nuklearen Weltkrieges durch Fehleinschätzung oder

Zufall, einen *„war through accident"*, durch das Anheben der nuklearen Schwelle zu verringern, also besonders dort, wo die beiden Machtblöcke militärisch auf Tuchfühlung standen. Dies implizierte zum einen die deutliche Kritik an der NATO-Strategie, zum anderen mußte allen politischen Beobachtern in der Bundesrepublik deutlich werden, daß ein solcher Ort, an dem die Machtblöcke in engster Tuchfühlung standen, Berlin war. Weiterhin kritisierte Kennedy das starre Festhalten am Konzept strategischer Streitkräfte, die sich aus bemannten Bombern zusammensetzten, und forderte, in aller Eile eine *„second strike capability"* zu schaffen. Nur zwei Wochen nach seiner Amtsübernahme ernannte der neue Präsident daher eine Studiengruppe unter Leitung von Dean Acheson, die Vorschläge zur Verteidigungspolitik und zur Haltung gegenüber der NATO-Strategie der neuen Administration erarbeiten sollte.

Der „Acheson-Report" trug deutlich dem Interesse Kennedys an einem größeren Spektrum militärischer Optionen und seiner Sorge um die Proliferation von Atomwaffen Rechnung. Die zentrale Kontrolle von Nuklearwaffen der NATO wurde unterstrichen und auf dem amerikanischen Veto gegen nationale europäische Nuklearstreitkräfte insistiert. Der ganze Bericht signalisierte das Verlassen der bisherigen Linie der noch gültigen NATO-Politik mit ihrer starken Betonung der nuklearen Waffen.[16] Schnell war zu erkennen, daß die Verteidigungspolitik Kennedys auf zwei Pfeilern ruhen sollte: dem Bemühen um Abrüstung und auf der militärischen Planung. Dem trug die schnelle Einrichtung der *United States Arms Control and Disarmament Agency* Rechnung. Ihr Leiter, der Republikaner William C. Foster, erhielt direkten Zugang zum Präsidenten und zum NSC. Für Kennedy stellte sich die internationale Lage bei seinem Einzug ins Weiße Haus wie folgt dar: Das Monopol der USA als Alleinbesitzer nuklearer Waffen war gebrochen. Die Sowjetunion hatte ihre Fähigkeit, in naher Zukunft mit weitreichenden Raketen auch die USA treffen zu können, im Oktober 1957 durch den „Sputnik" unter Beweis gestellt. Innerhalb der Allianz trat die Unausgewogenheit zwischen den „nuklearen Rittern" und den „nuklearen Habenichtsen" immer offener zutage, und der Ruf nach Mitbeteiligung war unüberhörbar. Hinzu trat aus amerikanischer Sicht das Schreckgespenst eines möglichen Alleingangs Frankreichs durch den Aufbau einer *„Force de frappe"*. Da die Trägersysteme für taktische nukleare Waffen bereits zu veralten begannen, lag für die USA die Alternative entweder in der Zustimmung zu den Forderungen der NATO oder einer generellen Veränderung der Nuklearstrategie.

2.

Für den Kurs der künftigen Bündnisstrategie sollten die Ereignisse um Berlin im Jahr 1961 ausschlaggebende Bedeutung erhalten. Mit dem am 13. August beginnenden Mauerbau, also der – wie eingangs erwähnt – im Prinzip bereits seit 1953 vom CIA erwarteten systematischen Abschottung der DDR von West-Berlin, kulminierten die Ereignisse. Doch es gab einen Vorlauf, in dem die Sowjetunion gleichsam ermutigt wurde, die von der DDR-Führung so dringend gewünschte Abschottung vorzunehmen. Noch im März 1958 hatten sich sowohl die Außenminister der Drei Mächte und der Bundesrepublik in Paris als auch der Nordatlantikrat zu einer Garantie-Erklärung für Berlin entschlossen, um dem Ultimatum Chruschtschows entgegenzutreten.[17]

Im Mai des Jahres 1961 versicherten die Mitglieder des Ministerrats der NATO in Oslo, „die Freiheit West-Berlins und seiner Bevölkerung zu wahren".[18] Dies stellte bereits eine terminologische Neuerung dar; denn an den Platz des bisher in den NATO-Kommuniqués benutzten Wortes „Berlin" trat jetzt lediglich „West-Berlin". Die Rechte der Drei Mächte in Berlin sollten geschützt werden: die Bewegungsfreiheit der Berliner stand jedoch offensichtlich bereits zur Disposition. Kennedy ließ in zahlreichen Verlautbarungen keinen Zweifel daran, daß er sich durchaus mit einer Teilung der Stadt Berlin im gesamten Stadtgebiet abfinden würde.[19] Vor allem seine Rundfunkrede vom 25. Juli mit den *„three essentials"* der amerikanischen Berlin-Politik unterstrich seine Auffassung, es liege sowohl im Interesse der USA als auch der Sowjetunion sowie des allgemeinen Friedens, den Flüchtlingsstrom aus der DDR durch eine Absperrung zwischen Ost- und West-Berlin zu stoppen. Der Vorsitzende des Senatsausschusses für Auswärtige Angelegenheiten, Senator William J. Fulbright, äußerte sich ähnlich, als er ausführte, er verstehe nicht, warum die Ostdeutschen nicht ihre Grenze zur Eindämmung der Fluchtbewegung schlössen, denn nach seiner Ansicht habe die DDR ein Recht, ihre Grenzen zu schließen. Diese Äußerung nutzte Ulbricht, um Chruschtschow zu verdeutlichen, daß der Westen eine Sperrung der Grenzen nicht behindern würde.[20] Zu dieser Zeit kursierte in der Umgebung Chruschtschows bereits der Witz, bald werde niemand mehr in der DDR sein als Ulbricht und seine Geliebte.[21]

Konzessionen, wie sie Kennedy und Fulbright andeuteten, sind immer auch ein Ergebnis strategischer Analysen. Man muß sie als Ausdruck des amerikanischen Bestrebens interpretieren, die starre Doktrin der „Alles-oder-Nichts-Strategie" im Falle eines sowjetischen Drucks auf Berlin in Frage zu stellen. Als Verteidigungsminister Franz Josef Strauß im Juli 1961 die USA besuchte, wurde die Berlin-Krise in Bonn als eine bevorstehende Machtprobe, ein sowjetischer Test der neuen amerikanischen Administration interpretiert. Es galt als sicher, daß eine lange Periode der Spannungen und Verhandlungen bis hart an den Rand eines Krieges folgen würde. Bei einem Treffen mit seinem amerikanischen Kollegen Robert McNamara kritisierte der deutsche Verteidigungsminister die Diskrepanz zwischen amerikanischen „Phrasen und Taten" und insistierte auf der Erstellung eines konkreten und realistischen Aktionsplans für Berlin. Er kritisierte auch die Idee, eine Zugangssperre nach Berlin durch einen Vorstoß größerer militärischer Verbände auf den Autobahnen nach Berlin aufzubrechen.

Seit dem 21. April 1961 trat in Washington regelmäßig die sogenannte *„Ambassadorial Group"* zusammen. Hier wurden zwischen den Botschaftern Großbritanniens, Frankreichs sowie Vertretern des *State Department* Beratungen zur Lage in

Berlin und eventuelle Maßnahmen zu einer *Contingency*-Planung beraten. Der Botschafter der Bundesrepublik in Washington, Wilhelm G. Grewe, wurde erst am 21. Juli, nach einem massiven Vorstoß von Bundeskanzler Adenauer, zu diesen Treffen hinzugezogen. Die Einbeziehung der Bundesrepublik in die Eventualfall-Planung ging auf eine von ihr gemachte Zusage zurück, zu deren Einhaltung sie durch den NATO-Vertrag verpflichtet war. Sie hatte sich nämlich bereit erklärt, im Falle einer politischen Verwicklung von alliierten Truppen auf den Zugangswegen nach Berlin den Verteidigungsfall auszurufen und die Bundeswehr unter NATO-Kommando als eine Art *„Back-up-Force"* zur Verfügung zu stellen. Die *„Ambassadorial Group"* bildete drei Untergruppen: eine für politische und eine für wirtschaftliche Maßnahmen sowie eine „Militärische Untergruppe", die allerdings erst nach am 13. August 1961 in Aktion trat. Daneben existierte noch eine besondere Gruppe für *„Maritime-Countermeasures"*, in der die Vorläufer der später gegen Kuba verhängten Quarantäne-Maßnahmen entwikkelt wurden.

In der Militärischen Untergruppe, in der das, für die Forschung nach wie vor gesperrte, Papier CCG 1 *(Contingency Planning 1)* erstellt wurde, arbeiteten neben Oberst Schwertfeger und Hans-Georg Wieck von der Deutschen Botschaft in Washington noch der DMV, Generalmajor Steinhoff, sowie dessen Chef des Stabes, Oberst Dr. Beermann, mit. Grundlage für das Herzstück der politisch-militärischen Planung, die Verquickung der Zugangsregelungen mit dem potentiellen „NATO-Bündnis-Fall", bildete hier die erwähnte Vorweg-Festlegung der Bundesrepublik. Doch schon sehr bald wurde deutlich, daß die zurückhaltenden Reaktionen des Westens auf den Mauerbau in der Bundesrepublik zu starken Irritationen und einer kritischen Entwicklung der Stimmung führten. Heinrich Krone, Bundesminister für besondere Aufgaben und ständiger Vertreter von Bundeskanzler Adenauer im Bundesverteidigungsrat, hielt damals in seinem Tagebuch fest: „Es wird immer deutlicher, daß die Amerikaner nichts tun werden. Zone [DDR] und auch Ost-Berlin sind für sie kein Anlaß zum Eingreifen. In der Berliner Bevölkerung herrscht Wut und Verbitterung gegen den Westen, der nichts tut. Berlin fühlt sich verlassen."[22] An diesem Tag erreichten die Anstrengungen der DDR, eine weitere Integration Ost-Berlins in das staatliche Gefüge der DDR herbeizuführen, die Präsenz der Bundesrepublik in West-Berlin einzudämmen und die Anwesenheit der Drei Mächte in Berlin in Frage zu stellen, eine neue Dimension, welche in der „alltäglichen Tötung" von Menschen an der innerdeutschen Grenze kulminieren sollte. Für den Regierenden Bürgermeister von Berlin, Willy Brandt, war der 13. August „ein Tag des Entsetzens", das Verhalten der Amerikaner „ein Schock"; man habe vor der Bühne der ständigen amerikanischen Erklärungen zu Berlin den Vorhang weggezogen, dahinter sei eine leere Bühne zum Vorschein gekommen. Ein Briefwechsel mit Kennedy verfehlte seinen Zweck völlig.[23] Daß es Ulbricht möglich war, der bis dahin unumstrittenen Führungsmacht des Westens, den USA, gleichsam einen Tritt vor das Schienbein zu versetzen, und diese darauf nur mit einem kurzen Verziehen des Gesichts reagierten, wurde zum Ausgangspunkt für die später von Brandt entwickelte „neue Ostpolitik".[24] Wie berechtigt die zeitgenössischen Eindrücke von der Haltung der USA waren, zeigt eine inzwischen bekannt gewordene Bemerkung von Foy D. Kohler, dem stellvertretenden Außenminister der USA und Leiter der Berlin-Gruppe des *Department of State,* nach dem 13. August: „Laßt uns abwarten und sehen, wie sich die Dinge entwickeln. Letztlich haben die Ostdeutschen uns einen Gefallen getan. Diese Fluchtwelle wurde allmählich peinlich."

Im Rahmen der *Contingency*-Planung wurden in der *„Militärischen Untergruppe"* größere konventionelle Vorstöße der NATO-Streitkräfte für den Fall der Abschnürung Berlins diskutiert. Für ein solches Vorgehen bot sich besonders der „Thüringer Bogen" an. General Steinhoff warnte in Übereinstimmung mit dem Führungsstab der Streitkräfte vor derart limitierten, wenig Erfolg versprechenden Aktionen. Ein Vorstoß dieser Art nach Berlin mußte militärisch erfolgreich sein, was aber war die Konsequenz, wenn er steckenblieb? Steinhoff trat schließlich mit Erfolg dafür ein, anstelle der *„massive retaliation"* den Verbündeten einen selektiven Einsatz nuklearer Waffen vorzuschlagen. Diesen hatte General Norstad bereits vor NATO-Parlamentariern in bestimmten Lagen gefordert. Oberst Dr. Beermann brachte den Gedanken eines demonstrativen Einsatzes taktischer Nuklearwaffen ein, der für den Fall einer elektronischen Lahmlegung des *Berlin Control Center* und damit der Sperrung des Luftzugangs in Betracht gezogen werden sollte, da der Luftweg die einzige Möglichkeit darstellte, die Stadt am Leben zu halten. Tatsächlich hatte Ulbricht zunächst eine Sperrung der Luftkorridore erwogen, diese Vorstellung aber bei der sowjetischen Führung nicht durchsetzen können und statt dessen den Mauerbau vorgeschlagen und erreicht, weil Chruschtschow die Gefahr einer Eskalation durchaus bewußt war.[26] Gedacht war an die Detonation eines Sprengkopfes in 10000 Metern Höhe oder eines *„air burst"* einer Bombe geringen nuklearen Sprengwerts über der Ostsee. Die Diskussion über diesen Vorschlag währte nicht lange. Dem Leiter der Untergruppe, Paul Nitze, schien dies keine Abschreckung darzustellen. Er glaubte, die UdSSR würde dann im Gegenzug eben zwei oder mehrere Sprengköpfe detonieren lassen. Die Vorstellung, Sprengköpfe von 100 KT selektiv einzusetzen, hielt er für unverantwortlich.

Für die deutschen Gruppenangehörigen wurde die Diskussion über den nuklearen Einsatz zu einer „Lehrstunde" zum Thema Nuklearwaffen, über deren Wirkungen und Einsatzkonzepte sie zuvor nur sehr beschränkte Kenntnisse besessen hatten. Nitze stellte zwar die Nuklearstrategie der NATO nicht direkt in Frage, meinte jedoch, man müsse diese Strategie auflockern und damit glaubwürdiger machen. Das Festhalten der Bundesrepublik an der geltenden Strategie der „massiven Vergeltung", soweit militärische Aktionen zur Befreiung Berlins zu planen waren, stieß in der amerikanischen Administration auf Kritik. Schon der bloße Gedanke, das Element der nuklearen Abschreckung im Falle der Behinderung des Zugangs nach Berlin zum Tragen zu bringen, wurde von den USA mit Bestimmtheit blockiert. Die vor der Berlin-Krise diskutierte

Frage, ob die NATO dritte oder vierte Atommacht werden solle, trat schnell in den Hintergrund, wurde auf die Zeit nach der Krise verschoben. Die Zuteilung von POLARIS-Rakteten für U-Boote und MEDIUM RANGE BALLISTIC MISSILES (MRBM) an die NATO sollte bis nach der Krise vertagt werden.

Die sichtbare Tendenz gewisser Kreise der Kennedy-Administration, Kontroll- und Inspektionszonen in Europa zu errichten, die Atommächte somit geographisch auseinanderrükken zu lassen, um eine Entspannung und damit einen gewissen Abschluß der „deutschen Frage" herbeizuführen, stieß in Bonn auf wenig Verständnis. Strauß lehnte diese Überlegung ab und glaubte, daß das Problem der militärischen Entspannung, gekoppelt mit der Lösung des Berlin-Problems, als Ersatz für eine wirklich kontrollierte weltweite Abrüstung, die schwerwiegendste militärpolitische Frage sein könnte, mit der die Bundesrepublik in der nächsten Zeit konfrontiert werde. Diese Frage sei gefährlicher als die Berlin-Krise.[27] Doch während Strauß noch in aller Klarheit den deutschen Standpunkt vertrat, die Strategie der *„massive retaliation"*, wie sie in der MC 14/2 zum Ausdruck kam, müsse erhalten bleiben, bewegte sich die *„Berlin-Contingency"* in Washington in eine Richtung, die eindeutig Merkmale einer Strategie der *„flexible response"* trug. Die „Militärische Untergruppe" prüfte zwar weiterhin militärische *„contingencies"* für den Fall der Abriegelung Berlins durch die UdSSR, doch die Rolle von Nuklearwaffen wurde nicht mehr diskutiert. Die vorgeschlagenen konventionellen Reaktionen reichten von einem Durchbruch dreier Panzerdivisionen nach Berlin bis zu Überlegungen zur möglichen Bombardierung von nicht-sowjetischen Flugplätzen des Warschauer Pakts. Zu diesem Zeitpunkt wurde übrigens der Stab von LIVE OAK wenigstens geographisch zu SHAPE verlegt. Im Prinzip ging es den USA darum, die Schwelle für einen nuklearen Einsatz anzuheben und damit eine längere Atempause für die Erwägung diplomatischer Aktionen zu gewinnen.

Ein uns heute zugänglicher Vortrag Marschall Rodian J. Malinowskis vom 10. Oktober 1961, der BURJA, das bis dahin längste Manöver der Warschauer-Pakt-Staaten, an dem zum ersten Mal auch Truppen der Nationalen Volksarmee der DDR teilnahmen, abschloß, zeigt, welchen Stellenwert der Einsatz nuklearer Waffen zu diesem Zeitpunkt in der Strategie der Sowjetunion besaß. So führte der sowjetische Verteidigungsminister unter anderem aus: „Unter modernen Bedingungen wird die Vernichtung des Gegners zuerst und vor allem durch Schläge mit nuklearen Waffen verwirklicht. Die Bodentruppen müssen den Vorteil dieser Schläge rechtzeitig ausnutzen, sie müssen entschlossen in die Tiefe des Gegners vorstoßen, um seine Hauptquartiere, Kommunikationszentren, Flugplätze, Raketenstellungen und heranrückenden Reserven zu zerstören. (...) Während der ersten Operationen der ersten Phase des Krieges müssen die Bodentruppen insbesondere Vorteile aus den Ergebnissen ziehen, die durch die strategischen, d.h. nuklearen Schläge in ihrem Operationsgebiet erzielt worden sind. (...) Die nukleare Waffe bedeutet eine gewaltige Macht. Aber diese Macht muß nicht nur richtig angewendet werden, sondern die Ergebnisse ihrer Zerstörung des Gegners müssen vollständig ausgeschöpft werden. (...) In unserer Übung konnten die Raketenverbände der 1. Zentralen Front und der Süd-West-Front den ersten Nuklearschlag bis zu einem Radius von nicht mehr als 120 Kilometer von der Staatsgrenze führen. Die wichtigsten gegnerischen Ziele, gegen die Nuklearschläge geführt wurden, waren die Raketengeschütze REDSTONE, die Cruise missiles MACE und MATADOR, der größte Teil der Flugplätze für Transportflugzeuge, die wichtigsten Stäbe und Kontrollgebiete innerhalb einer Entfernung von 200 Kilometern oder mehr. (...) Es gibt auch Defizite bei der Festlegung der Ziele für Nuklearschläge. Es gab Fälle des frontalen Einsatzes von Nuklearwaffen, um große Städte und andere Objekte im rückwärtigen Gebiet zu zerstören, obwohl dies keinen direkten Einfluß auf die militärischen Operationen hatte. Die Süd-West-Front setzte Nuklearwaffen für einen Erstschlag gegen Nürnberg ein, ein Wirtschaftszentrum, das 100 Kilometer von der Grenze entfernt liegt."[28]

Ein Planspiel im November 1961 in Camp David unter der

Leitung des Harvard-Professors Thomas C. Schelling, der im Juli für Kennedy eine diesen sehr beeindruckende Studie mit dem Titel *„Nuclear Strategy in the Berlin Crisis"* geschrieben hatte, bildete gleichsam den Abschluß der militärischen *Contingency*-Planung. Dabei wurde der nukleare Einsatz nicht gespielt, sondern in den sogenannten „NATO-Bündnis-Fall" verschoben, also den *„transfer of control"* der Maßnahmen von den drei/vier Mächten auf die NATO, weil in erster Linie lediglich das Zusammenspiel der drei Westmächte und der Bundesrepublik im Falle einer drohenden Abschnürung geprobt werden sollte.

Einem Vorschlag der Briten, in das sogenannte Phasenpapier der „Berlin-*Contingency*" auch eine Bemerkung über die Gültigkeit der MC 14/2 *(Revised/Final)* oder der Politischen Direktive C-M (56) 138 *(Final)* einzufügen, traten die USA heftig entgegen. Sie wiesen darauf hin, daß beide Dokumente zwar gegenwärtig gültig seien, jedoch gerade überprüft würden. Auf Bestreben der Bundesrepublik fand in das Phasenpapier immerhin der Satz Aufnahme, daß die „gegenwärtige NATO-Strategie" anzuwenden sei, falls die Sowjetunion eine über die Blockade Berlins hinausgehende Bedrohung von NATO-Territorium vornehme. Doch wurde diesem Passus auf Drängen der USA schließlich der allgemeine Hinweis vorangestellt, der Einsatz von Nuklearwaffen müsse im Einklang mit den inzwischen in Athen beschlossenen *„Athener Guidelines"* erfolgen. Eine Handhabe gegen den Wunsch der USA gab es nicht, hatten doch diesen Richtlinien in Athen alle Bündnispartner zugestimmt. Das Ausmaß der Abweichung der „Athener *Guidelines*" von der geltenden Strategie hatten offensichtlich nicht alle Bündnispartner bei ihrer Zustimmung in Athen sogleich erfaßt!

Die *„Athener Guidelines"* sahen im Fall eines sowjetischen Angriffes mit Atomwaffen zwar eine Antwort mit nuklearen Waffen vor, aber nur in dem Maß, welches den Umständen angemessen war. Im Fall eines konventionellen Angriffs dagegen, selbst wenn es sich um Kämpfe im gesamten NATO-Bereich handelte, wurde ferner die Einschränkung gemacht, daß mit Nuklearwaffen nur geantwortet werden solle, wenn dies erforderlich sei. Dabei wurde vorausgesetzt, daß die Zeit es erlaube, vorher eine Beratung im NATO-Rat durchzuführen. Die Begriffe Angemessenheit und Notwendigkeit konnten natürlich unterschiedlich interpretiert werden. Im Fall von Operationen von „*limited nature*“ im Sinn der gültigen Strategie konnte ein Nukleareinsatz nur erfolgen, wenn die Integrität der Streitkräfte und des angegriffenen Territoriums bedroht war und dieser Angriff nicht mit konventionellen Mitteln aufgefangen werden konnte. Dazu mußte auch noch das Placet des NATO-Rats über den Einsatz von Nuklearwaffen vorliegen.

Im Gegensatz zur MC 14/2 sahen die in Athen verabschiedeten Richtlinien einen Nukleareinsatz gar nicht mehr vor, wenn der Gegner eine „*local hostile action*“ zu erweitern oder zu verlängern suchte. Diese Regelungen entsprachen weitaus mehr den amerikanischen Vorstellungen im Sinne einer Erhöhung der nuklearen Schwelle als die Regelungen der MC 14/2. Aus ihnen wird – zumindest im nachhinein – deutlich, warum die USA, wie bereits erwähnt, in der Berlin-*Contingency* nach Athen den Begriff „*present strategy*“ durch die Erwähnung der „*Athener Guidelines*“ in ihrem Sinne interpretierten.

In der Vorbereitung des Werbens um eine neue Strategie der beweglichen Antwort hatte McNamara am 14. Dezember 1961 in einer Rede vor dem NATO-Rat in Paris ausgeführt, daß die Allianz über eine größere Auswahl an Optionen verfügen müsse als Demütigung oder totale nukleare Aktion. Ausschließliches Vertrauen auf die nukleare Abschreckungsmacht stimme mit den militärischen Lebensbedingungen nicht mehr überein.

Außenminister Dean Rusk hatte in seiner Rede vor demselben Forum hinzugefügt, der nukleare Einsatz sei immer dann vorgesehen, wenn er zur Aufrechterhaltung lebenswichtiger Interessen erforderlich sei, doch müsse seine Durchführung in Form eines graduellen Einsatzes erfolgen. Als bezeichnend für die von den USA angestrebte Umstellung der Strategie sah der Führungsstab der Streitkräfte an, daß beide Minister erstmals den neuen Ausdruck „*general limited war*“ benutzt hätten. Aus weiteren Äußerungen McNamaras und Rusks könne entnommen werden, daß die USA eine atomare Auseinandersetzung nur noch dann in Kauf zu nehmen bereit seien, wenn ihre eigene Existenz bedroht werde. Der Verlust Westeuropas bedrohe allerdings nach Ansicht der USA auch die eigene Existenz. Um dem offensichtlich bei den Bündnispartnern bestehenden Mißtrauen zu begegnen, hätten beide jedoch übereinstimmend versichert, Europa und jeder einzelne NATO-Staat könnten sich darauf verlassen, daß die USA im Fall eines sowjetischen Angriffs mit den notwendigen, gegebenenfalls auch atomaren Mitteln eingreifen würden.[29]

3.

Zusammenfassend läßt sich festhalten, daß die Berlin-Krise des Jahres 1961 der Kennedy-Administration die willkommene Veranlassung gab, die bereits vorhandenen amerikanischen Zweifel an der nuklearen Strategie der *„massive retaliation"* den NATO-Partnern näherzubringen und gleichzeitig mit der Erstellung der Berlin-*Contingency* eine generelle Strategie-Überprüfung vorzunehmen. Die *Contingency*-Planung für Berlin und die spätere Strategie der *„flexible response"* sind daher nicht voneinander zu trennen.

Der Übergang zu der neuen Strategie der abgestuften Reaktion vollzog sich gedanklich 1961/62. Die *„flexible response"* trat offiziell zwar erst 1967 mit der Weisung MC 14/3 in Kraft, weil Frankreich aus der militärischen Integration austrat. Die politischen und militärischen Fachleute im Bundeskanzleramt, im Bundesministerium der Verteidigung sowie im Auswärtigen Amt waren den Weg zur neuen Strategie hingegen schon mitgegangen, wenn auch nur teilweise aus voller Überzeugung. Die NATO hatte am 3./4. August 1961 in Paris Übereinkunft über eine Verstärkung der konventionellen Streitkräfte Mitteleuropas erzielt und im Prinzip bereits die Weiterführung der *Contingency*-Planung für Berlin auf der Basis der neuen amerikanischen Überlegungen eingeleitet. Die Chruschtschow vorgelegten Berichte des KGB zu dieser NATO-Konferenz in Paris und zur Einschätzung der Lage gingen im übrigen davon aus, daß die Westmächte keinen Krieg wegen West-Berlin riskieren würden; nur der deutsche Außenminister Heinrich von Brentano habe einen Akt der Kraft gefordert, der amerikanische Außenminister Dean Rusk sich hingegen für Verhandlungen mit der Sowjetunion ausgesprochen.[30] Die Ideen der Strategie der *„flexible response"* wurden also im Bündnis in der Substanz bereits 1961, spätestens aber mit den *„Athener Guidelines"* 1962 akzeptiert. Die Auslösung des großen nuklearen Krieges als einzige Antwort auf eine lokale Aggression, wie sie eine Ausweitung der Berlin-Krise hätte darstellen können, konnte niemand mehr mittragen.

Ulbricht aber durfte die Absperrung der Grenze nach West-Berlin in einem Brief an Chruschtschow vom 12. September 1961 als einen politischen Erfolg werten. Es sei alles nach Plan verlaufen, die Taktik des graduellen Vorgehens habe sich bewährt, zumal der „Gegner" weniger Gegenmaßnahmen ergriffen habe als erwartet. Mit der Schließung der Grenze um West-Berlin habe man den Schutz der DDR vor den militärischen Provokationen aus West-Berlin erreicht. Der West-Berliner „Sumpf" habe die ökonomische und kulturelle Unterminierung der Hauptstadt der DDR eingestellt. Die Regierung in Bonn habe erkennen müssen, daß ihre Politik der Revanche und der Zurückdrängung der DDR durch die Vorbereitung innerer Unruhen und eines kleinen Krieges für alle Zeiten zunichte gemacht worden sei. Die Autorität der DDR, die durch die in den zurückliegenden Jahren gegenüber den subversiven Maßnahmen West-Berlins an den Tag gelegte „Toleranz" geschwächt worden war, sei entscheidend gestärkt worden. Im Denken der Bevölkerung der Hauptstadt sowie der DDR, so Ulbricht triumphierend, habe sich eine Revolution ereignet.[31]

Daß es weder mit dieser „Revolution im Denken" noch mit der „Stärkung der Staatsautorität" der DDR weit her war, daß Abschottung und Mauerbau im Gegenteil den Gedanken der Wiedervereinigung in der Bevölkerung der DDR eher wachhielten als überwanden, sollten kaum dreißig Jahre später die Ereignisse der friedlichen Revolution von 1989 zeigen.

Eckart Conze

Die Kuba-Krise: Wendepunkt des Kalten Krieges?

Am frühen Morgen des 24. Oktober 1962 stampfen mehrere sowjetische Schiffe mit Kurs auf Kuba durch den Nordatlantik. Sie halten geradewegs zu auf den Blockadegürtel, den die amerikanische Marine wenige Stunden zuvor mit Hunderten von Kriegsschiffen im Abstand von 500 Seemeilen um die Karibikinsel gelegt hat. Ein gewaltsamer Zusammenstoß scheint bereits unvermeidlich, als die sowjetischen Schiffe plötzlich ihre Fahrt verlangsamen oder ihren Kurs wechseln. Es kann kein Zweifel darüber bestehen, daß ein sowjetischer Versuch, die Seeblockade zu durchbrechen, von amerikanischer Seite nicht hingenommen und mit Gewalt verhindert worden wäre. Ob ein solcher amerikanisch-sowjetischer Konflikt noch hätte eingegrenzt und lokalisiert, ob seine Eskalation zum Nuklearkrieg hätte vermieden werden können, ist eine hypothetische und nicht zu beantwortende Frage. Allem Anschein nach gehörten die Morgenstunden des 24. Oktober 1962 zu den entscheidenden Phasen der Kuba-Krise. Dean Rusk, der amerikanische Außenminister, stellte nach dem ausgebliebenen Zusammenstoß auf hoher See fest: „Wir standen uns Auge in Auge gegenüber, aber ich glaube, die anderen haben gerade gezwinkert."[1] Die merkwürdige Metapher hatte einen ganz konkreten Hintergrund: Als Kind in Georgia hatte Rusk mit seinen Freunden immer wieder ein Spiel gespielt. Zwei Jungen stellten sich Kopf an Kopf gegenüber und starrten sich so lange in die weit geöffneten Augen, bis einer der beiden zwinkerte. Wer zwinkerte, hatte verloren.

In der Tat erreichte die Kuba-Krise mit dem amerikanischen Blockadeerfolg ihren Höhe- und Wendepunkt. Doch bis zum offiziellen Einlenken der sowjetischen Führung sollten noch vier hochdramatische Tage vergehen, in deren Verlauf der friedliche Ausgang der Krise alles andere als gewiß war. 13 Tage dauerte die Konfrontation der beiden Supermächte: Vom 16. Oktober 1962, als US-Präsident Kennedy über die Stationierung sowjetischer nuklearer Mittelstreckenraketen auf Kuba informiert wurde, bis zum 28. Oktober, als Radio Moskau den Abzug dieser Waffen ankündigte. 13 Tage, in denen, so heißt es bis heute, die Welt am Abgrund eines Nuklearkriegs stand, 13 Tage, in denen der kleinste Funke genügt hätte, um das nukleare Pulverfaß zur Explosion zu bringen. Die Kuba-Krise gehört zu den brisantesten Supermachtkrisen des Kalten Krieges. Ihre Analyse kann uns bis heute zentrale Erkenntnisse liefern über die machtpolitischen Strukturen des Ost-West-Konflikts, über Ursachen und Entstehung nuklearer Krisen sowie über uni- und bilaterale Maßnahmen zur Krisenbewältigung und Konfliktverhütung im Nuklearzeitalter. Damit ist nicht impliziert, daß die Kuba-Krise in ihrer kompakten Dramatik – so ganz anders als die über Jahre schwelende Berlin-Krise – nun ein Musterbeispiel nuklearen Krisenmanagements sei, daß sie gleichsam das Patentrezept zum Umgang mit dem Risiko des Nuklearkriegs geliefert habe. Ganz im Gegenteil: Die Kuba-Krise war voller Unsicherheitsfaktoren, voller Unwägbarkeiten und unkalkulierbarer Gefahren. Doch genau dies macht ihre sorgfältige Analyse erforderlich, und es reicht nicht hin, ihren Ausgang deterministisch als von Anfang an klug angelegten und ins Werk gesetzten amerikanischen Erfolg zu kennzeichnen. Wie sehr gerade im Angesicht einer möglichen nuklearen Katastrophe das Bemühen um äußerste Rationalität und dennoch gleichzeitig auch Irrationalität Denken und Handeln der politischen Akteure und Entscheidungsträger auf beiden Seiten bestimmten, dafür ist die Kuba-Krise ein hervorragendes Beispiel. „Nichts schärft die Gedanken mehr als die Aussicht, in 14 Tagen gehängt zu werden“, hat Samuel Johnson gesagt. Die Kuba-Krise bietet Anlaß zur Überprüfung dieser Weisheit.

1.

Seit der Vertreibung des pro-amerikanischen Diktators Batista im Januar 1959 und der Etablierung des sozialistischen und pro-sowjetischen Regimes unter Fidel Castro in der Folgezeit stellte Kuba, das spätestens seit der Jahrhundertwende politisch wie wirtschaftlich von den USA abhängig gewesen war, eines der brennendsten Probleme der amerikanischen Außenpolitik dar. Ein moskauhöriger Staat, nur knapp 100 Kilometer vom amerikanischen Festland entfernt, im Hinterhof der USA, wie es hieß, schien Washington angesichts der globalen Auseinandersetzung mit der Sowjetunion und einem damit verbundenen Bedeutungsgewinn der Monroe-Doktrin von 1823 – „Amerika den Amerikanern!“ – nicht akzeptabel. Noch in der Spätphase der Eisenhower-Administration machten sich daher CIA, Pentagon und Exil-Kubaner an die Ausarbeitung von Plänen zum Sturz Castros und zur Wiederherstellung einer amerikafreundlichen Regierung auf Kuba. Die dilettantisch vorbereitete und ausgeführte Invasion exilkubanischer Kräfte in der Schweinebucht im April 1961 mit dem Ziel, eine breite Erhebung gegen Castro auszulösen, scheiterte kläglich und beeinträchtigte die innen- und außenpolitische Handlungsfähigkeit der gerade ins Amt gekommenen Regierung Kennedy erheblich. Da er sich politisch von der Schlappe in der Schweinebucht noch nicht erholt hatte, traf am 3./4. Juni 1961 in Wien ein angeschlagener US-Präsident mit dem sowjetischen Parteivorsitzenden Nikita Chruschtschow zusammen. Es ist nicht auszuschließen, daß das Bild, welches Kennedy in Wien bot, die Kreml-Führung in ihrem Entschluß bestärkte, 1962 Raketen auf Kuba zu stationieren.

Auch wenn US-Militär und Geheimdienste weiterhin Pläne für eine Landung auf Kuba und einen Sturz Castros schmiedeten,[2] für den Präsidenten waren nach dem Desaster in der Schweinebucht solche Operationen fürs erste undenkbar geworden. Er verlegte sich statt dessen darauf, wirtschaftlichen und politischen Druck auf Kuba auszuüben. So wurde der Inselstaat im Januar 1962 aus der „Organisation Amerikanischer

Staaten" (OAS) ausgeschlossen. Innenpolitisch allerdings verstummten die Stimmen nicht, welche den Präsidenten beschuldigten, in bezug auf Kuba eine falsche, viel zu weiche Politik zu betreiben. Verstärkte sowjetische Aktivitäten auf der Insel im Verlaufe des Sommers 1962 bewogen Kennedy dazu, die Sowjetunion öffentlich am 4. September vage und am 13. September 1962 sehr klar davor zu warnen, auf Kuba offensive Waffensysteme zu stationieren. Der Präsident sprach diese Warnungen aus vor dem Hintergrund wiederholter Verlautbarungen des republikanischen Senators Keating, der von sowjetischen Raketenstationierungen auf Kuba zu wissen behauptete.[3] Außerdem sah er sich einer klaren und über Parteigrenzen hinweggehenden Mehrheit im US-Kongreß gegenüber, welche aggressive oder subversive von Kuba aus gegen die USA gerichtete Aktionen nicht zu dulden bereit war. Obwohl Moskau die Stationierung von Nuklearraketen oder anderer Offensivwaffen auf Kuba leugnete und die rein defensive Natur der sowjetischen Aktivitäten unterstrich, gab Präsident Kennedy am 9. Oktober 1962 die Weisung, über Kuba U-2-Aufklärungsflüge durchzuführen. Diese verzögerten sich auf Grund schlechten Wetters bis zum 14. Oktober. Während just an diesem Tage der Sicherheitsberater des Präsidenten, McGeorge Bundy, im Fernsehen nochmals betonte, keine Informationen über offensive sowjetische Waffen auf Kuba zu besitzen, lieferte der U-2-Flug zeitgleich fotografische Beweise des genauen Gegenteils. Die Auswertung der U-2-Aufnahmen durch die CIA erwies am 15. Oktober eindeutig die Stationierung sowjetischer Mittelstreckenraketen (MRBM) vom Typ SS-4.

Die sowjetische Entscheidung, nukleare Mittelstreckenwaffen auf Kuba zu stationieren, war im Frühsommer 1962 gefallen; sie ging, das läßt sich mittlerweile mit großer Sicherheit sagen, auf Nikita Chruschtschow selbst zurück.[4] Die kubanische Führung stimmte der Aufstellung rasch zu, und bereits im Juli 1962 begann die Verschiffung der ersten Konstruktionsmaterialien für die Raketenbasen. Strikte Geheimhaltung wurde vereinbart; es lag offensichtlich in Chruschtschows Interesse, die USA vor vollendete Tatsachen zu stellen, sie früher oder später mit einem veränderten nuklearstrategischen Status quo konfrontieren zu können. Die Raketen sollten in Kuba stationiert werden, um dort zu bleiben. Moskau hatte nicht die Absicht, sie zum Gegenstand diplomatischer Verhandlungen zu machen, sie gewissermaßen nur aufzustellen, um sie später – gegen ein entsprechendes Zugeständnis der Amerikaner – wieder abzuziehen. Wo aber lagen die konkreten sowjetischen Motive für die Stationierung? Kreml-Experten haben seit 1962 darüber spekuliert und sind dabei zu teilweise erstaunlichen Vermutungen gelangt: von dem Bemühen, auf dem Verhandlungswege eine Moskau genehme Berlin-Lösung zu erzielen, über die Absicht, die sowjetische Dominanz im sozialistischen Lager und insbesondere gegenüber China zu bewahren bzw. wiederherzustellen, oder das Ziel, das Prestige des gesamten Ostblocks im Kalten Krieg zu erhöhen, bis hin zu dem angeblichen Bestreben Chruschtschows, *Hardliner* im eigenen Lager, im Moskauer Politbüro, zu besänftigen und diese sowie seine innenpolitischen Rivalen durch einen außenpolitischen Erfolg unter Kontrolle zu halten, ja die eigene Führungsposition auszubauen.[5] Zwar fehlen bis heute Archivinformationen, welche diese Erklärungsansätze umfassend verifizieren könnten, dennoch kann als sicher gelten, daß sie allenfalls eine untergeordnete Rolle spielten bei der sowjetischen Entscheidung, die Mittelstreckenraketen auf Kuba zu stationieren. Zentral waren hingegen zwei Motive: Washington von einem Angriff auf Kuba abzuschrecken und die nuklearstrategische Übermacht der USA, so wie sie sich 1962 darbot, wenigstens ansatzweise auszuhebeln. Auch wenn kein Zweifel daran bestehen kann, daß die amerikanische Regierung und insbesondere Präsident Kennedy, Außenminister Rusk sowie Verteidigungsminister McNamara bereits 1961 von dem Gedanken einer offenen amerikanischen Invasion auf Kuba Abstand genommen hatten, liefen entsprechende Planungen, ja Vorbereitungen auch 1962 weiter. Diese Aktivitäten konnten Havanna und Moskau nicht verborgen bleiben, und zusammen mit der aggressiven, antikommunistischen und castrofeindlichen Rhetorik von US-Politikern bis hinauf ins Weiße Haus konnte man einen Angriff auf Kuba nicht ausschließen. Hierin lag mit Gewißheit der Hauptbeweggrund Fidel Castros, der Raketenstationierung seine Zustimmung zu geben, ja sie uneingeschränkt zu begrüßen. Stellt man in Rechnung, daß das Agieren und Reagieren außenpolitischer Gegner – und dies erst recht unter den Bedingungen des frühen Kalten Kriegs – von Signalen und deren unilateraler Interpretation bestimmt wurde, so dürfte hier ein geradezu klassisches Mißverständnis, eine höchst folgenreiche Fehlperzeption vorgelegen haben.

Sieht man auf das nuklearstrategische Kräfteverhältnis zwischen UdSSR und USA, so erschließt sich unmittelbar ein zweites Motiv für die kubanische Stationierung. Seitdem die Sowjetunion 1957 den Sputnik auf eine Erdumlaufbahn gebracht hatte, sah sich der Westen mit einer stetig anwachsenden sowjetischen Fähigkeit konfrontiert, Nuklearraketen interkontinentaler Reichweite nicht nur zu bauen, sondern auch zu starten. Das sowjetisch-amerikanische Nuklearpatt im Interkontinentalbereich schien bevorzustehen, und Chruschtschows „atomare" Rhetorik gerade im Umfeld der Berlin-Krise gab diesen Befürchtungen im Westen beständig neue Nahrung. Im US-Präsidentschaftswahlkampf von 1960 war sogar die Rede von einem amerikanischen Rückstand auf diesem Gebiet, dem sog. „*Missile Gap*". Noch während des Jahres 1961 indes brachen diese Vermutungen, nicht zuletzt aufgrund neuer Geheimdienstinformationen, in sich zusammen. Im Oktober 1961 hielt der stellvertretende US-Verteidigungsminister Roswell Gilpatric eine stark beachtete Rede, in der er ohne jede Einschränkung die nuklearstrategische Superiorität der USA konstatierte. Wenn auch Chruschtschow in der Öffentlichkeit alle amerikanischen Einschüchterungsversuche von sich wies, suchte man doch hinter verschlossener Tür nach geeigneten Reaktionsmöglichkeiten, um nun nicht Opfer amerikanischer Nukleardiplomatie zu werden. Mit Interkontinentalwaffen allein war der amerikanische Vorsprung nicht aufzuholen. Mittelstreckenwaffen aber konnten von sowjetischem Territorium aus die USA nicht erreichen. Was lag da näher als die Stationierung von Raketensystemen mittlerer Reichweite (SS-4, SS-5) in der

Karibik, mit denen fast jeder Ort auf dem Gebiet der USA zu erreichen war und die somit für Moskau die gleiche Wirkung erzeugen konnten wie Systeme interkontinentaler Reichweite. Praktizierten die USA mit ihren Raketenbasen in Großbritannien, Italien oder der Türkei nicht Ähnliches? Das Argument war bestechend, und in der Tat: Amerikanische Experten errechneten auf dem Höhepunkt der Krise für den Fall einer dauerhaften Raketenstationierung auf Kuba einen Zuwachs der sowjetischen nuklearen Erstschlagskapazität um 40 Prozent und befürchteten nicht nur ein echtes amerikanisch-sowjetisches Patt, sondern ein Ungleichgewicht zu sowjetischen Gunsten.[6] Chruschtschow selbst bemühte dieses Argument sowohl 1962 mehrfach wie auch später in seinen Memoiren: „Außer Kuba zu schützen, hätten unsere Raketen das Gleichgewicht der Kräfte, wie es der Westen immer nennt, ausgeglichen. Die Amerikaner hatten unser Land mit Militärbasen umgeben und bedrohten uns mit nuklearen Waffen. Nun sollten sie lernen, wie es ist, wenn feindliche Raketen auf einen gerichtet sind. Wir wollten nicht mehr und nicht weniger, als sie (die Amerikaner; E. C.) ihre eigene Medizin probieren lassen. Es war höchste Zeit für Amerika zu lernen, was es heißt, wenn das eigene Land und die eigene Bevölkerung bedroht sind.“[7]

Mit vollendeten Tatsachen, so wie er es vorgehabt hatte, konnte Chruschtschow die USA allerdings nicht konfrontieren. Die Entdeckung der Raketenbasen Mitte Oktober 1962 machte dieses Moskauer Kalkül zunichte.

2.

In dramatischer Abfolge entwickelten sich an den 13 Tagen zwischen dem 16. und dem 28. Oktober 1962 die Ereignisse. Dabei verlief die Entwicklung in zwei Phasen: der ersten, der Woche zwischen der Information des Präsidenten über die Stationierung und seiner Fernsehrede vom 22. Oktober, einer Phase streng geheimgehaltener interner Überlegungen und Planungen; und der zweiten, den Tagen zwischen dem 22. und dem 28. Oktober, dem Tag des Einlenkens Chruschtschows, einer Phase der Zuspitzung und des fieberhaften Ringens um eine Lösung der Krise. Während wir dabei über die Entscheidungsprozesse in Moskau noch immer sehr wenig wissen, lassen sich die Abläufe in Washington gut rekapitulieren.

Noch am Morgen des 16. Oktober versammelte der amerikanische Präsident im Weißen Haus eine Gruppe hochkarätiger Berater, die von da an bis zum Ende der Krise das amerikanische Vorgehen diskutierten und koordinierten. Dieses zunächst informelle Beratergremium erhielt am 22. Oktober die formelle Bezeichnung „Exekutivkomitee des Nationalen Sicherheitsrates“ *(Executive Committee of the National Security Council)*, abgekürzt: ExComm.[8] Dem ExComm. als der zentralen Deliberations- und Steuerungsinstanz in den Tagen der Krise gehörten neben dem Präsidenten selbst an: Außenminister Dean Rusk, Verteidigungsminister Robert McNamara, der Bruder des Präsidenten, Justizminister Robert Kennedy, Finanzminister Douglas Dillon, Sicherheitsberater McGeorge Bundy, CIA-Direktor John McCone, Kennedys Sonderberater und Redenschreiber Theodore Sorensen, die Staatssekretäre des Außenministeriums George Ball und Alexis Johnson, der Vorsitzende der Vereinigten Stabschefs (JCS), General Maxwell Taylor, der Unterstaatssekretär für lateinamerikanische Fragen Edward Martin, der Sowjetunion-Experte und langjährige US-Botschafter in Moskau Llewellyn Thompson sowie sporadisch Vizepräsident Lyndon B. Johnson, der stellvertretende Verteidigungsminister Roswell Gilpatric, Verteidigungsstaatssekretär Paul Nitze, der ehemalige Außenminister Dean Acheson, Kennedys Pressesprecher Pierre Salinger und Washingtons UN-Botschafter Adlai Stevenson. John F. Kennedy selbst nahm nicht an allen Sitzungen des ExComm. teil, und dafür hatte er seine Gründe: Er wollte, daß seine Berater frank und frei alle, wirklich alle amerikanischen Handlungsoptionen diskutierten und sich durch die Anwesenheit des Präsidenten dabei nicht Denkverbot auferlegten. Um so wichtiger wurde deshalb freilich die Rolle seines Bruders und engsten Vertrauten Robert als Bindeglied zwischen dem Beraterstab und dem Präsidenten.

Kennedy hatte sich in seinen Septemberreden festgelegt: Die Stationierung offensiver sowjetischer Waffen auf Kuba würden die USA nicht hinnehmen. Damit war man nun unter Zugzwang. Früher oder später würden die Vorgänge auf Kuba an die Öffentlichkeit dringen, und dann würde der Präsident an seinen Worten gemessen werden. Es war Wahlkampfzeit in den USA, Mitte November 1962 standen Kongreßwahlen ins Haus. Gerade die republikanischen Gegner Kennedys würden, darüber war man sich im Weißen Haus klar, eine konziliante oder kompromißorientierte Haltung der Regierung in der Raketenfrage wie im Umgang mit der Sowjetunion im allgemeinen scharf attackieren, zum Wahlkampfthema machen und unter Umständen in einen politischen Erfolg ummünzen können. Die Washingtoner Führung mußte also Härte zeigen, und sie mußte rasch handeln, wollte sie möglicherweise selbst die sich abzeichnende außenpolitische Krise meistern und politisches Kapital daraus schlagen. Das Gebot schneller Reaktion ergab sich allerdings auch aus der Erkenntnis, daß es ungleich schwieriger sein würde, auf vollendete Tatsachen, ein Fait accompli, erfolgreich zu reagieren, als während der Phase, in der die Raketenstellungen noch im Bau, die Raketen noch nicht einsatzbereit waren. Würde man noch rational, umsichtig und entschlossen handeln können, wenn erst einmal sowjetische Mittelstreckenwaffen auf New York oder Washington gerichtet waren?

Das ExComm. mußte also unverzüglich und entschieden tätig werden. Die Überlegungen des Präsidenten und seiner Berater konzentrierten sich am 16. Oktober auf drei Handlungsoptionen: rein diplomatische Bemühungen zum einen, einen militärischen Schlag gegen die Raketenbasen zum anderen und den Versuch einer Kombination aus politisch-diplomatischem Druck und militärischen Zwangsmaßnahmen. Jede dieser Optionen hatte im ExComm. ihre Advokaten, und es war nicht leicht, eine gemeinsame Linie zu finden. Bis zum Ende der Krise 13 Tage später tauchten in den Verhandlungen des ExComm. immer wieder Überlegungen aus allen denkbaren Szenarien auf, und es spricht für Kennedy sowie insbesondere seinen Verteidigungsminister McNamara, der rasch zum informellen Zentrum des Beratungsprozesses wurde, daß Meinungsunterschiede überbrückt, Geschlossenheit bewahrt und – in der zweiten Woche – nach außen demonstriert werden konnte.

Sich auf diplomatische Aktivitäten zu beschränken, so wie sie Außenminister Rusk und UN-Botschafter Stevenson – letzterer schriftlich in einem Memorandum vom 17. Oktober – vorschlugen, fand keine Billigung. Weder konnten Verhandlungen, sei es mit Moskau direkt, sei es über die Vereinten Nationen, den Fortgang der sowjetischen Aktivitäten aufhalten, noch wollte man ernsthaft im Sinne eines Quid pro quo verhandeln. Was sollte man denn der Sowjetunion als Gegenleistung für den Abzug der Raketen anbieten? Die Auflösung des US-Marinestützpunkts Guantanamo auf Kuba vielleicht, eines amerikanischen Stachels im kubanischen Fleisch? Oder die offizielle Anerkennung des Castro-Regimes? War es nicht genau das, was Moskau und Havanna wollten? Washington hätte klein beigegeben, und welches Amerika-Bild wäre dann entstanden bei den NATO-Partnern wie auch in den Staaten der „Dritten Welt“, bei denen die USA um Einfluß rangen und ihren internationalen Führungsanspruch unter Beweis zu stellen bestrebt waren? Und schließlich würden, so die Diskussion im ExComm., geheime Verhandlungen mit der Sowjetunion der Gegenseite die Möglichkeit bieten, zu einem Zeitpunkt ihrer Wahl die Raketenstationierung bekanntzugeben und so die USA zu brüskieren, ja öffentlich zu erniedrigen. Ein rein diplomatisches Vorgehen schied also aus.

Hingegen sprach einiges dafür, die kubanischen Basen durch gezielte Luftangriffe zu vernichten und damit die Herstellung ihrer vollen Einsatzbereitschaft zu verhindern. Während vor allem die Militärs, aber auch Pentagon-Staatssekretär Paul Nitze und Finanzminister Douglas Dillon, der im übrigen der republikanischen Partei angehörte, für umfassende Luftangriffe auf militärische Ziele in Kuba plädierten, manche sogar die Idee einer amphibischen Landung ventilierten, sprach sich der ehemalige Außenminister Acheson, ein einflußreicher Berater des Präsidenten, für gezielte, gleichsam chirurgische Schläge allein gegen die sowjetischen Raketenstellungen aus. Achesons Argumentation war klar: Ein gezielter Militärschlag sei ein legitimer Akt der Selbstverteidigung; er müsse rasch erfolgen, um eine reale nukleare Bedrohung amerikanischen Territoriums aus der westlichen Hemisphäre, ja aus dem karibischen „Hinterhof" zu verhindern. Der Vorschlag des Außenministers von Präsident Truman stieß auf Zustimmung, aber war er in seiner Begrenztheit durchführbar? Was die Militärs an Luftangriffsplänen präsentierten, schien nicht sehr chirurgisch und begrenzt. Das Ziel, die Raketen zu zerstören, würde man gewiß erreichen können, aber wäre die Operation dann nichts anderes als ein brutaler Überraschungsangriff aus der Luft? Robert Kennedy schob seinem Bruder und Ted Sorensen einen Zettel zu: „Jetzt weiß ich, wie Tojo sich fühlte, als er Pearl Harbor plante."[9] Sollte man also Havanna oder Moskau rechtzeitig vor dem bevorstehenden Angriff warnen? Dies wiederum hätte Chruschtschow die Gelegenheit verschafft, sich als Opfer amerikanischer Provokationen darzustellen und gleichzeitig massive Gegendrohungen auszusprechen. In der Situation der Tage nach dem 16. Oktober schien also auch die Luftschlagsoption nicht realisierbar bzw. mit viel zu hohen Kosten verbunden.

Es war Robert McNamara, ursprünglich der Zerstörung der Basen aus der Luft zuneigend, der in der zweiten Sitzung des ExComm. am Abend des 16. Oktober erstmals einen neuen Kurs vorschlug, einen Mittelweg zwischen bloßen Verhandlungen einerseits und Luftangriffen andererseits; der Verteidigungsminister sprach sich für eine lückenlose Überwachung der weiteren Entwicklung auf Kuba aus und, gleichzeitig, die Errichtung einer Seeblockade um die Insel mit dem Ziel, die Dislozierung weiterer Offensivsysteme aus der Sowjetunion zu unterbinden. Im Laufe der nächsten Tage konnte der Pentagon-Chef mehrere ExComm.-Mitglieder für seinen Kurs gewinnen. Obwohl die Blockade die sowjetischen Waffen nicht beseitigen konnte und damit die USA ihrem erklärten Ziel nicht näherzubringen schien, obwohl auch die Blockade offenkundig Risiken in sich barg – würde Moskau mit einer Gegenblockade um Berlin antworten? –, nahm McNamaras Plan immer konkretere

Gestalt an. Mit der Verhängung einer Blockade – aus völkerrechtlichen Erwägungen würde man sie Quarantäne nennen – hätte man gehandelt, gleichzeitig aber den direkten kriegerischen Angriff mit dem möglichen Verlust von Menschenleben vermieden. Die Blockade war nur ein erster Schritt, dem weitere folgen konnten, Luftangriffe nötigenfalls eingeschlossen. Sie würde Washington *und* Moskau Zeit verschaffen, ein flexibles Reagieren ermöglichen und dadurch diplomatische Einigungsbemühungen nicht ausschließen, sondern unter Umständen sogar forcieren. Doch gerade weil sie auf eine politische Lösung und das Einlenken der Sowjetunion zielte, mußte sie in Verbindung mit öffentlichem politischen Druck auf Moskau errichtet werden. Die Blockade mußte in dem Moment stehen, in dem Washington vor der Weltöffentlichkeit die sowjetische Raketenstationierung bekannt machte und die amerikanischen Forderungen aufstellte. Aus diesem Grunde entschied sich der Krisenstab im Weißen Haus für strikteste Geheimhaltung und entschloß sich, in den folgenden Tagen auch auf jegliche rein diplomatische Offensive gegenüber Moskau zu verzichten, oder die sowjetische Führung auch nur über die US-Geheimdiensterkenntnisse zu informieren. Statt dessen empfing John F. Kennedy am 18. Oktober den sowjetischen Außenminister Andrej Gromyko im Weißen Haus und ließ sich von diesem erneut versichern, daß sich die sowjetische Hilfe für Kuba „allein auf defensive Maßnahmen und die wirtschaftliche Entwicklung“ erstrecke.[10] Gerade die Aussagen Gromykos, wiederholt und unterstrichen von der sowjetischen Botschaft in Washington, dienten den USA später als Beleg für die Absicht der UdSSR, die westliche Weltmacht zu belügen und zu täuschen.

Am 20. Oktober ordnete der Präsident die Quarantäne an und legte gleichzeitig den 22. Oktober, 19 Uhr, als Termin für eine Fernsehansprache fest. Bis dahin mußte noch absolute Geheimhaltung gelten: Weder der amerikanische Kongreß wurde über die Lage informiert noch die Verbündeten der USA, insbesondere die NATO-Partner in Europa. Was in Kuba geschah, wurde als ein amerikanisch-sowjetisches Problem betrachtet, das der Konsultation mit den Alliierten nicht bedurfte. Erst kurz vor der Fernsehrede informierte Washington die Regierungschefs Kanadas, Großbritanniens, Frankreichs und der Bundesrepublik. Aus Ottawa, London, Paris und Bonn erhielt Kennedy einhellige Unterstützung. Selbst der französische Staatspräsident de Gaulle, seit 1958 in ständigem Clinch mit den USA, billigte die amerikanische Vorgehensweise uneingeschränkt und nachdrücklich. Er mußte freilich zur Kenntnis nehmen, daß Amerika Frankreich lediglich informiert hatte und von bilateralen oder Bündniskonsultationen keine Rede sein konnte. Für de Gaulle war klar: Wenn sich die USA in ihrer eigenen Sicherheit bedroht sähen, wenn amerikanische nationale Interessen auf dem Spiel stünden, dann würde Washington allein und ohne Rücksicht auf seine Bundesgenossen handeln. So bestätigte die Kuba-Krise nur das Mißtrauen des französischen Präsidenten gegenüber der Bündnisvormacht und führte zu einer Verstärkung seines Bemühens, die westeuropäische Abhängigkeit von den USA zu vermindern und Frankreich als kontinentaleuropäische Führungsmacht zu etablieren. Die Intensivierung der deutsch-französischen Beziehungen durch den Elysée-Vertrag vom Januar 1963 sowie das französische Veto gegen den EWG-Beitritt des in de Gaulles Augen amerikahörigen Großbritannien gehörten in dieser Sicht zu den Folgen der Kuba-Krise.

Die übrigen NATO-Verbündeten sowie der amerikanische Kongreß wurden nur wenige Stunden vor der Rede über die Situation und den Kurs der Regierung in Kenntnis gesetzt. 60 Minuten vor der Fernsehansprache zitierte Außenminister Rusk den sowjetischen Botschafter Dobrynin ins *State Department* und übergab dem sichtlich erschrockenen Diplomaten den Text der Rede. In Moskau informierte gleichzeitig der US-Botschafter die sowjetische Regierung, in New York Adlai Stevenson den UN-Generalsekretär.

3.

Die Rede des amerikanischen Präsidenten am Abend des 22. Oktober[11] war klar formuliert. Sie ließ an der Entschlossenheit der Vereinigten Staaten nicht den Hauch eines Zweifels. Kennedy deklarierte die Raketenstationierung auf Kuba als eine „ausdrückliche Bedrohung des Friedens und der Sicherheit aller amerikanischer Staaten" und zieh die Sowjetunion der Lüge und Täuschung. Der Präsident fuhr fort: „Dieser geheime, rasche und außergewöhnliche Aufbau kommunistischer Raketen (...) ist eine bewußte provokatorische und ungerechtfertigte Änderung des Status quo, die von den Vereinigten Staaten nicht akzeptiert werden kann." Kennedy erinnerte an die katastrophalen Folgen der *Appeasement*-Politik der dreißiger Jahre. Dann verkündete er die amerikanischen Maßnahmen: die Verhängung der Seeblockade, ausdrücklich beschränkt auf Schiffe mit offensiven Waffen an Bord; die permanente Luftüberwachung Kubas und insbesondere der Arbeiten an den Raketenbasen; militärische Vorbereitungsmaßnahmen auf dem US-Stützpunkt Guantanamo sowie die Alarmierung zusätzlicher Kräfte; den Appell an die OAS, das amerikanische Vorgehen zu unterstützen, sowie an den Sicherheitsrat der Vereinten Nationen, Maßnahmen gegen das sowjetische Vorgehen zu ergreifen. Die USA meinten es ernst: „Es wird die Politik unseres Landes sein, jeden Abschuß einer Atomrakete von Kuba aus gegen irgendeine Nation der westlichen Hemisphäre als einen Angriff der Sowjetunion auf die Vereinigten Staaten anzusehen, der einen umfassenden Vergeltungsschlag gegen die Sowjetunion erfordert." Der Appell an Nikita Chruschtschow, sich „an der Suche nach friedlichen und dauerhaften Lösungen" zu beteiligen – der Fingerzeig in Richtung Diplomatie –, konnte im Kontext dieser Rede nicht falsch verstanden und als Zeichen amerikanischer Nachgiebigkeit interpretiert werden.

Trotz heftigster sowjetischer Proteste gegen die angebliche Verletzung internationalen Rechts und gegen den „aggressiven Kurs" gegenüber Kuba und der UdSSR trat die Quarantäne – nach einem einstimmigen Votum der OAS-Staaten – am Morgen des 24. Oktober in Kraft. Verteidigungsminister McNamara koordinierte persönlich die Maßnahmen der amerikanischen Marine. Dies entsprach seiner Überzeugung und der Linie des ExComm., wonach es sich bei der Quarantäne nicht um eine bloße militärische Maßnahme handelte, sondern um ein politisches Vorgehen mit militärischen Mitteln, einen Versuch, Moskau Signale der amerikanischen Entschlossenheit zu geben. Die Anweisung des Ministers, ohne seine ausdrückliche Genehmigung keinen Schuß abzufeuern, führte zum Konflikt mit der militärischen Spitze der US-Navy, die sich gegängelt fühlte und auf ihre Erfahrungen mit Seeblockaden verwies. Unmißverständlich machte McNamara der versammelten Admiralität den Primat der zivilen Führung und damit der Politik klar – für den Pentagon-Chef elementarer Grundsatz jeglichen militärischen Handelns im Nuklearzeitalter und insbesondere in der Situation einer hochbrisanten Supermachtkrise, die jederzeit zu einem heißen Krieg, einem atomaren Schlagabtausch eskalieren konnte. Daß die Quarantäne den politisch Verantwortlichen die Möglichkeit bot, flexibel zu reagieren und auch ohne zu starken Zeitdruck, war bereits in den ExComm.-Beratungen eines der wichtigsten Argumente für das Einschlagen dieses Weges gewesen.

Die Quarantäne schien Erfolg zu haben. Die Russen, so Dean Rusk, „zwinkerten“. Weder gingen sie in der Karibik auf Konfrontationskurs noch ergriffen sie Maßnahmen wie zum Beispiel eine Gegenblockade um Berlin, mit der in Washington nicht wenige gerechnet hatten. Warum? Im nachhinein lassen sich zwei Gründe anführen: Zum einen, und das ist von Anfang an vermutet worden, scheute Moskau – wie Washington – die Eskalation des Konflikts, von der keiner wußte, wie und ob sie kontrolliert bzw. beendet werden könnte. Chruschtschow und das sowjetische Politbüro hatten die Entscheidung, Mittelstreckenwaffen auf Kuba zu stationieren, im Frühjahr 1962 gefällt, lange bevor die USA öffentlich vor einem solchen Schritt gewarnt hatten. Chruschtschow war auf der internationalen Bühne ein Polterer, doch wir wissen heute, daß er das Kriegsrisiko scheute und zu keinem Zeitpunkt eine möglicherweise nukleare Auseinandersetzung suchte.[12] Ganz konkret ging es Moskau darüber hinaus darum, keines seiner Schiffe – und diese waren mit Raketenteilen und atomaren Gefechtsköpfen in die Karibik unterwegs – einer Durchsuchung durch amerikanische Experten preiszugeben.[13]

Die sowjetischen Schiffe drehten zwar ab, doch für Washington blieb eine entscheidende Frage weiter unbeantwortet: Selbst wenn die Blockade funktionierte, war damit doch die Krise als solche nicht beendet. Wie sollten die USA nun ihr eigentliches Ziel, die Entfernung der Raketen aus Kuba, erreichen? Hatte man sich in eine Sackgasse manövriert? Schon mehrten sich im ExComm. wieder die Stimmen, die für einen Luftschlag gegen die Basen, von denen einige sehr bald fertiggestellt sein würden, plädierten. Wo blieben die diplomatischen Lösungsbemühungen, die mit der Quarantäne einhergehen sollten? Und wie hätte eine politische Lösung aussehen können? In dieser Situation erinnerte man sich in Washington der amerikanischen Mittelstreckenwaffen vom Typ „Jupiter“, die seit 1959 in der Türkei stationiert wurden. Diese veralteten und extrem verwundbaren Systeme hatten nach Ansicht Kennedys schon längst abgezogen werden sollen; immer wieder jedoch wurde die definitive Entscheidung hierüber auf die lange Bank geschoben. Als sich im August 1962 die Gerüchte über eine mögliche sowjetische Raketenstationierung auf Kuba verdichteten, erkundigte sich der Präsident in einem Memorandum nochmals nach Möglichkeiten, die Jupiter-Raketen aus der Türkei zu entfernen. Doch selbst den Worten Kennedys folgten keine Taten, zumal die Luftwaffe, die für diese Systeme zuständig war, einen Abzug erst dann für sinnvoll erachtete, wenn dieser durch die Bereitstellung des modernen U-Boot-gestützten Polaris-Systems kompensiert werden könne. Ausgerechnet am 22. Oktober 1962, dem Tag der Kuba-Rede Kennedys, wurden – Ironie der Geschichte – die ersten 15 Jupiter-Trägersysteme offiziell der Türkei übergeben. Von Abzug war keine Rede. Als nun am 24. Oktober Chruschtschow öffentlich den Bezug zwischen den Nuklearwaffen auf Kuba und in der Türkei herstellte und einen Tag später sowohl der österreichische

Bundeskanzler Bruno Kreisky als auch der bekannte amerikanische Kolumnist Walter Lippmann die Entfernung der SS-4 und SS-5 in Kuba im Austausch gegen den Abzug der Jupiter-Raketen in der Türkei vorschlugen, befand sich Washington im Dilemma. Ein möglicher friedlicher Ausweg aus der Krise, der die USA nichts gekostet hätte, war versperrt, weil man zum einen das sowjetische Vorgehen als klaren Unrechtsakt gekennzeichnet hatte und sich schon deshalb – auch aus Prestigegründen – nicht auf ein einfaches Tauschgeschäft einlassen konnte. Zum anderen jedoch, und das wog schwerer, konnte man schlechterdings die Türkei nicht zwingen, auf jene Jupiter-Raketen zu verzichten, die man so lange als Ausdruck der NATO-Bündnissolidarität und der strategischen Kopplung zwischen Europa und Nordamerika bezeichnet hatte. Die Einschätzung, die US-Botschafter Hare aus Ankara nach Washington kabelte, war eindeutig: Die Türken waren nicht bereit, auf dem Schachbrett der Supermachtpolitik ein Bauernopfer zu sein. Ein einseitiger Washingtoner Beschluß wäre Gift gewesen für den ohnehin fragiler gewordenen Zusammenhalt der NATO, und den NATO-Rat zu bitten, eine einvernehmliche Entscheidung herbeizuführen, hätte viel mehr Zeit gekostet, als man am Potomac noch zu haben glaubte. Damit war eine amerikanische Initiative in diese Richtung für den Augenblick unmöglich; ganz ad acta legte man den Gedanken freilich nicht.[14]

Am 26. Oktober jedoch scheint nun Moskau Bewegung in die vertrackte Lage zu bringen. Aleksandr Fomin, Angehöriger der sowjetischen Botschaft in Washington und, ein offenes Geheimnis, KGB-Mann, schlägt in einem informellen Gespräch dem ABC-Korrespondenten John Scali einen Weg zur Lösung der Krise vor und bittet ihn, diesen Vorschlag unverzüglich an die US-Regierung weiterzuleiten. Ganz konkret geht es dabei um die Entfernung der sowjetischen Raketen aus Kuba im Gegenzug zu einer amerikanischen Versicherung, Kuba auch künftig nicht anzugreifen. Noch während Fomins Vorstoß analysiert wird, trifft im Weißen Haus ein persönlicher Brief Chruschtschows an Kennedy ein, der verbindlich im Ton ist, offensichtlich echtes Interesse an einer Überwindung der Krise bekundet und im Kern das Fomin-Angebot bekräftigt. Und während die USA die Weltöffentlichkeit via UN-Sicherheitsrat nochmals über den Fortgang der Basenkonstruktion auf Kuba und die unmittelbar bevorstehende Einsatzbereitschaft der ersten Raketen informieren, gleichsam um die unveränderte amerikanische Position zu unterstreichen, gibt es erste Indizien für eine positive Aufnahme des Chruschtschow-Fomin-Vorschlags in Washington. Doch der Silberstreif am Horizont verschwindet, als am Morgen des 27. Oktober ein zweiter, nun formeller Brief Chruschtschows an Kennedy eintrifft, der erstmals offiziell den türkisch-kubanischen Raketentauschhandel zur Lösung der Krise vorschlägt. Radio Moskau macht diesen neuen Vorstoß unmittelbar publik, und obwohl Washington bereits im Begriff ist, dem Gedanken näherzutreten, verbieten die oben angeführten Gründe nach wie vor ein offenes Tauschgeschäft.

4.

Zur selben Zeit verschärft sich die Krisensituation dramatisch: Über Kuba wird ein US-Aufklärungsflugzeug vom Typ U-2 abgeschossen. Der Pilot Rudolph Anderson, derselbe, der am 14. Oktober die Raketenstellungen erstmals fotografiert hatte, kommt dabei ums Leben. Will Moskau nun absichtlich provozieren, die USA zu einer Reaktion zwingen oder sogar einen militärischen Schlagabtausch herausfordern? Im ExComm. ist man unsicher. Wenig später trifft im Weißen Haus die Hiobsbotschaft ein, daß eine andere U-2-Maschine versehentlich in sowjetischen Luftraum eingedrungen sei. Muß jetzt in Moskau nicht der Eindruck entstehen, die U-2 habe Zielaufklärung betrieben und die USA bereiteten nun einen umfassenden nuklearen Erstschlag gegen die Sowjetunion vor? Die Stimmung im Weißen Haus ist nervös, bis zum Äußersten gespannt und pessimistisch. Würde es zum Krieg kommen, zum Atomkrieg? Die Militärs optieren erneut für unverzügliche Luftangriffe auf die sowjetischen Basen sowie eine Invasion Kubas kurz darauf. Die Entscheidung über das weitere Vorgehen und damit möglicherweise über Krieg und Frieden, die Entscheidung und die Verantwortung liegen nun beim Präsidenten, und trotz der Erschöpfung und der Konfusion, die sich im ExComm. breitmacht, trotz des U-2-Abschusses ringt sich Kennedy zu einem friedlichen Lösungsversuch durch.

Dieser verfolgt eine doppelte Strategie: Auf der einen Seite entschließt sich der Präsident, den zweiten Brief aus Moskau, in welchem offen der Tauschhandel vorgeschlagen worden war, zu ignorieren. Statt dessen geht er nur auf das erste Schreiben ein, für den Fall des Abzugs der sowjetischen Raketen eine amerikanische Zusicherung abzugeben, fürderhin keine Invasion auf Kuba durchzuführen. Doch auf der anderen Seite entsendet der Präsident seinen Bruder Robert zu einer Unterredung mit dem sowjetischen Botschafter Dobrynin. Robert Kennedy macht dem Diplomaten unmißverständlich, ja ultimativ klar, daß Washington nun auf dem Abzug der sowjetischen Raketen binnen 24 Stunden bestehen, ja daß der Präsident anderenfalls ihre Entfernung durch die USA anordnen müsse. Zum zweiten, so Bob Kennedy, würden die USA sich auf keinerlei öffentlichen Tauschhandel im Zusammenhang mit den Jupiter-Raketen in der Türkei einlassen. Allerdings würden die Jupiter ohnehin abgezogen werden, sobald die Krise vorbei sei und nur unter der Voraussetzung, daß Moskau über diese Zusage absolutes Stillschweigen bewahre. Sollten die amerikanischen Waffensysteme in der Türkei tatsächlich ein Auslöser für die Errichtung der sowjetischen Basen auf Kuba gewesen sein, dann war Chruschtschow nun eine goldene Brücke gebaut.

Aber würde der Kreml-Chef auf das Angebot eingehen? Wenn nicht, wie sollten die USA reagieren? Am Ende des 27. Oktober existierten für diesen Fall im Grunde drei Szenarien: der Luftangriff mit einer sich eventuell anschließenden Invasion von Bodentruppen zum Sturz Castros; die Verschärfung der Blockade, das „Anziehen der Schraube“, wie es Robert McNamara nannte; oder aber ein diplomatisches Zurückweichen der USA. Vieles spricht dafür, und Informationen, die Ex-Außenminister Dean Rusk erst Ende der achtziger Jahre an die Öffentlichkeit brachte, bestätigen, daß Kennedy den Luftangriff nicht befohlen hätte. Die Quarantäne wäre wohl verschärft worden, aber gleichzeitig hatte der Präsident bereits ganz konkrete Schritte eingeleitet und vorbereitet, um eine diplomatische Lösung zu erreichen. Spät am Abend des 27. Oktober beauftragte John F. Kennedy unter vier Augen seinen Außenminister, Kontakt mit dem mit Rusk befreundeten Andrew Cordier, dem Präsidenten der New Yorker Columbia-Universität, aufzunehmen. Cordier sollte, auf ein entsprechendes Signal aus dem Weißen Haus hin, seinem Freund, dem UN-Generalsekretär U Thant, eine Botschaft des Präsidenten übergeben, in der dieser U Thant bat, die Entfernung der sowjetischen Raketen aus Kuba und der amerikanischen aus der Türkei offiziell als UN-Initiative vorzuschlagen. Die sogenannte Cordier-Option, über die es keinerlei schriftliche Informationen gibt, kam freilich nie zum Tragen.[15] Denn am Sonntagmorgen, den 28. Oktober, nach 13 Tagen extremer Spannung, meldete Radio Moskau die Einstellung des Basenbaus und kündigte die Entfernung der Raketen aus Kuba an. Mit einem Schlag war die Krise zu Ende.

Das Moskauer Einlenken kam rasch, wenn auch nicht völlig unerwartet. Über die Motive des Nachgebens wie über das sowjetische Krisenverhalten insgesamt lassen sich bis heute nur wenig, zum Teil vage Aussagen treffen. Fest steht, daß die Moskauer Führung und insbesondere Chruschtschow nicht mit den amerikanischen Maßnahmen vom 22. Oktober, mit der überraschenden Fernsehrede und der Verhängung der Blockade gerechnet hatten. Unvorbereitet war man in massiven Zugzwang geraten. Darüber hinaus hatte man seit dem 22. Oktober, auch bedingt durch das geschickte amerikanische Procedere, die gesamte Weltmeinung gegen sich. Die Reaktion der Vereinten Nationen und das geschlossene Votum der OAS spiegeln dies wider. Doch selbst wenn sich Moskau durch all diese Umstände in die Enge getrieben fühlen mußte, ließ sich Nikita Chruschtschow nicht zu überstürzten Handlungen oder krisenverschärfenden Reaktionen hinreißen, die sein militärisches Umfeld ihm offensichtlich nahegelegt hatte.[16] Statt dessen bemühte sich der Kreml-Chef, Zeit zu gewinnen, um den Moskauer Kurs sorgfältig planen zu können. Es scheint, daß die heftigen sowjetischen Reaktionen der Tage nach dem 22. Oktober nicht den Zweck hatten, die Krise zu eskalieren, sondern gewissermaßen nur den rhetorisch-propagandistischen Vorhang bildeten, hinter dem das Politbüro oder Teile desselben das sowjetische Verhalten koordinierten. Gleichzeitig setzte man mit dem Abdrehen der Schiffe vor der Seeblockade ein klares und deeskalierendes Zeichen. Am 26. Oktober war dann in Moskau die definitive Entscheidung gefallen: Man würde es nicht zum Konflikt kommen lassen. Beide Briefe Chruschtschows an Kennedy bestätigen diese Interpretation. Die Erwähnung der Jupiter-Raketen im zweiten Schreiben ändert nichts an der Einsicht, daß Moskau die friedliche und diplomatische Lösung der Krise suchte und, das ist der Kern, bereit war, die SS-4 und SS-5 aus Kuba abzuziehen. Eine zentrale Passage seines Briefes vom 26. Oktober, die nicht als bloße Propaganda des Wolfes, der Kreide gefressen hat, abgetan werden kann – schließlich war der Brief geheim –, reflektierte Chruschtschows Interesse an einer einvernehmlichen Lösung sowie seine Einsicht in die unkalkulierbaren Risiken einer weiteren Zuspitzung des Konflikts: „Wenn Sie nicht die Kontrolle über sich verloren haben und klar erkennen, wohin das führen könnte, dann, Herr Präsident, sollten Sie und ich jetzt nicht an den Enden des Taus ziehen, in das Sie den Knoten des Krieges geknüpft haben; denn je härter Sie und ich ziehen, desto fester wird dieser Knoten. Und es mag ein Punkt kommen, an dem der Knoten so fest geknüpft ist, daß der Mensch, der ihn geknüpft hat, ihn nicht mehr zu lösen vermag; und dann muß man den Knoten zerschneiden. Was das bedeuten würde, brauche ich Ihnen nicht zu erklären; denn Sie selbst wissen genau, welch verheerende Streitkräfte unsere beiden Länder besitzen."[17] Dieser Appell Chruschtschows wirft ein Licht auf das sowjetische Krisenverhalten insgesamt, das vom 22. Oktober an geprägt war von äußerster Vorsicht und von dem ernstzunehmenden Bemühen, eine unkontrollierbare kriegerische Auseinandersetzung zu vermeiden. Der Polterer Chruschtschow war sich wie John F. Kennedy des nuklearen Risikos und damit seiner Verantwortung bewußt. Auch deswegen kam es, anders als die Washingtoner Falken erwarteten, nicht zu einer horizontalen Eskalation der Krise, beispielsweise in Berlin. Unbestritten ist dabei freilich, daß das militärische Dispositiv der USA rund um Kuba Chruschtschow in seiner Haltung nur bestätigen konnte. Die konventionelle Überlegenheit der Vereinigten Staaten im karibischen Raum, deren deutlichster Ausdruck die Seeblockade und die einsatzbereiten Landungstruppen waren, war so klar, daß für Moskau an eine regional begrenzte Auseinandersetzung mit konventionellen Mitteln nicht zu denken war. Und das konventionelle Ungleichgewicht mit Atomwaffen zu kompensieren, hätte genau auf jenen nuklearen Abgrund zugeführt, den auch Chruschtschow fürchtete und mit allen Kräften zu vermeiden trachtete.

Am 28. Oktober 1962 war der Knoten, von dem Chruschtschow gesprochen hatte, gelöst, die Krise vorüber. Schon einen Tag später trafen sich Adlai Stevenson und Kennedys Abrüstungsbeauftragter John J. McCloy in New York mit Chruschtschows Stellvertreter Anastas Mikoyan und dem Diplomaten Vasily Kuznetsow, um die Einzelheiten der friedlichen Regelung zu besprechen. Man einigte sich schnell über die Modalitäten des Abzugs nicht nur der sowjetischen Raketen, sondern auch der schon seit längerem in Kuba stationierten IL-28-Bomber. Vehementester Gegner der Regelung war Fidel Castro, der die Sicherheit und das nationale Prestige Kubas auf dem Altar von Supermachtinteressen geopfert sah. Anastas Mikoyan gelang es erst nach schwierigen Verhandlungen, Castro zur Zustimmung zu bewegen. Der amerikanische Verzicht auf eine Invasion und damit einen Umsturzversuch mag dabei eine nicht unwichtige Rolle gespielt haben. Da Havanna die Präsenz von UN-Inspekteuren auf kubanischem Territorium nicht akzeptierte, erfolgte – in amerikanisch-sowjetischer Kooperation – die Verifizierung des Raketenabzugs aus der Luft. Am 20. November 1962 kehrten alle US-Einheiten zu ihren Friedensalarmstufen zurück; am 21. November verkündete Präsident Kennedy das Ende der Seeblockade. Was die Jupiter-Raketen in der Türkei anbelangte, so begannen bereits am 29. Oktober

1962 die amerikanischen Planungen für deren Abzug. Ende April 1963 verließ die letzte Jupiter die Türkei; das amerikanisch-türkische Verhältnis blieb dabei nicht völlig unbeschädigt. Im übrigen bewahrten Washington und Moskau über diesen Teil des „*Deals*" absolutes Stillschweigen. Erst 1968 brachte Robert Kennedy in seinem Bericht *Thirteen Days* die Jupiter-Absprache an die Öffentlichkeit. Auch wenn dadurch das Bild des resoluten und kompromißlosen Präsidenten leichte Kratzer erhielt, attestierte man Kennedy nach wie vor überlegtes und effektives Krisenmanagement. Daß der Ausgang der Krise trotz allem einen amerikanischen Erfolg darstellte, darüber bestand kein Zweifel.

5.

In der Geschichte des Nuklearzeitalters kommt der Kuba-Krise eine herausragende Bedeutung zu. Auch wenn Ost-West-Spannungen und Supermachtkonfrontation noch länger als ein Vierteljahrhundert andauern sollten, auch wenn bis in die achtziger Jahre hinein Moskau und Washington weiter Raketenschach spielten und sich in Krisen und Konflikten teils direkt, teils indirekt gegenüberstanden, markierte die Kuba-Krise doch einen Wendepunkt des Kalten Krieges. Was sich auf amerikanischer Seite bereits seit 1961 andeutete, erfuhr nach dem Oktober 1962 aufgrund der Interessenkoinzidenz mit Moskau eine neue und anhaltende Dynamik: die Entspannungspolitik. Der sowjetische Druck auf Berlin, seit 1958 permanenter Herd der Instabilität und Nährboden einer gefährlichen Ost-West-Krise, ließ Ende 1962 nach. Im Sommer 1963 einigten sich USA und Sowjetunion auf ein Atomteststopp-Abkommen. Aus der Kuba-Krise gestärkt hervorgegangen, fiel es Kennedy leicht, Chruschtschow nun die Hand auszustrecken. Für Moskau wiederum bedeutete der Vertrag – bei aller nuklearstrategischen Disparität – doch eine Anerkennung als die den USA einzig ebenbürtige Macht. Während der Oktobertage 1962 hatte sich der Faktor Kommunikation als essentiell wichtig, ja überlebensnotwendig erwiesen. Im Juni 1963 wurde mit dem „Heißen Draht" eine permanente Fernschreibverbindung zwischen Weißem Haus und Kreml eingerichtet. Außenpolitische Grundsatzreden John F. Kennedys, unter anderem seine „Friedensrede" an der *American University,* und verhalten positive Reaktionen aus Moskau nährten die Hoffnung auf Fortsetzung von Dialog und Détente. Es ist müßig, darüber zu spekulieren, ob die Ermordung Kennedys im November 1963 und der Sturz Chruschtschows im Oktober 1964, der noch immer in Verbindung gebracht wird mit der diplomatischen Niederlage der Sowjetunion 1962, den Durchbruch der Entspannungspolitik verzögerten. Vietnam bedeutete sicher einen Rückschlag, genau wie die Ereignisse in der Tschechoslowakei 1968. Doch am Beginn der siebziger Jahre obsiegte der Kurs der Entspannung, und es waren nicht zuletzt die Deutschen, die davon profitieren konnten.

Blickt man retrospektiv auf ihren Verlauf und Ausgang, so hält die Kuba-Krise ein Bündel von Lehren und Erkenntnissen über Krisen im Nuklearzeitalter und ihre Bewältigung bereit. Natürlich, das entschlossene Handeln der USA war eine Grundvoraussetzung für die Überwindung des Konflikts. Doch eine kriegerische Eskalation konnte auch deshalb vermieden werden, weil sich Washington und Moskau an keinem Punkt zu übereilten und damit unüberlegten Reaktionen treiben ließen. Zeit war ein zentraler Faktor für die Lösung der Krise. Nur weil Zeit, nicht viel, aber genügend, zur Verfügung stand, blieb Raum für die langen Sitzungen des ExComm., in deren Verlauf das amerikanische Vorgehen Gestalt annahm. Wichtige Beschlüsse mußten nicht unter akutem Zeitdruck gefällt werden. Insbesondere deshalb konnte man den dem ersten Anschein nach angemessenen und erfolgversprechenden Optionen vor allem des Militärs Alternativen entgegenstellen. Die Idee der Blockade, die im übrigen auch mit der Anfang der sechziger Jahre eingeführten amerikanischen Strategie der *„flexible response"* korrespondierte, wäre ohne die langen Beratungen im ExComm. kaum zum Tragen gekommen. In der zweiten Phase der Krise, also zwischen dem 22. und 28. Oktober 1962, war es dann eher die Blockade selbst, die den Entscheidungsträgern auf beiden Seiten Luft verschaffte. Die Handhabung der Quarantäne als ein auch politisches Instrument, am deutlichsten erkennbar in der Auseinandersetzung von Verteidigungsminister McNamara mit der Admiralität, unterstreicht die Bedeutung des Primats der Politik über das Militär gerade vor dem Hintergrund einer möglichen nuklearen Eskalation. Auch dieses Erfordernis wurde in Washington und Moskau gleichermaßen begriffen und durchgesetzt. Kennedy und Chruschtschow wehrten sich in ihrem konkreten Handeln gegen möglicherweise fatale Folgen militärischer Planungsautomatismen. Eine nukleare Julikrise durfte es nicht geben.

„Hätten der deutsche Kaiser, der russische Zar und die übrigen europäischen Politiker 1914 in einer Kristallkugel die Welt von 1918 sehen können – den Ersten Weltkrieg hätte es nie gegeben.“[18] Nuklearwaffen ersetzten während der Kuba-Krise eine solche Kristallkugel, vor allem im Bewußtsein der entscheidenden Männer, Nikita Chruschtschow und John F. Kennedy. In den Tagen der Krise waren sich beide über die Bürde der Verantwortung im klaren. Trotz der kompetenten Gesprächspartner und trotz aller Beratungen wußten beide, Kennedy und Chruschtschow, daß sie am Ende allein entscheiden und damit ihre Verantwortung übernehmen mußten. Die Gefahr des thermonuklearen Krieges – das Risiko einer möglicherweise unkontrollierten oder unkontrollierbaren Eskalation bestand während der gesamten Krise und sollte auch im nachhinein nicht unterschätzt werden – mit seinen verheerenden Folgen erklärt sowohl Kennedys definitive Entscheidung für eine diplomatische Einigung mit der sogenannten Cordier-Option vom 27. Oktober als auch Chruschtschows Festlegung auf einen Abzug der Raketen spätestens am 26. Oktober. Natürlich disziplinierte das nukleare Risiko auch die übrigen Akteure, doch der Faktor Verantwortlichkeit erwies seine Wirkungskraft in letzter Konsequenz nur bei Chruschtschow und Kennedy.

Dean Rusk hatte recht. Die Sowjetunion hatte „gezwinkert“, und sie hatte das Spiel verloren. Warum? Lassen wir Nikita

Chruschtschow selbst antworten: „Welchen Nutzen hätte es mir gebracht, in der letzten Stunde meines Lebens zu wissen, daß zwar unser großes Land und die Vereinigten Staaten komplett zerstört seien, die nationale Ehre der Sowjetunion jedoch gerettet."[19]

III. Strategien des Nuklearzeitalters

Christian Tuschhoff

Strategiepoker: Massive Vergeltung – flexible Antwort

Die Erfindung von Kernwaffen stellt eine der größten Herausforderungen an die Menschheit dar. Eine Technik, mit der die gesamte Population ausgelöscht werden kann, erfordert ganz besonders verantwortungsbewußten Umgang. Denn es besteht keine Möglichkeit mehr, das Wissen über die Herstellung und Verwendung von Kernwaffen zu vernichten. Der Geist ist aus der Flasche und hat sich in alle Himmelsrichtungen ausgebreitet! Die Bedrohung der Existenz der Menschheit durch Kernwaffen wird aber zusätzlich durch einen weiteren Faktor verschärft: Zwischen Menschen und Staaten gibt es eine Vielzahl von Konflikten, die einen einheitlichen und verantwortungsbewußten Umgang mit dieser gefährlichen Technik erheblich einschränken. Kernwaffen werden zu Instrumenten, mit denen Konflikte in den internationalen Beziehungen ausgetragen werden. Sie sind außerordentlich wichtige Größen im Kräftemessen der Staaten, ohne daß sie notwendigerweise zum Einsatz kommen müssen. Das Messen von Kräften steht im Zentrum der hitzigen Debatten um Militärstrategie. Dabei geht es um die Frage von politischer und militärischer Macht zwischen Staaten.

1. Probleme der Strategiereform

Ein besonders interessantes Beispiel für die Austragung eines solchen Machtkampfes zwischen Staaten war die Debatte um die Reform der Militärstrategie der Nordatlantischen Verteidigungsorganisation (NATO) von der sogenannten „massiven Vergeltung“ zur „flexiblen Antwort“. Selten haben Staaten, die eigentlich *miteinander* verbündet sind, ihre Muskeln so kräftig *gegeneinander* spielen lassen. Die Einsätze bei diesem risikoreichen Kräftemessen waren derart hoch, daß es eine große Überraschung war, daß am Ende ein Kompromiß gefunden werden konnte. Worum ging es damals? Die in der NATO zusammengeschlossenen Staaten sahen sich zum einen von der großen Militärmacht der Sowjetunion bedroht, die in stetiger Aufrüstung ihre konventionellen und nuklearen Waffenpotentiale aufbaute. Es war nur eine Frage der Zeit, wann sie in der Lage sein würde, Westeuropa militärisch zu überrennen, wenn der Westen passiv blieb. Ein Buchtitel drückte diese Gefahr besonders dramatisch aus: Die Sowjetunion sei dann *Zum Frühstück in München.* Doch diese Gefahr war bei weitem nicht die einzige. Ebenso bedrohlich war, daß die Verteidigung der Grenzen des Bündnisgebietes mit Kernwaffen die vollkommene Vernichtung weiter Gebiete bedeutete. Nur wären die verschiedenen in der NATO zusammengeschlossenen Staaten von dieser Vernichtung in sehr unterschiedlicher Weise betroffen worden. Deshalb versuchten alle NATO-Staaten, die Bedrohungen, Risiken und Kosten für sich möglichst gering zu halten und ihren Verbündeten aufzubürden. Daher ging der große Streit im Bündnis darum, eine salomonische Formel zu finden, nach der Bedrohungen, Risiken und Kosten der Verteidigung des gesamten Bündnisses gerecht auf die einzelnen Mitglieder verteilt würden. Die Debatte um die Militärstrategie des Bündnisses war weitgehend eine Frage der gerechten Risikoteilung.

Neben der gerechten Teilung von Risiken war das zweite große Problem, daß die verschiedenen Mitglieder im Bündnis über sehr unterschiedliche Schwächen und Stärken verfügten. Im Pokerspiel um die Militärstrategie saßen gewissermaßen Spieler am Tisch, die über die verschiedensten Chips verfügten. Einige Staaten, wie die USA, waren groß und reich und konnten viele Truppen zur Verteidigung beisteuern. Andere waren klein und arm, wie z.B. Dänemark. Aber Dänemark war militärstrategisch dennoch bedeutsam, weil die Meerausgänge der Ost- und Nordsee von seinem Territorium aus überwacht werden konnten. Einige verfügten über Kernwaffen, wie die USA, Großbritannien und später Frankreich. Andere, wie Italien oder die Bundesrepublik, besaßen keine Massenvernichtungsmittel. Aber sie eigneten sich gut als Militärbasen, auf denen mit Kernwaffen ausgerüstete Streitkräfte stationiert werden konnten. Im Poker um die Militärstrategie mußte sich also herausstellen, wieviel so unterschiedliche Chips wie geographische Lage, Kernwaffenpotentiale, konventionelle Truppen, Verteidigungshaushalte, Industriepotential, Währung, militärische Expertise, diplomatisches Geschick oder die Mobilisierbarkeit von Gesellschaften für Verteidigungsaufgaben tatsächlich wert waren. Alle diese Chips lagen bei der Verhandlung über die Militärstrategie der NATO auf dem Tisch. Jeder einzelne Chip mußte während des Spiels bewertet und gegen den Wert von anderen Chips verrechnet werden. Daran wird deutlich, wie kompliziert das diplomatische Spiel war, eine neue Militärstrategie für das Bündnis zu finden.

Doch damit nicht genug der Schwierigkeiten: Es wurde nicht nur an einem Ort und an einem Tisch, sondern an vielen Orten und an vielen Tischen gespielt. Angesichts dieser Komplexität ist es nicht überraschend, daß wohl kein einzelner Teilnehmer in der Lage war, den Gesamtüberblick zu bewahren. In einem derart unübersichtlichen Geflecht komplexer Verhandlungen wird vieles dem Zufall überlassen. Und auch wir müssen uns beim historischen Rückblick darauf beschränken, einzelne Aspekte des Spiels besonders herauszugreifen. Um die Entwicklung von der Strategie der „massiven Vergeltung" zur „flexiblen Antwort" zu verstehen, wenden wir uns deshalb zunächst der Verteilung der Risiken und dann der Verrechnung verschiedener Chips zu.

Übersicht über die Hauptunterschiede zwischen „massiver Vergeltung“ und „flexibler Antwort“

	massive Vergeltung	flexible Antwort
Hauptgefahr	• beabsichtigter Angriff des Gegners • weitreichende politische Ziele	• unbeabsichtigter Kriegsausbruch • begrenzte politische Ziele • Krisen
Szenarien	• örtlich begrenzte Aktionen • allgemeiner Angriff	• örtlich begrenzte Aktionen • auf Europa begrenzte Angriffe • allgemeiner Nuklearkrieg
Hauptziel	Abschreckung	Verteidigung
Abschreckung	Androhung einer unbegrenzten Strafaktion	• Androhung einer nach Art, Umfang und Ort begrenzten Reaktion, mit der die politischen Ziele des Angriffs verwehrt werden sollen. • Androhung von Eskalationsschritten • Androhung eines allgemeinen Atomkrieges
Verteidigung	• konventionell gegen nach Art und Umfang örtlich eingrenzbare Angriffe • unbegrenzt nuklear gegen alle anderen Angriffsarten	• Direktverteidigung: begrenzt gemäß Ort, Art und Umfang der vom Angreifer gewählten Form • vorbedachte Eskalation: geographische oder instrumentelle Ausweitung der Verteidigungsform • allgemeine nukleare Reaktion
Hauptinstrumente	1. strategische Kernwaffen 2. taktische Kernwaffen 3. konventionelle Streitkräfte	1. konventionelle Streitkräfte 2. taktische Kernwaffen 3. strategische Kernwaffen
Kontrolle von Kernwaffen	dezentral	zentral
Einsatz von Kernwaffen	frühzeitig, unbegrenzt	spät, begrenzt
Weitergabe von nuklearfähigen Trägersystemen im Bündnis	so breit wie möglich	so wenig wie möglich
Streitkräfte	Verzahnung konventioneller und nuklearer Streitkräfte	Trennung konventioneller und nuklearer Streitkräfte
Hauptteilstreitkraft	Luftwaffe	Heer
Freigabe von Kernwaffen der NATO	U.S. Präsident GB Premierminister	U.S. Präsident GB Premierminister
Politische Entscheidung	• Kriegseintritt • militärischer Automatismus, keine weitere politische Steuerung vorgesehen	detaillierte politische Steuerung des Krisenmanagements und der Kriegsführung

2. Die Verteilung der Risiken

Die NATO hatte am 23. Mai 1957 die Strategie der „massiven Vergeltung“ verabschiedet sowie durch die Annahme mehrerer Folgedokumente ihre Durchführung beschlossen. Diese Strategie sah im Kern vor, jeden Angriff eines potentiellen Gegners durch die Androhung eines massiven Gegenschlages abzuschrecken (vgl. Übersicht über die Hauptunterschiede zwischen der „massiven Vergeltung“ und der „flexiblen Antwort“). Ein solcher Gegenschlag war gedacht als eine Strafaktion. Sie würde mit der gesamten militärischen Schlagkraft des Bündnisses geführt werden, die das strategische Kernwaffenpotential der USA mit einschloß. Nur für den Fall, daß ein Angriff eindeutig örtlich begrenzt mit sehr beschränkten militärischen Mitteln geführt wurde, sah die „massive Vergeltung“ eine begrenzte Antwort ohne den Einsatz von Kernwaffen vor. Das Hauptziel war die Abschreckung und darauf lag das Schwergewicht der militärischen Planung, das heißt auf der glaubwürdigen Androhung der Strafaktion. Damit sollte jedweder Angriff von vornherein verhindert werden, weil kein außenpolitisches Ziel eines Angreifers das enorme Risiko seiner vollkommenen Zerstörung durch die angedrohte Strafe rechtfertigte. Auf glaubwürdige Strafandrohung konzentrierte sich die militärische Planung. Für den Fall, daß die Abschreckung versagte, wurden vergleichsweise wenig Pläne bereitgehalten. Es lag in der Logik dieser Strategie, daß das Schwergewicht auf strategische Kernwaffen gelegt wurde. Die wichtigste Teilstreitkraft war die strategische Luftwaffe. Das Heer, konventionelle Streitkräfte und taktische Kernwaffen spielten eine eher untergeordnete Rolle. Kernwaffen wurden in konventionelle Streitkräfte eingegliedert, so daß eine enge Verzahnung von konventionellen und nuklear gerüsteten Streitkräften entstand. Auf diese Weise sollte sichergestellt werden, daß jede Region des Bündnisgebietes den gleichen Schutz unter dem Nuklearschirm der USA genoß. Denn der Einsatz einer Kernwaffe würde den von weiteren gleichsam automatisch nach sich ziehen. Die wichtigste politische Entscheidung war der Einsatz von Streitkräften. Alle weiteren Entscheidungen lagen in der Kompetenz der militärischen Fachleute und würden sich nach der Lage auf dem Gefechtsfeld richten.

Es lag in der Logik dieser Strategie, daß alle Bündnisstreitkräfte mit Waffen ausgerüstet wurden, die nukleare Sprengköpfe verschießen konnten. Nur auf diese Weise wurde dem Angreifer die Möglichkeit genommen, zwischen starken (nuklearen) und schwachen (nicht-nuklearen) Streitkräften zu unterscheiden. Deshalb konnte er das Risiko seines Angriffs nicht begrenzt halten. Die Streitkräfte von NATO-Mitgliedern, die selbst über keine nuklearen Sprengköpfe verfügten, wie z.B. die deutsche Bundeswehr, mußten in der Folge mit nuklearfähigen Trägersystemen ausgerüstet werden.

Die Strategie der „massiven Vergeltung" bot einige Vorteile:

1. Da alle NATO-Mitglieder den gleichen militärischen Schutz unter dem nuklearen Schirm der USA genossen, bestand gleiche Sicherheit für alle. Wenn alle die gleiche Sicherheit genießen, werden politische Konflikte im Bündnis erheblich verringert. Ohne politischen Sprengstoff ist die Aussicht gut, daß das Bündnis zusammenhält. Konflikte über die Verteilung der Kosten von Verteidigung sind weitaus einfacher zu lösen als die Verteilung von unterschiedlichen Sicherheitsrisiken auf einzelne Bündnispartner.

2. Da die „massive Vergeltung" die Verbreitung von nuklearen Trägersystemen im Bündnis voraussetzte, schrumpfte der Abstand zwischen Kernwaffenstaaten und Nicht-Kernwaffenstaaten zusammen. Es war nur eine Frage der Zeit, bis die Informationsstände aller NATO-Staaten über die Kerntechnologie einen Gleichstand erreicht hatten. Außerdem bestand berechtigte Aussicht, daß die Nicht-Kernwaffenstaaten allmählich zu Kernwaffenstaaten aufrückten. Der Besitz von Trägersystemen würde über die Zwischenstufe der Mitentscheidung über Kernwaffeneinsätze zu neuen Besitzverhältnissen auch bei den Sprengköpfen führen.

3. Aber auch bei der Verteilung der Kosten bot die „massive Vergeltung" einen Vorteil. Die Abstützung von Abschreckung und Verteidigung auf Kernwaffen war im Vergleich zur kon-

ventionellen Verteidigung billig. Denn eine rein konventionelle Verteidigung verursachte hohe Personal- und Munitionskosten. Nukleare Streitkräfte kamen dagegen mit geringem Personalbestand aus, und Kernwaffen verfügten über eine sehr hohe Feuerkraft. Der Kostengesichtspunkt war einer der Hauptgründe, warum z.B. Großbritannien auf nukleare Abschreckung und Verteidigung setzte.

4. Außerdem mußte für eine nukleare Abschreckung und Verteidigung keine aufwendige Infrastruktur aufgebaut werden. Die Streitkräfte kamen mit wesentlich weniger Kasernen, Flughäfen, Truppenübungsplätzen, Munitionsdepots usw. aus, als für eine konventionelle Verteidigung erforderlich waren.

5. Damit war die nukleare Verteidigung auch weniger belastend für demokratische Gesellschaften. Der hohe Anteil des Militärwesens in demokratischen Gesellschaften, der für eine konventionelle Verteidigung notwendig gewesen wäre, konnte vermieden werden.

6. Die Betonung des Elements von Abschreckung hatte den Vorteil, daß die Möglichkeit eines Krieges mit allen negativen Folgen verdrängt werden konnte. Militärische Angriffe und Zerstörungen durch Verteidigung wurden in den Bereich des Unwahrscheinlichen abgeschoben. Aus diesem Sachverhalt konnte die Strategie auch ihre moralische und politische Legitimität gewinnen.

Diese Vorteile konnten jedoch nicht darüber hinwegtäuschen, daß die Strategie der „massiven Vergeltung" auch schwerwiegende Nachteile verursachte:

1. Das größte Problem bestand darin, daß die Abschreckung versagen konnte. Zur Aufrechterhaltung der Abschreckung mußte das Risiko der Selbstzerstörung in Kauf genommen werden. Die Folge eines Versagens der Abschreckung würde dann ein allgemeiner Nuklearkrieg mit unvorstellbaren Zerstörungen sein. Ein Versagen der Abschreckung war besonders dann fatal, wenn der Angriff eines Gegners gar nicht politisch beabsichtigt war, sondern aufgrund eines technischen Fehlers, von Fehlkalkulationen oder eines Mißverständnisses zustande kam.

2. Die meisten weiteren Nachteile entsprangen der Grund-

überlegung, die Verteidigung statt der Abschreckung in den Mittelpunkt zu rücken. Die Risiken der Zerstörung ganzer Zivilisationen standen in keinem Verhältnis zum Nutzen eventueller Sicherheitsgewinne.

3. Die vergleichsweise geringen Kosten für nukleare Abschreckungs- und Verteidigungsaufwendungen ließen mögliche Folgekosten der nuklearen Zerstörungen außer acht. Eine solche Kostenschätzung war unseriös, weil sie nur einen Teil der Kosten berücksichtigte.

4. Das Risiko der nuklearen Vernichtung war in keiner Weise moralisch zu rechtfertigen. In demokratisch regierten Staaten würde ein derart hohes Risiko auf Dauer nicht mehrheitsfähig bleiben. Damit wurde der Strategie der „massiven Vergeltung" die moralische und die politische Legitimationsgrundlage entzogen.

Diese Nachteile versuchte die Strategie der „flexiblen Antwort" auszugleichen. Der im Januar 1961 ins Amt gekommene amerikanische Präsident John F. Kennedy ordnete eine grundsätzliche Überprüfung der amerikanischen Militärstrategie an. Diese Revision führte zu einem neuen militärstrategischen Konzept, der „flexiblen Antwort" (vgl. Übersicht über die Hauptunterschiede zwischen „massiver Vergeltung" und „flexibler Antwort"). In diesem neuen militärstrategischen Konzept wurde ein politisch nicht beabsichtigter Kriegsausbruch aufgrund von Mißverständnissen und Fehlkalkulationen für die größte Hauptgefahr gehalten. Ein solche Situation hatte zum Ausbruch des Ersten Weltkriegs geführt. Die Gedanken kreisten um die Frage, wie die NATO sich gegen begrenzte Angriffe verteidigen könnte. Nur wenn auf diese Frage eine vernünftige Antwort gefunden werden konnte, ließen sich alle denkbaren Angriffe durch geeignete Verteidigungsmaßnahmen abschrecken. Abschreckung beruhte folglich nicht auf der Androhung von Strafmaßnahmen, sondern auf dem Durchkreuzen von militärischen Angriffsoptionen. Ein geeignetes Abschreckungspotential mußte deshalb über ein breites Spektrum von flexibel einsetzbaren Verteidigungsmöglichkeiten verfügen, das von einer direkten Verteidigung über vorbedachte Eskalationen bis hin zu einer allgemeinen nuklearen Antwort reichte. Das Schwergewicht der militärischen Planung lag jedoch auf dem Instrument konventioneller Streitkräfte. Die wichtigste Teilstreitkraft war das Heer. Die Aufgaben taktischer und strategischer Kernwaffen wurden so eng wie möglich begrenzt. Ihr Einsatz sollte so spät wie irgend möglich erfolgen. Und keinesfalls sollten Kernwaffen in Streitkräfte eingegliedert sein, die konventionelle Verteidigungsaufträge auszuführen hatten.

Kennedys Hauptsorge war gewesen, daß ein Krieg in Europa auf den amerikanischen Kontinent überspringen könnte. Dieses Risiko der geographischen Eskalation eines Nuklearkrieges hatte die amerikanische Öffentlichkeit schon seit dem sogenannten „Sputnik-Schock"[1] und insbesondere im Wahlkampf um das Präsidentenamt 1960 heftig bewegt. Kennedy hatte – zu Unrecht – behauptet, die Sowjetunion verfüge über ein sehr großes Potential an Interkontinentalraketen, mit denen sie alle großen amerikanischen Städte atomar vernichten könnte. Die USA verfügten angeblich über kein vergleichbares Potential. Tatsächlich besaß die Sowjetunion damals nur einige wenige Interkontinentalraketen, aber ein großes Potential von Mittelstreckenraketen. Damit konnte die UdSSR vor allem Westeuropa, nicht aber Nordamerika in Schach halten. Die USA verfügten im Vergleich dazu über ein beträchtliches Potential an schweren Bombenflugzeugen, welche teilweise von amerikanischen Militärbasen in Asien und Europa aus problemlos sowjetisches Territorium erreichen konnten. Mit dieser überlegenen strategischen Streitkraft konnte die Sowjetunion von einem Angriff abgeschreckt werden. Das Bedrohungsgefühl der USA wuchs jedoch erheblich, als die Sowjetunion begann, nukleare Mittelstreckenraketen auf Kuba zu stationieren. Denn dadurch wurde die eingebildete Bedrohung zur handfesten Wirklichkeit.[2] Im bisher kritischsten Augenblick der Weltgeschichte gelang es Kennedy und dem Ersten Sekretär der Kommunistischen Partei der Sowjetunion, Nikita Chruschtschow, jedoch, die Kuba-Krise zu bereinigen: Die Sowjetunion zog ihre Mittelstreckenraketen von Kuba ab. Im Gegenzug mußten die USA versprechen, Mittelstreckenraketen der NATO in der

Türkei und Italien abzubauen, die auf sowjetisches Territorium gerichtet waren.

Dieses Geschäft auf Gegenseitigkeit zwischen den USA und der Sowjetunion zeitigte jedoch ein wichtiges Problem, das die NATO bei der Diskussion über die Strategiereform beschäftigen sollte: Die nicht-nuklearen europäischen Mächte hatten die Stationierung amerikanischer Kernwaffen auf ihrem Territorium als einen Akt der amerikanischen Solidarität gegenüber Europa verstanden. Diese Waffen waren wichtige Symbole dafür, daß die USA ihren europäischen Verbündeten nuklearen Schutz gewährten. Für den Fall eines sowjetischen Angriffs auf Europa würde die NATO mit amerikanischen Kernsprengköpfen Ziele in der UdSSR angreifen und damit „massive Vergeltung" üben. Amerika stand mit seinen Kernwaffen für die Sicherheit der nicht-nuklearen Mächte Europas ein. Daran konnte auch in Moskau kein Zweifel aufkommen. Dieses Schutzversprechen und – noch wichtiger – die für jedermann sichtbare Aufstellung von Waffensystemen war ein wichtiger Grund dafür, daß die europäischen Kontinentalmächte (mit Ausnahme Frankreichs) bislang auf die Entwicklung eigener Kernwaffen verzichtet hatten. Außerdem waren diese Waffensysteme ein sichtbarer Ausdruck der funktionierenden Zusammenarbeit im atlantischen Bündnis: Amerikanische Kernsprengköpfe waren auf italienische bzw. türkische Raketen montiert. Die Waffensysteme wurden in enger Zusammenarbeit von amerikanischen und italienischen bzw. türkischen Truppen bedient. Nun hatten die USA zur Beilegung der Kuba-Krise den Sowjets versprochen, die in Italien und der Türkei stationierten Mittelstreckenraketen abzuziehen. Die Europäer hegten sofort Mißtrauen: Signalisierten die USA damit, nicht mehr zu ihrem Beistandsversprechen zu stehen? Wollten sie sich womöglich schrittweise aus der Verantwortung für die Sicherheit Europas und aus der Zusammenarbeit mit anderen Bündnisstreitkräften stehlen? Machte Washington mit Moskau Sicherheitspolitik für Amerika über die Köpfe der Europäer hinweg? Offenkundig war Kennedy das amerikanische Hemd näher als der europäische Rock: Um eine Bedrohung Amerikas zu verhindern, war er bereit, Löcher im nuklearen Schutzschirm über Europa hinzunehmen. Amerika erzielte einen Sicherheitsgewinn, während die Europäer ein erhöhtes Sicherheitsrisiko tragen mußten, wenn an der Abschreckung Abstriche gemacht wurden. Ein Angriff auf die USA oder ein Überspringen eines europäischen Krieges auf Nordamerika war unwahrscheinlicher geworden. Dafür war die Bedrohung Europas gewachsen. Dies war eine deutliche Umverteilung der sicherheitspolitischen Risiken von Amerika nach Europa.

Um ihre europäischen Verbündeten zu beruhigen, verwies die Kennedy-Administration darauf, daß die abgezogenen Waffensysteme nur einen geringen Teil des amerikanischen Nuklearpotentials für die NATO bildeten. Der amerikanische Verteidigungsminister Robert McNamara berichtete seinen europäischen Kollegen in Athen am 5. Mai 1962 erstmals detailliert über die in Europa stationierten Kernsprengköpfe. Außerdem unterstellten die USA dem Oberbefehlshaber der NATO-Streitkräfte in Europa einige mit Kernwaffen ausgerüstete Raketen-U-Boote. Und Washington trat in intensive Verhandlungen mit den Europäern ein, diese U-Boot-Streitkraft durch Überwasserschiffe zu einer multilateralen Atomstreitmacht der Allianz auszubauen. Ausgestattet mit amerikanischen Sprengköpfen, sollte diese Flotte von national gemischten Mannschaften betrieben werden. Wie üblich blieb die Entscheidung zur Freigabe von Kernsprengköpfen dem amerikanischen Präsidenten vorbehalten. Doch würden außerdem die beteiligten NATO-Staaten über den Einsatz der auf der Flotte stationierten Nuklearraketen befinden. Dieser Vorschlag – wäre er Wirklichkeit geworden – hätte in der Tat die Solidarität und den gegenseitigen Beistand im atlantischen Bündnis unterstrichen. Das gestiegene Sicherheitsrisiko der Nicht-Nuklearmächte wäre wieder ausgewogener auf die Schultern der USA und der Europäer verteilt worden. Doch die Uneinigkeit der Europäer untereinander einerseits, und die Tatsache, daß dieser Vorschlag in Washington selbst höchst umstritten war andererseits, verhinderten seine Umsetzung. Hinzu kam, daß die USA noch eine Reihe weiterer Vorschläge machten, die in den europäischen

Hauptstädten höchsten Alarm und allergrößte Sorge auslösten, daß sich die Sicherheitsrisiken weiter zu Lasten der Europäer verlagern könnten.

Um einen Krieg mit Kernwaffen zu verhindern, drängte Washinton darauf, das konventionelle Verteidigungspotential der NATO so weit auszubauen, daß jeder konventionelle Angriff ohne Rückgriff auf Nuklearwaffen zurückgeschlagen werden konnte. Im Kern verwandte McNamara drei Argumente: Erstens sei das östliche Militärpotential bisher weit überschätzt worden. Insbesondere die osteuropäischen Verbündeten der Sowjetunion seien militärisch schwach und politisch so unzuverlässig, daß die NATO nur mit einem Angriff der sowjetischen Truppen zu rechnen habe. Dagegen könne sich das westliche Bündnis konventionell verteidigen. Zweitens hatten die europäischen Bündnispartner im NATO-Rat zugesagt, ihre konventionellen Streitkräfte kräftig zu verstärken. McNamara forderte nun, daß diese Zusagen eingelöst wurden. Und drittens machten McNamara und andere amerikanische Experten den Europäern klar, daß der Einsatz von Kernwaffen einen enormen qualitativen Sprung in der Kriegsführung bedeute. Die dadurch verursachte Verwüstung und Zerstörung sei in ihrem Ausmaß weder zu beschreiben noch mit konventionellen Kriegen zu vergleichen. Um einen Krieg mit Kernwaffen zu verhindern, sei es notwendig, die konventionelle Verteidigung der NATO erheblich auszubauen. Außerdem müßten die Streitkräfte strikt nach konventionellen und nuklearen Verteidigungsaufträgen getrennt werden. Kernwaffen müßten aus solchen Militärverbänden ausgegliedert werden, die konventionelle Aufgaben erfüllen sollten. Auf diese Weise könne die zerstörerische Wirkung eines Krieges in Grenzen gehalten werden. Dies liege vor allem auch im Interesse der Europäer, deren Bevölkerung, Industrie und Territorium geschont werden müßten.

In europäischen Ohren klang diese neue Betonung von Verteidigung statt Abschreckung wie der Versuch, von der Kriegsverhinderung abzurücken und die Kriegsführung vorzubereiten. Das Abschreckungsdenken hatte die Europäer bisher davor bewahrt, über die Möglichkeiten eines neuen Krieges auf ihrem Territorium nachzudenken, weil es den Gedanken der Kriegsverhütung hervorhob. McNamaras Vorschläge rückten die Kriegsführung wieder in den Vordergrund. Damit setzte der amerikanische Verteidigungsminister die Europäer einem neuen Risiko, dem Krieg auf dem Kontinent, aus, das sie überwunden zu haben glaubten. Mehr noch, ein konventioneller Krieg würde die weit entfernt liegenden USA unversehrt lassen, während er auf dem europäischen Kontinent verheerende Folgen anrichten würde. Die Kennedy-Administration geriet deshalb in Verdacht, sich mit dem trickreichen Vorschlag einer Strategie der „flexiblen Antwort“ aus der Teilung von Risiken im Bündnis stehlen zu wollen. Wenn aber die Sicherheit von New York oder Chicago im Denken der NATO nicht mehr den gleichen Wert besaß wie die Sicherheit von Berlin oder Hamburg, waren die Risiken ungerecht auf die verbündeten Staaten verteilt. An derartigen Ungerechtigkeiten konnte das atlantische Bündnis zerbrechen.

Deshalb hielten die Europäer an der bisherigen Strategie der „massiven Vergeltung“ fest. Die Drohung mit einem vernichtenden Gegenschlag auf einen Angreifer enthob sie der Notwendigkeit, über die Folgen eines Krieges nachzudenken, weil die Abschreckung ihn verhindern würde. Und versagte sie, dann saßen wenigstens alle NATO-Staaten in einem Boot, selbst wenn dessen Untergang vorprogrammiert war. Wenn alle im Krieg das gleiche Schicksal teilten, war die Verteilung von Risiken gerecht. Ein auf Gerechtigkeit gebautes Bündnis war stabil, denn die Verbündeten würden jederzeit zusammenhalten. An diesem Grundsatz der gerechten Verteilung von Risiken, erwiderten die Europäer auf McNamaras Vorschläge, dürfe von keiner Seite gerüttelt werden. Und sie konfrontierten die Kennedy-Administration mit einer Liste von Forderungen, mit der sie die Ernsthaftigkeit Washingtons testen wollten, zum Bündnis, zur Abschreckung eines Angriffs auf Europa und zur Strategie der „massiven Vergeltung“ zu stehen. Die wichtigsten Forderungen waren:

– Stationierung amerikanischer Truppen in Europa,

- Stationierung von Kernwaffen in Europa,
- Bereitstellung amerikanischer Kernsprengköpfe für Trägersysteme der europäischen Verbündeten,
- Beibehaltung der Eingliederung von nuklearen Trägersystemen in die NATO-Streitkräfte,
- Informationsaustausch über Kernwaffen und amerikanische Zielplanung,
- Beteiligung der Europäer an den Entscheidungen zum Einsatz von Kernwaffen.

Von derart unterschiedlichen Ausgangsstandpunkten begannen die NATO-Staaten ihr diplomatisches Pokerspiel um die Militärstrategie der NATO, indem sie ihre verschiedenen Chips zu setzen begannen.

3. Die Verrechnung der Spieleinsätze

Um die zentrale Kontrolle aller Kernwaffen im Bündnis sicherzustellen, hatte Präsident Kennedy angeordnet, daß an allen amerikanischen Sprengköpfen technische Geräte (sogenannte *permissive action links)* angebracht wurden, die den Einsatz dieser Waffen unmöglich machten, solange keine Freigabe durch den amerikanischen Präsidenten erfolgt war. Bisher war die Verwendung amerikanischer Kernsprengköpfe ohne eine entsprechende politische Autorisierung zumindest technisch möglich gewesen. Nunmehr wurde die zentrale Ausübung von Kontrolle über amerikanische Kernwaffen durch den Präsidenten technisch sichergestellt. Damit wurde gleichzeitig die Idee zunichte gemacht, daß der Einsatz aller Waffensysteme, einschließlich von Kernwaffen, eine rein militärische Frage sei, die deshalb von militärischen Befehlshabern zu entscheiden war, die sich dabei ausschließlich an der Lage auf dem Gefechtsfeld leiten lassen sollten. Diese Idee war insbesondere vom deutschen Verteidigungsministerium vertreten worden.

Außerdem – und nicht minder wesentlich – beschränkten die USA die Umstände und Voraussetzungen, unter denen sie bereit waren, Kernwaffen zur Verteidigung Europas einzusetzen, auf einige wenige Fälle. Dazu gehörte ein Angriff der Sowjetunion mit Kernwaffen auf Europa oder Amerika. Washington ließ allerdings offen, unter welchen spezifischen Bedingungen Kernwaffen als Antwort auf einen konventionellen Angriff des Warschauer Paktes eingesetzt werden sollten. Es konnte aber kein Zweifel daran bestehen, daß die amerikanische Freigabeentscheidung anhand von außerordentlich restriktiven Kriterien gefällt werden würde. Mehr noch, eine „vorbedachte Eskalation" des Krieges durch den Einsatz von Kernwaffen würde die konventionelle Verteidigung nicht entlasten. Der Zweck der Eskalation bestand vielmehr darin, der Sowjetunion das erhöhte Risiko vor Augen zu führen. Dadurch sollte die Abschreckung wiederhergestellt werden, die zuvor versagt hatte, weil ein konventioneller Angriff bereits erfolgt war.

London und Washington setzten außerdem ihre in Deutschland stationierten Streitkräfte als Chips ein, um einen besseren Lastenausgleich mit der Bundesrepublik zu erzielen. Sie drohten, einen Teil dieser Streitkräfte abzuziehen, falls Bonn sich weigerte, das Zahlungsbilanzdefizit von Großbritannien und den Vereinigten Staaten auszugleichen, das beiden Staaten jährlich durch die Stationierung von Truppen in Deutschland entstand. Dieses Problem konnte in schwierigen Verhandlungen zwischen den drei beteiligten Staaten durch mehrere Abkommen jedoch beigelegt werden, indem die Bundesrepublik das Zahlungsbilanzdefizit von Großbritannien und den USA durch verschiedene Maßnahmen teilweise ausglich. Im Gegenzug mußten sich Washington und London bereiterklären, weiterhin Streitkräfte zur Verteidigung des Bündnisses in Deutschland zu unterhalten. Bonn hatte die Wirtschafts- und Finanzkraft der Bundesrepublik als Chip gegen die Drohung des Abzugs amerikanischer und britischer Streitkräfte gesetzt. In trilateralen Abkommen waren die Chips der drei Länder dann miteinander verrechnet worden.

Nachdem aber die zentrale Kontrolle Washingtons über die amerikanischen Kernwaffen sichergestellt worden war, unterließen die Vereinigten Staaten es, die in Europa stationierten Sprengköpfe nach Amerika zurückzuverlegen, um die Europäer nicht noch weiter zu beunruhigen und Bündnistreue zu demonstrieren. Washington verzichtete außerdem darauf, die nukleare Zusammenarbeit mit den Nicht-Nuklearstaaten aufzukündigen, indem die für europäische Trägersysteme vorgesehenen Kernsprengköpfe weiterhin bereitgestellt wurden. Gemessen an den bestehenden Möglichkeiten spielten die USA ihre Chips, das Kernwaffenpotential im Bündnis und die amerikanische Kontrolle über die nukleare Freigabe, nur begrenzt aus. Ein Grund dafür war, daß sie verhindern wollten, daß die Nicht-Nuklearmächte ebenso wie Frankreich eigenständige Nuklearwaffen entwickelten. Sie wollten die Zahl der Kernwaffenmächte möglichst gering halten. Dieses Ziel war aber nur zu erreichen, wenn die USA ihren Verbündeten einen glaubwürdigen nuklearen Schutz boten. Die Einführung von *permissive action links* und die enge Definition von Kriterien für die Freigabe von Kernwaffen verletzten dagegen die oben angeführte Liste der Forderungen der Europäer an die USA nicht. Daran wurde deutlich, daß die USA nach wie vor an der Aufrechterhaltung der Atlantischen Allianz und der sicherheitspolitischen Zusammenarbeit mit den Europäern interessiert waren. Ein Einspannen des nuklearen Schutzschirmes über Europa wäre aber dem Zusammenbruch der NATO oder dem Austritt der USA aus dem Bündnis gleichgekommen.

Washington ging sogar noch einen Schritt weiter, um die wachsenden Sorgen in Europa über die Zuverlässigkeit der USA abzumildern. Die Nicht-Nuklearmächte sollten an den Planungen für Nuklearstreitkräfte der NATO und den Entscheidungen über Kernwaffeneinsätze beteiligt werden. Zu diesem Zweck wurde die sogenannte Nukleare Planungsgruppe gegründet. In diesem neuen Gremium wurden eine Vielzahl von Informationen über Kernwaffensysteme ausgetauscht. Es wurden Pläne zur Stationierung von Kernwaffen sowie die Zielplanung für Nuklearwaffen ausgearbeitet. Außerdem wurden Richtlinien für Kernwaffeneinsätze beraten und verabschiedet. Die Mitwirkung in diesem Gremium erlaubte es den Europäern sicherzustellen, daß ihre Sicherheitsinteressen angemessen berücksichtigt wurden. Die dauerhafte Einrichtung führte zu mehr Transparenz über Kernwaffen im Bündnis und steigerte erheblich das gegenseitige Vertrauen zwischen den beteiligten Partnerstaaten. Die USA hatten mit der Einrichtung dieses Gremiums einige wichtige Chips gesetzt: Ihren Informationsvorsprung auf dem Feld der Kernwaffen und ihre Befugnisse zur nuklearen Planung und Einsatzentscheidung. Sie verlangten im Gegenzug dafür, daß die Nicht-Nuklearmächte Europas auf die Entwicklung und den Besitz von Kernwaffen dauerhaft verzichteten. Die Europäer mußten also ihre Zustimmung zum Kernwaffensperrvertrag als Chip setzen.[3]

Bei ihren weiteren Forderungen waren die USA jedoch weitaus mehr auf die Mitwirkung der Europäer angewiesen, die dadurch die Möglichkeit in die Hand bekamen, noch andere Chips auszuspielen. Washington hatte gefordert, daß die Europäer ihre konventionelle Verteidigungskapazität so weit ausbauten, daß jeder konventionelle Angriff mit herkömmlichen Mitteln abgewehrt werden konnte. Für die Bundesrepublik hätte diese Forderung z.B. eine Erhöhung der Stärke der Bundeswehr von 12 auf 15 bis 17 Divisionen bedeutet. Bonn setzte verschiedene Chips ein, um diese Forderung abzuwehren. Erstens argumentierte die Bundesregierung, daß der deutschen Bevölkerung eine weitere Anhebung der Bundeswehrstärke durch die Verlängerung der Wehrpflicht und/oder durch Rekrutierung von mehr Berufssoldaten nicht zugemutet werden könnte. Eine solche Maßnahme müßte außerdem zu Lasten der zivilen Wirtschaft gehen. Zweitens stünden nicht genügend Kasernen, Depots, Übungsplätze und Ausbildungskapazitäten zur Verfügung. Für die Beschaffung seien langwierige Planungs- und Landbeschaffungsverfahren notwendig. Drittens verfüge die Bundeswehr nicht über ausreichende Waffen, Munition und Ausrüstung für eine erheblich höhere Truppenstärke. Viertens würde eine Neuplanung der deutschen Streitkräfte die Erfüllung der alten Bundeswehrplanziele in Frage stellen. Schließlich habe die Bundeswehr ihre volle Stärke und Kampfkraft noch nicht erreicht. Und fünftens stieße die Wirtschafts- und Finanzkraft der Bundesrepublik an deutliche Grenzen, zumal Bonn den USA und Großbritannien finanzielle Hilfen zum

Ausgleich der Zahlungsbilanzdefizite zusagen mußte. Bonn hatte damit solche Chips wie die Wehrpflichtdauer, die militärische Infrastruktur, Bewaffnung und Ausrüstung, bürokratische Planungshindernisse und Finanz- und Wirtschaftskraft auf den Tisch gelegt, die in seiner nationalen Verantwortung lagen. Die USA waren aufgrund des Krieges in Vietnam nicht in der Lage, einige Chips wie z. B. finanzielle Ausgleichsleistungen oder die Steigerung amerikanischer Truppen in Deutschland dagegenzusetzen, um ihrer Forderung Nachdruck zu verleihen. Und Chips wie militärische Infrastruktur oder bürokratische Planungshindernisse waren ohnedies nicht ausgleichbar.

Hinzu kam die Position der anderen NATO-Staaten, die einen Ausbau ihrer konventionellen Streitkräfte ebenfalls ablehnten. Und für den Fall, daß Washington die kleineren NATO-Länder doch noch überreden konnte, hielt Bonn einen weiteren Chip bereit: Aufgrund der geographischen Lage war die Bundesrepublik Stationierungsland für ausländische Truppen. Ein Ausbau der konventionellen NATO-Streitkräfte hätte nicht nur den Anteil ausländischer Truppen in Deutschland erheblich vergrößert, sondern auch das Verhältnis zwischen Zivil- und Militärwesen in Deutschland erheblich verändert. Es erschien der Bundesregierung fraglich, ob unter diesen Bedingungen eine demokratische Gesellschaft mit einer überwiegend zivilen Wirtschaft noch hätte aufrechterhalten werden können. Die massive Präsenz von in- und ausländischen Streitkräften hätte zu einer weitgehenden Militarisierung von Staat, Wirtschaft und Gesellschaft in der Bundesrepublik geführt. Dazu war Bonn schon allein vor dem Hintergrund der deutschen Geschichte nicht bereit. Im Streit um die NATO-Strategie konnte die Bundesregierung einen entscheidenden Chip, den des Stationierungslandes, setzen. Dieser Chip konnte von keinem anderen Land aufgewogen werden. Aus diesen Gründen gelang es den USA nicht, ihre Forderung nach einem Ausbau der konventionellen NATO-Streitkräfte über den bisher unter den Bedingungen der „massiven Vergeltung“ geplanten Umfang hinaus durchzusetzen. Die unmittelbare Folge war, daß die Allianz nicht in die Lage versetzt wurde, sich mit herkömmlichen Streitkräften gegen einen konventionellen Angriff zu verteidigen. Nach wie vor mußte das Risiko einer nuklearen Eskalation in Kauf genommen werden.

Eine weitere Forderung der USA zur Durchsetzung der Strategie der „flexiblen Antwort“ war die Entflechtung konventioneller und nuklearer Streitkräfte im Bündnis gewesen. Washington war besonders daran interessiert, die Luftwaffen der europäischen Verbündeten für konventionelle Verteidigungsausgaben zu verwenden. Zu diesem Zweck sollte die Doppelverwendbarkeit von Flugzeugen für konventionelle und nukleare Einsätze abgeschafft werden. Die verbleibenden nuklearfähigen Trägersysteme sollten zu einer eigenständigen Nuklearstreitmacht der NATO zusammengefaßt werden. Auch diesen amerikanischen Vorstoß verhinderten die Europäer durch Setzen verschiedener Chips: Erstens weigerten sich die Europäer, ihre nuklearfähigen Flugzeuge einer besonderen NATO-Nuklearstreitkraft zu unterstellen. Zweitens bestanden sie darauf, daß ihre Flugzeuge für technisch konventionelle und nukleare Verteidigungsaufträge ausgerüstet blieben. Und drittens wurden die Ausbildungspläne für die Piloten beibehalten, damit sie sowohl konventionelle als auch nukleare Verteidigungsaufträge erfüllen konnten. Wiederum setzten die Europäer Chips wie die Entscheidung über militärische Unterstellung, die technische Ausrüstung von Waffensystemen oder die Ausbildungsvorschriften, auf welche die USA keinen Einfluß ausüben konnten. Die Ausgliederung nuklearfähiger Trägersysteme aus den europäischen Landstreitkräften wurde auf ähnliche Weise verhindert. Solange Washington nicht bereit war, aufs Ganze zu gehen und die amerikanischen Sprengköpfe für die europäischen Trägersysteme zurückzuziehen (was wohl das Ende der NATO bedeutet hätte), hatte es den europäischen Chips nichts Wirksames entgegenzusetzen.

In allen Streitfragen konnten die Europäer im Strategiepoker einen Chip setzen, der der Kennedy-Administration besondere Probleme bereitete: Der militärische Oberbefehlshaber der NATO für Europa (SACEUR), ein amerikanischer Vier-Sterne-General, unterstützte normalerweise die Position der europäischen Bündnismitglieder. Seine aufgrund von militärischer Expertise erstellten Analysen und Vorschläge deckten sich mit den Vorschlägen, welche die Europäer aufgrund ihrer Sicherheitsinteressen vorlegten. Dies lag hauptsächlich daran, daß die militärische Aufgabe von SACEUR darin bestand, den europäischen Kontinent zu verteidigen. Insofern waren europäische Interessen und die Hauptaufgabe von SACEUR dekkungsgleich. Im Strategiepoker nützte dieser Sachverhalt den Europäern, weil sie darauf verweisen konnten, daß ihre Vorschläge nicht nationalem Eigensinn entsprangen, sondern die Unterstützung des supranationalen Militärexperten der NATO fanden, der zudem Oberbefehlshaber der amerikanischen Streitkräfte in Europa war. Europäische Vorschläge wurden dadurch „militärisch vernünftig". Im diplomatischen Spiel konnten die Bundesregierung und andere deshalb die militärische Expertise als Chip einsetzen. Dies war ebenfalls ein Chip, der von Washington schwerlich aufgewogen werden konnte.

Ähnlich wie die USA verzichteten aber auch die Europäer darauf, einige Chips einzusetzen, die das Spiel wohl beendet hätten. Zum einen stellten sie ihre Mitgliedschaft in der NATO nicht zur Disposition. Und zum anderen verzichteten sie darauf, ihre konventionellen Streitkräfte so weit zu verringern, daß Europa ohne Einsatz von Kernwaffen selbst gegen kleinere militärische Übergriffe nicht hätte verteidigt werden können. Sie hielten vielmehr an dem schon unter den Bedingungen der „massiven Vergeltung" geplanten Ausbau der konventionellen Verteidigung der NATO fest. Auch die europäischen Bündnismitglieder stellten die NATO selbst und die sicherheitspolitische Zusammenarbeit mit Amerika nicht in Frage. Am weitesten ging Frankreich. Es entwickelte und stationierte eigene Kernwaffen, und es zog seine Streitkräfte aus der Militärintegration der NATO zurück. Doch auch Paris ging nicht so weit, die Mitgliedschaft Frankreichs im Bündnis selbst zu kündigen. Es bleibt aber fraglich, welchen Sicherheitsgewinn oder welche Verringerung von Risiken Frankreich durch das Setzen dieser beiden Chips tatsächlich erzielte.

4. Schlußfolgerung

Im Zentrum des Strategiepokers stand die Frage, wie die Sicherheitsrisiken auf die verschiedenen Partnerstaaten verteilt werden sollten. Für den Ausgang des Pokerspiels war nicht das diplomatische Ringen um Formulierungen in NATO-Dokumenten entscheidend. Ausschlaggebend war, welche Chips von welcher Seite gesetzt werden konnten und wie diese Chips miteinander verrechnet wurden. Die Nordatlantische Allianz stellte allerdings den institutionellen Rahmen – gewissermaßen den Spieltisch – dar, ohne den weder gesetzt noch verrechnet werden konnte.

Das Ergebnis des Strategiepokers in der NATO war, daß keine Seite über genügend oder hinreichend wertvolle Chips verfügte, um die ursprünglichen Konzepte vollkommen durchzusetzen und dadurch die Risiken einseitig umzuverteilen. Den USA gelang es nicht durchzusetzen, daß sich das Bündnis nur mit herkömmlichen Mitteln gegen einen konventionellen Angriff verteidigen würde. Die in den NATO-Dokumenten übernommene Formel von der „flexiblen Antwort" bleibt trotz der gleichen Bezeichnung hinter dem ursprünglichen Strategiekonzept der USA weit zurück. Umgekehrt scheiterten die Europäer mit dem Versuch, an der Strategie der „massiven Vergeltung" festzuhalten. An der bestehenden Verteilung der Risiken auf Europäer und Amerikaner wurden aber keine derart grundlegenden Veränderungen vorgenommen, die das Gerechtigkeitsprinzip verletzt und dadurch zum Zusammenbruch des Bündnisses geführt hätten. Hierbei kam dem Bündnis zugute, daß eine entscheidende Frage offenblieb, die, wäre sie beantwortet worden, tatsächlich zum Bruch hätte führen können: Zu welchem Zeitpunkt und unter welchen spezifischen Bedingungen würden die USA Kernwaffen für den Einsatz freigeben? Ungeachtet der Tatsache, daß dafür zunächst provisorische Richtlinien und dann endlich 1986 allgemeine Richtlinien erlassen wurden, ist die Frage, wie der amerikanische Präsident im Ernstfall entschieden hätte, glücklicherweise niemals akut geworden. Wie aus mittlerweile zugänglichen Dokumenten der ehemaligen DDR hervorgeht, war das Problem des nuklearen Ersteinsatzes, über das im westlichen Bündnis am meisten gestritten wurde, kein realistisches Szenario. Im Falle eines Angriffs hätte die Sowjetunion von Beginn an Kernwaffen eingesetzt. Die NATO hätte sich nicht zu einer „vorbedachten Eskalation" mit Kernwaffen entscheiden müssen. Vielmehr wären NATO-Nuklearwaffen schon aufgrund der Direktverteidigung zum Einsatz gekommen. Der größte Streitpunkt im Bündnis beruhte folglich auf der unrealistischen Annahme, daß der Warschauer Pakt mit einer konventionellen Übermacht angreifen würde, so daß die NATO früher oder später gezwungen worden wäre, darüber zu entscheiden, ob sie zuerst Kernwaffen einsetzen und damit den Krieg eskalieren wollte. Anläßlich der Strategiedebatte in den 60er Jahen wäre die NATO an dieser – im nachhinein irrelevanten – Frage beinahe zerbrochen.

Der Zusammenhalt der Allianz beruhte in den kritischen 60er Jahren darauf, daß keine Seite bereit war, im Ringen um die Risikoverteilung alles oder nichts zu spielen. Das Interesse an der Bewahrung der Allianz führte zum rücksichtsvollen Setzen der verschiedenen Chips, das die Sicherheitsinteressen der Verbündeten angemessen in Rechnung stellte. Der Einsatz der Chips führte aber auch dazu, daß alle Staaten einen genauen Überblick über die Sicherheitsinteressen sowie die Akzeptanz- und Toleranzgrenzen der Partner erhielten. Deshalb hat es seither in der NATO keinen vergleichbar grundlegenden Konflikt über die Militärstrategie der Allianz mehr gegeben. Eine weitere wichtige Folge des Strategiepokers war, daß die NATO institutionell weiterentwickelt wurde. Mit der Einrichtung der Nuklearen Planungsgruppe war ein Gremium geschaffen worden, mit dessen Hilfe viele Nuklearstrategiefragen schon im Vorfeld geklärt werden konnten, ohne daß es zu allianzinternen Krisen kommen mußte. Außerdem wurde eine gleichgewichtigere Beteiligung von Europäern und Amerikanern an allen wichtigen Fragen im Zusammenhang mit Kernwaffen erreicht. Dadurch wurde der Zusammenhalt des Bündnisses ebenfalls dauerhaft gestärkt.

Reinhard Wolf

Nukleare Rüstungskonkurrenz. Ursachen, Auswirkungen und Perspektiven

Mitte der neunziger Jahre bietet sich eine Bilanz des nuklearen Rüstens nicht allein deshalb an, weil nunmehr bereits ein halbes Jahrhundert vergangen ist seit dem Abwurf der ersten Atombomben; ein kritischer Rückblick ist vor allem an der Zeit, weil mit dem Ende des Ost-West-Konflikts die bei weitem brisanteste nukleare Rüstungskonkurrenz einen unerwartet friedlichen und abrupten Abschluß fand. Dadurch wurden nicht nur Informationen zugänglich, die während des Kalten Kriegs unter Verschluß gehalten werden mußten; das Ende der amerikanisch-sowjetischen Rivalität ermöglicht darüber hinaus auch eine Analyse, die alle Phasen einer Rüstungskonkurrenz mit einbezieht. Vor allem aber schafft dieser historische Einschnitt Abstand und erleichtert damit eine gelassenere und abgewogenere Betrachtung, wie sie vor einem Jahrzehnt, in der alarmistischen Atmosphäre der Raketendebatten, noch undenkbar schien.

Im Mittelpunkt der folgenden Bilanz steht die Rüstungskonkurrenz zwischen den beiden Supermächten, die in den vergangenen Jahrzehnten alle anderen Rüstungstrends klar überschattet hat: Fast 99% aller jemals hergestellten nuklearen Gefechtsköpfe befanden sich im Besitz der Supermächte.[1] Zwei Fragenkomplexen gilt hierbei das besondere Augenmerk: der Frage nach den Ursachen der nuklearen Rüstungskonkurrenz zwischen USA und Sowjetunion und der Frage nach ihren Auswirkungen. Nach einem Überblick über die wichtigsten Entwicklungsdaten von fünf Jahrzehnten atomarer Rüstung werden zunächst die prominentesten Erklärungs- und „Therapie"-Versuche des Wettrüstens zwischen Ost und West vorgestellt und im Lichte seines überraschenden Endes bewertet. Hierauf folgt eine – notgedrungen vorläufige – Bilanz dieser Rivalität, in der nach ihren ökonomischen und ökologischen Folgen, vor allem aber nach ihrer Bedeutung für die europäische Sicherheit zu fragen sein wird. Abschließend werden mögliche Perspektiven der nuklearen Rüstungsdynamik aufgezeigt, in deren Mittelpunkt die Risiken stehen, die von der Weiterverbreitung nuklearer Waffensysteme ausgehen.

1. Anfänge und Verlauf

Den Beginn der nuklearen Rüstungsdynamik markiert ein Wettlauf, der in Wahrheit keiner war: das amerikanische Bemühen, der befürchteten Entwicklung einer deutschen Atombombe zuvorzukommen. Am 9. Oktober 1941 gab der damalige US-Präsident Franklin Delano Roosevelt den Auftrag zu einem großangelegten Forschungs- und Entwicklungsprogramm. Ziel dieses später unter seinem Tarnnamen „Manhattan" bekanntgewordenen Projekts war es, eine fundierte Antwort auf die Frage zu geben, ob die bei einer Kernspaltung frei werdende Energie für den Bau hochexplosiver Bomben genutzt werden konnte. Vier Jahre später, als Deutschlands Kapitulation bereits erfolgt war, hatte das Projekt zu einem eindeutigen Ergebnis geführt: Am 16. Juli 1945 wurde der erste Test eines nuklearen Sprengsatzes in der Wüste von New Mexico erfolgreich durchgeführt. Nur drei Wochen später, am 6. August, wurde die neue Waffe bereits zum erstenmal militärisch eingesetzt: Beim Abwurf einer Plutoniumbombe auf Hiroshima kamen etwa 130000 Menschen ums Leben. Wenige Tage später kapitulierte Japan.[2]

Die folgenden Rüstungsschritte wurden bereits wesentlich von der wachsenden Rivalität zwischen den beiden Supermächten stimuliert. In den nächsten vier Jahren bauten die USA langsam ein Arsenal von etwa 200 Bomben auf.[3] Ende August 1949 brach der erste sowjetische Nukleartest das amerikanische Monopol. Die USA reagierten geschockt. Die Sorge, die Sowjetunion könne auch im nuklearen Bereich die Überlegenheit gewinnen, bewog schon wenige Monate später den US-Präsidenten Truman, die Entwicklung einer noch viel wirksameren Nuklearwaffe einzuleiten. Am 31. Januar 1950 ordnete er den Bau der Wasserstoffbombe an, die im Gegensatz zur Atombombe auf der Kernfusion basiert. Knapp drei Jahre später, am 1. November 1952, gelang den USA der erste Test einer thermonuklearen Waffe, bei dem mehr als hundertmal soviel Energie freigesetzt wurde wie bei der Explosion in Hiroshima. Bereits am 12. August 1953 erprobte die Sowjetunion ihre erste Wasserstoffbombe.

Bis zum Ende des Jahrzehnts bauten die Supermächte ihre Arsenale kontinuierlich auf. 1960 verfügten die USA bereits über 18000 nukleare Gefechtsköpfe, die Sowjetunion immerhin über etwa 4000.[4] Mit der Anzahl der Kernwaffen nahm auch ihr militärisches Einsatzspektrum zu. Während die ersten Bomben noch ausschließlich für strategische Bombereinsätze bestimmt waren, erlaubte in den folgenden Jahren ihre Miniaturisierung auch den Einbau in taktische Waffensysteme, die für den Einsatz auf dem Gefechtsfeld vorgesehen waren. Nuklearwaffen fanden Verwendung in Luftabwehr-Raketen, in Waffen zur Bekämpfung von U-Booten und Schiffen, als Landminen und vor allem in Lenkwaffen und Artillerie-Granaten, die für den Angriff auf Flugplätze, Kommandozentralen und konzentrierte Landstreitkräfte gedacht waren. Keine Teilstreitkraft wollte auf Nuklearwaffen verzichten. 1960 verfügten allein die USA über etwa 10000 taktische Nuklearwaffen für 15 bis 20 verschiedene Waffensysteme. Die meisten von ihnen waren für einen eventuellen Krieg in Europa bestimmt.[5]

Mit dem Ende der fünfziger Jahre setzte auch die Diversifizierung der strategischen Arsenale ein. Dem „Sputnik"-Schock von 1957, mit dem die Sowjetunion ihre technische Fähigkeit zu einem Raketenangriff auf die USA demonstrierte, folgte bald schon die Stationierung von Interkontinental-Raketen in den USA und der Sowjetunion. 1960 stellte die amerikanische Marine ihr erstes strategisches U-Boot in Dienst, mit dem sie „Polaris"-Fernraketen auf die Sowjetunion hätte abschießen können. Beide Seiten intensivierten daraufhin die Entwicklung von nuklearen Abwehrraketen. Diese Programme sollten jedoch nicht zu wirkungsvollen Verteidigungssystemen gegen strategische Raketen führen. Statt dessen provozierten sie einen neuerlichen Entwicklungsschub, welcher in der Folge das Angriffspotential der Offensiv-Raketen vervielfachte: die Supermächte statteten ihre Raketenspitzen mit mehreren Gefechtsköpfen aus, die gegen verschiedene Ziele gerichtet werden konnten, den sogenannten MIRVs *(multiple independently targetable reentry vehicles)*. Damit wurde es zum erstenmal möglich, mit nur einer angreifenden Rakete mehrere Raketensilos des Gegners zu zerstören. 1972 gelang den USA die erste Erprobung eines solchen Systems. Drei Jahre später zog die Sowjetunion nach.[6]

Ab Mitte der siebziger Jahre kam es kaum noch zu grundlegenden Systeminnovationen, sieht man einmal von der Entwicklung der Marschflugkörper ab. Beide Supermächte konzentrierten sich statt dessen auf die technische Verfeinerung und den quantitativen Ausbau vorhandener Waffenklassen. Die Sowjetunion rüstete insbesondere bei den landgestützten Mittel- und Langstreckenraketen auf (SS-20 bzw. SS-18 und SS-19). Ersteres wurde vom Westen mit der Stationierung von „Pershing II“ und „Cruise-Missiles“ in europäischen NATO-Ländern beantwortet. Der Ausbau der sowjetischen Interkontinental-Raketen (ICBMs) löste in den USA Besorgnis über die Verwundbarkeit der eigenen Raketen aus. Dies veranlaßte Anfang der achtziger Jahre die Reagan-Administration zur Forcierung der eigenen Rüstungsprogramme. Sie nahm eine ehrgeizige Modernisierung des gesamten amerikanischen Nuklearpotentials in Angriff („Trident“-U-Boote, MX ICBM, B-1 Bomber), unterzog die Führungs- und Fernmeldesysteme einer durchgreifenden Erneuerung und begann ein neues Forschungsprogramm im Bereich der Raketenabwehr (SDI). Erst die neuerliche Entspannung zwischen den Supermächten, die nach Gorbatschows Machtübernahme einsetzte, führte in der zweiten Hälfte des Jahrzehnts zu einer Kürzung dieser Projekte.

Der tiefgreifende Systemwandel in Osteuropa bewirkte schließlich das Ende der amerikanisch-sowjetischen Rüstungskonkurrenz. Beide Seiten einigten sich zunächst auf die Vernichtung landgestützter Mittelstrecken-Raketen (1987), später auf die drastische Reduzierung der strategischen Nuklearwaffen in den START-I- und START-II-Verträgen (1991 bzw. 1993) und auf die Außerdienststellung nahezu sämtlicher taktischer Waffensysteme für den Land-, Luft- und Seekrieg. Die historische Tragweite dieses Umbruchs verdeutlicht der geplante Abbau von Gefechtsköpfen: die russische Regierung kündigte 1992 die Vernichtung von ca. 17500–21000 der rund 35000 Gefechtsköpfe an, die sie zu diesem Zeitpunkt noch besaß, die USA planen bis zum Jahr 2002, 6300 von insgesamt verbliebenen 11400 Nuklearwaffen zu demontieren; tatsächlich einsatzbereit bleiben wird indes nur ein Teil dieser Arsenale: auf russischer Seite lediglich 3000 Gefechtsköpfe auf strategischen Trägersystemen und die Hälfte der taktischen Bomben; die USA werden nach dem START-II-Vertrag nur noch 3500 strategische Waffen bereithalten, zu denen noch 480 taktische Bomben in Europa kommen.[7] Ebenso sichtbar wird der Umbruch an der Art, wie diese Übereinkünfte zustande kamen: hatte man noch zur Aushandlung des START-I-Vertrags neun Jahre benötigt, so dauerten die Verhandlungen zu START-II nur noch ein einziges Jahr. Keinerlei Verhandlungen gingen den einschneidenden Reduzierungen bei den taktischen Nuklearwaffen voraus. Beide Supermächte kündigten ihre Schritte einseitig an, ohne sie von konkreten Gegenleistungen abhängig zu machen.[8] Wie sehr die militärischen Beziehungen ihren kompetitiven Charakter verloren haben, zeigt schließlich auch die amerikanisch-sowjetische Zusammenarbeit bei der Umsetzung dieser Reduzierungsbeschlüsse. Die USA und andere westliche Staaten leisten umfangreiche technische und finanzielle Hilfe, mit der gewährleistet werden soll, daß die russischen Gefechtsköpfe sicher transportiert und vernichtet werden. Außerdem finanzieren sie in Moskau ein Technologiezentrum, das Rußlands arbeitslosen Nuklearexperten eine berufliche Perspektive in ihrer Heimat eröffnen soll. Nicht mehr die militärische Schlagkraft des von Moskau kontrollierten Nuklearpotentials beunruhigt den Westen, sondern die Gefahr, daß es zentraler Kontrolle entgleiten könnte.[9]

Entgegen einem weit verbreiteten Vorurteil war die nukleare Rüstungskonkurrenz nur in den ersten zwei Jahrzehnten ein Wettbewerb um den Besitz von immer größeren „Overkill"-Kapazitäten. Betrachtet man den gesamten Zeitraum der amerikanisch-sowjetischen Rivalität, dann zeigt sich, daß Anzahl und Detonationsstärke der Gefechtsköpfe keineswegs kontinuierlich anstiegen. Das amerikanische Potential erreichte bereits 1967 seinen historischen Höchststand von etwa 32500 Gefechtsköpfen mit einer Explosionskraft von zusammen etwa 14000 Megatonnen TNT, die bis Ende der achtziger Jahre auf ungefähr 4000 Megatonnen zurückging. Auf sowjetischer Seite nahm zwar die Gesamtzahl der Sprengköpfe stetig zu, bis sie 1986 ihren Höchststand von 45000 erreichte, aber die Detonationsstärke des sowjetischen Arsenals ging zwischen 1974 und 1984 um ein Viertel auf 12000 Megatonnen zurück.[10] Lediglich bei den strategischen Potentialen ist bis Ende der achtziger Jahre ein quantitatives Wettrüsten zu beobachten, allerdings nur hinsichtlich der Anzahl der Gefechtsköpfe und nicht was die Zerstörungswirkung der Arsenale angeht. Zumindest die Zerstörungswirkung des strategischen Arsenals der USA ging ab Mitte der sechziger Jahre deutlich zurück.[11]

Viel wichtiger als die quantitative Konkurrenz war in den letzten Jahrzehnten eindeutig der qualitative Wettbewerb zwischen den Arsenalen. Drastisch ausgebaut wurden vor allem die Überlebensfähigkeit von U-Booten und Bombern (z.B. durch Stealth-Technik), die Qualität von Fernmelde- und Aufklärungssystemen sowie die Zielgenauigkeit von Raketen und Bombern, die bei Reichweiten von 10000 km zuletzt bei einigen Systemen unter 100 m betrug. Beide Supermächte wollten auf diese Weise ihre Fähigkeit ausbauen, das gegnerische Nuklearpotential mit möglichst geringem Aufwand zu dezimieren, und gleichzeitig sicherstellen, daß ihr eigenes Arsenal auch nach einem feindlichen Überraschungsangriff noch effektiv einsetzbar gewesen wäre. Die Rivalität bezog sich also nicht auf die relative Fähigkeit ähnlicher Waffensysteme, sondern auf die Fähigkeiten der kompletten Arsenale und ihrer unterstützenden Komponenten.

Die meisten technologischen Innovationen gingen dabei von den USA aus. Sie testeten als erste Atom- und Wasserstoffbombe, die sogenannte Neutronen-Waffe sowie die MIRV-Systeme; sie stellten die ersten nuklearen U-Boote in Dienst, die ersten Marschflugkörper und Stealth-Bomber und waren immer überlegen hinsichtlich der Zielgenauigkeit ihrer Waffen und der Qualität ihrer Satellitenaufklärung. Diese qualitative Vorreiterrolle ergab sich zum einen aus der generellen Überlegenheit, welche die USA als offene Gesellschaft auf dem technologischen Sektor auszeichnete; zum anderen sahen sie von Beginn des Kalten Krieges an in ihrer technologischen Überlegenheit das beste Mittel, um die quantitative Überlegenheit auszugleichen, welche die Sowjetunion vor allem bei den konventionellen Waffensystemen genoß. Im Rahmen eines „Gleichgewichts der Ungleichgewichte" sollte Unterlegenheit bei letzteren durch nukleare Überlegenheit ausgeglichen werden. Nachdem die Sowjetunion das nukleare Patt erzwungen hatte, suchten die USA ihre Nuklearwaffen technisch so zu verfeinern, daß sie größte militärische Wirkung mit möglichst geringen Nebenschäden vereinten. Damit wollten sie immerhin gewährleisten, daß der Einsatz ihres Nuklearpotentials im Falle einer konventionellen Niederlage so glaubwürdig angedroht werden konnte, daß die Sowjetunion aus ihrem Vorteil kein Kapital schlagen würde. Konventionelles Ungleichgewicht und nukleare Rüstungsdynamik blieben so bis zum Ende des Kalten Krieges verklammert.

2. Ursachen

Weshalb haben beide Supermächte über vier Jahrzehnte gerüstet, statt sich mit einem einmal erreichten Gleichgewicht zufriedenzugeben? Zweifellos kann es für ein so komplexes Interaktionsmuster, wie es die nukleare Rüstungskonkurrenz war, keine monokausale Erklärung geben. Offenbar wirkte hier eine Vielzahl technischer, sozialer und ideologischer Faktoren zusammen. Je nachdem, welchem dieser Faktoren der größte Einfluß zugeschrieben wird, lassen sich jedoch idealtypische Erklärungsansätze unterscheiden. Die grundlegendste Unterscheidung ist die zwischen akteursbezogenen und systemischen Erklärungen. Erstere sehen die entscheidende Ursache der jahrzehntewährenden Rüstungskonkurrenz im politischen System und den spezifischen Zielen einer der beiden Supermächte. Systemische Erklärungsansätze basieren hingegen auf der Annahme, daß idiosynkratische Eigenschaften der Akteure vernachlässigbar sind, weil ihre Interessen primär durch systemische Anreize bestimmt werden. Systemische Ansätze, die den internationalen Handlungszusammenhang für entscheidend erklären, werden als „außengeleitete" bezeichnet; solche, die nationale Rüstungskomplexe für dominant halten, als „innengeleitete".[12]

Naturgemäß wurden die akteursspezifischen Erklärungsansätze gerade von den Protagonisten der Rüstungskonkurrenz vertreten, wenn auch in diametral entgegengesetzter Ausrichtung: jede Seite sah die Hauptursache der fortwährenden Rüstungsdynamik im Überlegenheitsstreben ihres Rivalen, das seinerseits primär auf grundsätzliche Defekte seines politischen Systems zurückgeführt wurde. Diese Interpretation war aus Sicht der beteiligten Politiker, Soldaten und Rüstungsentwickler politisch nützlich und psychologisch naheliegend, schob sie doch die Verantwortung und damit den Zwang zur Verhaltensänderung der jeweiligen Gegenseite zu. Demgemäß galten ihnen eigene Rüstungsprogramme stets als legitime Antwort auf unprovozierte „Vorrüstungen" der Gegenseite.

Für die westliche Seite war das sowjetische Streben nach militärischer Überlegenheit die maßgebliche Determinante der Rüstungskonkurrenz. Dieses erklärte man seinerseits mit der totalitären Ideologie und Herrschaftsstruktur der Sowjetunion. Aus westlicher Sicht suchte Moskau mit überlegener Militärmacht die globale Ausbreitung des Kommunismus zu fördern, die zugleich den Herrschaftsanspruch der Kommunistischen

Partei innenpolitisch legitimieren sollte. Die Betonung des militärischen Instruments lag nach westlicher Lesart dabei insbesondere deshalb nahe, weil der Leninismus von einem totalen Konflikt zwischen Kapitalismus und Sozialismus ausging und weil das sozialistische Lager wirtschaftlich und speziell hinsichtlich der Befriedigung von Konsuminteressen nach wie vor im Hintertreffen war. Nach dieser Wahrnehmung konnte der Westen nur durch ständiges Gleichziehen der Sowjetunion demonstrieren, daß sie vergeblich nach militärischer Überlegenheit strebte. Nur auf der Basis dieses Lernerfolgs erschien wenigstens eine Abschwächung der Rüstungskonkurrenz möglich. Ihre vollständige Überwindung setzte hingegen die Beseitigung des kommunistischen Herrschaftssystems voraus.[13]

Die sowjetische Seite sah hingegen die Ursache der Rüstungskonkurrenz in der imperialistischen Außenpolitik der kapitalistischen Staaten, insbesondere ihrer amerikanischen Führungsmacht. Nach Lenins Theorie des Imperialismus streben kapitalistische Monopole naturgemäß die koloniale Expansion ihrer Staaten an, mit der sie sich den Zugang zu Rohstoffen und vor allem zu Absatzmärkten sichern wollen. Die weltweite Ausbreitung sozialistischer Gesellschaftssysteme mußte aus sowjetischer Perspektive mithin zwangsläufig auf den erbitterten Widerstand der kapitalistischen Staaten stoßen. Aufgrund der vom Marxismus-Leninismus postulierten historischen Gesetzmäßigkeiten mußte dieser Widerstand primär militärische Formen annehmen: nicht nur weil die Monopole an der Aufrüstung besonders gut verdienten, sondern auch weil militärische Überlegenheit sich als einziges Mittel anbot, um die den Sozialismus begünstigenden Trends bei den sozial-ökonomischen Faktoren so zu konterkarieren, daß sich die „Korrelation der Kräfte" nicht dauerhaft zugunsten des Sozialismus verschob. Aus sowjetischer Sicht konnten daher nur Wachsamkeit und umfangreiche Gegenrüstung den Westen zu einer „realistischeren" Politik bewegen. Die vollständige Überwindung der Rivalität wurde hingegen nur von der Revolutionierung der kapitalistischen Gesellschaften erwartet.[14]

Die spiegelbildliche Austauschbarkeit dieser Erklärungen

und Schuldzuweisungen gab vielen Wissenschaftlern Anlaß zu der Vermutung, daß eben nicht spezifische Eigenschaften der Akteure die Rüstungsdynamik fortwährend stimulierten, sondern systemische Faktoren, denen sie beide gleichermaßen ausgesetzt waren. Diesen systemischen Erklärungen zufolge, die besonders von der Friedensbewegung aufgegriffen wurden, stellten die Rüstungsprogramme der Regierungen keineswegs rationale Reaktionen auf äußere Bedrohungen dar. Vielmehr waren die Entscheidungsträger selbst den Zwängen von überpersönlichen Rückkopplungsprozessen auf nationaler oder internationaler Ebene unterworfen. Soziale Strukturen und Interaktionsmuster determinierten ihre Entscheidungen, deren dysfunktionale Wirkung die vermeintlichen Akteure nicht durchschauten. Ihre eigenen Erklärungen der Rüstung galten bestenfalls als Rationalisierungen, wenn nicht gar als bloße Propaganda zur Verschleierung tatsächlicher Interessen.

Nach der These vom außengeleiteten Rüstungswettlauf bewirken Unsicherheit und Mißtrauen im internationalen System einen fortwährenden Aufschaukelungsprozeß der Militärpotentiale. Jeder Rüstungsschritt der einen Seite bedroht in der Sicht der anderen das Gleichgewicht und löst daher eine entsprechende Gegenreaktion aus, die ihrerseits als bedrohlich wahrgenommen wird und folglich einen neuerlichen Schub bewirkt. Gemäß der klassischen Variante des außengeleiteten Ansatzes, die auf Lewis Richardson zurückgeht, reagieren Staaten summarisch auf die Rüstungsanstrengungen der Gegenseite, nach einer neueren, die vor allem von George Rathjens vertreten wurde, stellen die rüstungstechnischen Innovationen die wichtigste Antriebskraft der Rüstungskonkurrenz dar.[15] Ein Ausstieg aus dieser Rüstungsspirale war demgemäß nur bei empathischem Lernen möglich, d.h. wenn zumindest einer der Hauptakteure die verunsichernde Wirkung seiner eigenen Rüstungsschritte wahrnahm und aufgrund dieser Einsicht einseitig auf weitere vermeintliche Nachrüstungsschritte verzichtete.

Im Gegensatz zu diesen Erklärungsversuchen sehen die Vertreter des innengeleiteten Ansatzes die Hauptursache der Rüstungsdynamik in innergesellschaftlichen Strukturen, die ständig zu Aufrüstungsschritten anhalten. In der bekanntesten Variante dieses Ansatzes stehen letztlich die Profitinteressen der Rüstungsindustrie hinter staatlicher Aufrüstungspolitik. Aufgrund ihres hohen Konzentrationsgrads, ihrer beträchtlichen Geldmittel und ihrer symbiotischen Beziehung zu den Streitkräften könnten sie, im Schatten der offiziellen Politik, immer neue Beschaffungsprogramme durchsetzen. Erst die Auflösung dieser mächtigen Kartelle könne deshalb die Rüstungsdynamik zum Erliegen bringen.[16] Demgegenüber sehen andere Experten in den kontinuierlich aufeinanderfolgenden Arbeitsergebnissen dauerhaft institutionalisierter Forschungs- und Entwicklungseinrichtungen die entscheidende Triebkraft. Einmal entwickelt, werde beinahe jede mögliche Rüstungsinnovation praktisch umgesetzt, da keine Seite ausschließen könne, daß die andere bereits an einer ähnlichen Entwicklung arbeite. Auf diese Weise renne letztlich jeder der beiden Entwicklungskomplexe mit sich selbst um die Wette.[17]

Obwohl fast jede dieser Erklärungen eine tatsächlich wirksame Triebkraft der nuklearen Rüstungskonkurrenz identifizierte, muß im Lichte ihrer überraschenden Beendigung der größte Erklärungswert dem totalitären Charakter der sowjetischen Ideologie zugesprochen werden. Die drastische Abrüstung, die dem radikalen Umbruch der sozialistischen Gesellschaften folgte, bestätigt eindrucksvoll die traditionelle Sicht der westlichen Entscheidungsträger, daß die Rüstungskonkurrenz im wesentlichen politisch verursacht war und nur durch den Niedergang des kommunistischen Herrschaftssystems dauerhaft überwunden werden konnte. Spätestens seitdem in den Archiven der ehemaligen NVA östliche Pläne für den Fall eines europäischen Krieges entdeckt wurden, ist klar, daß die sowjetische Seite die legitimen Sicherheitsinteressen des Westens, konkret seine Forderung nach einem Gleichgewicht der militärischen Optionen, nie anerkannte, sondern stets die rasche und vollständige Niederwerfung des Gegners beabsichtigte. Verteidigungsoperationen sahen diese Pläne nicht vor.[18] Daß die nukleare Rüstungskonkurrenz nicht schon viel eher eingestellt werden konnte, lag mithin nicht an mangelnder Empathie des

Westens, sondern am kompromißlosen Freund-Feind-Denken der sowjetischen Nomenklatura, in dem kein Platz für eine echte Sicherheitspartnerschaft war.

Gerade im nuklearen Sektor wurde diese politisch motivierte Überrüstungsdynamik der Sowjetunion noch durch eine technisch bedingte ergänzt, die von den beiden Entwicklungs- und Produktionskomplexen ausging. Nach dem Ende des Kalten Kriegs sind sie zwar überall erheblich verkleinert worden; in den vier Jahrzehnten davor mußten sie jedoch ständig in Gang gehalten werden, um Aufrüstungsprogrammen des Gegners frühzeitig begegnen zu können. Entsprechend mußten immer neue Nuklearwaffen erst entwickelt und dann auch produziert werden. Da es unter den Bedingungen des strategischen Patts im Falle eines Versagens der Abschreckung für keine Seite eine rationale Strategie gab,[19] fehlte es auch an eindeutigen Kriterien für den Streitkräftebedarf. Weil niemand zuverlässig sagen konnte, wie ein Nuklearkrieg „politisch sinnvoll" – oder besser: am wenigsten unsinnig – zu führen wäre, konnte auch niemand definitiv feststellen, daß bestimmte Waffensysteme auf keinen Fall von Nutzen wären. Unter diesen Bedingungen ließ sich der Verzicht auf die Einführung technischer Neuerungen schwer rechtfertigen, geschweige denn politisch durchsetzen.

3. Auswirkungen

a) Sicherheitsimplikationen

Inwieweit der nukleare Rüstungswettlauf die Gefahr eines Krieges zwischen den Blöcken erhöhte, ist nicht leicht festzustellen. Daß der Ost-West-Konflikt schließlich friedlich bereinigt werden konnte, sagt allein noch nichts aus über die Risiken, die mit seiner Nuklearisierung verbunden waren. Hierzu muß geklärt werden, ob ein dritter Weltkrieg ohne die Präsenz und ständige Weiterentwicklung der Nuklearwaffen wahrscheinlicher gewesen wäre oder ob umgekehrt das Wissen um diese Waffen in Krisen eskalationsfördernd wirkte. Dabei ist zu unterscheiden zwischen den Auswirkungen von zwei parallelen Entwicklungen: der Stationierung immer neuer Waffensysteme und der Abfolge der strategischen Einsatzdoktrinen.

Ein genereller Zusammenhang zwischen Nuklearrüstung und Kriegsgefahr ist nicht nachweisbar. Durchaus eingängig ist zwar die Behauptung, „je mehr wir rüsten, desto weiter entfernen wir uns vom Frieden", die die Grünen im Bundestags-Wahlkampf 1983 plakatieren ließen. Empirische Forschungen haben diese These auch weitgehend bestätigt. Nach 1815 eskalierten ernsthafte Konflikte zwischen Großmächten sehr viel häufiger zu Kriegen, wenn ihnen Rüstungswettläufe vorangingen, als dies bei weniger militarisierten Disputen der Fall war.[20] Unklar ist jedoch, ob dieser Zusammenhang kausaler Natur ist, d.h. ob Wettrüsten Kriege tatsächlich verursacht, oder ob Rüstungswettläufe lediglich *Anzeichen* für ganz besonders brisante Konflikte sind, die naturgemäß eher zu Kampfhandlungen führen als weniger umstrittene Streitfälle.

Daß mit dem Umfang und der Qualität der Rüstung auch die Kriegsgefahr zunehmen muß, erscheint zwar denkbar, aber keineswegs zwingend, schon gar nicht, wenn es sich um nukleare Waffensysteme handelt, die sich sehr schwer für offensive politische Zielsetzungen instrumentalisieren lassen. Rüstungswettläufe mögen zwar Kriege dadurch wahrscheinlicher machen, daß sie das Mißtrauen und die politischen Spannungen zwischen Konfliktparteien vergrößern. Andererseits kann ein erhöhtes Rüstungsniveau auch die Abschreckung verstärken, indem es die denkbaren Kosten einer Auseinandersetzung steigen läßt. Da gerade letztere Wirkung vor allem von Nuklearwaffen ausgeht, gibt es a priori keinen Grund zu der Annahme, daß ihre fortgesetzte Beschaffung die Kriegsgefahr erhöht hat.

Fallstudien der Krisen zwischen den Supermächten lassen eher den Schluß zu, daß die Präsenz nuklearer Waffensysteme in den letzten vier Jahrzehnten die verantwortlichen Politiker von eskalatorischen Schritten abhielt. Sowohl in den Berlin-Krisen der Jahre 1958–62 als auch während der Kuba-Krise von 1962 setzten die Entscheidungsträger alles daran, daß die Ereignisse nicht ihrer politischen Kontrolle entglitten. Angesichts der für beide Seiten katastrophalen Wirkung eines nuklearen Schlagabtauschs waren sie nicht bereit, eine solche Auseinandersetzung zu riskieren. Sobald die Gefahr eines Krieges erkennbar stieg, ergriffen die Entscheidungsträger umgehend Maßnahmen, welche die Spannungen wieder verminderten.[21]

Diese empirische Beobachtung ist angesichts der Entwicklung der nuklearen Rüstungspotentiale nicht verwunderlich, hat sie doch eine historisch einzigartige Konstellation geschaffen. Seit Mitte der fünfziger Jahre mußten die Entscheidungsträger der beiden Supermächte im Konfliktfall damit rechnen, daß ihre Metropolen – und vielleicht sogar sie selbst – innerhalb weniger Stunden vernichtet würden. Da eine ausreichende Verteidigung gegen diese Bedrohung unmöglich war und Verhandlungen über einen Waffenstillstand nach dem Beginn eines nuklearen Schlagabtausches kein zuverlässiges Mittel dargestellt hätten, um katastrophalen Schaden abzuwenden, waren mit dem Schritt über die nukleare Schwelle so enorme und so wenig kontrollierbare Gefahren verbunden, daß jedem Politiker der Fortbestand selbst des ungünstigsten Status quo als das geringere Übel erscheinen mußte. Ein von langer Hand geplanter Nuklearkrieg konnte demnach kein rationales Mittel der Politik sein.

Denkbar war allenfalls die Eskalation einer Krise, in der die Entscheidungsträger sich nicht mehr vor die freie Wahl zwischen Krieg und Frieden gestellt glaubten, sondern zu der Einschätzung gelangten, daß ihnen nur noch die Wahl blieb, den unmittelbar bevorstehenden Angriff des Gegners hinzunehmen oder ihm mit einem eigenen Erstschlag zuvorzukommen. Letzteres wäre dann eine rationale Entscheidung, wenn sich dadurch der Schaden für die eigene Seite spürbar begrenzen ließe. Hierzu müßten so viele gegnerische Waffensysteme zerstört werden, daß der Rest keinen unakzeptablen Schaden mehr anrichten könnte, oder ein sog. Enthauptungsschlag gegen das Führungs- und Fernmeldesystem der Gegenseite müßte diese daran hindern, dem Gros ihrer Streitkräfte einen autoritativen Vergeltungsbefehl zu übermitteln.

Mit dem Fortschreiten der Rüstungskonkurrenz wurde es jedoch eher unwahrscheinlicher, daß es zu solch einer krisen-instabilen Konstellation kommen würde. Beide Supermächte hatten ein Eigeninteresse daran, ihre Vergeltungsfähigkeit unter allen Umständen zu garantieren. Daher trafen sie Maßnahmen, um die Verwundbarkeit vorhandener Waffen zu reduzieren, und dislozierten nach und nach eine Vielzahl an Waffensystemen, die auch einen völlig überraschenden Angriff überstanden hätten. Die Verteilung von Bombern in Krisenzeiten, die Härtung von Raketen-Silos und insbesondere die Einführung nahezu unverwundbarer Raketen-U-Boote sorgten dafür, daß selbst im ungünstigsten Fall genügend nukleare Trägersysteme übriggeblieben wären, um die Industriegesellschaft des Aggressors völlig zu zerstören.

Auch die Verwundbarkeit von Führungs- und Fernmeldesystemen hätte in einer Krise die Attraktivität eines Erstschlages nicht wesentlich erhöht. Ein solcher Angriff wäre immer mit einer Vielzahl unkalkulierbarer Erfolgsbedingungen belastet gewesen. So hätte er gleichzeitig alle Kommandostellen ausschalten müssen, die zur Einleitung des Vergeltungsschlags autorisiert waren. Schon beim Überleben eines dieser Posten wäre die „Enthauptung" des Gegners mißlungen. Aber selbst ein fehlerlos ausgeführter Enthauptungsschlag hätte das Opfer wahrscheinlich nicht davon abhalten können, seine Interkontinental-Raketen vor der Detonation der angreifenden Gefechtsköpfe zu starten *(„launch on warning")*. Noch weniger hätte solch ein Schlag die Besatzung von U-Booten daran hindern können, ihre Raketen gegen den Aggressor abzuschießen, wenn sie nach Tagen oder Wochen von der Vernichtung ihres Heimatlandes erfahren hätten.[22]

Während die Einführung und fortgesetzte Modernisierung der Nuklearwaffen die Gefahr eines bewußt begonnenen Krieges reduziert hat, hat sie andererseits das Risiko erhöht, daß ein militärischer Konflikt durch Unfälle oder technische Fehler ausgelöst wird. Die kurzen Flugzeiten der Fernraketen haben dazu geführt, daß die taktische Warnzeit vor einem Angriff auf wenige Minuten verkürzt wurde. Um die Option einer frühzeitigen Reaktion aufrechtzuerhalten, wurden daher die militärischen Warn- und Führungssysteme so eng miteinander verkoppelt, daß Fehler in ersterem vor ihrer Entdeckung bereits zu katastrophalen Fehlleistungen in letzterem hätten führen können.[23] Jüngste Untersuchungen haben zudem gezeigt, daß die Gefahr eines irrtümlich ausgelösten Nuklearkriegs zwischen den Supermächten etwas größer war, als während des Kalten Kriegs allgemein angenommen wurde. Gefährliche operative Doktrinen und Routinen sowie die mangelnde Bereitschaft, aus Fehlern zu lernen, machten besonders das strategische Dispositiv der USA anfällig für Unfälle. So war die operative Doktrin der *U.S. Air Force* über Jahrzehnte auf einen *launch on warning* ausgerichtet. Da alle hohen Befehlshaber bei einem Angriff auf das amerikanische Führungssystem zum Gegenschlag autorisiert waren, hätte in einer Krisensituation das Zusammentreffen mehrerer technischer Fehler einen irrtümlichen Vergeltungsschlag auslösen können, ohne daß die politische Führung dies hätte unterbinden können.[24]

Gleichwohl war das Risiko eines „Nuklearkriegs aus Versehen" immer noch verschwindend gering. Zu viele Faktoren hätten hierzu zusammentreffen müssen: eine ernsthafte Krise zwischen den Supermächten, in der ein sowjetischer Angriff plausibel erschien; Fehlmeldungen sowohl von Frühwarn-Satelliten als auch von Radaranlagen; und die Unterbrechung der Verbindung zum amerikanischen Präsidenten bzw. ein amtierender Präsident, der sich nicht darüber im klaren war, daß ein *launch on warning* in eine sichere Katastrophe führen würde, ohne ihre Ausmaße politisch signifikant begrenzen zu können.[25] Seit der Einführung weitreichender Nuklearraketen gab es nur eine Krise, in der ein sowjetischer Erstschlag nicht völlig ausgeschlossen schien: die Kuba-Krise von 1962. Aber auch auf dem Höhepunkt dieses Konflikts waren beide Seiten noch einige Schritte entfernt von einer nuklearen Eskalation.[26]

Selbst dieses verschwindend geringe Restrisiko in Krisensituationen kann im übrigen nicht allein der fortgesetzten Modernisierung der Nuklearwaffen zugeschrieben werden. Vielmehr ergibt es sich erst aus ihrem Zusammenwirken mit gefährlichen Einsatzdoktrinen und einer unzureichenden Ausübung ziviler Kontrolle über militärische Einsatzpläne und Routinen. Soweit diese auf einen *launch on warning* ausgerichtet waren, stellten sie nämlich weniger eine politisch rationale Antwort auf die Entwicklung der Rüstungskonkurrenz dar, sondern folgten primär den organisatorischen Interessen der amerikanischen *Air Force*. Insofern hätte größeres Engagement seitens der politischen Führung dieses Gefahrenpotential ohne weiteres vollständig beseitigen können, ohne damit andere amerikanische Sicherheitsinteressen preiszugeben.[27]

b) Ökonomische und ökologische Folgen

Die wirtschaftlichen Auswirkungen der nuklearen Rüstungskonkurrenz waren längst nicht so gravierend, wie vielfach angenommen wurde. Zwar ist die Entwicklung und Herstellung nuklearer Gefechtsköpfe und Trägersysteme äußerst kostspielig. Zuletzt lagen die Beschaffungskosten eines kompletten strategischen Waffensystems in den USA zumeist bei 30–50 Milliarden Dollar. Verglichen mit den Ausgaben für die konventionellen Streitkräfte war die Nuklearrüstung jedoch stets „billig", weil sie mit sehr geringen Personal- und Wartungskosten verbunden war. Aus diesem Grund machten in den USA diese Aufwendungen selten mehr als 15 % des Verteidigungshaushaltes aus und damit lediglich 1 % des Bruttosozialprodukts.[28] In der Sowjetunion hat dieser Anteil wegen der allgemein niedrigeren Personalkosten vermutlich höher gelegen. Insgesamt hat aber auch dort die Nuklearrüstung die Volkswirtschaft nicht unverhältnismäßig hoch belastet. Im Gegenteil: alles spricht dafür, daß ohne die besondere Abschreckungswirkung der Nuklearwaffen die konventionelle Rüstungskonkurrenz weit schärfer verlaufen wäre, mit der Folge, daß die Gesamtaufwendungen für Verteidigung auf beiden Seiten größer gewesen wären.

Gravierender waren (und sind) zweifellos die ökologischen und gesundheitlichen Folgekosten der nuklearen Rüstungskonkurrenz. Aus den neuen Informationen, die nach dem Ende des Ost-West-Konflikts zugänglich wurden, ergibt sich ein in vieler Hinsicht alarmierendes Bild. Beide Supermächte, insbesondere aber die Sowjetunion, haben bei der Entwicklung, Herstellung und Erprobung der nuklearen Gefechtsköpfe unverantwortliche Schäden an Mensch und Natur in Kauf genommen. So setzte allein eine amerikanische Produktionsanlage (von insgesamt 15) in drei Jahrzehnten fast 200 Tonnen Uran frei. Viele Tausende von Menschen wurden bei atmosphärischen Testexplosionen, im Uranbergbau und durch Unfälle radioaktiven Belastungen ausgesetzt, die zu schweren Gesundheitsschäden mit tödlichem Ausgang führten. Auf dem Gebiet der ehemaligen Sowjetunion soll ein Gebiet von der elffachen Größe Deutschlands so stark radioaktiv verstrahlt sein, daß es heute faktisch unbewohnbar ist. Die Kosten für die Beseitigung der in den USA entstandenen Umweltschäden werden vom amerikanischen Energieministerium auf etwa 200 Milliarden Dollar geschätzt.[29]

Ein ungelöstes Umweltproblem wirft ferner die Entsorgung der rund 25000 nuklearen Gefechtsköpfe auf, welche die Supermächte in den nächsten Jahren abbauen wollen. Noch gibt es keine sowohl politisch als auch ökologisch akzeptable Lösung für Verbleib oder Verwendung der vielen hundert Tonnen Plutoniums und hochangereicherten Urans. Um ihre militärische Wiederverwendung dauerhaft auszuschließen, müssen sie so weit abgereichert werden, daß sie in Kernkraftwerken „abgebrannt“ werden können. Selbst wenn dies über einige Jahrzehnte sicher durchgeführt werden könnte – was angesichts der Sicherheitsmängel der östlichen Kernkraftwerke durchaus zweifelhaft ist – bliebe immer noch das herkömmliche Entsorgungsproblem für die verbrauchten Brennelemente, das bekanntlich auch noch nicht überzeugend gelöst werden konnte.[30] Die ökologischen Folgelasten der nuklearen Rüstungskonkurrenz zwischen den Supermächten werden daher noch Probleme bereiten, wenn ihre politischen und wirtschaftlichen Implikationen längst Geschichte sind.

4. Ausblick: Abschaffung oder Weiterverbreitung der Kernwaffen?

Ohne Zweifel markiert das Ende des Kalten Krieges die wichtigste Zäsur seit Beginn des Nuklearzeitalters. Es ermöglichte einerseits eine beispiellose Abrüstung der Arsenale, die für einen Konflikt in der nördlichen Hemisphäre bereitgehalten wurden. Andererseits ist mit dem Ende des Ost-West-Konflikts auch eine Flexibilisierung der internationalen Beziehungen eingetreten, die alte Gewißheiten beseitigt und neue Unsicherheiten geschaffen hat. Klare Interessenssphären und Patron-Klient-Beziehungen zwischen Supermächten und anderen Staaten existieren heute nur noch in wenigen Regionen. Vor allem in der südlichen Hemisphäre können sich bedrohte Staaten immer weniger auf die Unterstützung einer Supermacht verlassen, sondern müssen neue Verbündete suchen und ihre eigenen Streitkräfte ausbauen. Parallel zur nuklearen Abrüstung im Norden könnte in den nächsten Jahren eine verstärkte Aufrüstung im Süden zu beobachten sein. Wird diese zweite Phase des Nuklearzeitalters größere nukleare Risiken heraufbeschwören, oder wird der Trend zur Abrüstung die Oberhand behalten und vielleicht sogar eine Welt ohne Nuklearwaffen ermöglichen?

Die vollständige Beseitigung aller Kernwaffen ist auf absehbare Zeit nicht zu erwarten. Die drastische Abrüstung der USA und der Nachfolgestaaten der Sowjetunion schreitet zwar gut voran. Angesichts der begrenzten Kapazitäten zur Demontage und Entsorgung der Sprengköpfe wird die Durchführung der gegenwärtigen Reduzierungspläne jedoch noch Jahre dauern. Die amerikanische Regierung will so lange auf neue Abrüstungsverhandlungen verzichten.[31] Die erste Abrüstungseuphorie ist somit abgeklungen. Ob künftig weitere Reduzierungsvereinbarungen getroffen werden, hängt hauptsächlich vom Fortgang der russischen Demokratisierung ab, der mittelfristig kaum zu prognostizieren ist.

Selbst ein dauerhafter Erfolg der russischen Reformen und eine nachhaltige Verbesserung der amerikanisch-sowjetischen

Beziehungen würden die beiden Regierungen indes kaum dazu veranlassen, auf ihr gesamtes Nuklearpotential zu verzichten. Hierzu müßten sie nämlich sichergehen können, daß die andere Seite tatsächlich alle ihre Waffen vernichtet hat und nicht in der Lage ist, insgeheim einige neue Gefechtsköpfe herzustellen. Keine dieser Voraussetzungen erscheint erfüllbar. Der zuverlässige Abbau der gesamten Arsenale würde allein schon daran scheitern, daß weder Rußland noch die USA den genauen Umfang beider Arsenale kennen. Die verborgene Produktion neuer Waffen läßt sich ebenfalls nicht ausschließen, solange beide Mächte über das technische Wissen und wenige Zentner Plutonium oder hochangereicherten Urans verfügen. Für den Bau einer einzigen Waffe würden bereits 3–4 kg Plutonium ausreichen.[32] Eine internationale Kontrolle spaltbaren Materials, welche diesen hohen Anforderungen genügen würde, ist technisch und politisch undurchführbar. Selbst wenn alle diese Probleme bilateral gelöst werden könnten, stünde immer noch ein weiteres grundlegendes Hindernis dem vollständigen Verzicht auf Nuklearwaffen entgegen: die potentielle Bedrohung durch Drittstaaten, die über Kernwaffen verfügen.

Momentan spricht nichts dafür, daß die übrigen Nuklearmächte auf ihre Kernwaffen verzichten werden. Im Gegenteil, eher ist mit einer weiteren Zunahme der Kernwaffen-Staaten zu rechnen. In den vier Jahrzehnten nach dem ersten sowjetischen Test hat ihre Anzahl langsam, aber kontinuierlich zugenommen. Seither haben vier andere Staaten ein nukleares Arsenal aufgebaut: Großbritannien (erster Test: 1951), Frankreich (1960), China (1964) und Israel. Indien, das bereits 1974 einen Sprengkopf zündete, und Pakistan, das erst im letzten Jahrzehnt die technischen Voraussetzungen schuf, sind heute als virtuelle Atommächte anzusehen, weil sie bei Bedarf innerhalb weniger Tage einsatzfähige Waffen herstellen könnten.[33] Keiner dieser sechs Staaten zeigt echte Bereitschaft, in absehbarer Zeit auf sein Potential zu verzichten. Allenfalls wurde angekündigt, unter bestimmten Bedingungen diese Waffen aufzugeben. Solange regionale Rivalitäten fortbestehen und neue Konflikte entstehen, werden weitere Staaten nach Nuklearwaffen streben.

Als aussichtsreichste Aspiranten sind gegenwärtig Iran und Nord-Korea anzusehen. Letzteres verfügt nach Angaben der amerikanischen Regierung möglicherweise bereits heute über zwei Atomwaffen, könnte jedoch eventuell noch durch internationalen Druck von der Produktion weiterer Waffen abgehalten werden. Iran könnte nach der Einschätzung deutscher und amerikanischer Nachrichtendienste bis zum Ende des Jahrtausends Kernwaffen herstellen.[34]

Allerdings darf die Stärke dieses Trends nicht überschätzt werden. Die Weiterverbreitung von Kernwaffen ist kein unkontrollierbarer und nicht einmal ein prinzipiell irreversibler Prozeß. Viele Staaten, welche die erforderlichen technischen Fähigkeiten hätten, haben sich im Nichtverbreitungs-Vertrag dazu verpflichtet, weder eigene Waffen zu entwickeln, noch andere Staaten dabei in irgendeiner Form zu unterstützen. Erst in den letzten Jahren haben einige Staaten fortgeschrittene Projekte eingestellt. Südafrika hat sein hochangereichertes Uran internationaler Kontrolle unterstellt und damit begonnen, es auf ein Mischungsverhältnis abzureichern, das nur noch zivile Verwendungen zuläßt. Argentinien und Brasilien, die lange Zeit in einem nuklearen Wettlauf engagiert waren, vereinbarten 1990 den beiderseitigen Verzicht auf die Erprobung und Herstellung von Nuklearwaffen und verpflichteten sich, ihre Anlagen internationalen Kontrollen zugänglich zu machen.[35] Die nuklearen Anlagen des Irak wurden während und nach dem zweiten Golfkrieg von der gegen ihn vorgehenden Koalition vernichtet. Kasachstan, die Ukraine und Weißrußland, die mit dem Zerfall der Sowjetunion in den Besitz von Kernwaffen gelangten, haben ihre taktischen Waffen bereits zur Vernichtung nach Rußland verbracht und sich des weiteren zum Abbau der strategischen Waffen verpflichtet.[36] Auch wenn insgesamt nicht von einem uneingeschränkten Erfolg der Nichtverbreitungs-Politik gesprochen werden kann, gibt es heute doch viel weniger Kernwaffen-Staaten, als man noch vor wenigen Jahrzehnten prognostiziert hatte.

Die sicherheitspolitischen Auswirkungen zunehmender Proliferation sind nicht eindeutig negativ. Unter bestimmten Bedingungen könnte die Beschaffung von Kernwaffen die internationalen Beziehungen innerhalb der betroffenen Region stabilisieren und die Gefahr eines konventionellen Krieges vermindern.[37] Wenn neue Nuklearmächte ihre Kernwaffen überlebensfähig stationieren, können sie ihre Gegner im Falle eines Konflikts mit möglichen Kosten konfrontieren, welche diejenigen einer konventionellen Auseinandersetzung um ein Vielfaches übersteigen. Daher haben diese in Krisensituationen deutlich geringere Anreize für Angriffe oder andere Formen provokativen Verhaltens. Umgekehrt werden für die neuen Nuklearmächte durch diesen Zugewinn an Sicherheit Befürchtungen gegenstandslos, die unter konventionellen Bedingungen zu Kriegen führen können. Beispielsweise brauchen sie keine Präventivkriege mehr zu führen, um einer Verschiebung der Kräfteverhältnisse zuvorzukommen oder ein Glacis zu erobern, das eine bessere Verteidigung mit herkömmlichen Streitkräften erlauben würde.

Andererseits steigt mit der Anzahl der Nuklearmächte unweigerlich auch die Wahrscheinlichkeit, daß Kernwaffen erneut in einem Krieg eingesetzt werden. Zwar ist es vorschnell und zeugt von westlicher kultureller Überheblichkeit, Machthabern der südlichen Hemisphäre pauschal das Maß an Rationalität abzusprechen, das für stabile Abschreckung erforderlich ist.[38] Gleichwohl halten viele dieser Staaten zumindest hinsichtlich ihrer technischen und organisatorischen Fähigkeiten einem Vergleich mit den etablierten Nuklearmächten nicht stand. Diese Defizite erhöhen die Wahrscheinlichkeit von technischen Unfällen und erschweren die Erkennung und Verbesserung von operativen Verfahren, welche die Gegenseite in Krisensituationen irrtümlich als Anzeichen eines bevorstehenden Angriffs deuten könnte. Das Auftreten neuer Nuklearmächte steigert daher das Risiko „ungewollter Nuklearkriege".[39]

Die Bilanz nach 50 Jahren nuklearer Rüstungskonkurrenz fällt somit zwiespältig aus. Im industriell entwickelten Teil der nördlichen Hemisphäre hat sie dazu beigetragen, daß der Systemkonflikt zwischen Ost und West nicht militärisch ausgetragen wurde. Seiner friedlichen Bereinigung stand sie keineswegs im Wege, wie viele Beobachter glaubten. War die Gefahr eines Nuklearkriegs in dieser Region immer sehr gering, so existiert sie heute praktisch nicht mehr. Unabsehbare Probleme werfen indes die Altlasten dieser Rüstungskonkurrenz auf. In den weniger entwickelten Regionen wird die Zahl der Kernwaffen-Staaten langsam, aber stetig zunehmen. Angesichts ihrer schlechteren Sicherheitssysteme und der zahlreichen Konflikte, die zwischen den Entwicklungsländern bestehen, steigt zumindest die Wahrscheinlichkeit eines irrtümlich ausgelösten Einsatzes von Kernwaffen. Die Gefahr eines großen Nuklearkriegs hat also abgenommen, die eines kleineren wird künftig zunehmen.

Erhard Forndran

Der säkulare Dialog: Rüstungskontrolle

1. Tastende Anfänge

Im 19. Jahrhundert beruhte Frieden, zumindest soweit er durch konkrete Schritte verfolgt wurde, vor allem auf dem Konzept des Machtgleichgewichts und auf der Bildung von Bündnissen. Das Motiv für die Politik der Kriegsverhinderung bestand meist nicht in einem Interesse an internationaler Stabilität und an dem Aufbau friedlicher Austauschprozesse. Es bestand auch nicht in der Einsicht in die enormen Kosten eines modernen europäischen Großkrieges mit den möglichen Gefahren für die Kontinuität gesellschaftlicher Strukturen und für die Herrschaftssicherung der jeweiligen Eliten. Das Motiv lag vielmehr in einem Kalkül, das die Niederlage in einem Krieg nicht ausschließen konnte und ihn daher zumindest vorübergehend – aber nicht grundsätzlich – als ungeeignetes Instrument der Politik erscheinen ließ. Gewaltsame Aggressionen blieben ein legitimes Mittel der Außenpolitik. Meist war es nur das Fehlen entscheidender militärischer Überlegenheit eines Staates oder Staatenbündnisses gegenüber anderen, das den Krieg verhinderte. Diese Beurteilung des Krieges als legitimes Mittel der Außenpolitik änderte sich mit dem beginnenden 20. Jahrhundert zunächst nicht. Sie gewann sogar vor dem Ersten Weltkrieg ein besonders starkes Gewicht und behielt für die verspäteten Nationen – Japan, Deutschland und Italien – auch in der Zwischenkriegszeit zentrale Bedeutung.

Das Bild dieser Epoche der internationalen Beziehungen wäre freilich unvollständig, wenn man nicht auch die alternativen Vorschläge und entsprechenden politischen Schritte in dieser Zeit berücksichtigt. Deren Ziel war nicht mehr nur eine militärisch begründete Sicherheit und Handlungsfähigkeit von einzelnen Staaten, sondern eine Überwindung der internationalen Anarchie. Vor allem liberale und sozialistische Denker kritisierten bereits gegen Ende des 19. Jahrhunderts die Grundsätze der machtorientierten Gleichgewichtspolitik und der Doktrin vom Krieg als legitimem Mittel der Politik. Sie plädierten unter anderem für eine Abrüstung der Nationalstaaten. Diese Ideen spielten auf der Weltabrüstungskonferenz in Den Haag im Jahr 1899 eine Rolle. Die 26 Teilnehmerstaaten konnten sich zwar nicht auf Abrüstungsschritte einigen, aber immerhin wurde die Einrichtung der internationalen Schiedsgerichtsbarkeit beschlossen.[1] Auch das Thema der allgemeinen Abrüstung blieb auf der Tagesordnung. Der Papst und der amerikanische Präsident Woodrow Wilson forderten in der päpstlichen Friedensnote vom August 1917 beziehungsweise im Punkt vier der „Vierzehn Punkte“ vom Januar 1918 die Herabsetzung der Rüstungen aller Staaten auf das zur Erhaltung der inneren Sicherheit der Staaten notwendige Maß. Die im Rahmen der Pariser Vorortverträge von 1919 erzwungene Abrüstung der Mittelmächte entsprach freilich nicht diesem Konzept, sondern folgte der alten konkurrenzorientierten Sicherheitspolitik der Siegermächte.

Die außergewöhnlichen ökonomischen und sozialen Kosten und politischen Folgen des Ersten Weltkrieges führten zwar nicht zu einer Abkehr von den überkommenen Grundprinzipien der Außenpolitiken der meisten Staaten, schafften aber Spielräume für neuartige politische Gedankengänge. Dieser Aufbruch, der neue Strukturen, Organisationen und Handlungsweisen für die internationale Politik zu realisieren suchte, schlug sich in einer Reihe konkreter politischer Vorschläge nieder. Die – teilweise ideologisch fundierte – machtorientierte und in mehreren Fällen expansiv und aggressiv angelegte Politik vieler Staaten in den dreißiger Jahren sollte freilich schnell zeigen, daß die „idealistisch“ ausgerichteten Politikkonzepte zumindest vorläufig keinen entscheidenden Einfluß auf den Gang der Geschichte nehmen konnten. Trotzdem ist im Zusammenhang mit der Frage nach der Bedeutung der Rüstungskontrolle ein kurzer Blick auf diese Denkansätze angebracht.

An erster Stelle ist die Absicht zu nennen, mit Hilfe des neu gegründeten Völkerbundes das Prinzip der kollektiven Sicherheit in die internationale Politik einzuführen. Die Androhung gemeinsamer Aktionen der Staatenwelt gegen gewaltsame Störungen der internationalen Ordnung sollte künftig den Frieden sichern. Die Grenzen dieses Konzepts wurden allerdings schon 1925 deutlich, als das Genfer Protokoll, in dem obligatorische Schiedsgerichtsbarkeit, Sanktionsmechanismen und Abrüstungsschritte miteinander verknüpft wurden, wegen der ablehnenden Haltung Großbritanniens scheiterte. In die gleiche Richtung zielten Verträge zur internationalen Ächtung der Gewalt. Vor allem der Vertrag von Locarno aus dem Jahre 1925 und der Briand-Kellogg-Pakt von 1928 sind hier zu nennen. Aber auch diese beiden Verträge scheiterten, weil wichtige Staaten den Einsatz militärischer Mittel auf der Basis souveräner Entscheidungen unter bestimmten Bedingungen auch weiterhin für legitim hielten. Im übrigen fehlten Sanktionsmechanismen. Neben diesen prinzipiellen Konzepten spielten Versuche, konkrete Bereiche der Rüstung einer Kontrolle zu unterwerfen, eine gewisse Rolle. Nachdem schon in der Haager Landkriegsordnung von 1907 das Verbot von Gift und Gas in Kriegen ausgesprochen worden war, wurde die Kampfführung mit Giftgasen im Genfer Protokoll von 1925 geächtet. Dies hinderte zwar Italien im Abessinien-Konflikt und Japan im Krieg mit China nach 1937 nicht am Einsatz dieser Waffen, aber immerhin verzichteten die Staaten im Zweiten Weltkrieg auf den Gebrauch dieser Waffen.

Von ähnlicher Bedeutung waren die rüstungskontrollpolitischen Ergebnisse der Konferenz von Washington im Jahre 1922. Diese Konferenz hatte ein sehr viel umfassenderes Ziel, indem sie – in anderer Form als die Pariser Vorortverträge für Europa – eine Regelung der Beziehungen im pazifischen Raum anstrebte.[2] In diesem Zusammenhang kam es zu einem Fünf-Mächte-Abkommen über die Rüstungsbeschränkung beim Bau von Schlachtschiffen, durch das die Vereinigten Staaten, Großbritannien, Japan, Frankreich und Italien betroffen waren und das im wesentlichen die Abrüstung einiger dieser Schiffe sowie einen zehnjährigen Baustopp für diese Kategorie von Kriegsschiffen festschrieb. Allerdings wies dieser Vertrag wichtige Lücken auf. Da er sich auf die Schlachtschiffe konzentrierte, vernachlässigte er die anderen Schiffskategorien und führte zu einer Verlagerung im Kriegsschiffsbau. Die Nachfolgekonferenz von London im Jahre 1930 brachte keine wesentliche Verbesserung für diesen Rüstungskontrollansatz, und die dreißiger Jahre selbst waren durch einen Übergang von der Rüstungsbeschränkung zu einem neuen Wettrüsten zur See gekennzeichnet.[3]

Schließlich ist auf die Versuche zu verweisen, im Rahmen des Völkerbundes eine allgemeine Abrüstung zu erreichen. Diese Absicht aber scheiterte an der Haltung Frankreichs, das als Reaktion auf die deutsche Revisionspolitik am Ende der Weimarer Republik eine grundsätzliche Obstruktionspolitik nicht allein gegenüber Deutschland, sondern auch gegenüber dem Völkerbund mit seinen Vorstellungen der kollektiven Sicherheit und Abrüstung betrieb. Damit versetzte Frankreich dem Völkerbund einen schweren Schlag, auch wenn dessen Autorität erst wirklich durch das japanische Vorgehen in der Mandschurei und später durch die Aggression Italiens in Abessinien desavouiert wurde.

Damit scheiterte der Versuch in der Zwischenkriegszeit, Frieden durch neuartige Handlungskonzepte zu schaffen, zu denen als ein Element die Rüstungsbeschränkung gehörte, endgültig. Nach dem Zweiten Weltkrieg bekam das Thema Abrüstung schnell wieder eine gewisse Bedeutung für die internationale Politik.[4] Allerdings ist zu Recht festgestellt worden, daß es sich eher um ein nicht ernstgemeintes diplomatisches Spiel handelte. Alle wichtigen Vorschläge waren so angelegt, daß die Ablehnung durch andere Verhandlungspartner sicher war.[5] In den propagandistischen Auseinandersetzungen des Kalten Krieges gewann der jeweilige Staat, der einen Abrüstungsvorschlag plazierte, Vorteile, aber keine Seite wagte es, das eigene System durch eine allgemeine Abrüstung zu sichern.

Kollektive Sicherheit, Gewaltverzicht, Abrüstung und in kleinem Umfang auch Rüstungskontrollprojekte waren in der ersten Hälfte des 20. Jahrhunderts Elemente der internationalen Beziehungen. Von einer durchdachten Konzeption kann zumindest für die Rüstungskontrolle aber nicht gesprochen werden. Erst am Ende der fünfziger Jahre entwickelte sich in den Vereinigten Staaten eine wissenschaftliche Diskussion über die theoretischen Grundlagen der Rüstungskontrolle.[6]

Die wissenschaftliche Debatte hatte mehrere Wurzeln.[7] Ihr lag zum einen die Einsicht zugrunde, daß Abrüstung nicht selbstverständlich und automatisch friedensfördernd sei. Ein möglicher Abrüstungsprozeß beinhalte vielfältige Formen von Instabilität, und eine abgerüstete Welt müsse durchaus nicht friedlicher sein als eine gerüstete. Die entsprechenden Verhandlungen könnten nur konkrete Rüstungen erfassen, nicht aber die permanente Kriegsfähigkeit einer Gesellschaft und die besonderen Gefahren einer möglichen raschen Wiederaufrüstung, bei der die fortgeschrittenen Industrienationen besondere Vorteile haben würden. Außerdem besäßen die seit 1945 vorgelegten Abrüstungsvorschläge durchweg nur instrumentellen Charakter, um die Rüstungspolitik anderer Staaten zu beeinflussen. Die Gleichsetzung von existierender Rüstung mit Krieg und Abrüstung mit Frieden wurde als naiv verworfen. Andererseits wuchs gerade in dieser Zeit die Einsicht – und dies war die zweite Wurzel der Rüstungskontrollphilosophie –, daß die technischen Merkmale moderner Massenvernichtungswaffen besondere Gefahren heraufbeschwören konnten, da sie Vorteile für denjenigen Staat einräumten, der den Krieg mit einem Überraschungsangriff begann.

Diese zwei sehr unterschiedlichen Gesichtspunkte bildeten den Ausgangspunkt der Rüstungskontrolltheorie. Frieden wurde nicht mehr einfach als Ergebnis einer Abrüstung erwartet, sondern mit neuen Funktionen der Rüstungen und der militärischen Fähigkeiten verbunden. Er wurde nicht mehr mit einem nicht erreichbaren Zustand eines völligen Fehlens von Kriegsmöglichkeit verknüpft, sondern sollte das Ergebnis eines durch technische Bedingungen erzwungenen Verzichts des Gebrauchs von Rüstungen sein. Im Mittelpunkt der Theorie stand das Ziel der Stabilität im Sinne eines rational gesteuerten Prozesses dieses Ausschnittes internationaler Politik. Nicht die Beseitigung der Konfliktpotentiale und der militärischen Instrumente, sondern die Fähigkeit zur Manipulation militärischer Möglichkeiten nach Stabilitätsgesichtspunkten wurde zum Programm erhoben. Hinzu kam die Erkenntnis, daß nicht nationale beziehungsweise durch Bündnisse organisierte Sicherheitspolitik in Konkurrenz zu anderen Akteuren allein den Frieden garantieren konnte, sondern daß internationale Stabilität nur zu erreichen war, wenn auch der potentielle Gegner sich ausreichend sicher fühlen konnte.

Das Konzept der Rüstungskontrolle stand damit zwischen der Abschreckungs- und der Abrüstungspolitik. Sie war mit keiner identisch, überlappte beide und stellte an beide die Forderung der Stabilität. In bezug auf die Abrüstung konnte sie Vorstufe und Bestandteil sein. Von der Abschreckung erwartete sie, daß diese die Fähigkeit zu abwartenden und erfolgversprechenden Reaktionen auf einen Angriff im Sinne der glaubwürdigen Zweitschlagfähigkeit besaß. Dabei entwickelten sich in der Debatte zwei Schulen. Schelling, der Wortführer der einen Schule, ging davon aus, daß das Fortbestehen der Rüstungen nicht zu verhindern und Abschreckungsfähigkeit daher auch in Zukunft die zentrale Bedingung für die Friedenssicherung sei. Konsequent forderte er die Unterwerfung der Sicherheitspolitik unter die Kriterien der Stabilität. Wiesner, der die zweite Schule anführte, schloß demgegenüber eine rüstungskontrollpolitisch begleitete Abrüstung nicht aus und glaubte daher, unter dem Schirm einer stabilen Minimalabschreckung mit der Abrüstung beginnen zu können.

Abgesehen von dieser Differenz bestand Einigkeit darüber, daß eine Politik, die sich am rüstungskontrollpolitischen Ziel der Stabilität orientierte, zu Aufrüstung, Umrüstung, aber auch Rüstungsbeschränkung bis hin zur teilweisen Abrüstung führen konnte. Im Grunde betraf das Konzept das gesamte Spektrum vom Charakter über die Begrenzung und den Gebrauch bis hin zur Kontrolle von Rüstungen. Die Entwicklung und Produktion von Waffen, die Zusammensetzung, räumliche Verteilung und Einsatzplanung sowie das Kommando- und Kontrollsystem von Streitkräften, aber auch die Vermeidung politischer Fehlkalkulation sowie der Fehlinterpretation von Informationen und der Ausbau von Kommunikationsmöglichkeiten selbst zwischen verfeindeten Akteuren konnten zu Themen der Rüstungskontrolle werden. Diese konnten durch einseitige Maßnahmen, aber auch durch vorbildhaftes einseitiges Vorgehen, bei dem eine entsprechende Reaktion der anderen Seite erwartet wurde, oder durch mehrseitige Verhandlungen und Absprachen bearbeitet werden. Kontrolle besagte bei diesem Konzept also nicht allein die Überprüfung der Einhaltung einer Vereinbarung, sondern die kontrollierte Steuerung eines dynamischen Prozesses.

Bei allem Optimismus der Teilnehmer an dieser Diskussion bestand freilich von Anfang an auch die Einsicht in die Grenzen des Konzepts. Rüstungskontrolle setzt Rationalität in den Entscheidungsprozessen der Akteure voraus – eine Bedingung, die nur selten erfüllt wird. Sie ist zudem immer nur ein Element von Innen-, Außen- und Verteidigungspolitik und unterliegt der Gefahr, von unterschiedlichen politischen Kräften zugunsten anderer Interessen instrumentalisiert zu werden. Sie neigt außerdem zu einer isolierten Behandlung einzelner Rüstungsbereiche und stellt prinzipiell keinen Ersatz für eine stabilitätsbezogene Behandlung konkreter politischer Konflikte dar. Trotz dieser berechtigten Einwände gewann dieses Konzept seit Anfang der sechziger Jahre einen bedeutenden Einfluß auf die internationale Politik.

3. Erste Erfahrungen

Die Administration des US-Präsidenten John F. Kennedy war die erste Regierung, die bewußt Rüstungskontrollpolitik betrieb. Sie war für die kommenden Jahrzehnte konzeptbildend, und ihre Politik wies bereits Beispiele für alle später wesentlichen Diskussionspunkte und Entscheidungsfälle auf. Nach einem frühen, aber wegen der ablehnenden Haltung der Sowjetunion gescheiterten Versuch, Stabilität durch Minimalabschreckung zu erreichen, gewannen schnell die Überlegungen der Schelling-Schule Bedeutung für die praktische Politik der amerikanischen Regierung. Dies blieb mit Ausnahme der frühen Zeit der Carter-Regierung bis zum Ende der achtziger Jahre so. Die amerikanischen Regierungen hielten an der Abschreckungspolitik als einer dauerhaft notwendigen Maxime fest, verbanden diese aber mehr oder weniger mit den Stabilitätsprinzipien der Rüstungskontrolle. Eine umfassende stabilitätsorientierte Abrüstung hatte seit 1961 kaum Gewicht in den außenpolitischen Konzeptionen der Vereinigten Staaten.

Die Forderung nach Berücksichtigung der Stabilitätsgesichtspunkte in der Abschreckungspolitik schlug sich schon zu Beginn der Regierungszeit Kennedys zum einen in der rationalen Konstruktion der Abschreckungsdoktrin und zum anderen in der daraus folgenden Ersetzung der Strategie der massiven Vergeltung, die in den fünfziger Jahren die amerikanische Sicherheitspolitik bestimmt hatte, durch die Strategie der flexiblen Reaktion nieder. Letztere drohte nicht mehr mit der totalen Vernichtung als Antwort auf eine politisch, geographisch und/oder waffenmäßig begrenzte Aggression, sondern versuchte die Gegenseite von einem Angriff abzuhalten, indem sie eine Bestrafung des Angreifers entsprechend dem Niveau seiner aggressiven Schritte ankündigte, ohne daß damit die Kernwaffen ihre herausgehobene Funktion im Abschreckungskonzept verloren hätten. Hintergrund dieses Strategiewandels war die Einsicht, daß die Drohung mit der totalen beiderseitigen Vernichtung kaum glaubhaft einen Aggressor vor begrenzten Angriffen abschrecken konnte. Die Strategie der flexiblen Reaktion konnte für sich zwar eine größere Glaubwürdigkeit beanspruchen, zugleich aber erhöhte sie die Wahrscheinlichkeit des Krieges wieder, da der potentielle Aggressor bei begrenzten militärischen Aktionen nicht mehr unbedingt mit der totalen Vernichtung rechnen mußte. Aus diesem Grunde wandten sich die europäischen NATO-Partner zunächst auch gegen diesen Strategiewechsel. Ein begrenzter Krieg mußte vor allem Europa betreffen. Den Europäern ging es daher um den prinzipiellen Ausschluß einer Kriegsmöglichkeit – so unglaubwürdig dies auch mit der Verfolgung einer Strategie war, die mit dem Selbstmord drohte, um dem Mord zu entgehen. Das Bündnis einigte sich wegen dieses europäischen Widerstandes erst Ende 1967 auf die Einführung der Strategie der flexiblen Reaktion. Über mehr als ein halbes Jahrzehnt verfolgten das Bündnis und die Führungsmacht des Bündnisses unterschiedliche strategische Konzeptionen. In der Debatte um die Nachrüstung der NATO im Bereich der Mittelstreckenwaffen, die in der zweiten Hälfte der siebziger Jahre begann und über ein Jahrzehnt die Ost-West-Beziehungen entscheidend beeinflußte, spielte dieses grundsätzliche Dilemma, weil es Ausdruck unterschiedlicher Sicherheit der westlichen Führungsmacht und der westeuropäischen NATO-Partner war, erneut eine zentrale Rolle. Diese internen Bündnisauseinandersetzungen zeigten logisch nicht aufhebbare Grenzen einer stabilitätsorientierten Politik auf.

In der konkreten Rüstungspolitik der Regierung Kennedy spiegelte sich die Theorie der Rüstungskontrolle ebenfalls wider. Sowohl Auf- wie Um- und Abrüstung sind festzuhalten. Im Rahmen der Berlin-Krise entschied sich die amerikanische Regierung für eine konventionelle Aufrüstung, um einen möglichen Übergriff der Sowjetunion glaubwürdig abschrecken zu können, ohne sofort zu einem Einsatz von Kernwaffen, der freilich nicht ausgeschlossen wurde, gezwungen zu sein. Umrüstungsmaßnahmen wurden vor allem bei den nuklearen Abschreckungspotentialen mit dem Ziel einer glaubwürdig funktionierenden und damit stabilitätsorientierten Zweitschlagfähigkeit durch den Aufbau weitreichender U-Boot-gestützter Raketen verfolgt. Auf diesem Wege sollte sichergestellt werden, daß ein Sieg eines überraschend mit Kernwaffen angreifenden Gegners ausgeschlossen war. Dies waren zwar zunächst einseitige amerikanische Schritte, interessant aber war, daß sich die amerikanische Regierung schnell darüber klar wurde, daß die westliche Sicherheit auch davon abhing, ob auch die Sowjetunion eine derartige Zweitschlagfähigkeit besaß. Nur Schritte, die die Stabilität des gesamten internationalen Systems im Auge hatten, konnten angesichts der Wirkungsmöglichkeiten moderner Waffen friedenssichernd sein. Schließlich gibt es auch schon aus der Frühzeit praktischer Rüstungskontrolle Beispiele für einzelne einseitige, am Stabilitätskriterium orientierte Abrüstungsschritte. Hierzu zählte der Verzicht auf die in der Türkei und in Süditalien stationierten Mittelstreckenwaffen, deren technische Merkmale sie nicht für einen reagierenden Zweitschlag befähigten. Bei allen späteren Ausdifferenzierungen in den theoretischen Modellen der Abschreckungsdoktrin und den daraus abgeleiteten strategischen Konzepten und Rüstungsprogrammen haben diese rüstungskontrollpolitischen Grundlagen in den folgenden mehr als 25 Jahren die auf Abschreckungsfähigkeit beruhende Sicherheitspolitik des Westens bestimmt. Die Sowjetunion lehnte zwar mehrfach verbal das Konzept der stabilitätsorientierten Abschreckungspolitik ab, betrieb allerdings weitgehend eine ähnliche Politik.

Neben diesen einseitigen, an der Rüstungskontrolle orientierten sicherheitspolitischen Schritten begann bereits in der Regierungszeit Kennedys eine lange Reihe multilateraler Verhandlungen, die das Ziel verfolgten, durch Verträge den Rüstungsprozeß und die internationalen sicherheitspolitischen Beziehungen den Stabilitätsgesichtspunkten zu unterwerfen.[8] Freilich mischten sich bei diesen Verhandlungen noch überkommene Denkmuster, die Abrüstung – und nicht Stabilität – als das eigentliche Ziel ansahen, mit Elementen der Rüstungskontrolle. Dies galt vor allem für die in den sechziger Jahren – und noch einmal im Rahmen der Sondergeneralversammlung der Vereinten Nationen zur Abrüstung im Jahre 1978 – noch häufig im Vordergrund stehenden Vorschläge zur allgemeinen und vollständigen Abrüstung. Sie führten nicht zu Vertragsabschlüssen. Erfolge wiesen diese Verhandlungen nur bei der Behandlung konkreter Einzelthemen auf. Auf diesem Feld kam es zu einer Reihe von Verträgen. Neben dem sogenannten Heißen Draht – dem Aufbau von Kommunikationswegen zwischen den wichtigsten Hauptstädten, um die Möglichkeiten des Krisenmanagements entsprechend den Stabilitätsforderungen zu verbessern – sind die Abkommen zur ausschließlich friedlichen Nutzung des Weltraums, zum Verbot der Stationierung von Massenvernichtungswaffen auf dem Meeresboden, zum Verbot der Veränderung der Umwelt als militärische Maßnahme und zum Verbot des Gebrauchs biologischer und chemischer Waffen zu nennen. Der vermutlich wichtigere Teil der Verhandlungsergebnisse betraf die Kernwaffen. Im Jahre 1963 einigten sich die Vereinigten Staaten, Großbritannien und die Sowjetunion auf einen Vertrag, der Kernwaffenversuche im Weltraum, in der Atmosphäre und unter Wasser verbot. Ihm schlossen sich viele Staaten an. Und im Jahre 1968 kam es zum Vertrag über die Nichtweiterverbreitung von Kernwaffen. Dieser Vertrag sollte die Zahl der Kernwaffenstaaten einschränken und diese zur nuklearen Abrüstung verpflichten.

Die Liste der Vertragsabschlüsse ist auf den ersten Blick imponierend, und die Zahl der behandelten Themen geht sogar über die hier genannten hinaus. Eine genauere Analyse führt allerdings zu einer vorsichtigeren Beurteilung der Ergebnisse.[9] Wenn man vom Nichtweiterverbreitungsregime absieht, haben die Absprachen vor allem die Ost-West-Beziehungen, kaum aber die Rüstungsanstrengungen von Drittstaaten betroffen. Sie behandelten zudem häufig unwichtige Themen – zum Beispiel das Verbot der Umweltveränderung – oder mögliche Rüstungsfelder, auf denen zumindest in der überschaubaren Zukunft sowieso keine Rüstungsprojekte vorgesehen waren beziehungsweise für die es bessere, nicht verbotene Alternativen gab – zum Beispiel das Verbot der Stationierung von Massenvernichtungswaffen auf dem Meeresboden. Diese Absprachen wiesen teilweise wesentliche Lücken auf, die dazu führten, daß der Rüstungsprozeß nur verlagert wurde – zum Beispiel beim Teststopp-Vertrag. In anderen Fällen waren wichtige Staaten nicht betroffen, oder sie schlossen sich dem Vertrag nicht an – zum Beispiel viele sog. Schwellenmächte beim Nichtweiterverbreitungsvertrag. Schließlich gelang es auch nicht immer, in ausreichendem Umfang die Kontrolle der Einhaltung der abgesprochenen Maßnahmen zu garantieren – zum Beispiel bei den biologischen und chemischen Waffen.

Trotz dieser beeindruckenden Reihe kritischer Einwände gegen eine zu optimistische Bewertung der Rüstungskontrollpolitik sollte ihre Bedeutung aber nicht unterschätzt werden. Allein folgende Gesichtspunkte unterstreichen ihr Gewicht: Die Rüstungskontrollgespräche stellten mehrfach das einzige Politikfeld dar, auf dem selbst in Phasen der Hochspannung zwischen den Blöcken ein – wenn auch häufig schwieriger – Dialog stattfand. Und selbst wenn es nicht gelang, wesentliche Probleme durch vertragliche Absprachen stabilitätskonform zu regeln, so wuchs doch das Verständnis für die Stabilitätspolitik und für die jeweiligen sicherheitspolitisch relevanten Gedankengänge der anderen Seite.

4. Kernwaffen als Verhandlungsthema

Der Vertrag über die Nichtweiterverbreitung von Kernwaffen verpflichtete die Kernwaffenmächte zur nuklearen Abrüstung. Dies war allerdings kaum das wesentliche Motiv für die Anfang der siebziger Jahre beginnenden Verhandlungen über die strategischen Waffen. Wichtiger war wohl die Einsicht, daß eine permanente Vermehrung der Zweitschlagwaffen und der Aufbau von Raketenabwehr-Raketensystemen, mit dem beide Weltmächte begonnen hatten, den zu diesem Zeitpunkt durch beiderseitige Zweitschlagkapazitäten erreichten Zustand relativer Stabilität in Frage stellten. Beide Rüstungsentwicklungen mußten ohne garantierte Zunahme an jeweils eigener Sicherheit die finanziellen Belastungen beider Seiten erheblich erhöhen und zugleich wieder die aus den fünfziger Jahren bekannten Gefahren eines Überraschungsangriffs vermehren. Der angestrebte Besitz einer über das Maß glaubwürdiger Abschreckungsfähigkeit hinausgehenden Zahl von strategischen Kernwaffen konnte Angriffsabsichten signalisieren oder wenigstens bei der im Rüstungswettlauf zurückliegenden Seite derartige Ängste befördern und damit für beide Seiten unerwünschte präventive Maßnahmen erzwingen. Selbst wenn ein Überraschungsangriff nicht alle gegnerischen Vergeltungswaffen ausschalten konnte, mochte er den Angegriffenen vor die unattraktive Alternative des politischen Nachgebens oder der nicht gewünschten Eskalation stellen. Verknüpft mit funktionsfähigen Raketenabwehr-Raketensystemen beim Angreifer, konnte die Vergeltungsdrohung des Angegriffenen überhaupt unglaubwürdig werden. Da in diesem Wettlauf keine Seite wissen konnte, wer als erster eine so begründete, eventuell entscheidende Überlegenheit erreichen würde, waren die Gefahren tendenzieller Instabilität für beide Seiten gegeben. Dieses grundsätzliche Problem sollte bis zum Ende der achtziger Jahre – zum Beispiel in der SDI-Diskussion – bestehen bleiben und viele Politikkonzepte beeinflussen. Zunächst führte diese Konstellation trotz Fortbestehens antagonistischer Konflikte und entsprechender Positionskämpfe der Weltmächte im Jahr 1972 zum SALT-I-Vertrag.[10]

Dieser Vertrag bestand aus zwei Teilen. Zum einen wurden im Interimsabkommen, das fünf Jahre gelten sollte, Obergrenzen für die strategischen Waffen der beiden Weltmächte festgelegt. Zum anderen verbot das Abkommen über die Raketenabwehr-Raketensysteme mit Ausnahme von je zwei Anlagen auf beiden Seiten den weiteren Ausbau dieser Art von Verteidigungseinrichtungen. Das Interimsabkommen war insoweit an Stabilitätskriterien orientiert, als es nicht quantitative Gleichheit anstrebte, sondern beiden Staaten sehr unterschiedliche Waffensysteme und unterschiedlich viele Systeme zubilligte, die aber in der Einschätzung beider Verhandlungspartner stabile Zweitschlagpotentiale bedeuteten. Freilich wies der Vertrag auch Faktoren möglicher künftiger Instabilität auf, weil er Modernisierung durch Umrüstung nicht ausschloß und bei einem durch die Vertragsergebnisse angestrebten Gleichgewicht zwischen den Weltmächten die Glaubwürdigkeit der Abschreckungsgarantie der Vereinigten Staaten für Westeuropa in Frage stellte.

Der erste der beiden Punkte beeinflußte die Verhandlungen, die schließlich im Jahre 1979 zum SALT-II-Vertrag führten, während der zweite die künftige Debatte über die Mittelstreckenwaffen berühren sollte. Der neue Vertrag beschäftigte sich nur mit den strategischen Waffen und war insoweit ein Rückschritt, als der Gesichtspunkt der Stabilität zugunsten der quantitativen Gleichheit bei den erlaubten Obergrenzen für strategische Potentiale weitgehend in den Hintergrund rückte. Soweit es um Rüstungsbegrenzungsziele ging, sollte dies durch die Absprache über die zugestandene Zahl der Abschußvorrichtungen für diese Waffen erreicht werden, während sich die qualitativen Elemente des Vertrages in der Einschränkung der Modernisierungsmöglichkeiten der Flugkörper-Arsenale niederschlugen, die allerdings bei wichtigen Parametern – genauso wie beim SALT-I-Vertrag – wesentliche technische Veränderungen nicht ausschlossen. Bedeutsam war ein weiterer Unterschied zum SALT-I-Vertrag. Dort hatte man verabredet, durch weitgehendes Verbot der Raketenabwehrsysteme die beiderseitigen Abschreckungspotentiale zu schützen. Für die am Ende der siebziger Jahre technisch möglichen Jagdsatelliten zur Zerstörung der Satelliten als Bedingung für Zielgenauigkeit der Zweitschlagwaffen wurden diesmal keine Regelungen getroffen, so daß die Abschreckungsdrohung eventuell in der Zukunft aufgehoben werden konnte. Insgesamt verfehlte der SALT-Prozeß daher zumindest teilweise das Stabilitätsziel der Rüstungskontrolle, da er die Rüstungsprozesse nur kanalisierte und von der Ebene der quantitativen Konkurrenz auf die der technischen Waffenmerkmale verlagerte. Andererseits wäre ohne die Verhandlungsergebnisse der Rüstungswettlauf vielleicht noch weniger steuerbar gewesen. Der Vertrag wurde schließlich wegen der allgemeinen Verschlechterung der internationalen Beziehungen im amerikanischen Senat gar nicht ratifiziert, auch wenn sich beide Seiten in der Zukunft weitgehend an seine Inhalte hielten.

Die Rüstungskontrolldiskussion der achtziger Jahre war – soweit sie die strategischen Waffen betraf – durch zwei neue Aspekte gekennzeichnet.[11] Zum einen kündigte Präsident Ronald Reagan im März 1983 ein amerikanisches Forschungs- und Entwicklungsprogramm zum Aufbau eines defensiven strategischen Verteidigungssystems – SDI – an. Sein unter militärischen Gesichtspunkten wichtigstes Ziel war, Sicherheit nicht mehr durch die Androhung einer für den potentiellen Aggressor unakzeptablen bestrafenden Reaktion zu garantieren, die bei den gegebenen Merkmalen der Zweitschlagpotentiale zur mehr oder weniger weitgehenden Vernichtung beider Gesellschaften führen konnte. Das neue Konzept wollte statt dessen durch eine umfassende Verteidigungsfähigkeit, die ein Eindringen gegnerischer Waffen – freilich aber eben auch seiner Vergeltungswaffen – in das eigene Hoheitsgebiet ausschloß, jedem möglichen Angreifer prinzipiell die Chance eines Erfolges nehmen. Theoretisch konnte dieses Konzept den Stabilitätskriterien entsprechen, wenn ein Staat mit diesen Fähigkeiten auf seine Vergeltungswaffen verzichtete, die ja auch für einen Angriff geeignet sind. Ganz in dieser Logik schlug die amerikanische Regierung in ihrer ersten Erklärung zu SDI vor, daß mit dem Aufbau des Verteidigungssystems gleichzeitig die Zweitschlagwaffen abgebaut werden sollten. Trotzdem blieben Faktoren von Instabilität, denn der Übergangsprozeß zur neuen Sicherheitskonstellation mußte außergewöhnliche Gefahren beinhalten. Außerdem warf das neue Konzept sicherheitspolitische Probleme für die Westeuropäer auf, da ein gleichwertiges Verteidigungssystem für den alten Kontinent angesichts der kurzen Entfernungen zu den sowjetischen Kernwaffen technisch kaum möglich schien. Zusätzliche Instabilitätsfaktoren waren zu erwarten, als die amerikanische Regierung von der Vorstellung abrückte, im Gegenzug zum Aufbau von SDI alle strategischen Waffen abzurüsten. Für die Sowjetunion bedeutete dies, daß die Vereinigten Staaten, wenn sie im Besitz dieser Fähigkeiten sein würden, die Sowjetunion würden angreifen können, ohne daß sie eine Vergeltung fürchten mußten, weil sie SDI davor schützen würde. Gegenmaßnahmen – eventuell sogar militärische –, die vielleicht vor Eintritt der amerikanischen Verteidigungsfähigkeit durchgeführt werden würden, konnten eventuell für die sowjetische Führung zwingend erscheinen. SDI verlor schließlich seine in den achtziger Jahren herausragende Bedeutung für die internationalen Beziehungen nicht durch Rüstungskontrollvereinbarungen, sondern weil die immensen Kosten, technische Schwierigkeiten und schließlich die Beendigung des Ost-West-Konflikts dieses Programm obsolet werden ließen beziehungsweise nur noch in verkleinerter Form gegen mögliche kernwaffenbesitzende Drittstaaten interessant machten.

Der zweite Vorschlag der Regierung Reagan zielte im Gegensatz zum SALT-Prozeß, dem es immer nur um eine Begrenzung der strategischen Rüstungen gegangen war, auf eine Reduzierung dieser Waffen. Er wurde unter dem Kürzel START bekannt. Diese Verhandlungen führten zu zwei Verträgen, dem START-I-Vertrag vom Juli 1991 und dem START-II-Vertrag vom Januar 1993. Der zweite ersetzte den ersten nicht, sondern ergänzte ihn. Die Vereinbarungen aus dem Jahr 1993 senkten das Reduzierungsplafond gegenüber START I weiter ab und sahen vor, alle schweren Interkontinentalraketen und alle Interkontinentalraketen mit Mehrfachsprengköpfen zu beseitigen.[12] Sie entsprachen den Stabilitätskriterien, weil vor allem Waffensysteme, die von ihrer technischen Auslegung her destabilisierende Wirkung aufwiesen, abgebaut werden sollten. Das Ziel der Vereinigten Staaten war dabei, durch vorbeugende Rüstungskontrolle Regelungen für alle Nachfolgestaaten der ehemaligen Sowjetunion durchzusetzen.

Der letzte zu nennende Vertrag ist der INF-Vertrag, der einen Ausschnitt der Mittelstreckenwaffen regelte. Der Weg zu ihm vom NATO-Doppelbeschluß über den Abbruch der Verhandlungen durch die Sowjetunion nach dem Beginn der Stationierung westlicher Mittelstreckenwaffen, über das auch bei diesen Verhandlungen als Hindernis auftretende SDI-Programm und über das Zwischenergebnis von Reykjavík war lang. Mit ihm begann seit 1988 der einvernehmliche vollständige Abbau aller bodengestützten Mittelstreckenwaffen beider Weltmächte. Dies war ein Prozeß, der unter Stabilitätsgesichtspunkten für die westeuropäische Sicherheit nicht völlig unproblematisch war, angesichts der Beendigung des Ost-West-Konflikts aber akzeptiert werden konnte.

Insgesamt ist festzuhalten, daß es am Ende der achtziger Jahre gelungen ist, von einer Rüstungskontrollpolitik, die immer auch – angesichts des ideologischen und machtpolitischen Grundkonflikts – auf die Wahrung eigener Vorteile angelegt war und daher nur einen eng begrenzten Spielraum für Stabilitätspolitik erlaubte, zu einer kooperativen Rüstungskontrolle überzugehen. Freilich betraf diese Veränderung vor allem die Beziehungen zwischen den alten Antagonisten und gab noch keine Antwort auf die neuen Gefahren durch eine mögliche nukleare Aufrüstung dritter Staaten.

5. Konventionelle Rüstungen als Verhandlungsthema

In die Anfangszeit der siebziger Jahre fällt nicht nur der SALT-I-Vertrag. Zur gleichen Zeit begannen Gespräche über Sicherheit und Zusammenarbeit in Europa – KSZE –, die zunächst zur Schlußakte vom August 1975 führten.[13] Die Verabschiedung dieses Dokuments bedeutete freilich nicht den Abschluß der Verhandlungen. Sie entwickelten sich durch die Folgekonferenzen zu einem permanenten Prozeß. Im Bereich der Rüstungskontrolle trug die KSZE zunächst nicht zu Fortschritten bei, auch wenn das Thema Abrüstung mit zum Aufgabenkatalog gehörte. Auf anderen Politikfeldern – Fragen der Prinzipien, die die Beziehungen der Teilnehmerstaaten leiten sollten, und der Zusammenarbeit in den Bereichen Wirtschaft, Wissenschaft, Technik, Umwelt, humanitäre Beziehungen sowie beim Austausch im Bereich der Kultur und Bildung – beförderte die KSZE Formen antagonistischer Kooperation. Gleichzeitig trug sie in gewissem Umfang zur Vertrauensbildung zwischen den Blöcken bei.

Parallel zu diesen Gesprächen wurden Anfang der siebziger Jahre auch die Wiener MBFR-Verhandlungen über eine Truppenreduzierung in Europa aufgenommen. Diese Verhandlungen führten nicht zu Erfolgen und wurden 1989 beendet. Das Ziel der NATO-Staaten bei diesen Gesprächen war der Abbau der konventionellen Überlegenheit des Warschauer Paktes in Europa. Angesichts des grundlegenden politischen Gegensatzes war in der Phase des Ost-West-Konflikts nicht zu erwarten, daß der Ostblock seine deutliche Überlegenheit ohne gewichtige Gegenleistungen, die der Westen nicht erbringen wollte oder konnte, aufgab. Neben diesem Gegensatz erzeugten allerdings auch grundsätzliche strukturelle Unterschiede zwischen beiden Militärallianzen eine bremsende Wirkung.

Einen entscheidenden Anstoß erhielt die konventionelle Rüstungskontrolle erst, als das KSZE-Folgetreffen von Madrid eine organisatorische Innovation beschloß, indem die KSZE die Konferenz über vertrauensbildende und sicherheitspolitische Maßnahmen und Abrüstung in Europa – KVAE – einsetzte[14], die 1984 ihre Arbeit aufnahm. Zwar stand auch hier in der ersten Phase zunächst nur die Vertrauensbildung im Vordergrund. Für diesen Bereich aber wurde im September 1986 ein Dokument verabschiedet, das wesentliche Schritte zum Abbau des gegenseitigen Mißtrauens beinhaltete.

Nach dieser Vereinbarung begannen erstmals verheißungsvolle Gespräche über die Reduzierung konventioneller Rüstungen, die allerdings erst mit der Rede des sowjetischen Generalsekretärs vor den Vereinten Nationen im Dezember 1988 eine wirkliche Chance erhielten. Im Frühjahr 1989 wurden daraufhin – von der KSZE initiiert – in Wien autonome Verhandlungen über die konventionellen Streitkräfte in Europa – CFE oder auch VKSE genannt – aufgenommen. Bedeutsam für die Erfolgsmöglichkeit dieser Gespräche waren die Erfahrungen mit der Verifikation, die die Weltmächte mit den Vereinbarungen über die Mittelstreckenwaffen und die Bündnisse mit den vertrauensbildenden Schritten im Anschluß an die KVAE-Absprachen gemacht hatten, auch wenn die Kontrolle konventioneller Rüstungssteuerung sehr viel schwieriger sein mußte. Trotz mancher Unsicherheiten in den folgenden Monaten führten die Verhandlungen schließlich zu einem Vertrag über eine drastische Reduzierung konventioneller Großgeräte in Europa. Im Herbst 1990 war der Vertrag unterschriftsreif. Allerdings gehört zur Beurteilung der Bedeutung dieses Vertrages die Tatsache, daß er erst nach dem Ende des Ost-West-Konflikts zustande kam und daß seine Ergebnisse schon bald nicht mehr den Gegebenheiten angepaßt waren, da der Warschauer Pakt aufhörte zu bestehen.

Auch die KSZE gewann, nachdem sie fast zwanzig Jahre den Versuch gemacht hatte, trotz aller Gegensätze auf Teilgebieten der internationalen Beziehungen Formen der Kooperation zu sichern, und damit zur Überwindung des Ost-West-Gegensatzes am Ende der achtziger Jahre beigetragen hatte, seit 1990 ein erhebliches Gewicht. Sie band den Prozeß der deutschen Vereinigung in gesamteuropäische Konzepte ein und entwickelte Rechtsnormen und Verhaltensregeln für ihre Mitglieder. Sie wird damit die europäische Sicherheit in der Zukunft entscheidend beeinflussen und auch auf dem Feld der Rüstungskontrolle Bedeutung gewinnen.

6. Erfahrungen und mögliche künftige Bedeutung

Wirft man einen zusammenfassenden Blick zurück auf die einseitige Rüstungskontrollpolitik und die multilateralen Rüstungskontrollverhandlungen des 20. Jahrhunderts, so fällt auf, daß bis zum Ende der fünfziger Jahre dieses Politikkonzept weder eine theoretische Grundlage besaß, noch in der praktischen Politik erfolgreich war. Für die folgenden Jahrzehnte ist zwar in einer Reihe von Fällen in der jeweiligen Rüstungspolitik und der Entwicklung der Strategie die Berücksichtigung stabilitätsorientierter Kriterien nachzuweisen. Dies gilt zum Beispiel für die Formulierung der Abschreckungsstrategie oder den amerikanischen Verzicht auf Raketenabwehr-Raketensysteme. Allerdings sind auch gewichtige Gegenbeispiele zu nennen. Man denke nur an die völlig überzogene sowjetische Produktion der SS-20-Raketen oder an die Probleme des SDI-Programms.

Auch die multilateralen Verhandlungen haben nur selten wirklich Stabilität befördert. Sie kanalisierten die Rüstungsprogramme der beteiligten Staaten eher, als daß sie Stabilitätsgesichtspunkte durchsetzten. Dies wird vor allem deutlich, wenn man berücksichtigt, daß die entsprechenden Regelungen selten

Modernisierungsprozesse bei Rüstungsprogrammen unterbanden. Wirkliche stabilitätskonforme Rüstungsreduzierungen – sowohl im nuklearen wie im konventionellen Bereich – kamen erst mit dem Ende des Ost-West-Konflikts zustande. Die Bedeutung der Rüstungskontrollpolitik lag auf anderen Feldern. In der Phase des Ost-West-Konflikts war die Rüstungskontrolle seit Anfang der sechziger Jahre häufig das einzige, zumindest aber eines der wichtigsten Felder des Dialogs zwischen Ost und West. Sie beeinflußte nicht nur teilweise die Rüstungsprogramme, was nicht unterschätzt werden darf, sondern erlaubte, die sicherheitspolitischen Konzepte der politisch konkurrierenden Teilnehmer kennenzulernen und zu diskutieren sowie durch die verschiedenen Verträge eine gewisse Stabilität der Erwartungen in das Verhalten anderer Staaten zu schaffen. Damit trug sie zur Vertrauensbildung bei.

Die Grundelemente dieses Konzeptes werden nach dem Ende des Ost-West-Konflikts ihre Bedeutung behalten. Freilich werden sie nicht mehr die konfliktträchtigen Ost-West-Beziehungen der Vergangenheit zum Gegenstand haben können. Die Verhandlungsthemen und Verhandlungsgremien werden sich ändern müssen, ohne daß damit zum Beispiel die Frage einer geordneten Reduzierung konventioneller Rüstungen in Europa vom Tisch wäre. Vielfach wird in Zukunft nicht mehr die Ausarbeitung von Verträgen die Aufgabe der Rüstungskontrolle sein, sondern die Implementierung abgeschlossener Verträge. Vor allem aber werden neue Themen in den Mittelpunkt rükken und damit auch andere Staaten als in der Vergangenheit betroffen sein: Die Nichtweiterverbreitung von Massenvernichtungswaffen – vor allem der Kernwaffen – und der entsprechenden weitreichenden Trägersysteme sowie die Begrenzung des konventionellen Rüstungswettlaufes – vor allem zur Verhinderung regionaler militärischer Ungleichgewichte im außereuropäischen Raum. Von Bedeutung wird auch die Unterbindung des bürgerkriegsähnlichen Einsatzes des Militärs im Inneren der Staaten sowie des unkontrollierten Verfalls von Streitkräften sein. Die Rüstungskontrolle kann Aspekte der Stabilität auch für die diskutierten Konzepte künftiger Friedenssicherung in Europa formulieren. Diese Konzepte, die vor allem auf die Realisierung von Demokratie und Recht setzen, beinhalten auch als letztes Element der Friedens- und Rechtssicherung die Möglichkeit der Intervention der Staatengemeinschaft in einen Staat, der aggressiv nach innen – gegen große Minderheiten – oder außen ist. Auch eine derartige Intervention bedarf der Berücksichtigung von Stabilitätsgesichtspunkten, die freilich weniger rein militärische Fragen betreffen. Schließlich ist auf die Stabilitätsprobleme der Rüstungskonversion zu verweisen. Was fehlt, sind nicht die Themen, sondern die Konzepte zum Umgang mit ihnen. Die Rüstungskontrollpolitik behält also ihre Bedeutung für die Zukunft, muß aber erst noch lernen, mit den neuartigen Herausforderungen umzugehen. Dabei wird sie die Möglichkeit haben, nicht mehr nur die Bewahrung eines stabilen militärischen Niveaus anzustreben, sondern eine pluralistische Sicherheitsgemeinschaft zu fördern. Damit könnte die Rüstungskontrolle für Europa aus ihrer früher relativ isolierten Stellung heraustreten und zu einer sinnvollen Ergänzung der künftigen KSZE-Politik werden und damit zur Realisierung eines gesamtpolitischen Konzepts europäischer Sicherheit und Entwicklung beitragen.

IV. „Mit der Bombe leben“

Harald Müller

Die Beschwörung der Bombe: Nonproliferation

1. Der Anfang: Baruch-Plan und McMahon Act

Schon vor dem Einsatz der ersten Atombomben begannen die Überlegungen, deren Verbreitung zu verhindern. Dieses Ziel faßte schnell in der amerikanischen Regierung Fuß. Ergebnis ihrer Erwägungen war der Baruch-Plan, den die amerikanische Delegation den Vereinten Nationen 1945 vortrug. Der Plan sah die Internationalisierung des gesamten Brennstoffkreislaufs, die Unterstellung sämtlicher nuklearer Aktivitäten und Brennstoffe, von der bergmännischen Gewinnung an, unter die Kontrolle der Atomenergie-Kommission der Vereinten Nationen vor. Vor-Ort-Inspektionen sollten gewährleisten, daß die Mitgliedsländer sich an diese Bestimmungen hielten. Seien Organisation und Verifikationsmaßnahmen eingerichtet, würden die Kernwaffen der USA abgerüstet. Der Sowjetunion paßte dies nicht. Zum einen mochte das stalinistische Regime keine Vor-Ort-Inspektionen, zum anderen war die Reihenfolge im amerikanischen Vorschlag – zuerst Kontrolle, dann Abrüstung – für Moskau nicht annehmbar. Der sowjetische UN-Vertreter Andrei Gromyko legte daher einen Gegenvorschlag vor, der gerade die umgekehrte Reihenfolge vorsah. An diesem Gegensatz scheiterte der hochfliegende Baruch-Plan, die UNO-Atomenergiekommission beendete nach vielen von Anschuldigungen und Streit gekennzeichneten Sitzungen ihre Arbeit Anfang der fünfziger Jahre.

Hatten die USA es zunächst mit einer globalen und multilateralen Nichtverbreitungspolitik versucht, so wandten sie sich nun einer gänzlich nationalen Option zu: Alles nukleartechnische Wissen wurde im *McMahon Act* von 1946 unter strikte Geheimhaltung gestellt, sogar der englische Bündnispartner von den Informationen des amerikanischen Atomwaffenprogramms ausgeschlossen, drastische Strafen für Verstöße angedroht. Auch dieser Ansatz schlug fehl, wie die erste russische Kernwaffe 1949 und die erste englische 1952 augenfällig demonstrierten.[1]

2. „*Atoms for Peace*" und die Gründung der IAEO

Der dritte Versuch enthielt erneut eine radikale Wendung. In einer Rede vor den Vereinten Nationen stellte Präsident Eisenhower 1953 sein Programm „*Atoms for Peace*" vor. Ursprünglicher Hauptgedanke war die allmähliche Überführung des noch nicht in Kernwaffen installierten Brennstoffs in den Besitz einer internationalen Organisation und die Verwendung des Materials in der zivilen Kerntechnik. Die fortgeschrittenen Länder sollten den hierfür erforderlichen Technologietransfer durchführen. Die Empfängerländer ihrerseits sollten die ausschließlich friedliche Nutzung der Spaltstoffe zusagen. Hintergrund des Vorschlags war nicht nur der Bedarf einer neuen Nichtverbreitungsstrategie, sondern auch der Wunsch, das sowjetische Kernwaffenarsenal auf niedrigster Stückzahl einzufrieren und zugleich Moskau mit einem Propagandacoup den Rang bei der zunehmenden Zahl blockfreier Staaten abzulaufen. An eine weitgehende Verifikationsarbeit der Internationalen Organisation war noch nicht gedacht. „*Atoms for Peace*" hatte unmittelbare Folgen. Zwei Konferenzen in Genf legten weite Teile der damals bekannten Kernenergietechnik offen, einschließlich sogar der Wiederaufarbeitung von abgebranntem Kernbrennstoff. Forschungsreaktoren wurden von den USA, der UdSSR und Kanada an eine große Zahl von Empfängern zu günstigsten Bedingungen abgegeben, teilweise sogar verschenkt. Darunter befand sich der notorische Cirus-Reaktor, aus dem Indien – sehr zum Mißvergnügen des Lieferlands Kanada – das Plutonium für seinen Sprengsatz von 1974 gewann.[2]

Beförderte *„Atoms for Peace"* so ungewollt selbst die Proliferation, so setzte es andererseits Verhandlungen in Gang, aus denen ein wichtiger Pfeiler des heutigen Nichtverbreitungsregimes hervorgehen sollte: die Internationale Atom-Energie-Organisation (IAEO). Nach langen und zähen Verhandlungen wurde ihr Statut 1956 verabschiedet, die Organisation 1957 in Wien gegründet. Hauptstreitpunkt war die Frage, ob die IAEO auch Kontrollbefugnisse erhalten sollte, die Inspektionen in Ländern mit kerntechnischen Aktivitäten einschließen würden. Die Sowjetunion und Indien führten den Widerstand gegen diese amerikanische Forderung an. Auch nach dem Zugeständnis, diese Funktion dem IAEO-Statut einzuverleiben, lehnten Moskau und Neu-Delhi lange Zeit die Idee der *„Safeguards"*, wie die Inspektionstätigkeit genannt wurde, ab. Einhellige Zustimmung erhielt dagegen die andere Aufgabe der Organisation, die Förderung der friedlichen Nutzung der Kerntechnik. Freilich blieben ihre Mittel dazu höchst begrenzt, da sich die Mitgliedsländer die Märkte für ihre eigenen Nuklearindustrien nicht von der IAEO verbauen lassen wollten. Die IAEO trat als Überwachungsinstanz zunächst nur an die Stelle nationaler amerikanischer Inspektionen, die die friedliche Nutzung in den Empfängerländern amerikanischer Nuklearhilfe verifizierten. Europa ging mit dem Aufbau einer eigenen Atombehörde (EURATOM) zunächst einen Sonderweg. Erst 1964 gelang es, ein erstes Standardsystem für alle Inspektionsaufgaben zu entwerfen, die der IAEO in Lieferverträgen zwischen nuklearen Exporteuren und Importeuren übertragen wurden. Vorangegangen war ein abrupter Meinungswechsel der Sowjetunion, in erster Linie ausgelöst durch den massiven Beitrag sowjetischer Kerntechnik zum mittlerweile unerwünschten chinesischen Atomprogramm.

INFCIRC/66, wie das Dokument genannt wurde, wurde also jeweils auf bestimmte, durch Handel in das Betreiberland gelangte Anlagen oder Materialien angewandt. Diese Länder blieben frei, eigenes Material oder Eigenbau-Ausrüstungen nach eigenem Gutdünken zu verwenden. Dieser Zustand mußte um so unbefriedigender werden, je mehr Länder dazu in der Lage waren, die Kerntechnik eigenständig zu nutzen.[3]

3. Kernwaffenverzicht und Friedensbewegungen

Mittlerweile war es jedoch bereits dazu gekommen, daß einzelne Länder unilateral oder sogar in völkerrechtlicher Form auf Kernwaffen verzichtet hatten. Bemerkenswertestes Beispiel war vielleicht Kanada, das umfassend am Manhattan-Projekt teilgenommen hatte. Nach Kriegsende hatte sich Kanada – im Unterschied zu den Manhattan-Partnern USA, England und Frankreich – sofort entschlossen, die Kernenergie nur mehr zu friedlichen Zwecken zu nutzen. Dieser Entschluß wurde nie in Frage gestellt, und Kanada ist noch heute eine starke Stütze des Nichtverbreitungsregimes.

Einen anderen Charakter hatte der Verzicht der Kriegsverlierer. Er wurde von den Besatzungsmächten verlangt und durchgesetzt. In Japan wurde er sehr populär. Im einzigen Land, das je den Einsatz von Kernwaffen erleiden mußte, gab es seither eine starke öffentliche Meinung gegen den Kernwaffenbesitz des eigenen Landes und für die völlige, weltweite nukleare Abrüstung. Gegen diesen Unterstrom konnte die Gegenposition in einer Minderheit der Liberalen Partei und der Verteidigungsbürokratie, die eine Kernwaffenoption offenhalten wollte, nie unverhüllt antreten.

In Ungarn verhinderte die sowjetische Besatzungsmacht jeden Gedanken an eine nukleare Option. Politische Elite und Volk waren mit diesem Status derart zufrieden, daß nach der Wende von 1989 Ungarn innerhalb des Kreises der ehemaligen Verbündeten der Sowjetunion geradezu als Musterknabe der Nichtverbreitungspolitik dastand und eine auffällig aktive Politik zugunsten der Stärkung des Nichtverbreitungsregimes betrieb. Die österreichische Entwicklung verlief, trotz der weitaus kürzeren Besatzungszeit, in dieser Hinsicht wie die ungarische.

Für Italien und Deutschland blieb hingegen die nukleare Option eine Versuchung. Als Adenauer im Protokoll zu den Brüsseler Verträgen auf die Herstellung von Kernwaffen in Deutschland verzichtete, war er der festen Überzeugung, es handle sich nur um eine vorübergehende Zurücksetzung, die mit der völligen Eingliederung der Bundesrepublik in die westliche Staatenfamilie beendet werden würde. Unter Ausnutzung einer Lücke des deutschen Kernwaffenverzichts – die Herstellung war ja nur in Deutschland verboten – schloß Verteidigungsminister Strauß 1957 mit Italien und Frankreich einen Geheimvertrag, gemeinsam Kernwaffen und ihre Träger in Frankreich zu produzieren. Mit dem Amtsantritt de Gaulles kam dieses Projekt an ein plötzliches Ende. Es wäre wohl auch nicht leicht gewesen, eine deutsche Atombewaffnung innenpolitisch durchzusetzen. Die Bewaffnung der Bundeswehr mit nuklearfähigen Trägerwaffen hatte seit 1956 eine breite Oppositionsbewegung hervorgerufen, die sich durchaus mit der Friedensbewegung der frühen achtziger Jahre messen konnte. Die „Kampf dem Atomtod"-Kampagne hatte Rückhalt bei den Kirchen, den Gewerkschaften und der SPD. Der Kernwaffenverzicht von fünf EG-Mitgliedsstaaten wurde seit 1958 von EURATOM verifiziert. Zwar enthalten die Römischen Verträge nichts zur Nichtverbreitung, EURATOM ist jedoch gehalten sicherzustellen, daß Spaltmaterial in den Mitgliedsländern zu keinen anderen als den angegebenen Zwecken eingesetzt wird – in den Nichtkernwaffenstaaten können diese eben nur friedlicher Natur sein. Von den „Feindstaaten" hat nur Rumänien unter seinem Diktator Ceaucescu tatsächlich ein Kernwaffenprogramm verfolgt. Da Rumänien spät damit startete, war es bei der Absetzung Ceaucescus noch nicht weit fortgeschritten. Immerhin hatte es der IAEO jedoch die Existenz abgetrennten Plutoniums verheimlicht – wie Nordkorea.

Mittlerweile hatten jedoch auch andere Nichtkernwaffenstaaten einen Verzichtsentschluß gefaßt. Am schwersten wog der Schwedens, hatte doch dieses Land in den sechziger Jahren ein aktives Kernwaffenprogramm, wenn auch zunächst nur in Forschung und Entwicklung, betrieben. In Schweden entstand, geführt von der Frauenorganisation der sozialdemokratischen Partei, eine breite Bewegung für die Kernwaffenfreiheit, die letztlich die beharrlichen Bestrebungen in der Verteidigungsbürokratie niederkämpfte. Ähnliche Entwicklungen, wenn auch nicht mit der gleichen Dramatik, vollzogen sich zu gleicher Zeit in Australien, Norwegen und den Niederlanden.

Einen anderen Weg schlug unter Führung Mexikos Lateinamerika ein, das im Jahre 1967 im Vertrag von Tlatelolco zur kernwaffenfreien Zone erklärt wurde. Allerdings trat der Vertrag bis Anfang der neunziger Jahre für einige der wichtigsten Staaten der Region (Argentinien, Brasilien, Chile, Kuba) nicht in Kraft. Später, in den achtziger Jahren, folgten die südpazifischen Staaten im Vertrag von Rarotonga dem lateinamerikanischen Beispiel.

4. Die Entstehung des Atomwaffensperrvertrags

Noch wichtiger als diese regionalen Schritte waren jedoch die Anstrengungen, einen globalen Nichtverbreitungsvertrag zustande zu bringen. Bereits 1959 hatte ein irischer Resolutionsentwurf in der Vollversammlung der Vereinten Nationen einen Vertrag gegen die Weiterverbreitung von Kernwaffen gefordert. Erst 1961 kam der Konsens zustande, über dieses Thema Verhandlungen zu beginnen. Nicht vor etwa 1965 wurde jedoch ernsthaft verhandelt, und zwar parallel im Genfer Abrüstungsausschuß, an dem 18 Nationen beteiligt waren, und zwischen den USA und der UdSSR. Deren erster Vertragsentwurf enthielt nur die Verpflichtung der Kernwaffenstaaten (definiert als die Länder, die vor dem 1. Januar 1967 einen Kernsprengsatz gezündet hatten) zur Nichtweitergabe, den verbindlichen Verzicht der Nichtkernwaffenstaaten auf Nuklearwaffen sowie die internationale Überwachung dieses Verzichts. Dies war den Nichtkernwaffenstaaten bei weitem zu wenig. Aus den nachfolgenden harten Verhandlungen zwischen den „*Haves*“ und den „*Have-Nots*“ bildete sich der Nichtverbreitungsvertrag

(Atomwaffensperrvertrag) heraus. Folgende Bestimmungen setzten die nuklearen „Habenichtse“ durch:

- das Recht der Vertragsmitglieder auf unbehinderte Entwicklung der Kerntechnik und die Pflicht zur internationalen Kooperation,
- das Recht, Dienstleistungen der Kernwaffenstaaten für „friedliche Kernsprengungen“ in Anspruch zu nehmen, was allerdings nie verwirklicht wurde,
- die Verpflichtung der Kernwaffenstaaten, in gutem Glauben Verhandlungen über ein frühzeitiges Ende des nuklearen Rüstungswettlaufs und mit dem Ziel der nuklearen Abrüstung zu beginnen,
- die Anerkennung kernwaffenfreier Zonen,
- regelmäßige Überprüfungskonferenzen der Vertragswirksamkeit alle fünf Jahre,
- ein Rücktrittsrecht nach Vorwarnung von 90 Tagen, wobei die Gründe dem Sicherheitsrat, der UNO-Vollversammlung und allen Vertragsparteien dargelegt werden müssen,
- und eine vorläufige Geltungszeit von 25 Jahren; am Ende dieser Periode soll eine Konferenz mit der Mehrheit der Vertragsparteien darüber entscheiden, ob der Vertrag unbegrenzt, für eine bestimmte Periode oder für mehrere Perioden verlängert werden soll. Das Datum für diese Konferenz ist April/Mai 1995.[4]

5. Die Aushandlung des Verifikationssystems

Der Vertrag sieht kein Verifikationssystem für die gesamte Bandbreite der eingegangenen Verpflichtungen vor. So wird die Pflicht der Kernwaffenstaaten zur Nichtweitergabe von der IAEO ebensowenig überprüft wie ihre Abrüstungsleistungen. Und in den Nichtkernwaffenstaaten gibt es keine Verifikation dafür, daß sie Forschung und Entwicklung der nichtnuklearen Bestandteile von Kernwaffen, der Zündtechnik, des konventionellen Sprengstoffs, der Waffengeometrie und -hydrodynamik, der Neutronenquelle, des Reflektormaterials usw. unterlassen.

Auch das Exportverhalten der Vertragsparteien wird nicht systematisch überprüft.

Artikel III,1 des Vertrages legte den Grundsatz für die Verifikationsmaßnahmen in Nichtkernwaffenstaaten fest: Der Fluß des spaltbaren Materials sollte bilanziert, diese Bilanzen von den Inspektoren auf ihre Stichhaltigkeit geprüft und stichprobenartig verifiziert werden; die entsprechenden Abkommen zwischen dem Staat und der IAEO sollten innerhalb von 180 Tagen nach Vertragsbeitritt abgeschlossen werden, wobei Staaten solche Abkommen auch als Gruppe eingehen konnten – ein Zugeständnis an die Europäer. Die Modalitäten wurden in langen, zähen Verhandlungen zwischen der *Agency*, den Depositaren (USA, UdSSR und Großbritannien) und den Nichtkernwaffenstaaten ausgehandelt, wobei parallel dazu die Nichtkernwaffenstaaten der EG, EURATOM und die IAEO Verhandlungen führten, wie die zwei Inspektionssysteme ohne unziemliche Belastung der Industrie harmonisiert werden könnten.

Das Ergebnis der Verhandlungen – das NVV-Standardabkommen INFCIRC/153 und seine Anwendung auf die EG-Nichtkernwaffenstaaten INFCIRC/193 – wurde 1972 bzw. 1973 erreicht. Diese Abkommen sahen für die einzelnen zu kontrollierenden Anlagen sogenannte „anlagenbezogene Anhänge" vor, die den Zugang zu deklarierten Anlagen nur an bestimmten strategischen Punkten vorsahen. Damit sollte die Belastung für die Industrie minimiert werden. Die Frage, was geschehen sollte, wenn Staaten die Existenz von Nuklearanlagen und -materialien verheimlichen sollten, blieb auf dem Nebengleis, ging es doch hier um die Brennstoffkreisläufe hochindustrialisierter und demokratischer Staaten mit einem hohen Maß an Transparenz. Die IAEO-Delegation war klug genug, in zwei Paragraphen des Abkommens die Möglichkeit zu „Sonderinspektionen" an nicht im Anlagenanhang gemeldeten Punkten in das Abkommen zu „schmuggeln". Die herrschende Interpretation lautete, daß damit ebenfalls gemeldete Anlagen gemeint seien. Die Minderheits-Meinung, davon könnten auch geheime Standorte betroffen sein, setzte sich nicht durch. In der Folge entstand eine Inspektionspraxis, die sich – unter den eifersüchtigen Augen der Mitgliedsstaaten – minutiös, um nicht zu sagen sklavisch, an den Buchstaben des Modellabkommens hielt. Die Gefahr, ein Mitgliedsstaat könne vertragswidrig den Betrieb kerntechnischer Aktivitäten und Anlagen verschweigen, geriet außer Sicht. Dies sollte sich rächen.[5]

Vorerst jedoch schien alles in Ordnung zu sein, schien das weltweite Nichtverbreitungsregime seine endgültige Form gefunden zu haben. Die letzte Abrundung kam zustande, als sich die technisch fortgeschrittenen Länder darauf einigten, welche „speziell für nukleare Zwecke konstruierten" Materialien, Ausrüstungen und Technologien, die die Exporteure unter IAEO-*Safeguards* zu stellen hatten, in Artikel III,2 des Vertrages gemeint waren. Die erste Liste dieser Güter wurde vom „Zangger-Ausschuß", benannt nach seinem ersten, langjährigen Vorsitzenden, erstmals 1973 erstellt und seither regelmäßig erweitert und auf den neuesten Stand der Technik gebracht. Die Forderung einiger Staaten, an Länder, in denen nicht alle Atomanlagen unter IAEO-Kontrollen stünden, gar keine Kerntechnik zu liefern („*Full-Scope-Safeguards*-Bedingung"), setzte sich nicht durch. In diesem Sinne standen Lieferungen Deutschlands an Indien, Brasilien und Argentinien, Belgiens und Frankreichs an Pakistan ebenso im Einklang mit dem Vertrag wie die Zusammenarbeit der Sowjetunion mit Kuba, Libyen, Irak und Nordkorea, Belgiens mit Libyen, Frankreichs mit Irak oder Deutschlands mit Südafrika.

In diese Regime-Idylle platzte der Donnerschlag der indischen Kernexplosion von 1974. Auch wenn die Inder sich beeilten, ihren „*Big Bang*" als „friedliche" Kernsprengung zu deklarieren, schellten zumindest in einigen Lieferländern – in Kanada, Australien, Schweden, vor allem aber in den USA – die Alarmglocken. Es wurde klar, daß der Atomwaffensperrvertrag keineswegs alle Probleme gelöst hatte: Eine Reihe wichtiger Länder, darunter Indien, Pakistan, Israel, Brasilien, Argentinien, Chile, Algerien, Ägypten, die Türkei, Südafrika und sämtliche Nachbarländer, Pakistan, Indien, Vietnam, Nordkorea, noch dazu die beiden lieferfähigen Kernwaffenstaaten China und Frankreich standen dem Vertrag fern, wenn auch Frankreich erklärt hatte, sich wie eine Vertragspartei verhalten zu wollen. Die diversen Kooperationen der Lieferländer mit diesen Außenseitern erschienen im Lichte der indischen Kernexplosion plötzlich als sehr gefährlich.

Auf amerikanische Initiative arbeitete daher zwischen 1974 und 1977 erneut eine Gruppe von Lieferländern an neuen Exportrichtlinien. Diese Gruppe, die diesmal auch Frankreich einschloß und an der Staaten des Ostblocks unter Führung der Sowjetunion teilnahmen, veröffentlichte 1978 die Ergebnisse ihrer Verhandlungen. Auch sie enthielten eine Güter- und Technikliste, die die Forderung nach Sicherungsmaßnahmen der IAEO nach sich zog. Sie unterschied sich von der des „Zangger-Ausschusses" durch den Einschluß von Schwerwasser und Schwerwasser-Produktionstechnologie. Außerdem verlangten die „Londoner Richtlinien" „Zurückhaltung" beim Transfer von Wiederaufarbeitung, Anreicherung und Schwerwasserproduktion, was in der Praxis darauf hinauslief, daß keine Transfers mehr stattfanden. Frankreich stoppte den geplanten Transfer einer Wiederaufarbeitungsanlage nach Pakistan und Südkorea, Deutschland schloß sich an, allerdings erst, als die Übertragung der „Blaupausen" von Anreicherungs- und Wiederaufarbeitungstechnik an den wichtigen Kunden Brasilien abgeschlossen war.

Kaum waren die Londoner Richtlinien verabschiedet, als sich im wichtigsten nuklearen Lieferland, den USA, aus innenpolitischen Gründen neue Initiativen abzeichneten. Präsident Jimmy Carter hatte bei seinem Amtsantritt die Nichtverbreitung zu einem zentralen Thema seiner Amtsführung erklärt. Mittlerweile hatte auch der Kongreß das Thema entdeckt. Teilweise sogar gegen den Wunsch der Regierung verabschiedete er 1978 den *Nuclear Non-Proliferation Act* (NNPA), der von der Philosophie geleitet war, Anreicherung, vor allem aber Wiederaufarbeitung und zivile Plutonium-Brennstoffkreisläufe in Nichtkernwaffenstaaten überhaupt nicht zuzulassen. Als Hebel sollte die Forderung nach vorheriger Zustimmung *(Prior Consent)* der USA zur Wiederaufarbeitung und zum Reexport aller von den USA gelieferten Kernbrennstoffe dienen. Daß die USA jedoch Mitte der siebziger Jahre ihr Monopol bei der Urananreicherung und Brennstoffherstellung unwiederbringlich verloren hatten, hatte sich bis zum Kongreß noch nicht herumgesprochen. Da die wichtigsten Verbündeten der Amerikaner – Japan und die Mitgliedsländer der Europäischen Gemeinschaft – auf Wiederaufarbeitung nicht zu verzichten gedachten, entstand sofort ein brisanter Konflikt innerhalb der Lieferländer. Da den Entwicklungsländern ohnedies die gesamte Exportkontrollpolitik der Industrieländer mißfiel, in der sie imperialistische, entwicklungsfeindliche und jedenfalls den Ambitionen der „Neuen Weltwirtschaftsordnung" nicht wohlgesonnene Motive argwöhnten, gab es zwischen den NVV-Vertragsparteien eine tiefe Spaltung, die von den außerhalb stehenden Staaten natürlich geschürt wurde. In einer großangelegten „Internationalen Brennstoffkreislaufüberprüfung" versuchten Industrie- und Entwicklungsländer zwischen 1978 und 1980, Einvernehmen darüber zu erzielen, ob es besonders proliferationsresistente Nutzungen der Kerntechnik gebe – die USA wollten die direkte Endlagerung propagieren, Europäer und Japaner die Wiederaufarbeitung als gleichberechtigt absegnen lassen, die Entwicklungsländer sich den freien Zugang zur Kerntechnik bestätigen lassen. Das Treffen endete ohne entscheidende Klärung der Fragen.[6]

6. Harrisburg, Tschernobyl, die Mittelstreckenraketenkrise und die Entstehung der grünen Bewegung

Die Verschärfung der amerikanischen Nichtverbreitungspolitik war nicht nur Ergebnis außenpolitischer Kalküle. Sie reflektierte auch die Tatsache, daß die Kernenergie selbst in den USA nicht mehr unumstritten war. Diese Entwicklung sollte sich bald in die Mehrzahl der industriellen Länder ausdehnen. Die wachsende Besorgnis über die Zerstörung der natürlichen Umwelt fand in der Kerntechnik eines ihrer wichtigsten Themen. In Europa erlebte diese Auseinandersetzung ihren ersten spektakulären Höhepunkt mit den Kämpfen um das badische Kernkraftwerk Whyl am Kaiserstuhl, das, wie nachfolgend Brokdorf, Grohnde und Wackersdorf, zum Kristallisationspunkt einer wachsenden Anti-Kernkraft-Opposition wurde. Die erste ernste Havarie eines Kernkraftwerks – im amerikanischen Harrisburg 1979 – gab dieser Bewegung zusätzlichen Auftrieb. Mit dem furchtbaren Unfall in Tschernobyl wurde ihre grundsätzliche Ablehnung der Kernkraft in mehreren westlichen Ländern Mehrheitsmeinung. Ihr kam zu Hilfe, daß die weit übertriebenen Energiebedarfs-Prognosen der siebziger Jahre von der Wirklichkeit nicht bestätigt wurden und daß die Kernkraft deutlich teurer war als vorausgesehen. Seit 1979 überwogen durch öffentlichen Widerstand und Wirtschaftlichkeitserwägungen in den USA und in Westeuropa die Abbestellungen bei weitem neue Aufträge. Nur Frankreich (bis Ende der achtziger Jahre) und Japan bildeten Ausnahmen.

Eine zweite mächtige westeuropäische Volksbewegung wandte sich seit Ende der siebziger Jahre gegen die Stationierung amerikanischer Mittelstreckenraketen, die die Überlegenheit der sowjetischen SS-20, SS-21 und SS-22 ausgleichen sollten. Akute Kriegsangst, geschürt durch eine demonstrative Konfrontationspolitik der Reagan-Administration gegen den weltpolitischen Gegner, trieb in Deutschland und seinen Nachbarländern Millionen auf die Straße.

Antiatomkraft- und Friedensbewegung verschmolzen in Westeuropa zu einer neuen politischen Kraft, die vielerorts in die Parlamente einzog. Zwar eine Minderheit, war sie doch politisch stark und öffentlichkeitswirksam genug, um die Regierungen zu Änderungen ihrer Politik zu veranlassen. Die Moratorien auf den Bau neuer Kernkraftwerke waren eine Seite davon; die ostentative Unterstützung von Rüstungskontrollverhandlungen die andere. Für die Nichtverbreitungspolitik hatte diese Entwicklung weitreichende Langzeitfolgen: Die Nuklearindustrie verlor ihre Stellung als Flaggschiff des technischen Fortschritts und war nicht mehr in der Lage, die Regierungspolitik in diesem Bereich zu bestimmen. Ging es den industrialisierten Nichtkernwaffenstaaten bis dahin vorrangig um die Entlastung ihrer Unternehmen von lästigen Inspektionen und die Offenhaltung aller Ausfuhrmöglichkeiten, so konnten nunmehr sicherheits- und friedenspolitische Gesichtspunkte allmählich stärker an Boden gewinnen. Ohne diesen Faktor wären die bedeutsamen Änderungen in der Politik zahlreicher Länder, am auffallendsten in der Bundesrepublik, kaum zustande gekommen, die zu Ende der achtziger und zu Beginn der neunziger Jahre eintraten.

7. Schatten über dem Nichtverbreitungsvertrag: Die Kontroversen auf den Überprüfungskonferenzen

Mittlerweile hatte der Nichtverbreitungsvertrag seine ersten beiden Überprüfungskonferenzen hinter sich. Der ersten war es mit knapper Not gelungen, ihr Ziel zu erreichen: die einvernehmliche Verabschiedung eines Schlußdokuments. 1975 gelang es der Vorsitzenden, der schwedischen Abrüstungsministerin Inga Thorsson, mit dem Einsatz ihrer ganzen imposanten Persönlichkeit die streitenden Parteien hinter einen wenn auch mageren Schlußtext zu vereinen. 1980 gelang dies nicht. Mit Mühe konnten die Differenzen über den Nuklearhandel überbrückt werden. Die Enttäuschung der Blockfreien über die fehlenden Fortschritte in der atomaren Abrüstung hingegen ließen sich – nach dem Scheitern von SALT II und der Teststoppverhandlungen – nicht mehr überbrücken. Zwar hatte der Atomwaffensperrvertrag zu Beginn der achtziger Jahre beträchtliche Erfolge zu verzeichnen. Die lange zögernden Staaten Ägypten, Vietnam, Türkei waren mittlerweile beigetreten. Andererseits war klar geworden, daß Indien, Pakistan, Brasilien, Argentinien, Israel und Südafrika gar nicht an einen Beitritt dachten. Israel, so wußte man mittlerweile, war de facto Kernwaffenstaat, Indien hatte jederzeit die Fähigkeit, es zu werden, und seine selbständig erstellten, nicht unter IAEO-Kontrollen stehenden Leistungs- und Forschungsreaktoren stellten eine ständig wachsende Menge an Plutonium bereit, das – je nach Entscheidung der Regierung – für Waffenzwecke verwendet werden könnte. Pakistan hatte sich auf illegalem Wege in den Niederlanden und in Deutschland Anreicherungstechnik verschafft und war auf dem Weg, mit seinen Zentrifugen Uran bis zur Waffenfähigkeit anzureichern. Südafrika hatte 1977 nur in konzertierter Aktion von einem Waffentest abgebracht werden können, und die argentinischen und brasilianischen Militärregimes bastelten ehrgeizig an Wiederaufarbeitungs- und Anreicherungsanlagen außerhalb internationaler Verifikation, die über kurz oder lang ebenfalls zur Herstellung von Waffenmaterial führen würden. Spanien und Nordkorea standen dem Vertrag immer noch fern. Selbst innerhalb des NVV gab es unsichere Kandidaten. Libyen hatte direkt versucht, aus diversen Quellen (China, Indien) Kernwaffen zu erhalten, und nur auf erheblichen Druck der USA und einiger europäischer Partner hatte sich Belgien davon abbringen lassen, Libyen Dienstleistungen und *Know-how*-Transfer auf sensitiven Gebieten anzubieten. Das iranische Programm hatte unter dem Schah unverkennbar militärische Untertöne; nachdem es von Khomeini rigoros gestoppt worden war, versuchten dessen Gefolgsleute seit etwa 1983/84, die iranische Kernforschung wieder auf den Weg zu bringen. Irak hatte einen riesigen Forschungsreaktor von Frankreich erworben, dazu heiße Zellen aus Italien und viel Natururan aus Deutschland; die Israelis trauten dem Irak so wenig über den Weg – und den IAEO-Kontrollen so wenig zu –, daß sie sich 1981 dazu entschlossen, diesen Reaktor kurz vor der ersten Beladung mit Brennelementen zu zerstören.

Angesichts dieser Vertrauenskrise im Regime und den ersten Anzeichen illegaler Exporte hätte man erwarten können, daß die Lieferländer über eine Reform ihrer Exportpolitiken nachdenken würden. Nichts dergleichen geschah. Vor allem auf deutsche und französische Einreden hin – man befürchtete, die Entwicklungsländer durch neue Kontrollinitiativen zu verprellen – nahmen die Exporteure davon Abstand, die „Londoner Gruppe" wieder zusammenzubringen. Auch die Verifikationspraktiken der IAEO blieben unverändert. Das politische Klima zwischen den USA und der Sowjetunion Anfang der achtziger

Jahre hätte neue Initiativen auch kaum zugelassen. An nukleare Abrüstungsschritte war schon gar nicht zu denken, was die Unzufriedenheit der blockfreien NVV-Parteien natürlich noch steigerte. Daß es der NVV-Überprüfungskonferenz 1985 dennoch gelang, Konsens über ein Schlußdokument herzustellen, war ein Mirakel. Die Schlußerklärung übertünchte aber nur höchst mühsam die substantiellen Kontroversen, insbesondere die tiefe Verstimmung der Blockfreien darüber, daß ein Teststopp immer noch nicht in Sicht war, ja daß die USA und Großbritannien mehr oder weniger offen erklärten, ein solcher Vertrag sei kein Ziel ihrer Politik.

Fünf Jahre später fand die Überprüfungskonferenz inmitten einer Zeitenwende statt. Der Ost-West-Konflikt ging zu Ende, im Vertrag über die Beseitigung der Mittelstreckenraketen war zum ersten Mal eine Kategorie von Kernwaffen abgeschafft worden. Argentinien und Brasilien, zwei Sorgenkinder der Weiterverbreitung, waren in einem progressiven Prozeß nuklearer Vertrauensbildung und Demilitarisierung begriffen. Verdächtige Aktivitäten im Irak und in Nordkorea hatten andererseits gefährliche Risse im Verifikationssystem der IAEO deutlich gemacht. Und Exportskandale in der Bundesrepublik hatten zudem ergeben, daß das Regelwerk der Lieferländer der raffinierteren Umgehungstaktik der „Proliferatoren", ihren internationalen Beschaffungs-Netzwerken, ihrer Substitution von spezieller Nukleartechnik durch nuklear nutzbare Mehrzweckgüter *(„Dual-Use")* nicht mehr gewachsen war. Versuche, zwischen Liefer- und Empfängerländern Einvernehmen über Regeln für den Technologietransfer herzustellen, waren in zwei Anläufen gescheitert: zunächst im Ausschuß für Liefergarantien (CAS) der IAEO, 1987 dann auf einer Konferenz der Vereinten Nationen über die friedliche Nutzung der Kernenergie (PUNE). Jeweils hatten sich die „Außenseiter" wie Pakistan, Indien, Argentinien und Brasilien an die Spitze der Entwicklungsländer gesetzt und jegliches Junktim von Liefergarantien und Nichtverbreitungs-Verpflichtungen der Einfuhrstaaten abgelehnt. Wer angesichts dieser Sachlage den entschlossenen Versuch der Vertragsparteien erwartet hatte, gemeinsam an die Reform des Regimes zu gehen, sah sich auf der Überprüfungskonferenz von 1990 enttäuscht.

Die Konferenz scheiterte einmal mehr am Streit über den Teststopp. Eine Gruppe blockfreier Länder – geführt von Mexiko – verlangte eine klare Aussage darüber, ob die Verlängerung des Vertrages über 1995 hinaus vom Abschluß eines Teststoppvertrags abhängig sei. Die USA verweigerten sich jedem Junktim. Frustriert ging die Konferenz auseinander, hatte sie doch ansonsten viel erreicht: unter anderem hatte man sich erstmals darauf geeinigt, den Lieferländern die Anwendung der „*Full-Scope-Safeguards*"-Exportpolitik (s. o.) zu empfehlen und die IAEO aufzufordern, in verdächtigen Ländern „Sonderinspektionen" auch an nicht angemeldeten Standorten vorzunehmen; diese Empfehlung stand bereits unter dem Eindruck des Verdachts gegen Irak. Fünf Jahre vor der ominösen Verlängerungskonferenz war der Dissens von 1990 kein gutes Omen. Wenn in den folgenden Jahren dennoch erhebliche Anstrengungen unternommen wurden, um den Vertrag zu stärken, so war dies vor allem der kombinierten Wirkung zu verdanken, die vom Ende des Kalten Krieges und den ernüchternden Einsichten nach dem Golfkrieg ausging.[7]

8. Der Golfkrieg und die Reform des NV-Regimes

Der Golfkrieg fand zu einer Zeit statt, in der sich Besorgnisse über nukleare Aktivitäten des Irak – einer NVV-Vertragspartei – durch Meldungen über illegale Exporte von Ultrazentrifugen-Anreicherungstechnik verdichteten. Das irakische Atomprogramm gewaltsam zu stoppen, war ein erklärtes amerikanisches Kriegsziel. Der Schrecken eines atomar bewaffneten Saddam Hussein wurde von Präsident Bush bewußt eingesetzt, um die amerikanische Öffentlichkeit von der Notwendigkeit der Kriegführung zu überzeugen. Die bekannten kerntechnischen Anlagen des Irak wurden in der Frühphase der Bombardierungs-Kampagne angegriffen und zerstört. Aber erst nach dem Kriege trat das volle Ausmaß des irakischen Kernwaffenprogramms zutage.

Die UN-Sicherheitsratsresolution 687 legte als eine Waffenstillstands-Bedingung die Einstellung und Demontage der irakischen Massenvernichtungswaffen-Programme fest. Sie setzte eine UNO-Sonderkommission (UNSCOM) ein, um diese Programme zu identifizieren und ihre Zerstörung zu überwachen. Im nuklearen Sektor wurde diese Aufgabe dem Generaldirektor der IAEO – in enger Zusammenarbeit mit der UNSCOM – übertragen. Die ersten Inspektionen stellten zunächst das Spaltmaterial sicher, das der Irak – mit Wissen der IAEO – bereits vor dem Golfkrieg in seinem zivilen Kernforschungsprogramm genutzt hatte. Dabei zeigte sich, daß der Irak ohne Wissen der IAEO kleine Mengen Plutonium vom Abbrand seines Forschungsreaktors abgetrennt hatte – schon das war ein Verstoß gegen seine Verpflichtungen. Mittlerweile hatte sich aus Spurenanalysen der Kleidung von irakischen Geiseln, die in der Nähe kerntechnischer Anlagen gefangengehalten worden waren, leicht angereichertes Uran einer ungewöhnlichen Isotopenzusammensetzung gefunden. Luftaufnahmen einer zerstörten Anlage bei Tarmiya ergaben bei sorgfältiger Analyse merkwürdige Analogien zu einer Anreicherungsfabrik aus dem Manhattan-Projekt, die eine altehrwürdige, seither wegen Ineffektivität und hohen Kosten vernachlässigte Anreicherungstechnik genutzt hatte: elektromagnetische Isotopentrennung. Gerade die Tatsache, daß diese Technik relativ primitiv und den Wächtern des Nichtverbreitungsregimes aus dem Gedächtnis entschwunden war, hatte sie für den Irak attraktiv gemacht: ließ sich doch das notwendige Zubehör überwiegend zu Hause herstellen, die wenigen Zulieferungen ohne die Behinderungen westlicher Exportkontrollen ins Land bringen. Irak hatte eine Anlage nahezu schlüsselfertig, eine weitere im Bau. Das Land war dabei, den Grund für eine Zentrifugenproduktion zu legen und experimentierte mit einigen fertigen Zentrifugen, um in absehbarer Zeit eine Anreicherungskaskade aufbauen zu können. Die siebte Inspektion im August 1991 schließlich brachte die endgültige Gewißheit: von einem Überläufer auf die Spur gebracht, stellten die Inspektoren eine Vielzahl von Dokumenten sicher und hielten sie – nach mehrfachen Gewaltandrohungen durch den Sicherheitsrat – auch gegen irakischen Widerstand fest. Diese Dokumente enthielten einen Sachstandsbericht des Kernwaffenprogramms, einschließlich untrüglicher Beweise, daß die irakischen Wissenschaftler mit Hochdruck an einem Kernwaffendesign arbeiteten.

Der Sicherheitsrat zog die Konsequenzen und legte in Resolution 715 das Verfahren für die langfristige Überwachung Iraks fest: das Land muß auf die großtechnische Nutzung der Kerntechnik verzichten und bleibt auf die Isotopenforschung beschränkt. Die Inspektoren genießen auf unabsehbare Zeit unbeschränkten Zugang und sind befugt, Umweltproben zu ziehen und zu analysieren, wo immer sie dies zu tun wünschen.

Die irakischen Erfahrungen hatten zweierlei eindeutig bewiesen: Das Inspektionssystem der IAEO hatte sich zu sehr auf gemeldete Anlagen und Materialien konzentriert und den Möglichkeiten geheimer Aktivitäten zu wenig Aufmerksamkeit geschenkt. Und das Netzwerk der Exportkontrollen war zu weitmaschig gestrickt, um der irakischen Beschaffungstaktik wirksam zu begegnen. Vor allem Deutschland stand aufgrund vieler legaler und illegaler Transfers am Pranger. Nun ging man daran, diese beiden fatalen Schwächen des Regimes durch energische Reformschritte zu beseitigen.

Der IAEO-Gouverneursrat bekräftigte im Februar 1992 das Recht der IAEO, Sonderinspektionen auch an ungemeldeten Standorten durchzuführen; der Generaldirektor wurde autorisiert, jeder relevanten Information nachzugehen, nicht etwa nur den vom inspizierten Staat gemeldeten Daten. Das schließt den Zugriff auf geheimdienstliche Erkenntnisse ein, die der *Agency* von Mitgliedsstaaten zugänglich gemacht werden. Statt kurz vor der Beschickung mit Brennstoff sind nun die Länder gehalten, Baupläne für kerntechnische Anlagen bereits vor Baubeginn zu melden und den Inspektoren während der Konstruktionsphase Zugang zu gewähren. Die Export- und Importländer sollen den Transfer von Kerntechnik und -materialien sofort an die IAEO melden, die auf diese Weise ein nukleares Transferkataster erstellen kann. Schließlich entwickelte die IAEO ein umfangreiches Programm für die technische und organisatorische Verbesserung ihrer *„Safeguards"*, wobei „Umweltbeobachtung", d.h. die Analyse von Boden-, Wasser- und Luftproben auf ungewöhnliche Isotopenspuren, eine prominente Rolle spielt. Die Ergebnisse dieser großangelegten Untersuchung sollen ab 1995 in das Verifikationssystem integriert werden.

Die Lieferländer verschärften ihre Richtlinien für den Nukleartransfer. In die Genehmigungsverfahren fließt jetzt beispielsweise auch die Überlegung ein, ob der Empfängerstaat bereits in der Vergangenheit in illegale Aktivitäten verwickelt war. Nuklearexporte sollen nur noch in Länder getätigt werden, in denen die gesamten nuklearen Aktivitäten von der IAEO überwacht werden *(„Full-Scope-Safeguards")*. Eine neue Liste macht 65 verschiedene „Mehrzweckwaren" mit nuklearen Einsatzmöglichkeiten genehmigungspflichtig. Die Lieferländer wandelten ihre bis dahin kaum vorhandene Kooperation de facto in eine internationale Organisation um, mit regelmäßigen jährlichen Treffen, der Einrichtung mehrerer Arbeitsgruppen, die mehrmals im Jahr zustande kommen, dem regulären Austausch von Information, einschließlich Berichten über abgelehnte Exportgenehmigungen, und der Schaffung eines informellen Sekretariats in der japanischen Vertretung in Wien.

Mit diesen Reformen wurde die Frage akut, wie sich die Regeln des Regimes gegen Abweichler durchsetzen ließen. Darauf antwortete eine Erklärung des Sicherheitsrats-Gipfels vom 31. Januar 1992: Darin hieß es, jegliche Verbreitung von Massenvernichtungswaffen, besonders aber der Bruch entsprechender vertraglicher Verpflichtungen, werde vom Sicherheitsrat als Bedrohung von Frieden und internationaler Sicherheit angesehen. Dies eröffnet die Möglichkeit, wirtschaftliche, ja sogar militärische Sanktionen nach Kapitel VII der UNO-Charta anzuwenden.[8]

9. Die Nordkorea-Krise: Probleme der Durchsetzung des NV-Regimes

Die Nagelprobe für das gestärkte Regime kam schneller, als viele es erwartet hätten. Nordkorea war dem NVV 1985 beigetreten, hatte jedoch den Abschluß des fälligen Verifikationsabkommens mit der IAEO jahrelang verschleppt und diese Zeit zum Aufbau eines Nuklearprogramms genutzt. Seit 1987 betrieb es einen kleinen Eigenbau-Reaktor der Graphit-Linie, der für die Plutoniumproduktion bestens geeignet war. Der Bau zweier größerer Reaktoren war fortgeschritten. Eine Wiederaufarbeitungsanlage, größer als die für Wackersdorf in Bayern geplante, stand kurz vor der Fertigstellung, in einem Teil des Gebäudes konnte Plutonium im Labormaßstab bereits abgetrennt werden. Vom Uranbergbau bis zur Brennelementefertigung bestanden alle Teile eines autarken Programms.

Zu Jahresbeginn 1992 schien die Wende zum Besseren einzutreten: Die beiden Koreas schlossen ein Abkommen über die Schaffung einer kernwaffenfreien Zone Korea, das wechselseitige Inspektionen und den Verzicht auf Anreicherung und Wiederaufarbeitung einschloß. Nordkorea schloß endlich sein Abkommen mit der IAEO und unterbreitete seine Inventarliste, einschließlich einer kleinen Menge Plutonium. Bei ersten Inspektionen ergaben sich jedoch Diskrepanzen zwischen den Angaben Pjöngjangs und den Befunden der IAEO: Hatte Nordkorea behauptet, sein Plutonium in einer einzigen Kampagne hergestellt zu haben, so ergaben die Laboranalysen, daß das Material aus mehreren Jahren stammen mußte: es mußte also mehr Plutonium dasein. Der Fehlbetrag könnte sich von wenigen Gramm bis zu 15 kg belaufen. Zu gleicher Zeit identifizierten amerikanische Satelliten zwei nicht-deklarierte Standorte, die offenkundig als Depot für Reaktorabbrand dienten: dort würde man die notwendigen Proben ziehen und damit den Verdacht erhärten oder auch widerlegen können. Daher verlangte die Organisation „Spezialinspektionen“ in diesen Anlagen. Daraufhin provozierte Nordkorea drei Krisen, um den bevorzugten Verhandlungspartner USA zu Konzessionen zu veranlassen: durch den am letzten möglichen Tag wieder suspendierten Austritt aus dem NVV, durch das Verbot von Routineinspektionen an den gemeldeten Anlagen und durch das plötzliche Entladen des Forschungsreaktors in Abwesenheit von Inspektoren, wodurch die neuerliche Abtrennung von bis zu 25 kg Plutonium in den Bereich des Möglichen rückte. Der Gouverneursrat der IAEO verurteilte die nordkoreanische Politik mehrmals, der Sicherheitsrat der Vereinten Nationen forderte Pjöngjang auf, sich mit der IAEO zu einigen, sah aber aufgrund chinesischen Widerstands von einer Verurteilung und von Sanktionen ab.

Im Oktober 1994 wurde nach harten Verhandlungen ein Kompromiß erreicht: Nordkorea wechselt die Eigenbaureaktoren gegen Leichtwasserreaktoren aus, deren Bau mit vier Milliarden US-Dollar subventioniert wird. Die Lösung ist nicht völlig befriedigend, da sie Kompromisse über bestimmte Prinzipien des NV-Regimes enthält: Die USA haben praktisch anstelle der IAEO verhandelt, was rechtlich und politisch hochproblematisch ist. Es könnte zudem der Eindruck entstehen, ein vertragsbrüchiger Staat habe einen Erpressungserfolg erzielt. Auch werden die geforderten Sonderinspektionen verschoben, bis der Reaktorrohbau fertig ist; sie müssen jedoch stattfinden, bevor Komponenten geliefert werden, die auf der Exportkontroll-Liste der nuklearen Lieferländer stehen. Das Übereinkommen verspricht andererseits die Beseitigung des nuklearen Brandherdes in Ostasien und die behutsame Öffnung Nordkoreas; diese Öffnung enthält zudem eine begrenzte wirtschaftliche Abhängigkeit des bislang weitgehend autarken Landes, zunächst von Öl-, später von nuklearen Brennstofflieferungen. Die proliferationsträchtige Graphit-Reaktorlinie wird zugunsten des für militärische Programme weniger geeigneten Leichtwasserreaktors aufgegeben, auch der aktive Forschungsreaktor wird nicht mehr mit neuem Brennstoff beladen, auf Wiederaufarbeitung wird ab sofort verzichtet, gelagerter Brennstoff verschifft. Dies sind Zugeständnisse, die weit über die Verpflichtungen aus dem NVV hinausgehen und de jure einen Verzicht auf Rechte aus Art. IV des Vertrages darstellen. Der größte Mangel des Abkommens – die Verschiebung der fälligen Sonderinspektionen auf einige Jahre – läßt sich im Lichte dieser Konzessionen verschmerzen, wenn das Abkommen implementiert wird. Daß ein vertragsbrüchiger Staat eine Subvention erhält, ist unschön; andererseits muß Nordkorea jahrelange Investitionen in seine einheimische Reaktorlinie abschreiben. Diese Gesichtspunkte müssen gegen das Interesse, das globale NV-Regime ohne Kompromisse zu bewahren, im Einzelfall abgewogen werden. Glaubwürdige Alternativen standen letztlich nicht zur Verfügung.[9]

10. Der Zerfall der Sowjetunion und die Gefahren der „nuklearen Erbschaft“

Das Ende des Ost-West-Konflikts hatte die Beendigung des irakischen Atomprogramms und die Reformen des NV-Systems möglich gemacht. Der Zerfall der Sowjetunion eröffnete Proliferationsrisiken in einer neuen Dimension. Unmittelbar bestand die Gefahr, daß 14 neue Kernwaffenstaaten entstanden: taktische Atomwaffen waren in allen Republiken, strategische außer in Rußland noch in Kasachstan, Belarus und Ukraine stationiert. Die Verschlechterung der Kontrollsituation im ehemaligen sowjetischen Nuklearkomplex ließ befürchten, daß Materialien, Techniken, Experten und womöglich auch ganze Kernwaffen den Weg in aufnahmewillige Länder finden könnten. Der Abzweigung taktischer Kernwaffen schob die russische Föderation selbst einen Riegel vor: bereits im ersten Halbjahr 1992 wurden sie sämtlich nach Rußland überführt. Damit blieben noch die drei „Erben“ strategischer Waffen. Belarus ließ keinerlei nukleare Ambitionen erkennen und trat bereits 1993 dem NVV als Nichtkernwaffenstaat bei. Länger dauerte es bei Kasachstan, das nicht nur gegenüber Rußland, sondern viel mehr noch hinsichtlich Chinas voller Mißtrauen war. Kernwaffen, so erwogen Teile der neuen kasachischen Führung, könnten Peking von abenteuerlichen Gedankengängen abhalten. Aber auch Kasachstan ließ sich mit einigen hundert

Millionen US-Dollar davon überzeugen, daß seinen Interessen mit kernwaffenfreiem Status besser gedient sei; im Sommer 1994 hinterlegte die Regierung die NVV-Ratifikationsurkunde. Hierzu hatte beigetragen, daß es im Lande eine beachtliche antinukleare Bewegung gibt, die sich Verdienste um die Aufdekkung von Strahlenschäden im Umfeld des Testgeländes Semipalatinsk sowie einiger „friedlicher Kernsprengungen“ im Westen des Landes erworben hat.

Die Ukraine erwies sich als der schwierigste Fall. Sehr schnell war in Vergessenheit geraten, daß die Rada, das Parlament des Landes, unmittelbar nach der Unabhängigkeitserklärung – noch unter dem Eindruck von Tschernobyl – die Kernwaffenfreiheit des Landes erklärt hatte. Gerade im Parlament trat jetzt eine starke nationalistische Strömung dafür ein, die Kernwaffen zu behalten. Mit dem Rückhalt des Parlaments forderte die ukrainische Regierung unter Krawtschuk und Kuchma dreierlei: eine angemessene Kompensation für den in den Sprengköpfen enthaltenen Spaltstoff; die Übernahme der Kosten der Abrüstung; und Sicherheitsgarantien für die territoriale und wirtschaftliche Unverletzlichkeit der ukrainischen Souveränität.

Nach mehrjährigen, zähen Verhandlungen und vielen russisch-ukrainischen Querelen trat die Ukraine im Dezember 1994 dem NVV bei, im Gegenzug erhielt sie die erwünschten Sicherheitsgarantien von den drei Depositarstaaten, Abrüstungshilfe aus den USA und Japan, mehrere hundert Millionen US-Dollar für den Spaltstoff sowie eine russische Liefergarantie für Reaktorbrennstoff.

Scheint damit das Problem der nuklearen Erbschaft beigelegt, so steht es mit der Sicherheit von Spaltstoffen nicht zum besten. Um eine Regelung für den Umgang mit dem bei der Abrüstung freigesetzten Material bemühen sich vor allem die Vereinigten Staaten. Sie haben mit Rußland einen Abnahmevertrag für insgesamt 500 t hochangereichertes Uran geschlossen, das in abgereicherter Form nach Amerika gebracht und dort zu Reaktorbrennstoff verarbeitet wird. Für Plutonium soll mit amerikanischer Hilfe zunächst ein Zwischenlager errichtet werden, seine weitere Verarbeitung bleibt noch im ungewissen. Die USA bemühen sich darum, Transparenzmaßnahmen zu vereinbaren, die eine hinreichende Versicherung bieten sollen, daß die Abrüstung nicht zum Weiterverbreitungs-Alptraum wird.

Im Sommer 1994 tauchte erstmals waffenfähiges Material – wenn auch in kleinen Mengen – auf dem schwarzen Markt auf. Daran zeigte sich, daß der Kontrollstand vor allem in Forschungseinrichtungen und Anlagen, die sowohl zivilen als auch militärischen Zwecken dienen, unzureichend ist. Die USA, die EURATOM sowie einzelne europäische Länder versuchen, Rußland und anderen Republiken beim Aufbau verläßlicher Materialkontrollsysteme zu helfen. Gleiches gilt für die Einführung wirksamer Ausfuhrkontrollen. Für die Atomwissenschaftler schließlich wurde in Moskau ein mit ca. 80 Millionen US-Dollar ausgestattetes Internationales Wissenschafts- und Technikzentrum eröffnet, das sinnvolle und interessante Forschungsprojekte finanzieren und so für die Beschäftigung der Experten sorgen soll. Anstrengungen werden also unternommen, um diese verwundbare Flanke des Nichtverbreitungsregimes zu schützen. Ob sie ausreichen, kann nur die Zukunft weisen.[10]

11. Ausblick

Fünfzig Jahre nach Hiroshima, fünfundzwanzig Jahre nach Abschluß des NVV kann das Nichtverbreitungsregime auf jüngste spektakuläre Erfolge verweisen; der Beitritt aller Nachfolgestaaten der Sowjetunion mit Ausnahme Tadschikistans – bis auf Rußland alle als Nichtkernwaffenstaaten – ist nur einer von vielen. Erstmals sind alle fünf permanenten Mitglieder des Sicherheitsrates auch Vertragsparteien. Argentinien und Brasilien haben ihre nukleare Rivalität beigelegt und ein regionales Verifikationssystem errichtet. Der Tlatelolco-Vertrag ist für ganz Lateinamerika in Kraft. Der größte Erfolg ist sicher die historisch bislang einmalige völlige Abrüstung eines Kernwaffenstaats, Südafrikas, das nun auch, wie seine Nachbarländer, dem NVV beigetreten ist.

Dennoch gibt es im Hiroshima-Jahr auch ungelöste Zukunftsaufgaben für das Regime. Der Mittlere Osten ist nach wie vor nuklear unbefriedet. Immerhin ist der Friedensprozeß in Gang gekommen, der auch multilaterale und bilaterale (Israel–Ägypten) Rüstungskontrollgespräche enthält. Israel will jedoch erst bei einem gesicherten Frieden beginnen, auch seine Kernwaffen zum Verhandlungsgegenstand zu machen. Iran, heimlicher atomarer Ambitionen verdächtig, steht abseits.

In Südostasien geht der inoffizielle nukleare Rüstungswettlauf zwischen Indien und Pakistan weiter, mit deutlichen indischen Vorteilen. Ein Nichtangriffsabkommen gegenüber kerntechnischen Anlagen ist die einzige, magere rüstungskontrollpolitische Ausbeute inmitten eines Meers von Spannungen und Mißtrauen. Die chinesische Politik bleibt auch nach dem Beitritt zum NVV rätselhaft; angeblich wird – vertragswidrig – Pakistan weiterhin nukleare Hilfe geleistet.

Das größte Fragezeichen schwebt über dem NVV selbst. Seine Verlängerung steht an, ein Konsens ist nicht in Sicht. Die Blockfreien kritisieren unerbittlich die unzureichenden Abrüstungsleistungen der Atomwaffenmächte und sind auch über die Exportkontrollen der Lieferländer alles andere als begeistert. Während der „Norden" eine unbegrenzte und bedingungslose Verlängerung anstrebt, will eine Mehrheit des „Südens" nur einer begrenzten Verlängerung zustimmen, womöglich unter bestimmten Bedingungen – schneller Abschluß eines Teststopps, Annahme eines verbindlichen Kalenders für Abrüstungsschritte bis hin zur völligen Denuklearisierung. Es wäre tragisch, wenn gerade im Hiroshima-Jahr ein Vertrag an mangelndem Konsens und unzureichender Diplomatie scheitern würde, der ein Vierteljahrhundert lang maßgeblich dazu beigetragen hat, daß der Atompilz nicht zum dritten Mal über einer Stadt irgendwo auf der Welt aufgestiegen ist.

Ilona Stölken-Fitschen

Bombe und Kultur

Auf dem Campus der Universität von Chicago, genau an der Stelle, wo dem aus Italien in die Vereinigten Staaten emigrierten Nobelpreisträger Enrico Fermi und seinen Kollegen am 2. Dezember 1942 die erste sich selbst erhaltende Kettenreaktion gelang, steht heute eine bronzene Skulptur von Henry Moore, die an diesen bedeutenden Schritt auf dem Weg ins atomare Zeitalter erinnern soll. Sie trägt den Titel „Nuclear Energy", und ihre geheimnisvollen Formen geben dem Betrachter bei der Interpretation allerhand Rätsel auf. Doch ist uns die Symbolik des Atomzeitalters mittlerweile vertraut, und wir erkennen die Konturen der bekannten Pilzwolke, wie wir auch die Umrisse eines Totenschädels ausmachen können. Sieht man noch näher hin und blickt durch den sorgfältig gestalteten Rundbogen und andere Öffnungen des Kunstwerks, mag man sich in eine Kirche oder Kathedrale hineinversetzt fühlen – genau diese Assoziation hatte der Bildhauer beim Entstehen des Kunstwerks zu Beginn der sechziger Jahre auch im Sinn.

Moore wollte die Ambivalenz der menschlichen Empfindungen gegenüber der Atomenergie ausdrücken: jene merkwürdige Bipolarität von Tod und Untergang einerseits sowie der Ehrfurcht vor den ewigen, kosmischen Kräften andererseits. Nichts ist charakteristischer für die öffentliche Auseinandersetzung mit der Atombombe, ganz besonders in den ersten zwanzig Jahren nach 1945, als diese Spannung zwischen Angst und Bewunderung, die sich in den unzähligen Manifestationen, Symbolen und Klischees, in den Wellen des Auf und Ab unserer kulturellen Diskussion wiederfinden läßt.

Als die Atombombe am 6. August 1945 die Weltbühne betrat, war sie mehr als nur eine neue Waffe, von denen der Krieg schon so viele hervorgebracht hatte. Sie war eine Revolution – nicht nur in einem technischen Sinne, sondern vor allem deshalb, weil sie das Denken der Menschen erschütterte. Mit ihr, darüber herrscht Einigkeit, begann eine neue Epoche, das „Atomzeitalter". Noch nie war eine Waffe von so alles bedrohendem Charakter gewesen; noch nie hatte etwas derart die Existenz der Menschheit und des Lebens auf der Erde schlechthin in Frage gestellt. Damit war die Bombe jedoch mehr als nur ein politisches oder militärisches Problem. Die Radikalität, mit der sie alles zu ihrer Geisel machte, konfrontierte jeden einzelnen wie auch die Gesellschaft als ganze mit existenziellen Fragen des Überlebens im Atomzeitalter. Wenn Leben seitdem nur noch „Leben im Schatten der Bombe" war, mußte die Atombombe nicht nur als politisch-strategische Herausforderung, sondern auch als kulturelles Phänomen begriffen werden. Wie eine Gesellschaft mit dieser monströsen Erscheinung umgeht, die sich so unübersehbar in ihre Gegenwart geschoben hat, läßt sich unter anderem daran ablesen, inwieweit und auf welche Weise die Bombe einen Niederschlag in ihren kulturellen Hervorbringungen findet. Ihr Eindringen in die Alltagskultur, das Maß ihrer Anwesenheit in Verhaltens-, Ausdrucks- und Denkmustern, in Bildern und Symbolen des täglichen Lebens gibt Aufschluß darüber, wie wir lernten, mit der Bombe zu leben.

In der amerikanischen Öffentlichkeit findet sich schon in den ersten Reaktionen auf die Atombombenabwürfe von Hiroshima und Nagasaki die in der Moore-Skulptur eingefangene Mischung aus Schauder und Bestürzung zum einen und der ehrfurchtsvollen Bewunderung für die Möglichkeiten dieser phantastisch anmutenden Technik zum anderen.[1] Die Atombombeneinsätze hatten den Vereinigten Staaten, davon war man überzeugt, das lang erhoffte Kriegsende gebracht, das die amerikanischen GIs siegreich aus dem Pazifik zurückkehren ließ; mehr noch: die beiden Bomben erschienen der großen Mehrheit der Amerikaner als Schlüssel zu diesem Erfolg. Hier mischten sich Stolz über die eigene technische Überlegenheit mit der Freude darüber, die Japaner endlich in die Knie gezwungen zu haben. Der Betrachter spürte aber auch, daß der

Blick auf Hiroshima der Blick in die Zukunft der Menschheit war – eine Zukunft, in der in jedem Moment nichts weniger als ihr Überleben vom Umgang mit dieser zerstörerischen Kraft abhängen würde. Kritische Stimmen fragten angesichts der neuen Waffe, ob der Mensch wohl in der Lage sei zu kontrollieren, was er da entfesselt hatte. Zahlreiche literarische Reflexionen, Gedichte, Kurzgeschichten und Theaterstücke – teilweise auch verfaßt von am Manhattan-Projekt beteiligten Wissenschaftlern – entstanden nach 1945 in der Absicht, die Öffentlichkeit über die Gefahren der Atombombe aufzuklären und für den Gedanken einer internationalen Atomkontrolle zu werben. Das Frankensteinsche Ungeheuer wurde nicht nur in der Science-fiction, sondern auch in der seriösen Tagespresse zur vielbenutzten Metapher für die Unwägbarkeiten der in der Bombe verkörperten technischen Leistung. Die zahlreichen Monsterfilme der frühen fünfziger Jahre verdanken ihre Popularität nicht zuletzt dem Umstand, daß sie – wenn auch in trivialer Weise – eine im Grunde hochaktuelle Problematik thematisierten, wenn in ihnen gezeigt wurde, wie mit den besten Absichten unternommene technisch-wissenschaftliche Experimente außer Kontrolle geraten, sich gegen den Menschen kehren und in einem Amoklauf New York oder die ganze Welt zu vernichten drohen.

Bei aller Furcht vor den ungelösten Problemen der Zukunft überwog aber doch bei weitem die Erleichterung über das Ende des Krieges, die verhinderte, daß auch das in Hiroshima und Nagasaki angerichtete Zerstörungswerk wirklich in das öffentliche Bewußtsein vordrang. Hinzu kam, daß die amerikanische Regierung sich bemühte, die Perzeption der Bombe von Anfang an in die gewünschte Richtung zu lenken. Betont wurden ihre durchschlagende Wirkung für die Kapitulation der Japaner und die vielversprechenden Möglichkeiten der zivilen Nutzung der Atomkraft in einem kommenden, fraglos friedlichen Atomzeitalter. Wenn in diesem Zusammenhang von der angeblichen Bezwingung der Natur durch den Menschen und der Durchdringung ihrer tiefsten Geheimnisse die Rede war, erschien die Bombe vor allem als neuer Triumph des uralten menschlichen

Strebens nach Erkenntnis. Was aber hatte man sich vorzustellen unter dieser vom Kriegsministerium als „kosmische Bombe“ titulierten Waffe, fragte die *New York Times* am 7. August und antwortete gleich selbst mit der offiziellen Erklärung Trumans nach dem Hiroshima-Angriff: „Es ist die Bändigung der Grundgewalten des Weltalls. Die Kraft, aus der die Sonne ihre Stärke zieht, ist gegen jene losgelassen worden, die den Krieg nach dem Fernen Osten brachten.“

Dieser Tonfall durchzog alle offiziellen Verlautbarungen. Sie stammten aus der Feder des *New York Times*-Wissenschaftsjournalisten William Laurence, der von der Regierung zum offiziellen Berichterstatter des Manhattan-Projekts ernannt worden war und dem als einzigem Journalisten in der Spätphase des Krieges Zutritt zu den hochgeheimen Forschungsanlagen wie auch zur Probezündung in Alamogordo gewährt wurde. Er hatte schon vor dem Krieg über die zu erwartenden Wunder der Kernenergie spekuliert, in denen er göttliche Kräfte am Werk sah. Nun bereiteten sein respektheischender Ton und sein andächtiges Pathos, mit denen er der Öffentlichkeit Größe und Bedeutung der Bombe als einer wissenschaftlichen Hervorbringung nahezubringen suchte[2], den Boden für alle nachfolgenden Berichte in den Medien, und dies weit über die Vereinigten Staaten hinaus.

Kaum jemand, der über die Bombe schrieb, glaubte fortan ohne Rückgriff auf biblische Zitate oder die griechische Mythologie auskommen zu können. Gerade die Wissenschaftler, die es eigentlich besser wußten, beförderten noch das Bild von der Bombe als einem Mysterium. In ihren öffentlichen Äußerungen findet sich nichts von dem nüchternen Denken, das die Waffe doch erst hervorgebracht hatte; überwältigt von der eigenen Leistung schien auch ihnen nur die Verwendung von mythologischen Begriffen die Erhabenheit des Ereignisses gebührend beschreiben zu können. Konnte aber die Explosion der ersten Versuchsbombe wirklich „heller als tausend Sonnen“ gewesen sein, wie uns der von Oppenheimer überlieferte *Bhagavadgita*-Satz glauben machen wollte, der später vom Titelblatt eines der populärsten Bücher über die Atombombenentwicklung prangte? Auch jenes andere Zitat aus dem indischen Epos – „nun bin ich der Tod geworden, der Zerstörer der Welt" – ist Oppenheimer erst hinterher bei dem Versuch eingefallen, das Geschehene zu schildern. Seine unmittelbare Reaktion im Angesicht der Explosion war zunächst nicht mehr als Erleichterung darüber gewesen, daß es „geklappt" hatte.[3]

Die Freude über den technischen Geniestreich, der zum glücklichen Ausgang des Krieges geführt hatte, erzeugte eine fast schon religiöse Züge annehmende Verehrung und Bewunderung der Bombe. In einem *Life*-Artikel vom September 1945 tituliert Laurence die über Nagasaki aufsteigende Atomwolke als „Meteor" – ganz so, als sei die Bombe eine Himmelserscheinung, die von Gott gesandte gerechte Strafe für die asiatischen Feinde. Country-Sänger Fred Kirby bezeichnete die „Atomkraft" über Hiroshima als „mächtige Hand Gottes"; sein am 7. August getexteter Country-Song *„Atomic Power"* wurde ein großer Plattenerfolg und brachte Kirby zahlreiche öffentliche Auftritte in Kirchen, Rundfunkanstalten und auf Musikfestivals ein. Selbst der amerikanische Präsident dankte seinem Schöpfer dafür, daß er den Amerikanern und nicht etwa ihren Feinden das Geheimnis der Atombombe anvertraut habe. Er bete darum, erklärte Truman, daß ER uns anleiten werde, sie nur in seinem Sinne und zu seinen Zwecken zu gebrauchen.[4] Wurde die amerikanische Atombombe solchermaßen gerechtfertigt und im göttlichen Plan fest verankert, gab es in der Öffentlichkeit keinen Grund, an der Verantwortbarkeit ihres Einsatzes zu zweifeln. Solche Formulierungen verdecken, daß die Bombe eine von Menschen hervorgebrachte und von Menschen eingesetzte war, für die diese auch die Verantwortung tragen. Auch wenn es durchaus eine Reihe von Stimmen gab, die aufgrund des Massenvernichtungscharakters der neuen Waffe die Frage nach der moralischen Rechtfertigung ihres Einsatzes stellten, hat dies die breite amerikanische Bevölkerung nie wirklich bewegt. Obwohl die Atombombenabwürfe an Grundfragen des menschlichen Gewissens rührten, für die Schriftsteller und andere Intellektuelle stets eine besondere Verantwortung empfinden, gab es auch kaum literarische Reflexionen dessen, was in Hiroshima und Nagasaki geschehen war. Ein Dichter, der Jahre später sein Schweigen zu erklären suchte, erinnerte daran, daß auch die Schriftsteller 1945 nicht ausgenommen waren von der allgemeinen Überzeugung, daß Amerikas Einsatz im Zweiten Weltkrieg ein gerechter Kampf gegen das eindeutig Böse gewesen war, den man siegreich zu Ende geführt hatte.

Es war andererseits aber auch nicht viel, was man in Amerika darüber erfuhr, was die Atombomben in Hiroshima und Nagasaki tatsächlich angerichtet hatten. Gewiß, die Zahl der Zehntausenden von Toten durch nur jeweils eine einzige Bombe war schockierend hoch, aber die Fotos vom zerstörten Hiroshima, wie etwa die Zeitschrift *Life* sie präsentierte, sahen nicht viel anders aus als die des flachgebombten Tokio oder des ausgebrannten Dresden, Menschen zeigten sie jedenfalls nicht. Über die unendlichen Leiden der überlebenden und verstrahlten Zivilbevölkerung sagten sie nichts aus, und daß über die grausamen Folgen der Radioaktivität kein Wort an die Öffentlichkeit gelangte, dafür sorgte schon die scharfe Zensur der amerikanischen Besatzungsbehörden.[5] Viele Kommentatoren gelangten daher sogar zu der Auffassung, daß der Abwurf einer Atombombe letztlich kaum mehr als eine besonders effektive Fortsetzung der Massenbombardements sei, wie man sie bereits aus früheren Kriegsjahren kannte.

So kam es, daß in der Jubelstimmung über den Anbruch des Friedens die Amerikaner der Atombombe als der technischen Errungenschaft, die den Krieg beendete, ganz selbstverständlich Bewunderung zollten. Obwohl sie die dunkle Seite der Atombombenentwicklung durchaus mit gemischten Gefühlen betrachteten, ließen sie sich doch nicht auf die geistige Herausforderung der Bombe ein und integrierten sie statt dessen auf eine Weise in ihre Alltagskultur, die die mit der Atombombe Realität gewordene Möglichkeit der totalen Zerstörung der Welt überspielte.

Die Nachricht vom ersten Atombombeneinsatz war kaum bekannt, da hatte der Presse-Club in Washington schon einen *„Atomic Cocktail“* kreiert, andernorts wurden Desserts und

Sandwiches nach der Atombombe benannt. Ein Schmuckhersteller bot eine von den feurigen Farben der Atombombenexplosion inspirierte Anstecknadel mit passendem Ohrring an, die zu tragen – so die Werbung – „so wagemutig“ sei „wie der Abwurf der ersten Atombombe“. 750 000 amerikanische Kinder reagierten auf die Anzeige einer Haferflockenfirma, die ihren kleinen Kunden gegen eine Gebühr von fünfzehn Cents und das Einsenden eines Coupons einen *„Atomic Ring“* zusandte, der den Betrachtern durch Lichtreflexe die Illusion zerberstender Atome vermitteln sollte. In den Spielautomaten auf dem Broadway hatte man nun die Gelegenheit, mit der Atombombe ganze Städte auf einmal auszulöschen – die Siegerpose machte keinen Halt vor dem spielerischen Umgang auch mit einer Vernichtungswaffe dieser Art. Es gab Atom-Witze, Country-Songs über die Atombombe, und *„atomic“* wurde zum neuen Superlativ für Sonderangebote in den Schaufenstern und für Leistungen aller Art. 1947 konnte man im New Yorker Telefonbuch 45 Firmen finden, die sich von dem Zusatz „Atom“ in ihrem Namen einen Werbeeffekt versprachen. Schließlich mußte die Bombe metaphorisch zu erotischen Anspielungen herhalten, wenn Aussehen und Ausstrahlung von Frauen mit der Wucht einer Atombombe verglichen, ihr „Atombusen“ gerühmt und das neueste Film-Starlet wortspielerisch als *„Miss Anatomic Bomb“* vorgestellt wurde, mit der das Atomzeitalter nun auch nach Hollywood kommen werde. Die Atombombe war Symbol und Synonym für Kraft, Energie und Amerikas Stärke schlechthin, und als solche fand sie ihren Einzug in die Bilder- und Begriffswelt des amerikanischen Alltags.[6]

Die Trivialisierung der Bombe ist ein amerikanisches Phänomen, das in Europa keine Entsprechung fand. In Deutschland etwa fielen die ersten Berichte über Entwicklung und Einsatz der Bombe schon deshalb wesentlich spärlicher aus, weil der Aufbau einer Presse erst allmählich und auch nur unter Aufsicht der Besatzungsmächte begann. Zudem überlagerten die Sorgen ums eigene Überleben im Nachkriegsdeutschland das Interesse der Menschen für Nachrichten solcher Art. Es gab hier weder Grund für Atomenthusiasmus noch für übermäßiges Entsetzen. Warum auch hätten die Bombeneinsätze in Japan ausgerechnet den Deutschen nahegehen sollen? Diese Hölle, so schien es ihnen, hatten ihre Städte doch selbst gerade durchgemacht. Außerdem konnte man von Glück sagen, nicht selbst Ziel dieser Bombe geworden zu sein, war die Waffe doch ursprünglich gegen Deutschland entwickelt worden. Noch war die Atombombe etwas, das die Deutschen nicht unmittelbar zu betreffen schien.[7] Sie beobachteten daher nur mehr aus der Ferne, wie die Amerikaner nun darangingen, ihr Atomwaffenprogramm fortzusetzen und der Weltöffentlichkeit in umfangreichen Versuchsreihen die Bombe vorzuführen.

Die beiden ersten Bikini-Tests vom Sommer 1946 sollten dazu dienen, die Auswirkungen von Atombomben auf eine Armada ausgedienter Kriegsschiffe zu demonstrieren, die rund um das Pazifik-Atoll verankert wurden und deren Besatzung aus zahlreichen Versuchstieren bestand. Die Marine schickte Tausende von Soldaten, Technikern und Naturwissenschaftlern dorthin, die begleitet wurden von Politikern, Diplomaten und einer wahren Heerschar von Journalisten. Amerika stellte seine militärische Stärke offen zur Schau. Die erste Nachkriegsatombombe wurde ein politisches Großereignis, aber mehr noch ein Medienspektakel ersten Ranges.

Reporter und Fotografen witterten die Chance, hier mit dem direkten Blick auf die Detonation einer Atombombe nachholen zu können, was ihnen im August 1945 versagt geblieben war. Es war die eigentümliche Spannung zwischen der unberührten Schönheit des Südseeparadieses und der Zerstörungskraft der Bombe, die das Atoll möglicherweise – genau zu berechnen war die Wirkung nicht – auf einen Streich von der Erdoberfläche würde tilgen können, welche dem Ereignis von Anfang an Sensationscharakter verlieh. Es hatte etwas von Angstlust, wenn die Menschen erwartungsvoll darüber spekulierten, ob sie eventuell Zeuge eines „Weltuntergangs im kleinen" werden würden. Das regelrechte In-Szene-Setzen der Bombe durch die Live-Übertragung der Explosion und Filmaufnahmen des Atompilzes für den nächsten Hollywood-Streifen ließ das Schauspiel der Bombe in Bikini Teil der Vergnügungskultur werden, und dies erst recht, als unmittelbar danach ein französischer Modeschöpfer seinen „kleinsten Badeanzug der Welt“ auf den Namen Bikini taufte, der sich schnell als Begriff für die ganze Gattung durchsetzte. Viele Menschen vergaßen darüber, daß es sich hier doch immerhin um den Test eben jener Waffe handelte, die noch kurz vorher in Japan so vielen Menschen den Tod gebracht hatte.

Auch fünfzig Jahre später, so scheint es, ist Bikini immer noch gut als Symbol für Nervenkitzel und Unterhaltung. Soll es nämlich nach den Plänen von ein paar geschäftstüchtigen Amerikanern und den nach wie vor im Exil auf ihre Rückkehr wartenden Bikini-Eingeborenen gehen, würde das Atoll in einen Freizeit- und Erlebnispark umgewandelt, der den Einwohnern das finanzielle Überleben auf ihrer – so hoffen sie wenigstens – dann endgültig dekontaminierten Insel sichern könnte.[8] Denn noch immer liegt ein Teil der im Sommer 1946 gesunkenen Schiffe auf dem Boden des Meeres und könnte von erlebnishungrigen Tauchern besichtigt werden – in den Augen der Planer ein Museum über die Anfänge des Atomzeitalters ohnegleichen, denn anders als die wiederaufgebauten japanischen Städte oder das planierte und abgezäunte Trinity-Testgelände in Neu-Mexiko befinde sich der Meeresboden in seiner jahrzehntelangen Unberührtheit sozusagen noch im Originalzustand des Jahres 1946. Dahinter steckt offenbar die Annahme, daß annähernd fünfzig Jahre nach den Tests die Atomexplosionen heute museumsreif sind – ein Umstand, der, wenn sich diese Pläne realisieren, einen weiteren Beleg dafür liefern würde, daß Bikini zum selbstverständlichen Bestandteil der amerikanischen Nachkriegskultur zählt.

Das Testprogramm wurde der amerikanischen Öffentlichkeit vollends zum alltäglichen Ereignis, als die Regierung sich 1950 aus Gründen der Kosten und der besseren Überschaubarkeit dazu entschloß, einen Teil ihrer Waffenerprobung ins eigene Land zu verlegen. Die Wüste von Nevada, zum neuen nationalen Testgelände erklärt, sollte in den Jahren bis 1963 rund 100 atmosphärische Tests erleben.[9] Die Bevölkerung von der Notwendigkeit dieses neuen Versuchsprogramms zu überzeugen, fiel der Regierung damals nicht schwer: die sowjetische Atombombe und der Korea-Krieg hatten den Kalten Krieg frostiger werden lassen und die Kommunismus-Furcht der Amerikaner noch geschürt. Man war überzeugt davon, daß mehr und bessere Atomwaffen die eigene Sicherheit noch am ehesten gewährleisten würden und sah in der öffentlichen Präsentation des Waffenarsenals eine Demonstration amerikanischer Macht. Hinzu kam die unverhohlene Neugier der Menschen darauf, eine Atombombendetonation endlich live und aus nächster Nähe miterleben zu können. Ängste vor der Bombe unter diesen Bedingungen gab es nicht, zumal die für die Tests verantwortliche *Atomic Energy Commission* der Öffentlichkeit versicherte, daß alle notwendigen Sicherheitsmaßnahmen getroffen würden und keine Gefahr drohte.

Die Presse, geschickt gesteuert von Regierung und Atomkommission, fachte den Atomenthusiasmus noch an. Reporter beschrieben die Atombombenexplosionen aus erster Hand als phantastische Eindrücke, die nicht etwa Horror oder Schock zurückließen, sondern durch ihre atemberaubende Schönheit und Großartigkeit beeindruckten. Schon Laurence hatte in seinem 1946 erschienenen Buch „Dämmerung über Punkt Null" die Pilzwolke als ein so „außergewöhnliches Kunstwerk" bezeichnet, daß jeder Bildhauer stolz darauf gewesen wäre, es geschaffen zu haben. Diese Beschreibung der Atombombenexplosionen in Kategorien des Ästhetischen mußte natürlich erst recht den Anschein der Harmlosigkeit erwecken. Zeitungen druckten die genauen Anfangszeiten der Tests ab und versorgten ihre Leser mit Anreisetips für die besten Aussichtspunkte. Schnell hatte auch der Staat Nevada die Attraktion „Atombombe" als Wirtschaftsfaktor in seine Vergnügungsindustrie integriert. Die Handelskammer verteilte kostenlose „Veranstaltungskalender" an die Touristen, viele Hotels boten ihren schaulustigen Besuchern Lunch-Pakete für ein Picknick mit Bombenblick an. Eine Restauration bezeichnete sich gar als „Atomic View Motel" und warb damit, daß die Gäste nicht einmal den Liegestuhl am Swimmingpool zu verlassen brauchten, um die atomare Wolke aufsteigen zu sehen. Eine beliebte

Postkarte dieser Jahre zeigt eine Ansicht von Las Vegas mit den Reklametafeln der Vergnügungsclubs im Vordergrund und einem über der Landschaft im Hintergrund sich erhebenden Atompilz. Wie hingetuscht sieht die zarte, weiße Wolke auf dem Foto aus; aus weiter Entfernung betrachtet, haftet ihr nichts Bedrohliches an.[10]

Es war eine Mischung aus patriotischer Pflichtübung und simpler Sensationslust, die die Menschen zum „*Bomb-Watching*" strömen ließ. Millionen Amerikaner sahen die Explosionen aus nächster Nähe, und noch mehr verfolgten sie zu Hause am Fernsehschirm. Abseits von Krieg und Zerstörung wurde die Atombombe zum Gegenstand allseitiger Faszination, die sie dem – zweifellos vorhandenen – ästhetischen Glanz der farbenprächtig sich entfaltenden Pilzwolke verdankte. Bewundert und bestaunt, eroberte sich der Atompilz zu Beginn der fünfziger Jahre ausgehend von Nevada einen festen Platz in der Alltagskultur und wurde zum beliebten Motiv für Lebensmittelverpackungen, Buchdeckel und aufwendige Haarfrisuren aus besonderem Anlaß.

All die Jahre hindurch, in denen atmosphärische Tests in Nevada durchgeführt wurden, war die amerikanische Regierung bemüht, eine öffentliche Diskussion über die dabei freiwerdende Radioaktivität gar nicht erst aufkommen zu lassen und von den Gefahren abzulenken. Flugblätter und Informationsbroschüren beschränkten sich darauf, den Schaulustigen das Aufsetzen dunkler Sonnenbrillen gegen die Blitzwirkung zu empfehlen und im übrigen auf die getroffenen Sicherheitsmaßnahmen gegen radioaktive Strahlung hinzuweisen.

Derselbe leichtherzige Ton im Umgang mit den atomaren Gefahren durchzog auch die Öffentlichkeitsarbeit der 1951 als Reaktion auf die Entwicklung von Wasserstoffbomben errichteten Bundesbehörde für zivile Verteidigung. Da aufgrund fehlender Gelder an ein annähernd ausreichendes öffentliches Luftschutzprogramm ohnehin nicht zu denken war, sollten Aufklärungsschriften, Filme und rollende Ausstellungen der Bevölkerung illustrieren, was im Notfall jeder einzelne selbst für sein Überleben tun konnte. Vor allem die Kinder sollten von früh auf daran gewöhnt werden, mit der Bombe leben zu lernen. So wurden in vielen Schulen des Landes überraschende Atombombenübungen zum selbstverständlichen Teil des Unterrichts. Die Probe für den Ernstfall sah so aus, daß Schüler das schnelle Zusammenkauern unter Tische und Bänke einstudierten oder bei Aufheulen der Sirenen in die Pausenhalle strömten, wo sie sich gegen Wände oder Garderobenschränke gelehnt, den Kopf zwischen den Knien und die Hände hinter dem Nacken verschränkt, auf den Boden hockten – eine Erfahrung, die die Erwachsenen jener Generation heute noch zu den prägendsten Erlebnissen ihrer Kindheit zählen. In der an drei Millionen Schulkinder verteilten Broschüre *„Duck and Cover"* sucht eine Schildkröte namens Bert ihre kleinen Leser davon zu überzeugen, wie wichtig im Falle einer Gefahr das Zusammenducken hinter einem geeigneten Schutz sei, ob nun unter Stühlen, hinter Wänden oder in einer Erdvertiefung. Das Comic-Heft und der gleichnamige Film, dessen fröhliche Begleitmusik den naiven Optimismus dieser Aufklärungskampagne noch verbreiten half, ließen einen Bombenangriff nur mehr als eine Unbequemlichkeit erscheinen, mit der man leichthin fertig werden konnte.[11]

Kaum hatte das atomare Wettrüsten zwischen West und Ost begonnen, berichteten Zeitungen und Magazine auch schon von findigen Geschäftsleuten, die von Holzverdeckungen für primitive Erdlöcher bis zu Luxusausführungen mit Wasser, Telefon und Radio Schutzkonstruktionen zu jedem Preis anboten. Die Nachfrage war groß, und der Absatz boomte in den folgenden Jahren. Als der Kalte Krieg sich verschärfte, begannen auch die Regierungen Eisenhower und Kennedy offiziell für Eigeninitiative beim Schutzraumbau zu werben. Das nationale Schutzraumprogramm erklärte es zur Verantwortung eines jeden, Vorsorge zu treffen, und stellte zwar kaum finanzielle Mittel, dafür aber eine Vielzahl von Broschüren mit Tips und Anweisungen zum Selbstbau zur Verfügung. Haus- und Familienzeitschriften griffen das Thema bereitwillig auf und versorgten ihre Leser mit Ratschlägen. 1961 druckte das *Life*-Magazin einen Brief Kennedys ab[12], in dem die Bevölkerung dringend zum Schutzraumbau aufgefordert wurde. Bei richtiger Vorbereitung, so schrieb der Präsident, bestünde im Ernstfall eine 97prozentige Chance des Überlebens. Auf den Folgeseiten druckte die Zeitschrift detaillierte Bauanleitungen ganz unterschiedlicher Modelle ab, die das Leben im Bunker durchaus komfortabel erscheinen ließen. Das zur selben Zeit vom Verteidigungsministerium herausgegebene Heftchen „*The Family Fallout Shelter*" wurde zum populärsten Buch des Jahres 1961.

Die Vorsorge für das Überleben im Atomkrieg stellte die Amerikaner aber unvermutet auch vor ethische Fragen: Nachdem Schutzraumbesitzer öffentlich erklärt hatten, sie würden ihren Nachbarn, die sich bislang noch nicht um einen eigenen Bunker gekümmert hatten, im Ernstfall gewaltsam den Einlaß in den eigenen Bau verweigern, griff die Diskussion sogar auf die Kirchen über. Während einige Kleriker das Recht des einzelnen, sich selbst notfalls mit dem Gewehr in der Hand vor dem Atomtod zu schützen, durchaus im Einklang mit der christlichen Ethik sahen, erinnerten andere an das Gesetz Gottes und die Pflicht des Christen, seinen Mitmenschen zu helfen; am Ende blieb die Kirche eine befriedigende Antwort jedoch schuldig.[13]

Eine Zeitlang entwickelte sich die Einübung in das In-Deckung-Gehen zur regelrechten Obsession von Amerikanern jedweden Alters, so daß der Schutzraum geradezu zum Bestandteil der Kulturlandschaft wurde. Wandert man heute durch New York, findet man immer noch in fast jeder Straße verblassende gelbliche Schilder, die den Weg zum nächstgelegenen *Fallout Shelter* weisen. Die weitverbreitete, vom optimistischen Grundvertrauen in die Stärke Amerikas gespeiste aktive Beteiligung am Schutzraumbau darf jedoch nicht über den tiefsitzenden Zweifel hinwegtäuschen, ob man am Ende wirklich der Bombe würde entfliehen können. Zeitzeugen erinnern sich, daß zu Beginn der sechziger Jahre niemand mehr an die von der Regierung versprochene fast hundertprozentige Überlebenschance glaubte. Bei einem Atomtest im März 1953 hatten Zivilschützer auf dem Testgelände eine Vorstadtkulisse mit menschengleich aussehenden Schaufensterpuppen errichtet, die bei allerhand häuslichen Verrichtungen gezeigt wurden. Nach Explosion der Bombe lagen die Puppen zerschmettert, ihre Gliedmaßen in alle Winde verstreut, herum – ein Bild des Schreckens, das seine Wirkung auf die Fernsehzuschauer und Leser von Illustrierten, immerhin dreiviertel aller Amerikaner, nicht verfehlte. Darüber hinaus hatte sich herausgestellt, daß viele der errichteten Schutzräume nicht einmal Stürmen und Unwettern trotzen konnten und daß selbst als widerstandsfähiger angepriesene Metallbunker allein durch die Hitzewirkung einer Atombombe einfach dahinschmelzen würden.

Hinzu kam, daß im Laufe der fünfziger Jahre eine weitere Auswirkung der Atombombe Anlaß zur Sorge für viele Amerikaner bot. Hatte sich das Interesse der Öffentlichkeit zunächst ganz auf die Zerstörungskräfte der Bombe konzentriert, so war es die dichte Folge der Atombombentests, die jetzt den unsichtbaren und daher als heimtückisch empfundenen radioaktiven *Fallout* in das Zentrum der Aufmerksamkeit rückte.

Im Frühjahr 1953 wurde in Nevada eine Versuchsreihe gestartet, deren stärkste Atombombe eine Sprengkraft von 43 Kilotonnen aufwies und damit die Hiroshima-Bombe (13 KT) um ein Dreifaches übertraf. Die freigesetzte Radioaktivität war so gewaltig, daß Bewohner umliegender Ortschaften, die sich im Freien aufhielten, Hautverbrennungen davontrugen, vereinzelt sogar strahlenkrank wurden. Eine 32-Kilotonnen-Bombe dieser Testserie, später unter dem Namen „Dirty Harry“ bekannt, setzte soviel *Fallout* frei, daß kurz darauf 42000 Schafe im angrenzenden Bundesstaat Utah an den Folgen radioaktiver Strahlung starben. Die öffentliche Beunruhigung über den *Fallout* wuchs noch, als nach dem Test der ersten einsatztauglichen, 15 Mega(!)tonnen starken Wasserstoffbombe auf Bikini selbst die Atomenergiekommission einräumen mußte, von der Wirkung überrascht gewesen zu sein. Die unvorhergesehen große Menge freiwerdender Radioaktivität setzte die etwa hundert Meilen entfernten Bewohner umliegender Atolle so hohen, teilweise als lebensgefährlich geltenden Dosen aus, daß ihre umgehende Evakuierung erforderlich wurde. Für noch mehr Aufsehen sorgte das Schicksal des „Glücklichen Drachen", eines japanischen Fischerbootes, welches zur Zeit der Explosion 90 Meilen östlich von Bikini und damit bereits außerhalb der vorher abgesteckten Gefahrenzone vor Anker lag. Es geriet in einen so schweren Aschenregen, daß sämtliche Besatzungsmitglieder schwer strahlenkrank nach Japan zurückkehrten, einer der Fischer später sogar starb.[14] Er war damit das erste Todesopfer der Bombe außerhalb ihres Einsatzes in einem Krieg, das Opfer eines bloßen Tests. Viele Menschen begannen besorgt zu fragen, ob die weitere Entwicklung und Erprobung immer größerer Waffen nicht allmählich zu einer schleichenden Vergiftung ihrer Umwelt führen und sie zum Schluß alle zu Opfern radioaktiver Verseuchung machen könnte. Es begann nun eine breite öffentliche Debatte über die Folgen des radioaktiven *Fallouts,* die – diesmal auch weit über die Vereinigten Staaten hinaus – die anfängliche unkritische Akzeptanz der Atombombe überlagerte.

Die zunächst unter Wissenschaftlern heftig geführte Auseinandersetzung über die möglichen Langzeitfolgen der Atombombenversuche wurde nun von den Medien aufgegriffen und führte zur massenhaften Verbreitung immer dramatischerer Visionen über die heimtückischen Folgen der Radioaktivität. Die Spekulation über die physische wie auch politisch-gesellschaftliche Zukunft einer von Radioaktivität bedrohten Menschheit wurde zu einem kulturellen Phänomen der Zeit, das in seinen populären Varianten zahlreiche Monsterfilme, in denen Atomexperimente gewaltige Tiere produzieren, und Comicserien, deren Held etwa durch den Biß einer radioaktiven Spinne übermenschliche Kräfte erhält, hervorbrachte.

So erfahren die Zuschauer des 1954 produzierten Streifens „Them" (auf deutsch „Formicula"), daß in der Wüste Neu-Mexikos auf rätselhafte Weise ums Leben gekommene Menschen Opfer gigantischer, fast haushoher Riesenameisen geworden sind – zu monströser Größe mutiert durch den ersten Atombombenversuch, der Jahre zuvor dort stattgefunden hatte. Nachfolgende Filme zeigten gigantische Skorpione und Krabben, überdimensionale Spinnen und prähistorische Ungeheuer von der Größe eines Hochhauses, die ganze Städte in Schutt und Asche legen. Solche Produktionen appellierten an die tiefsitzende Furcht des Menschen vor genetischen Schäden und Mißbildung – hier durch radioaktive Strahlung – und förderten noch die ohnehin verbreitete Angst vor „Mutationen".

Es ist interessant zu sehen, daß die aufkommenden politischen Bewegungen gegen weitere Atombombentests und nukleare Waffen sich später gezielt solcher Vorstellungen bedienten, um die Öffentlichkeit gefahrenbewußter zu machen. Der amerikanische Liedermacher Tom Lehrer hatte schon zu Beginn der fünfziger Jahre durch seine satirischen Texte aufhorchen lassen, in denen er das naive Vergnügen der Menschen an den Nevada-Tests kritisierte; spätere Lieder ließen keinen Zweifel am Schicksal der Menschheit, wenn das atomare Testen in gewohnter Weise weitergehen sollte: „*We will all go together when we go*". Zahllose Romane beschäftigten sich jetzt mit der Frage des Überlebens in einem Atomkrieg, das nun eine andere Gewichtung erhielt. Mochten die Menschen auch die unmittelbare Bombardierung überstehen – am Ende, so lautete die Botschaft, würden sie doch alle Opfer der sich bis in die letzten Winkel der Erde voranfressenden Radioaktivität. So nützt den Zufluchtsuchenden in Mordecai Roshwalds Science-fiction-Story *Level 7* nicht einmal ein siebenstöckig in die Erde reichender Bunker, um der nuklearen Verseuchung zu entfliehen. Wohl am dramatischsten zugespitzt findet sich das Thema in Nevil Shutes 1957 veröffentlichtem Bestseller *On the Beach*. Er erzählt die Geschichte einer Gruppe von Australiern, die in banger Erwartung ihrem unaufhaltsam nahenden Strahlentod entgegensehen, hervorgerufen durch einen weit entfernt ausgetragenen Atomkrieg. Dieser Krieg selbst war zwar nur kurz gewesen, aber die dabei freigesetzte Menge des *Fallouts* reichte aus, um zunächst die gesamte nördliche Hemisphäre und schließlich auch den von der militärischen Auseinandersetzung gar nicht betroffenen südlichen Teil der Erde so stark mit radioaktiven Wolken zu überziehen, daß es selbst für völlig Unbeteiligte kein Entrinnen gibt. Als das Buch zwei Jahre später verfilmt wurde, verließen die Zuschauer, die Bilder menschenleerer Straßen noch vor Augen, wie betäubt, viele schluchzend, die Kinosäle. Die Wirkung auf die Öffentlichkeit war so groß, daß die amerikanische Regierung ein Anwachsen pazifistischer Strömungen befürchtete und sich veranlaßt sah, in offiziellen Stellungnahmen die Handlung des Films als wissenschaftlich unhaltbar zu bezeichnen. Ob die Zahl der damals existierenden Waffen tatsächlich schon ausgereicht hätte, wirklich die ganze Welt zu vernichten, darf in der Tat bezweifelt werden. Die von den Schreckensszenarien genährte Vorstellung, daß dies eines Tages möglich sein könnte, reichte aber aus, die Diskussion auch auf eine politische Ebene zu heben und der amerikanischen Protestbewegung gegen weitere Atomtests breiten Zulauf zu verschaffen.

Gegen Ende der fünfziger Jahre hatten sich damit die Parameter verschoben: Hatte man sich anfangs – im sicheren Gefühl der Überlegenheit der eigenen Waffentechnik – allenfalls darüber Gedanken gemacht, wie man sich gegen einen feindlichen „Bombenangriff" schützen konnte, so dämmerte es den Amerikanern nun, daß die Radioaktivität die Bombe zum unentrinnbaren Schicksal für jeden machen würde. Dieses neue Gefühl der eigenen Verwundbarkeit wurde noch verstärkt durch die piepsenden Töne des sowjetischen Sputnik-Satelliten, der den Vereinigten Staaten schockartig die Erkenntnis näherbrachte, daß nun auch die eigene technische Überlegenheit dahin war und man schon morgen Zielscheibe eines Überraschungsangriffs werden konnte.

Die neue Furcht vor der Bombe griff Mitte der fünfziger Jahre auch auf Deutschland über.[15] Aufgeschreckt durch das Unglück der japanischen Fischer, begann die deutsche Öffentlichkeit, die – weit entfernt von den Testgebieten – bislang kaum Anteil genommen hatte an den Atomversuchen der Amerikaner, die Bombentests mit Sorge zu betrachten. Die neue Erkenntnis, daß Geschehensort und Folgewirkungen von Atombombenversuchen weit voneinander entfernt liegen konnten, verwandelte die Bombe von einer bislang nur abstrakt wahrgenommenen in eine ganz konkret empfundene Bedrohung. Als erste Meßwerte einen Anstieg der Radioaktivität über der Bundesrepublik diagnostizierten, machte sich teilweise Panik breit. Allerhand „unerklärliche" Vorkommnisse von verfärbter Wäsche auf der Gartenleine bis zu langanhaltenden Regenfällen im Sommer – das Wort vom „Atomwetter" war in aller Munde – wurden nun auf radioaktive Schwaden und vorbeiziehende Atomwolken zurückgeführt. Manche Leute deuteten jetzt ihre Migräneanfälle als „Atom-Kopfschmerz", und andere harmlose Leiden wurden plötzlich zu geheimnisvollen „Atomkrankheiten" hochstilisiert. Solche Ängste vor dem *Fallout* drangen damals bis in die Alltagsgespräche der Bundesbürger vor und beherrschten zeitweilig die Presseschlagzeilen.

Das neue Wissen von den Gefahren der Radioaktivität traf zeitlich zusammen mit der die Deutschen nicht minder erschreckenden Erkenntnis, daß nach der gültigen NATO-Strategie die Bundesrepublik zum Hauptkriegsschauplatz eines Atomkrieges würde, sollte die nukleare Abschreckung versagen. In der Öffentlichkeit vielbeachtete NATO-Planspiele und Manöver wie „Carte Blanche" und „Lion Noir" ließen keinen Zweifel daran, daß nach einem nuklearen Schlagabtausch von Deutschland kaum etwas übrig bleiben würde.[16] Anders als die Amerikaner ließen sich die Deutschen aus verständlichen Gründen nicht mit zweifelhaften Zivilschutz-Ratgebern beruhigen; als das Bundesamt für zivilen Bevölkerungsschutz 1961 auf dem Höhepunkt des Kalten Krieges eine die Atomgefahren verharmlosende Broschüre nach klassischem Luftschutz-Muster mit dem Titel „Jeder hat eine Chance" verteilte, reagierte die Öffentlichkeit mit einem Aufschrei der Empörung, der bis in den Deutschen Bundestag vordrang. Die Diskussionen über Strahlengefahren durch Atomtests verbanden sich 1957/58 mit der damals einsetzenden Debatte um die Aufstellung nuklearer Trägersysteme und führten bei ihren lautstärksten Gegnern im „Kampf gegen den Atomtod"[17] zu einer grundsätzlichen Ablehnung atomarer Waffen und nuklearer Abschreckung überhaupt.

Auffällig an der deutschen Auseinandersetzung um die Bombe war der starke moralische Impetus, der die Diskussion von Anfang an prägte. Nach den Erfahrungen der Vergangenheit erschienen vermeintlich „unpolitische“ Wissenschaftler, Schriftsteller und Künstler, nur ihrem Gewissen verpflichtet, als Garanten einer unbestechlichen, allein an der Verantwortung für jedes Individuum und die Menschheit als ganze ausgerichteten Haltung in dieser Frage. Von jeher hatte es zum Selbstverständnis der Schriftsteller gehört, als „moralische Wächter“ ihre Stimme zu erheben, wenn es um existenzielle Fragen der Menschheit ging. Die in dieser Zeit entstandene „Atomliteratur“ versteht sich als Mahnung an die Menschheit, der als verhängnisvoll empfundenen Waffenentwicklung Einhalt zu gebieten, bevor es zu spät sein könnte.

Charakteristisch für die deutsche kulturelle Diskussion der Atombombe sind die zahlreichen Theaterstücke, in deren Mittelpunkt Kernphysiker stehen. In Günther Weisenborns Stück über die (Puppen-)„Familie von Nevada“, einer Verarbeitung des oben geschilderten Atomwaffentests mit menschengleich aussehenden Schaufensterpuppen, sind es Wissenschaftler vom Schlage des entschiedenen Atomwaffengegners Linus Pauling, die nach einer „Explosion des Gewissens“ den Test noch in letzter Minute verhindern können und damit die Puppen, hier Symbol für die ganze Menschheit, vor dem sicheren Tod bewahren. Mit expressionistischem Pathos schildert der entschiedene Atomwaffengegner Hans Henny Jahnn in seinem Stück „Die Trümmer des Gewissens“, wie ein idealistisch-fortschrittsgläubiger Kernforscher „an der Spitze einer Umwälzung der Menschheitsepoche“ nach einer Reihe von Unglücksfällen durch radioaktive Strahlung allmählich erkennen muß, daß die Atomwissenschaft zum Verrat am Menschen wird. Immer noch bekanntestes Stück jener Gattung ist Heinar Kipphardts „In der Sache J. Robert Oppenheimer“, das auf dem 1954 durchgeführten Anhörungsverfahren gegen den „Vater der Atombombe“ beruht. Es zeigt das Dilemma des Wissenschaftlers im Loyalitätskonflikt gegenüber seinem Staat und läßt den Bühnen-Oppenheimer am Ende Reue empfinden dafür, daß die Forscher den Militärs die Ergebnisse ihrer Arbeit ausgeliefert und damit Hiroshima ermöglicht hätten. Solche Stücke drücken nicht nur die Hoffnung aus, daß die verantwortlichen Wissenschaftler durch „richtiges" Handeln den Lauf der Geschichte beeinflussen können; sie suggerieren auch, daß die Kernphysiker, die die Bombe doch erst auf den Weg gebracht hatten, nun auch dabei helfen könnten, sie wieder loszuwerden.

Sicherlich war die Wissenschaftsgläubigkeit der Deutschen von jeher groß gewesen, und auch die zwischen ehrgeizigem Erkenntnisstreben und höherer Moral stehende Faust-Figur ist ein urdeutsches Thema. Dies erklärt aber doch nicht allein, warum gerade die Deutschen bei der Suche nach Auswegen aus dem nuklearen Dilemma auf die Wissenschaftler und ihre vermeintlich allein humanitären Erwägungen verpflichtete Sicht der Dinge setzten. Während des Zweiten Weltkrieges hatten Amerikaner und Deutsche zeitweilig parallel an der Atombombenentwicklung gearbeitet, am Ende gelang den Amerikanern allein die Konstruktion, was sie nach Hiroshima und Nagasaki freilich auch mit Schuld belud. Es erschien den Deutschen im nachhinein als Glücksfall, wenigstens hier nicht schuldig geworden zu sein. Es ist daher nur zu verständlich, daß der zunächst durch einige deutsche Wissenschaftler selbst und dann durch Robert Jungks Buch „Heller als tausend Sonnen" beförderte Mythos, die deutschen Atomforscher hätten Hitler die Bombe aus moralischen Gründen verweigert,[18] in den fünfziger Jahren große Verbreitung fand. Dieser Mythos wurde noch befördert durch die 1957 von achtzehn deutschen Wissenschaftlern veröffentlichte und in der jungen Bundesrepublik großes Aufsehen erregende „Göttinger Erklärung", in der sich die Unterzeichner – darunter zahlreiche schon an der „Uranmaschine" der Kriegsjahre beteiligt gewesene Atomforscher – gegen einen Atomwaffen-Besitz der Bundesrepublik aussprachen und gleichzeitig ihre Mitwirkung an der Herstellung solcher Waffen verweigerten. In Weisenborns kurz darauf verfaßter Atomtod-Moritat „Göttinger Kantate" sind es denn auch die Wissenschaftler, die sich der „tödlichen Entwicklung" in letzter Minute „entgegenwerfen" und damit einmal mehr die Hoffnung nähren, die weitere Atomwaffenentwicklung sei durch individuelle Gewissensentscheidungen beeinflußbar.

Deutsche Schriftsteller thematisierten aber nicht nur in ihren Werken die Atombombe; Autoren wie Hans-Werner Richter, Erich Kästner, Günter Eich, Alfred Andersch und Hans Henny Jahnn engagierten sich in Aufrufen und Kundgebungen auch selbst aktiv in der Protestbewegung. Dies war eine ganz neue Erfahrung für die deutsche politische Kultur, hatten sich die Schriftsteller aus ihrem eigenen Verständnis der Selbstbeschränkung auf „geistige Reiche" heraus vom politischen Tagesgeschäft bislang eher ferngehalten. Die Frage der atomaren Bewaffnung schien ihnen jedoch von so überwältigender existenzieller Dimension, daß sie nicht mehr in herkömmlichen Kategorien des Politischen zu bewältigen war und daher auch nicht mehr der Politik allein überlassen werden durfte. Das „Überpolitische" der Bombe wurde in jener Zeit zur großen Herausforderung der Intellektuellen und die „Stimme der Kultur" zum wichtigen Faktor in der öffentlichen Diskussion.

Aus der Position dessen, der die Bombe weder besitzt noch im Ernstfall über ihren Einsatz zu entscheiden hat, war es freilich leicht, die Atomwaffen aus moralischen Gründen abzulehnen und die radikale Forderung nach ihrer Abschaffung schlechthin zu erheben. Aber ein weiteres wichtiges Motiv in der deutschen Debatte kam hinzu, das den moralischen Ton erklärt: Die Betonung des Massenvernichtungscharakters der Atombombe durch die Protestierenden und vor allem Teile der evangelischen Kirche war nicht zuletzt gespeist aus den bitteren Erfahrungen der jüngsten Vergangenheit – man wollte nicht noch einmal schweigend die Vorbereitung zu einem Massenmord geschehen lassen und damit wieder mitschuldig werden. Viele führende Aktivisten im „Kampf gegen den Atomtod" wie Martin Niemöller, Eugen Kogon, Robert Jungk und Günther Anders waren selbst von den Nationalsozialisten verfolgt worden und wollten ihren Kindern ersparen, daß sie „nur so zufällig" überlebten, wie Jungk es einmal formulierte.

Diese Art der fundamentalen Thematisierung von Sein oder Nichtsein und der Bedrohung allen menschlichen Lebens findet sich in der amerikanischen Kultur erst wesentlich später, als die vorhandenen *Overkill*-Kapazitäten ein Überleben der

Menschheit nach einem Atomkrieg nun tatsächlich fraglich erscheinen lassen und Amerikaner und Sowjets sich Anfang der achtziger Jahre in einem neuen Rüstungswettlauf gegenüberstehen. Zwar wurden auch in Amerika die negativen Folgen der Atombombenentwicklung nicht übersehen und führten wachsende Sorgen über die Gefahren der Radioaktivität zu Kritik an den Atomplänen der Regierung. Aber die Gewißheit der eigenen Stärke und der amerikanische Pragmatismus ließen letztlich lange die Annahme überwiegen, man werde damit schon irgendwie fertig werden. Die Ausweglosigkeit des atomaren Dilemmas drang erst zu Beginn der achtziger Jahre in das öffentliche Bewußtsein vor, als amerikanische Publizisten und Künstler sich mit großer Intensität und Ernsthaftigkeit des Themas annahmen und jeder Trivialisierung der Bombe ein Ende bereiteten. Schlagender Ausdruck dafür, wie sehr sich die Wahrnehmung der Bombe geändert hatte, ist vielleicht der Kinofilm „Atomic Café“ aus dem Jahr 1982, in dem einfach verschiedene Lehr- und Dokumentarfilme aus den vierziger und fünfziger Jahren zusammengestellt wurden, die ohne verbindende Elemente hintereinander ablaufen. Der mittlerweile zum Kultfilm gewordene Streifen kann dabei auf jeden Kommentar verzichten, da sich die bizarre Naivität und absurde Dimension der Propagandafilmchen dem Betrachter von selbst vermittelt.

Der Hirtenbrief der amerikanischen Bischöfe und Kunstwerke wie Alex Greys „Nuclear Crucifixion“, das Jesus an einem zum Kreuz gewordenen Atompilz zeigt, sind Ausdruck eines kritischeren Umgangs mit der Bombe. Robert Morris' gewaltiges, nach dem Ort des ersten Atombombentests benanntes Kunstwerk „Jornada del Muerto“ (Reise des Toten) enthält eine Zeichnung der Miyuki-Brücke in Hiroshima, in der Fotos von Einstein und Oppenheimer mit der Abbildung eines völlig verbrannten Jungen kontrastiert werden. Nichts erregte in den achtziger Jahren aber soviel Aufsehen und öffentliche Emotionen wie der 1983 gesendete Fernsehfilm „The Day After“, der die Auswirkungen eines Atomkrieges für die Bewohner der mittelamerikanischen Stadt Kansas City zeigt und den Millionen amerikanischer Fernsehzuschauer und Kinogänger in aller

Welt durch die Bilder explodierender Atombomben und verbrennender Menschen den Schrecken in die Glieder fahren ließ. Ob der Film das Leben nach einem Atomschlag – nach allem, was wir aus Hiroshima-Untersuchungen und Fallstudien simulierter Atombombenabwürfe wissen – auch nur annäherungsweise realistisch darstellt, darf bezweifelt werden. Auffällig ist – und dies gilt für nahezu alle kulturellen Darstellungen der Atombombe –, daß er die politischen Entscheidungsprozesse, die erst zur Auslösung des Atomkrieges führen, hier völlig außer acht läßt. Es ist geradezu charakteristisch für die kulturellen Auseinandersetzungen mit dem Thema, daß sie stets das Ende – die Explosion der Atombombe – in den Blick nehmen, ohne die Gründe, die zu einem Atomkrieg führen können, gleichermaßen zu thematisieren.

Vielleicht ist genau dies der Grund dafür, daß die Kultur mit ihrer Fixierung auf „den Tag danach" ungeachtet aller unbestrittenen Einflüsse auf die Politik deren generelle Richtung niemals wirklich grundlegend ändern konnte. Wie stark die Empörung und der Protest gegen die Bombe auch immer ausfallen mochten, auf die politischen Konstellationen in beiden Ländern schlugen sie nicht durch und stellten den grundsätzlichen nationalen Verteidigungskonsens nicht in Frage. Der alles bedrohende Charakter der atomaren Gefahr war selbst auf dem Höhepunkt der Debatte für die Wähler kein hinreichender Grund, die für die nukleare Abschreckung eintretenden Regierungen nicht wiederzuwählen.

Nach allen Betrachtungen fällt weiterhin auf, daß es auch in der Kultur zu einer Thematisierung der Bombe überwiegend nur dann kommt, wenn man auf ein bestimmtes Ereignis, etwa eine politische Entscheidung oder einen Unglücksfall, reagieren kann. Es bedarf hier des Auslösers, des Anlasses für eine Auseinandersetzung mit einer konkretisierbaren atomaren Gefahr. Das wird u. a. dadurch belegt, daß etwa nach dem Beweis für das Funktionieren der Abschreckung in Kuba und der zeitgleichen Verlagerung der Atomtests unter die Erde die Bombe – aus den Augen, aus dem Sinn – für lange Zeit aus dem öffentlichen Leben verschwindet und im Grunde erst Anfang der achtziger Jahre mit der Verschärfung des Kalten Krieges und dem Aufflammen der Nachrüstungsdebatte wieder zum Kristallisationspunkt auch für kulturelle Schöpfungen wird.

Angesichts der heutigen Weltlage scheint die Atombombe dagegen so sehr ihren alltäglichen Schrecken verloren zu haben, daß im fünfzigsten Jahr nach dem Angriff auf Hiroshima die „Enola Gay“, das Flugzeug, das die Bombe abwarf, neben der Mondfähre und Lindberghs Atlantikflugzeug im Washingtoner *Air and Space Museum* ausgestellt wird. Die Hiroshimabombe ist in Amerika aber auch heute noch ein sperriges Stück Vergangenheit und nicht einfach „museumsreif“. Dies zeigt die Auseinandersetzung zwischen den Museumskuratoren und amerikanischen Veteranenverbänden um die richtige Einbettung des originalen Schaustücks in die Darstellung nicht nur der unmittelbaren Folgen des Atombombenabwurfs für die japanischen Opfer, sondern auch des historischen Kontextes, der zum Einsatz der Bombe führte. Selbst wenn wir nun die „Enola Gay“ als Relikt der Vergangenheit im Museum betrachten können, sollten wir dabei nicht vergessen, daß unser Leben seit damals ein Leben im Schatten der Bombe war, und daß sich daran auch nichts mehr ändern wird.

Otfried Höffe

Zur Ethik des Atomzeitalters: Neun Thesen

Im Jahre 1938 gelingt zwei Chemikern, Otto Hahn und Friedrich Straßmann, eine Entdeckung, deren Folgen die internationalen Verhältnisse nachhaltiger prägen wird, als es je einem Außen- oder Verteidigungsminister gelingt. Ihre Entdeckung, die der Kernspaltung des Urans und des Thoriums, gehört unmittelbar nur zur Grundlagenforschung. Zu Recht wird ihre Leistung mit der höchsten wissenschaftlichen Ehrung bedacht, mit dem Nobelpreis, hier für Chemie für das Jahr 1944. Wegen des Zweiten Weltkriegs wird der Preis allerdings erst ein Jahr später verliehen; und dieser Umstand benennt schon das moralische Problem. Genauer besehen handelt es sich um ein zweifaches Problem: Erstens gehen aus der Grundlagenforschung erstaunlich rasch Anwendungen hervor: zunächst die Atombombe, später auch die Atom- bzw. Kernenergie. Zweitens setzt die erstgenannte Anwendung eine Zerstörungskraft frei, die alle bisherigen Zerstörungskräfte um mehrere Zehnerpotenzen übersteigt.

Eine Ethik des Atomzeitalters befaßt sich mit beiden Problemen, mit dem zweiten freilich ausführlicher. Die Grundfrage dieser Ethik: Braucht es für die neue Situation auch eine neue Ethik? Oder braucht es lediglich eine Vertiefung des moralischen Bewußtseins? Oder, so eine dritte Möglichkeit, bleibt beides in Kraft, sowohl die traditionelle Moral als auch das traditionelle Moralbewußtsein; beiden wird jedoch eine kompliziertere Aufgabe zur Lösung vorgelegt? Um die Dramatik der Situation, die tatsächlich gegeben ist, in die Ethik zu übernehmen, neigt man zur ersten, mindestens aber zur zweiten Option. Das Wesen der Moral, eine übergreifende, für das gesamte Leben der Menschheit gültige Perspektive zu sein, spricht eher dagegen.

1. Eine neue Verantwortung

In der Atomforschung tritt exemplarisch eine neuartige Wissenschaft zutage. Das Neue beginnt nicht etwa bei der ungeheuer gesteigerten Energie, die man – sei es zu militärischen, sei es zu friedlichen Zwecken – dabei gewinnen kann; denn diese Steigerung könnte bloß quantitativer Natur sein. Neuartig ist die Schnelligkeit, mit der eine Entdeckung der Grundlagenforschung zu neuen Technologien führt: binnen fünf Jahren konnte eine neue Waffe gebaut werden, die man zwei Jahre später gegen Japan tatsächlich einsetzt. Ähnliches beobachten wir auch bei der Genforschung. Die Entzifferung des genetischen Codes wird zwar nicht genauso spektakulär rasch, aber doch hinreichend schnell in vielfältige Anwendungen umgesetzt. Wie läßt sich diese rasche Umsetzung erklären?

Verantwortlich sind wissenschaftsexterne, namentlich politische und wirtschaftliche Antriebskräfte. Zum Bau der Atombombe drängte die Politik, und aus der Gentechnik erwartet den größten Gewinn die Wirtschaft. Die wissenschaftsexternen Kräfte erklären aber nur einen Teil. Sie machen verständlich, was die Entwicklung der Technologie so forciert; warum realisiert wird, was man gern realisiert hätte, erklären sie nicht. Wirtschaftliche und politische Interessen auf der einen und wissenschaftliche Interessen auf der anderen Seite gehören zunächst einmal grundverschiedenen Welten an. Nehmen wir einige Beispiele aus der antiken Wissenschaft und Philosophie: Demokrits Atomtheorie, die Lehre von unendlich vielen unsichtbaren Teilchen, die sich im Raum bewegen, oder Platons Theorie der Ideen und Aristoteles' Lehre vom unbewegten Beweger lassen sich weder politisch noch wirtschaftlich nennenswert anwenden. Es handelt sich um Theorien, die sich nur „spekulativ", nämlich mittels Begriffen und Argumenten, nachprüfen lassen. Sowohl bei der Entdeckung der Uranspaltung als auch bei der Entzifferung des genetischen Codes sieht es deshalb anders aus, weil hier experimentell nachprüfbare Naturkräfte erforscht werden. Nun steht die Entdeckung derartiger Naturkräfte ihrer Anwendung zu menschlichen Zwecken nicht lediglich näher, sie ist mit dem Grundmuster der Anwendung sogar identisch.

Wegen dieses Umstandes kommt es auf das subjektive Erkenntnisinteresse der Forscher nicht an. Auch wenn Hahn und Straßmann persönlich lediglich einem faustischen Interesse folgten und nur sehen wollten, „was die Welt im Innersten zusammenhält", setzt die von ihnen entdeckte Kernspaltung doch genau jene Energie frei, die sich die einschlägigen Technologien, die der Atomwaffen nicht anders als die der Atomkraftwerke, zunutze machen. Dasselbe trifft auf die Molekulargenetik zu: Ob man noch Grundlagen oder schon Anwendungsmöglichkeiten erforscht – in beiden Fällen kommt es auf die Fähigkeit an, Bausteine der Erbsubstanz dergestalt zu isolieren und zu verpflanzen, daß die Lebensprozesse nicht unterbrochen werden. Dabei geht den Technologien die zugehörige Theorie voran. Zugespitzt formuliert: Die Grundlagenforschung treibt die Anwendungsforschung und diese ihre teils militärische, teils friedliche, jedenfalls industrielle Nutzung hervor.

Diese neuartige Situation drängt eine neuartige Verantwortungsfrage auf: Fallen Folgen der Entdeckung, die nicht mehr im Einflußbereich des Entdeckers liegen, trotzdem in seinen Verantwortungsbereich? Wer Entlastung sucht, sagt: Niemand ist für eine Handlung verantwortlich, die ein anderer begeht. Die Entlastung ist richtig, trifft aber nur die Hälfte des Problems; sie übersieht den Anteil, den der Wissenschaftler denn doch hat. Er schafft die Voraussetzungen, daß ein anderer die Handlung begehen kann, und ist für diese zumindest dann mitverantwortlich, wenn er schon weiß, daß er genau dafür arbeitet, daß ein anderer zur Handlung fähig wird. In diesem Sinn entscheiden zwar nur die Politiker über den Einsatz der Atombombe, die Ingenieure bauen aber die Bombe; und jene Wissenschaftler, die am entsprechenden Projekt, dem Manhattan-Projekt, mitarbeiten, stellen die erforderlichen Grundlagenkenntnisse bereit.

Um dieser Sachlage gerecht zu werden, empfiehlt sich ein neuer Verantwortungsbegriff: der einer Verantwortungskette. In ihr trägt kein Glied die Alleinverantwortung, jedes Glied aber eine

Teilverantwortung, und das Maß der Verantwortung mißt sich an dem Beitrag, den das Glied zur Gesamthandlung beisteuert.

Sind für die Entwicklung der Atombombe schon Hahn und Straßmann mitverantwortlich? Insofern sie die nötigen Voraussetzungen schaffen, drängt sich ein Ja auf. Da sie aber den Zusammenhang nicht im Blick hatten, ihn vielleicht nicht einmal im Blick haben konnten, sind sie zumindest subjektiv entlastet. Sobald sie jedoch die Tragweite ihrer Entdeckung übersehen, tut sich eine Verantwortung zweiter Stufe auf; die Verantwortung, Institutionen zu bilden, die die Verantwortungen erster Stufe wahrnehmen können. Dafür allein verantwortlich sind die Grundlagenforscher sicher nicht; weder „die Gesellschaft" noch die Politik können sich derart leicht von ihrer Verantwortung entlasten; eine Mitverantwortung tragen die Forscher aber zweifelsohne.

Damit können wir zum ersten Problemfeld eine Bilanz ziehen: Weil die moderne Naturforschung die Naturkräfte zu erkennen sucht, erweist sie sich als überhaupt anwendungsfähig; selbst die Grundlagenforschung ist damit in einem strukturellen Sinn technisch. Sie macht nämlich Entdeckungen, die das Grundmuster der Anwendung in sich tragen. In der Utopie der wissenschaftlich-technischen Zivilisation, in Francis Bacons Fabel von *Neu-Atlantis*, beschreibt der Autor ein für die damalige Zeit grundlegend neues Forschungsinstitut; man könnte es sogar eine Forschungsrepublik nennen. Sie ist, wie die Vorbemerkung „An den Leser" treffend sagt, „der Deutung der Natur und der Hervorbringung großer und wunderbarer Werke zum Nutzen der Menschheit gewidmet". Von dieser Forschungsrepublik – sie trägt den Namen „Haus Salomon" – glaubt der Autor, sie könne sich der Wirtschaft ganz und der Politik weitgehend entziehen. Diese Ansicht ist naiv. Wer sich in den Dienst menschlicher Zwecke stellt, steht wegen dieser Zwecksetzung über kurz oder lang auch im Dienst derjenigen, die für die Zwecke ex officio zuständig sind, bald der Wirtschaft, bald der Politik.

Daraus folgt *die erste These* zur Ethik im Atomzeitalter: *Durch die Erforschung von Naturkräften stellt sich die Wissen-*

schaft – ob sie es will oder nicht – in den Dienst wissenschafts-externer Zwecke und lädt sich damit notgedrungen neue Verantwortlichkeiten auf. (Dazu gehören beispielsweise Risikoforschung und weitere Elemente einer Risiko-Ethik: Höffe 1993, Kap. 5.1.)

2. Zunächst: Zu spät

Wie reagiert man auf die sich abzeichnende Übermacht atomarer Zerstörung? Die erste Reaktion müßte das Erschrecken sein. Nun war die Kraft unmittelbar gar nicht einsehbar. Die Entdeckung der Kernspaltung ließ zwar die Zerstörungsenergien ahnen, direkt zur Verfügung standen sie aber nicht. Die zweite Reaktion müßte daher im Beschluß bestehen, die Entdeckung erst gar nicht zu einer Anwendung zu bringen, die sich die Atomenergie in Form von Atombomben zunutze macht. Für diesen Entschluß hätte es der prophetischen Worte bedurft: die Mahnrede, die das Menetekel der atomaren Zerstörungswut, die drohende Selbsttötung der Menschheit (und zusätzlich die Tötung von Tieren, die Zerstörung der Flora, die Vergiftung der Biosphäre ...) an die Wand der Medien malt und zur Umkehr aufruft.

Damals gab es diese Propheten nicht, und auch deshalb konnte sich die Politik anders entscheiden. Zum Teil auf Anraten der hier kompetenten Wissenschaftler und auf jeden Fall mit ihrer kräftigen Unterstützung kam das Manhattan-Projekt in Gang, das Hunderte von hochspezialisierten Wissenschaftlern dem einen Ziel unterwarf: der Bombe. Die Bombe wurde erst entworfen, dann entwickelt, später in Atomversuchen getestet und schließlich abgeworfen. Nach der lapidaren Begründung des verantwortlichen Präsidenten Truman: Wir haben die Bombe geworfen, weil wir sie erfunden haben. Der Erfolg: Hiroshima erlebt eine lokale Apokalypse; es gibt 96 000 Tote, 163 000 Verwundete und Vermißte und eine zu 60 Prozent zerstörte Stadt; in Nagasaki waren noch einmal 36 000 Tote, 40 000 Verletzte und eine hier fast völlig zerstörte Stadt zu beklagen.

Daraus ergibt sich *die zweite These* zur Ethik im Atomzeitalter: *Die moralische Überlegung kam zu spät.*

3. Die ungerechte Waffe

Die Rechtfertigung ist bekannt. Sie sagt, auf diese Weise konnte ein starrköpfiger Feind schneller in die Knie gezwungen werden. Dagegen richtet sich aber der Einwand: Hätte nicht mit etwas Geduld das Ausmaß der Toten, der Verletzten und der Zerstörung erheblich verringert werden können?

Der zweite und moralisch erheblichere Einwand: Die Atombombe traf auch jene Personen, die nach dem damaligen Völkerrecht kein legitimes Ziel von Kriegshandlungen waren. Zum Opfer fielen ihr auch, sogar zum überwiegenden Teil Nichtkombattanten: Kinder, Frauen, Greise, zufällige Besucher, jedenfalls Unschuldige. Im Rahmen einer an sich moralisch illegitimen Praxis, des Krieges, ist das Töten gegnerischer Soldaten legitim, das der Zivilbevölkerung nicht; es ist schlicht Mord. Dazu kommt das (massenhafte) Töten von Tieren, die Vernichtung von Pflanzen und Vergiftungen der Biosphäre.

Die Wissenschaftler, die das Manhattan-Projekt initiiert und durchgeführt haben, dürften das gewußt und sich daher der Beihilfe schuldig gemacht haben. Statt dessen berichtet der Physiker Otto Frisch vom Zentrum des Projekts, aus Los Alamos, eine Situation, die ihn selber peinlich berührte: Als die Nachricht von der Zerstörung Hiroshimas und dem Tod von etwa hunderttausend Menschen bekannt wurde (die Zahl der Todesopfer wurde damals zu gering geschätzt), herrschte unter den Wissenschaftlern und Technikern nicht etwa Beklemmung, sondern große Begeisterung. Viele stürzten zum Telefon und reservierten sich im besten Hotel der Stadt einen Tisch für den Abend, um das Ereignis zu feiern. Und von einem der für das Projekt maßgeblichen Physiker, Enrico Fermi, dem Nobelpreisträger des Jahres 1938, wird überliefert, er habe sich moralische Einwände gegen die schöne Physik, die er in Los Alamos betrieb, ausdrücklich verbeten.

Im Gegensatz zu den vorher bekannten Waffen sind die Atomwaffen Massenvernichtungsmittel, sie bringen den Tod in Mega-Dimensionen und erreichen schon deshalb einen höheren Grad an Verwerflichkeit.

Wesentlicher als der Gesichtspunkt der Masse, das übersehen viele Debatten, ist aber der andere Gesichtspunkt, daß die Gesamtwirkung der Waffe – Luftdruck, Hitze, radioaktive Strahlung – weder räumlich noch zeitlich über die relative Begrenztheit der traditionellen Waffen verfügt. Die Radioaktivität schädigt über viele Kilometer und viele Jahre. Dabei werden notgedrungen Unschuldige getötet, sogar Bürger unschuldiger Staaten. Ein etwaiger kollektiver Selbstmord dürfte höchst töricht sein, zumal wenn er im Namen der Selbstverteidigung, also zugunsten des eigenen Lebens, unternommen wird. Hand an sich selbst zu legen, ist vielleicht moralisch verboten, rechtsmoralisch aber nicht: der Mensch schuldet nicht seinen Mitmenschen, daß er am Leben bleibt. Nicht mehr lediglich töricht, nicht mehr bloß Selbstmord, sondern im schlichten und zugleich vollen Sinne des Wortes „Mord" ist die Tötung Unschuldiger.

Die dritte These: Eine Waffe, die sich mangels räumlicher und zeitlicher Zielgenauigkeit so gut wie zwangsläufig gegen Unschuldige richtet, ist moralisch verwerflich. Und wer sie „flächendeckend" einsetzt, sich also nicht einmal soweit wie möglich die Konzentration auf ein militärisches Ziel vornimmt, steigert noch die moralische Verwerflichkeit.

4. Geht das Recht auf Selbstverteidigung verloren?

Sobald die Vernichtungskraft nicht mehr bloße Vorstellung, sondern Wirklichkeit war, sobald man das Ausmaß der Zerstörung sehen und erleben, sobald man die Apokalypse beobachten konnte, hätte man erneut mit Erschrecken reagieren sollen. Die tatsächliche Reaktion hieß: „*me too*"; sie bestand in der Ich-auch-Strategie. Die Atomwaffe wurde zur Eintrittskarte in den politisch exklusivsten Club, in den der Großmächte.

Man kann dieser Strategie nicht jeden Sinn absprechen. Vorkehrungen für die äußere Sicherheit zu treffen, gehört zu den ureigenen Aufgaben jedes Gemeinwesens. Und nach dem Grundsatz, daß man nicht schwächer als ein möglicher Angreifer sein darf, muß man erstens Verbündete suchen und zweitens – sei es allein oder aber zusammen mit den Verbündeten – über die besten Waffen verfügen. Die entsprechende Rüstung ist freilich ambivalent; viele Verteidigungswaffen lassen sich auch auf Angriff programmieren. Und angesichts der immer kürzeren Fristen, die zur rechtzeitigen Abwehr zur Verfügung stehen, spielen manche Militärs sogar mit dem Gedanken der Präventivschläge. Das Ausmaß der Vernichtung, der Zerstörung und des Leidens, das Atomwaffen mit sich bringen, ist freilich so überwältigend, daß die Ich-auch-Strategie, obwohl sie nachvollziehbar ist, eine doch nicht mehr nachvollziehbare Situation geschaffen hat. Wer die Waffen nur besitzt, ohne von ihnen je Gebrauch machen zu wollen, könnte sich die immensen Kosten sparen und auf den Waffenbesitz gleich verzichten. Wer aber aus Gründen der Glaubwürdigkeit mit dem Waffengebrauch droht, erhöht die Wahrscheinlichkeit, daß eine Seite tatsächlich Gebrauch macht.

Wie aber ist die Atomtechnik moralisch zu beurteilen? Daß der Technik die Kraft der Zerstörung innewohnt, weiß unser Kulturraum seit der Zeit, als ein Ackerbauer mit seinem Grundwerkzeug, der Hacke, seinen Bruder erschlug. Die Geschichte von Kain und Abel ist nicht nur eine Geschichte von Bruderneid und Brudermord. Sie erzählt auch von der grundsätzlichen Pervertierbarkeit technischer Hilfsmittel; das Instrument, das zur Erleichterung des menschlichen Lebens erfunden wurde, läßt sich auch zu dessen Zerstörung einsetzen.

Bringt also die Atombombe zwar eine immense quantitative Steigerung, aber keine qualitative und schon gar nicht eine wesentliche Veränderung? Der erste Unterschied: Die Feldhacke wird für den Ackerbau hergestellt und zum Töten nur mißbräuchlich eingesetzt; die Atomwaffen werden dagegen unmittelbar zum Ziel der Tötung gebaut.

Einfach wäre es, wenn das Herstellen derartiger Instrumente, der Werkzeuge zum Töten, schon als solches unmoralisch wäre. Dann könnte man Wissenschaften, die sich in diese Dienste stellen, eo ipso moralisch verurteilen. Gewisse Moralisten, die nur über simple Denkschemata verfügen, urteilen tatsächlich so. Nun wissen wir noch aus der Schulzeit, daß selbst große Forscherpersönlichkeiten in Diensten standen, die nach diesem Gesichtspunkt höchst bedenklich sind: Der Physiker, Mathematiker und Ingenieur Archimedes zum Beispiel entwarf für seine Vaterstadt Kriegsmaschinen. Außerdem übte niemand Geringerer als Leonardo da Vinci das Amt eines Festungsinspizienten aus; und seinen Dienstherrn kennen wir als rücksichtslosen Gewaltmenschen; es war Cesare Borgia.

Wenn der Militärdienst schon als solcher verwerflich ist, beginnt einerseits die entsprechende Geschichte moralischer Verwerflichkeit schon früh, und wird andererseits das Besondere der Atomwaffen noch nicht begriffen. Gegen ein pauschales Verwerfen jedweder Waffe spricht der Umstand, daß die Moral dem Menschen das Recht läßt, sich zu verteidigen. Folglich ist statt der simplen Verurteilung jene kritische Fähigkeit verlangt, die da heißt: Kunst des Unterscheidens. Sie beherrscht beispielsweise der große Philosoph des Friedens, Immanuel Kant. Vom Krieg sagt er, daß ihn „die Vernunft vom Throne der höchsten moralisch gesetzgebenden Gewalt herab ... als Rechtsgang schlechterdings verdammt" (*Zum ewigen Frieden*, 1795, 2. Definitivartikel; vgl. Höffe 1995). Die überlieferte Ansicht, es gebe gerechte Kriege, verwirft Kant kompromißlos. Bislang hielt man den Krieg für eine Form, Rechtsstreitigkeiten zwischen den Staaten zu lösen; Kant lehnt diese Form kategorisch ab – mit der einzigen Ausnahme: „Ganz anders", sagt er, sieht es aber dort aus, wo die Bürger „sich und ihr Vaterland ... gegen Angriffe von außen" sicherten (3. Präliminarartikel).

Nach der Unterscheidung von Angriffs- und Verteidigungskrieg erscheinen die Atomwaffen als eo ipso verwerflich, sind sie doch, zumindest die meisten von ihnen, als Angriffswaffen entworfen. Wegen der Ich-auch-Strategie gibt es diese Waffen aber auf vielen Seiten. Und weil die konventionelle Verteidigung gegen Atomwaffen so gut wie machtlos ist, kam es zu einer wechselseitigen Hochrüstung mit den bekannten *Overkill*-

und *Megadeath*-Kapazitäten. Diese erlauben, aus der regionalen Apokalypse vom August 1945 eine globale Apokalypse zu veranstalten, samt den Folgen für viele Generationen nach uns und für die außermenschlichen Lebewesen: Vergiftung der Biosphäre, Artensterben ...

Vierte These: Die Atomwaffen als solche heben das Recht auf Selbstverteidigung nicht auf.

5. Die Aporie

Betrachtet man die dritte und die vierte These je für sich, so gibt es eine einfache moralische Antwort. Allerdings widersprechen sich beide Antworten, und dieser Widerspruch enthält eine moralische Aporie, und zwar eine echte und nicht bloß scheinbare Aporie.

In einfach gelagerten Situationen werden vom moralisch Handelnden gewisse Regeln im Einzelfall praktiziert. In schwierigeren Situationen muß man auf Regeln zweiter Stufe, auf Prinzipien, zurückgreifen. In der moralisch noch schwierigeren Situation gibt es konkurrierende Prinzipien, die gegeneinander abzuwägen sind. Die Atomwaffen werfen ein strukturell noch schwierigeres Problem auf; die genannte Aporie verweist auf eine Schwierigkeit vierter Stufe. Ihr gegenüber ist weder eine neue Moral gefragt noch eine Vertiefung des moralischen Bewußtseins. Von den einleitend genannten drei Optionen kommt es vielmehr auf die dritte Option an.

Die fünfte These: Die moralisch erlaubte Selbstverteidigung kann in gewissen Konstellationen auf Atomwaffen nicht verzichten; ihr Einsatz führt aber mit sich, was moralisch verwerflich ist: die Tötung Unschuldiger.

6. Gefahr der Verblendung

Bekanntlich erfolgt die zu späte Reaktion nicht nur im Fall der Atomwaffen. Auch vom Umweltschutz kennen wir dasselbe

Phänomen. Deshalb darf man sich nicht mit kontingenten Erklärungen zufriedengeben; zu rechnen ist mit einem grundsätzlichen Problem. Erläutern möchte ich es von einem Paradigma, das man bei der diesbezüglichen Debatte erstaunlicherweise übersieht. Es ist die griechische Tragödie vom Muster der sophokleischen *Antigone*. Die Tragödie hat einen durchaus „modernen" Charakter; sie zeigt die Menschen im Konflikt. Befangen im neuzeitlichen Denken, bevorzugen wir die „heroische" Lesart: der moralisch integre Bürger widersetzt sich dem gewissenlosen Herrscher; wir inszenieren *Antigone* als Schauspiel von Tyrannenwillkür und moralischem Widerstand. Dort, wo die Wissenschaft elementare Grundsätze der Rechtsmoral verletzt – man denke an die Menschenversuche im Nationalsozialismus, an den Mißbrauch der Psychiatrie in der Sowjetunion, auch an die Experimente nordamerikanischer Forscher mit Strafgefangenen oder mit Schwarzen –, jedenfalls bei den großen Verfehlungen ist die Rede von gewissenlosen Forschern sinnvoll. Für die heute aktuellen Probleme enthält sie in der Regel ein falsches Pathos. Sophokles zeigt eine moralisch einfachere und zugleich komplexere Situation. Die Vereinfachung: zur Erfüllung der „Pflicht" besteht durchaus eine Neigung; die Komplikation: beide, Kreon ebenso wie Antigone, finden sich in einem Konflikt vor, den man – wegen Koinzidenz von Pflicht und Neigung – lesen kann sowohl als eine Kollision von Pflichten wie von Neigungen.

Dort, wo gleichrangige Verbindlichkeiten kollidieren, stellt sich die Moral anders unter Beweis als dort, wo eine Pflicht, wie es die neuzeitliche Ethik will, auf eine konkurrierende Neigung stößt. Bei dem neuzeitlichen Gegensatz, dem von Pflicht und Neigung, muß sich die eine Seite als stärker denn die andere erweisen; die Moral zeigt sich als die Überwindung des Selbstinteresses. Bei einer Kollision innerhalb von Pflichten hingegen – und ebenso innerhalb von Neigungen – sind beide Seiten zunächst einmal als gleichrangig anzuerkennen. Ein strukturell andersartiges Denken ist deshalb vonnöten. Statt eines Entweder-Oder – Pflicht oder Neigung – das Sowohl-Als-Auch einer Güterabwägung. Wer zu dieser Abwägung fähig ist, stellt die hier einschlägige moralische Vernunft unter Beweis, dagegen verfehlt sie, wer auf das Entweder-Oder fixiert bleibt. Die Tragödie zeigt nun: wer anstehende Entscheidungen falsch, und zwar so eklatant falsch trifft, daß er die Aufgabe der Güterabwägung überhaupt nicht sieht, verletzt nicht nur die andere Pflicht: er stürzt sich selbst ins Unglück. Gegenüber der Neuzeit findet hier die Vereinfachung statt; die moralische Verfehlung erweist sich als Dummheit; wer falsch handelt, bestraft sich selbst.

Wegen der Vereinfachung drängt sich die Frage auf, wieso die Pflicht, da sie doch mit einer Neigung koinzidiert, überhaupt verletzt wird. Die Antwort: es dominiert eine einzige Neigung; deren Vorherrschaft wird noch durch die Überzeugung bestärkt, moralisch richtig zu handeln; die Einseitigkeit steigert sich zur Verblendung: „Schön ist es, hernach zu sterben (...) / Wenn Heiligs ich vollbracht", sagt voll Stolz Antigone (Vers 74–77). Nicht minder stolz spricht Kreon: „Und wenn für größer, als sein Vaterland, / Das Liebste jemand hält, der gilt mir gar nichts" (Vers 189–190). Auf jeweils eine Neigung fixiert, sehen beide die andere Neigung erst, wenn es zu spät ist, und zwar grundsätzlich zu spät, weil das Unglück seinen Lauf nimmt.

Wäre *Antigone* ein Theaterstück über Tyrannenwillkür und moralischen Widerstand, würde die Wissenschaftsethik auf die meist falsche Fährte eines heroischen Moralismus geführt. Aktuell ist *Antigone* in anderer Hinsicht: zur Sensibilisierung für die Aufgabe der Güterabwägung. Weil diese Abwägung eine intellektuelle Aufgabe darstellt, könnte man den Fehler für ein vormoralisches Defizit halten; mangels Urteilsfähigkeit sei Kreon intellektuell überfordert, moralisch aber entlastet. Gegen diese Interpretation spricht, daß gewarnt wird: Kreon von Teiresias, Antigone von Ismene; der Weg zur Einsicht ist also gewiesen. Die richtige Entscheidung ist zwar an eine Einsicht, die verkehrte an deren Fehlen gebunden. Für die Gegenwart oder Abwesenheit dieser Einsicht ist aber nicht wiederum eine Einsicht verantwortlich, sondern ein selber nicht intellektuelles, die Intellektualität aber ermöglichendes Moment; der Blick auf Sophokles steuert eine Dimension moralischer Verantwortung bei, die meist gar nicht wahrgenommen wird: die Verantwortung für die veritablen Anfangsbedingungen, die Zuständigkeit für eine Bereitschaft zur Einsicht. Erst weil sie fehlt, nimmt das Schicksal, dann freilich unaufhaltsam, seinen Lauf.

Nun würde man gerne wissen, wie diese Güterabwägung des näheren aussieht. Trotzdem tritt Sophokles auf die Aufgabe der Güterabwägung nicht ein. Man könnte darin ein Defizit sehen, ich halte es für eine positive Aussage. Der Güterabwägung steht eine Barriere im Wege; bevor man in den entsprechenden Diskurs eintreten kann, ist eine Leidenschaft zu überwinden, eine tiefsitzende emotionale Verspannung.

Wir stoßen hier auf die Aufgabe, die die uns vertrauten Ethiken, immerhin von Aristoteles über Kant bis zur Diskursethik, nicht diskutieren. Die Umgangssprache jedoch, hier einmal differenzierter als die Philosophie, kennt einen eigenen Ausdruck. Die zu späte Anerkennung der Güterabwägung verhindert nur, wer über eine Bereitschaft verfügt, die durchaus einen moralischen Rang hat. Freigegeben wird der Diskurs über die Güterabwägung erst durch ein Hören-Wollen der jeweils anderen Seite. Zu spät darf das Sich-Öffnen nicht erfolgen. Die nicht geringste Aufgabe einer Atomethik heißt: Kultur der Rechtzeitigkeit, und für sie ist das genannte Hörenwollen wichtig, mindestens ebenso wichtig wie Hans Jonas' (1979, 391 f.) Heuristik der Furcht. (Vgl. dazu Höffe 1993, Kap. 16.)

Die sogenannte Friedensbewegung beschreibt den Konflikt als einen moralisch letztlich einfachen Gegensatz. Teils ausdrücklich, teils etwas subtiler schreibt sie ihrem Gegner moralische Verwerflichkeit, sich selbst aber die Moral zu; die anderen werden mit den angriffslustigen Falken, sie selbst aber mit den friedensliebenden Tauben gleichgesetzt (z. B. Tugendhat 1987). Zur Rechtfertigung arbeitet die sog. Friedensbewegung mit zwei Argumentationsmustern. Das eine geht in der Sache auf Hobbes zurück und sieht im gewaltsamen Tod das größte Übel, das dem Menschen drohen kann. Wer einen Atomkrieg beginnt, gewinnt nicht etwa den Krieg, sondern verliert ihn; er verliert ihn zwar nicht allein, in den Untergang, den er herbeiführt, zieht er sich aber mit hinein.

Im Unterschied zu Hobbes plädiert die sog. Friedensbewegung aber nicht für eine die Gewaltgefahr bannende Rechts- und Staatsordnung, für eine Ordnung, die – über Hobbes hinaus – jetzt die Koexistenz der Staaten betrifft und nicht etwa deren Auflösung in einem homogenen Weltstaat verlangt, wohl aber jene rechtsförmige Kooperation von Rechtsstaaten, für die Kant eine wichtige Grundlage gelegt hat (vgl. Höffe 1995).

Statt dessen nimmt das erste Argument den Angriff der Gegenseite in Kauf, praktiziert also, was in vereinfachter, aber prägnanter Form „lieber rot als tot" heißt und – um nur einen weiteren Aspekt herauszugreifen – sich der leichten Erpreßbarkeit hingibt. (Gegen die Friedensbewegung argumentiert Glucksmann 1983.)

Entgegenhalten läßt sich dem ein vierteiliges Argument: Erstens behält eine Gesellschaft das moralische Recht auf Selbstverteidigung; zweitens läßt sich das Selbst nicht nur als physisches Überleben, sondern auch als jenes „moralische Selbst" interpretieren, das sich durch religiöse, politische und/oder kulturelle Eigenarten definiert. Daraus kann, drittens, ein Konflikt zwischen dem physischen und dem moralischen Selbst entstehen. Und diesen Konflikt muß man, viertens, nicht zugunsten des physischen Überlebens auflösen.

Überzeugender ist das zweite Argumentationsmuster der sog. Friedensbewegung; es greift unsere dritte These auf: Weil Atomwaffen nicht verhindern können, was moralisch verwerflich ist, die Tötung Unschuldiger, ist ihr Einsatz selber moralisch verwerflich.

Das Argument heißt jetzt nicht mehr: Überleben um jeden Preis, sondern kategorisches Mordverbot. Die Rückfrage ist jedoch erlaubt: Hebt die Gefahr, Unschuldige zu töten, das Recht, sich selbst, sowohl das physische als auch das moralische Selbst, zu verteidigen, auf? Hier taucht ein Güterkonflikt auf, den in dieser Form weder die Friedensbewegung noch ihr Gegner sieht. Dort, wo sich die Friedensbewegung auf gute Gründe stützt, sieht sie die Tötung Unschuldiger; beiseite schiebt sie aber das Recht auf Selbstverteidigung. Ihr Gegner sieht dagegen dieses Recht und verdrängt die Tötung Unschuldiger.

Die sechste These: Die Atomwaffen stürzen zusammen mit der Ich-auch-Strategie die Menschheit in einen Güterkonflikt, den viele wegen einer charakteristischen Verblendung übersehen.

7. Atomrechtssicherheit

Direkt auflösen läßt sich der Güterkonflikt nicht. Für sich selber darf man die Entscheidung treffen: Um Unschuldige nicht zu gefährden, verzichte ich auf die an sich legitime Selbstverteidigung. Diesen Verzicht kann man aber nur für sich selbst aussprechen, er ist nicht von jener Moral her geboten, deren Anerkennung die Menschen einander schulden, der Rechtsmoral. Dieser Umstand hat eine große Tragweite. Weil der Verzicht nicht rechtsmoralisch geboten ist, kann man ihn nicht von den anderen einfordern. Der Verzicht gehört nicht einmal zu den Themen, über die in einer Rechtsgemeinschaft mit Mehrheit entschieden werden darf. Denn kein moralisches Recht erlaubt mir, anderen das Recht auf Selbstverteidigung abzusprechen. Ein Recht, Unschuldige zu töten, gibt es allerdings auch nicht, weshalb es den genannten Güterkonflikt gibt.

Auflösen läßt er sich nur auf dem Wege, daß man die legitime Selbstverteidigung von der nichtlegitimen Tötung abkoppelt und den Einsatz von Atomwaffen ächtet. Der sog. Friedensfreund könnte sich mit einer einseitigen Ächtung zufriedengeben. Wir erinnern uns an manche Gruppen, Evangelische Stifte z. B., die sich zur atomwaffenfreien Zone erklärten. Eine solche Erklärung schützt nicht vor dem Atomeinsatz der Gegenseite; allenfalls erklärt man sich zu einem Verzicht auf wirksame Selbstverteidigung bereit.

Solange sich die andere Seite den Einsatz der Atomwaffen vorbehält, ist die an sich legitime Selbstverteidigung beeinträchtigt. Folglich muß die Ächtung der Atomwaffen wechselseitig, ja sogar allseitig erfolgen. Wer die Welt vor der Gefahr eines Atomwaffeneinsatzes schützen will, muß die Mühe von Abrüstungsgesprächen auf sich nehmen und dabei jene Geduld und Wachsamkeit zeigen, die die Gespräche erst dann für erfolgreich hält, wenn wirksame Kontrollinstanzen eingerichtet sind.

Mag man andernorts die Rechtssicherheit fahrlässig zurückbuchstabieren wollen – dort, wo es moralisch ernst ist, im Güterkonflikt von Selbstverteidigung und Tötung Unschuldiger, braucht es eine Rechtssicherheit, die über das übliche Maß noch hinausgeht. Mit der Möglichkeit, das Opfer von Einbrüchen, Überfällen, sogar eines Totschlags zu werden, muß man auch in Rechtsstaaten leben; und in Großstädten angeblich zivilisierter Staaten ist die Möglichkeit keineswegs nur theoretisch. Mit einer ähnlich hohen Wahrscheinlichkeit darf sich die Atomrechtssicherheit nicht begnügen.

Die siebente These: Der königliche Weg zum Atomfrieden führt nicht über die prachtvollen Boulevards wohlklingender Resolutionen, sondern über die steinigen Bergpfade von politischen Verhandlungen. Und erreicht ist das Ziel erst mit rechtsverbindlichen Verträgen, die durch staatsförmige oder staatsnahe Instrumente gesichert werden.

8. Auch konventionelle Kriege sind ungerecht

Die Angst vor dem einen großen Krieg darf die vor dem nicht so großen Krieg nicht verdrängen. Das kategorische Verbot, Unschuldige zu töten, bleibt doch gültig. Und jeder Einsatz für dieses Verbot diskreditiert sich moralisch, wenn er einseitig, parteilich erfolgt. Eine Grundforderung der Moral richtet sich nämlich auf die Gerechtigkeit, und deren Grundforderung heißt Unparteilichkeit.

Im internationalen Maßstab realisiert man das Verbot nur durch eine umfassende Ächtung des Krieges. Übersehen dürfen wir ja nicht, daß ein Atomkrieg denn doch verhindert werden konnte, im Schatten des Nichtatomkriegs aber seit 1945 Dutzende, insgesamt sogar etwa 150 konventionelle Kriege bzw. kriegerische Konflikte stattgefunden haben. Zu beklagen sind dabei mehr als 20 Millionen Tote und Verwundete; und von ihnen machen einen Großteil jene Nichtkombattanten und Bürger dritter Länder aus, die unter das Verbot, Unschuldige hereinzuziehen, fallen.

Im übrigen wissen wir von nicht wenigen Staaten, daß sie teils aus Verteidigungsinteresse, teils mit der Bereitschaft zum Angriff nichts lieber wollen, als die bisherige Einschränkung auf konventionelle Waffen zu überwinden und selber Atomwaffen zu besitzen. Unterstützt wird diese Bereitschaft vom Umstand, daß die Entwicklung von Atombomben relativ preisgünstiger geworden ist. Angesichts dieser Tendenz reicht die Ächtung nur des Atomkrieges nicht aus.

These 8: Um erstens dem Verbot, Unschuldige zu töten, zur allgemeinen Anerkennung zu verhelfen, und um zweitens die Gefahr zu vermeiden, daß die Bereitschaft zu konventionellen Kriegen in eine zum Atomkrieg übergeht, ist der Krieg selber und weltweit zu ächten.

9. Ein doppeltes Jubiläum

Im Jahr 1995 feiern wir nicht bloß das traurige Jubiläum „50 Jahre nach dem Abwurf der Atombomben auf Hiroshima und Nagasaki". Die gelehrte Welt feiert auch „200 Jahre Kant, Zum ewigen Frieden". Die Kontingenz dieser Koinzidenz bekräftigt die Einsicht der *These 9: Die moralisch gebotene Gestalt einer globalen Kriegsächtung besteht in einer ebenso globalen Rechtsgemeinschaft zwischen Rechtsstaaten.*

Michael Stürmer

Nachwort
Nukleare Waffen. Übermacht und Ohnmacht

„Ultima ratio regis" stand einmal, als es noch Könige gab, auf bronzenen Kanonen. Zu deutsch: äußerster Ratschluß des Königs. Rechtfertigung und Entschlossenheit militärischen Einsatzes trafen in diesem Wahlspruch zusammen. Anders aber als alle Kanonen der Vergangenheit sind nukleare Waffen in der Tat letztes Mittel: Nach ihnen kommt vielleicht nichts mehr als der gemeinsame Untergang.

Dieser Einsicht folgte der NATO-Gipfel seit 1990 mit dem Leitsatz, nukleare Waffen seien Mittel *„of truly last resort"* – des letzten Zugriffs, Ausdruck mehr der Verzweiflung denn der großen Strategie. Aber das Ende des Ost-West-Konflikts ist nicht das Ende der Geschichte. Es ist auch nicht das Ende nuklearer Waffen. Es ist der Grund, über ihre Bedeutung für den moralischen und strategischen Zustand der Welt nach dem Kalten Krieg nachzudenken.

1. Pax Americana

Seit dem Kampf um Troja ist kaum ein Krieg erinnerlich, der nicht nach dem Willen der Protagonisten der letzte sein sollte. Die Geschichte hat den Menschen diesen Wunsch immer verweigert. Zu Anfang des Zweiten Weltkriegs wurden an der Weichsel noch Reiterattacken geritten. Am Ende verglühten zwei japanische Industriestädte im nuklearen Feuer. Seitdem sind Nuklearwaffen im Zorn nicht mehr eingesetzt worden. Die nukleare Waffe, äußerstes Instrument der Vernichtung, war sie Mittel des Friedens geworden? Und ist sie es noch?

Im zerstörten Berlin wurden im Sommer 1944 – mehr als zwölf Monate vor dem Abwurf der Bombe auf Hiroshima – die politischen und philosophischen Auswirkungen mit viel Voraussicht analysiert, während die deutschen Physiker und Militärs längst das Rennen verloren hatten. In der gelehrt-konservativen „Mittwoch-Gesellschaft“ sprach der Physiker Werner Heisenberg über die Physik der Sterne und entwickelte dabei die Theorie nuklearer Waffen. Generaloberst Beck, einst Generalstabschef der Wehrmacht und nun Haupt der Verschwörung gegen Hitler, äußerte, tief bewegt, „daß sich von hier aus alle militärischen Vorstellungen von Grund auf ändern müßten“. Der Philosoph Eduard Spranger fügte hinzu, „daß die Entwicklung der Atomphysik Wandlungen im Denken der Menschen verursachen könnte, die weit in die gesellschaftlichen und philosophischen Strukturen reichen“.

Nukleare Waffen brachten 1945 einen neuen Faktor in die Geschichte. Anfangs schwankte die Bewertung zwischen dem biblischen „Feuer vom Himmel“, wie der amerikanische Präsident Harry S. Truman schrieb, und der militärtechnischen Auffassung, das Nukleare sei erweiterte Artillerie. Tatsächlich forderten und fordern nukleare Waffen der Vernunft das Äußerste ab. Sie dienten seit 1945 dazu, Ereignisse zu verhindern, die niemals stattfanden. In der Drohung der Apokalypse lag das Versprechen des Friedens: in der äußersten Verwundbarkeit die unüberhörbare Mahnung zu äußerster Behutsamkeit. Sollte der ewige Frieden, den die Religionen der Welt vergeblich gepredigt hatten, aus der Technik nuklearer Waffen kommen?

Allerdings: Es lag darin auch ein scharfer Klassenunterschied im internationalen System, der Besitzer und Habenichtse trennte. Es entstand die Gefahr dauernder Instabilität an den Rändern durch Rebellion der Schwellenländer und ihre Furcht, im Notfall alleinzustehen. Und, zuletzt und vor allem, wurden die Demokratien überfordert durch eine Strategie, die das Überleben auf die Hypothese des Untergangs gründete.

Seit 1945 waren nukleare Waffen, wie die britische Flotte im 19. Jahrhundert, eine „*fleet in being*“. Die amerikanische Strategie der Eindämmung gegenüber der Sowjetunion Stalins hatte eine wirtschaftliche Seite, deren sichtbarster Teil der Marshall-Plan war, und eine militärische. Deren unsichtbarste Seite waren nukleare Waffen, anfangs übrigens sehr wenige. Noch in der Berlin-Blockade 1948/49 kaum mehr als ein Dutzend, die allerdings ausreichten, um dem Krisenmanagement des Weißen Hauses Überredungskraft zu geben und Stalins Risikokalkül entscheidend zu beeinflussen.

Seitdem füllten, da die Verbündeten und Schutzbefohlenen der USA das Gleichgewicht in Europa durch konventionelle Truppen herzustellen weder bereit noch in der Lage waren, nukleare Waffen, anfangs noch von Flugzeugen getragen, die strategische Lücke. Verkleinerung und Verfeinerung führten später zu dem Mißverständnis, es könne das Nukleare mit dem Konventionellen doch irgendwie militärisch verrechnet werden. Die NATO-Strategie hat seit den 50er Jahren dem Vorschub geleistet, indem sie die konventionelle Unterlegenheit des Westens mit nuklearer Feuerkraft aufzufüllen suchte. Das machte den Westen in hohem Maße abhängig von nuklearer Abschrekkung, setzte die westliche Strategie leidenschaftlicher Fundamentalkritik von innen und dem dauernden Angriff von außen aus, erlaubte aber auch, mit geringen Kosten Gleichgewicht und damit Sicherheit herzustellen. Die Sowjetarmee Mann für Mann und Rohr für Rohr aufzuwiegen, durfte sich der Westen durch nukleare Waffen ersparen.

Politisch und wirtschaftlich erlaubte die amerikanische Übermacht in den entscheidenden ersten zwanzig Nachkriegsjahren den Westeuropäern nicht nur, ihre Kräfte in die wirtschaftliche Renaissance zu investieren, sondern erlöste sie auch von der Last einer Geschichte, die sie von jeher gezwungen hatte, gegeneinander zu rüsten. Die Übermüdung der Kriege des 20. Jahrhunderts, die Weisheit der Staatsmänner, zuletzt aber die stille Überredungskraft nuklearer Waffen waren es, die der amerikanischen Rolle der Balance, der Eindämmung und der Friedensstiftung Nachdruck gaben.

Allerdings war das amerikanische Monopol nicht von Dauer. Die Sowjets testeten die Atombombe im August 1949; vier Jahre später, im August 1953, folgte die Wasserstoffbombe. 1957 kündigte der Sputnik an, daß sie die Technik interkontinentaler Raketen zu beherrschen begannen. Amerika war, zum ersten Mal in seiner Geschichte, nicht mehr unverwundbar. Die Strategie der „massiven Vergeltung“ wurde – um mit dem Buchtitel des amerikanischen Ex-Generals Maxwell Taylor zu reden – zur „zitternden Trompete“ (The Uncertain Trumpet, New York 1959).

Zur selben Zeit, vorangetrieben durch den Schock von 1956, als am Suez-Kanal Großbritannien und Frankreich allein vor der sowjetischen Nukleardrohung standen, steigerten die Europäer ihre nukleare Anstrengung. Die Briten gingen in Richtung der *„special relationship“*, die Franzosen in Richtung nationaler Unabhängigkeit. Der deutsche Verteidigungsminister Franz Josef Strauß wollte für die Bundesrepublik nuklearen Teilhaberstatus: Zuerst durch Beteiligung an französischer Forschung, dann durch nukleare Träger, vor allem F 104 G-Starfighter.

In der Berlin-Krise seit 1958, noch direkter in der kubanischen Raketenkrise 1962 versuchten die Kreml-Herrscher, ihr neues nukleares Verhandlungsgewicht in eine veränderte strategische Landkarte umzusetzen. Das Ergebnis war in Berlin, als die Mauer gebaut wurde, die buchstäbliche Zementierung des Status quo, nach Kuba aber der Aufstieg der Sowjets zu strategischer Parität.

Der neue Zustand wurde zögernd anerkannt in zwei Abkommen, die – lange vor der Theorie – die Praxis gemeinsamer Sicherheit der Supermächte andeuteten: Der heiße Draht Washington–Moskau und das Abkommen gegen Tests nuklearer Waffen in der Erdatmosphäre. Die Politik der Entspannung, die damals begann, wurde durch das gemeinsame Bemühen vorangetrieben, von der Last der nuklearen Waffen nicht erdrückt zu werden, sondern sie zum gemeinsamen Rahmen und Instrument des Weltmanagements zu machen. Furcht und Vernunft zeugten in ihrer Verbindung ein Kind, das hoffnungsvoll Entspannung genannt wurde.

Im Westen allerdings teilten sich seitdem die Wege. Frankreich setzte endgültig auf massive Vergeltung und nationale „*dissuasion*", die NATO unter Führung der USA adoptierte 1967 die Strategie der „*flexible response*", der flexiblen Antwort. Sie allerdings konnte sich nicht freimachen vom Nuklearen. Dazu fehlte es von vornherein an strategischer Tiefe, an Truppenzahl und an der Bereitschaft der industriellen Demokratien, einen übergroßen Teil ihres Reichtums für Verteidigung aufzuwenden. Aber auch wenn im Konventionellen Gleichgewicht zu haben gewesen wäre, das Nukleare behielt seine unentrinnbar bestimmende Kraft.

„*Flexible response*" bedeutete, da an der zentralen Front in Deutschland Raum nicht für Sicherheit zu tauschen war, daß konventionelle Ungleichgewichte im Namen der „*rough balance*" nach wie vor durch nukleare Waffen aufgefüllt werden mußten. Die Flexibilität lag in den Übergängen zwischen Vorneverteidigung, geplanter Eskalation und nuklearer Antwort. Der Westen hatte keine Wahl, als jeden Krieg in Europa in die Dimension des Atomkriegs hochzureißen – oder mindestens damit zu drohen. Er tat dies in dem Dokument MC 14/3. Die Logik der nuklearen Abschreckung sollte noch immer gelten. Strategisch waren indessen weiche Ränder und eine Theorie der Denkpause hinzugefügt worden; politisch im Harmel-Bericht von 1967 das Widerspiel von „*deterrence and détente*", Abschreckung und Entspannung.

Die sichtbare Seite des Kalten Krieges blieb Konfrontation. Die unsichtbare Seite wurde unterdessen Kooperation, und das war der Überredungskraft nuklearer Waffen zu danken. Seit der Panzerkonfrontation in Berlin am Checkpoint Charly im düsteren Herbst 1961 taten die beiden Supermächte alles, um niemals wieder sowjetische Panzer gegen amerikanische Panzer in Feuerstellung zu sehen. Es gab ein unausgesprochenes Kartell der Supermächte nicht nur gegen unkontrollierbare Leidenschaften von Klienten und Protegés, sondern auch gegen politische Visionen, die nicht die ihren waren. So hatte der Westen im Artikel 7 Deutschland-Vertrag die deutsche Forderung nach Wiedervereinigung unterschrieben. Aber zuvor hatte die Bundesrepublik auf Produktion und Besitz nuklearer Waffen verzichtet. Die Sowjets lieferten niemals nukleare Waffen an ihre Satelliten im europäischen Vorfeld und hüteten sich, nach anfänglichen Ouvertüren, nukleare Technik an die Volksrepublik China zu liefern – was zur Entfremdung, dann zum kriegerischen Konflikt mit dem Reich der Mitte beitrug.

Was immer die Weltmächte trennte, sie waren vereint in dem Bemühen, gefährliche Unklarheiten im Zwischenbereich zu vermeiden. Der französische Philosoph Raymond Aron, Denker des Nuklearen, charakterisierte die Lage mit den Worten: „Friede unmöglich, Krieg unwahrscheinlich." Zu Zeiten hatte der Kalte Krieg die Gestalt eines strategischen Balletts mit blanken Waffen, ungefährlich nicht, aber festen Regeln folgend, jeder Schritt abgezirkelt, Unberechenbarkeit verpönt.

Am deutlichsten wurde dies, als es mit strategischer Rüstungskontrolle ernst wurde: Einerseits weil die Angriffspotentiale Furcht erregten, andererseits weil die in Schächten auf dem Land verbunkerte oder in den Weltmeeren getauchte „Zweitschlagkapazität" jeden Erstschlag verbot und die Vorstellung vom Endsieg annullierte. Alles begann mit dem Versuch der Supermächte, den Kreis der Nuklear-Besitzer festzulegen, um anschließend die Potentiale zu begrenzen. Nukleare Rüstungskontrolle wurde beides, Fortsetzung der Strategie mit anderen Mitteln und zugleich Ausdruck des gemeinsamen Interesses der Supermächte, Gefahren und Investitionen zu begrenzen.

So kam es am 26. Mai 1972 zu SALT I *(Strategic Arms Limitation Talks)*. Aber nicht Waffen wurden reduziert, sondern nur künftige Obergrenzen festgestellt, großenteils noch auszufüllen. Zudem lenkte der Vertrag die Techniker auf die Überholspur. SALT I setzte eine Prämie auf neue Technologien der Raketenlenkung und der Zielsuche.

Philosophisch fand diese neue Phase der nuklearen Parität und des Suchens nach gemeinsamer Sicherheit authentischen Ausdruck im ABM-Vertrag *(Anti-Ballistic-Missile)*. Er kam parallel zu SALT I 1972 zustande, nachdem beide Seiten an der Technik der Raketenabwehr gescheitert waren. Aus der Not wurde solchermaßen Tugend. Aus dem technischen Scheitern kam die Erkenntnis, daß Sicherheit nicht allein gegeneinander zu gewinnen war, sondern auch miteinander: Die existentielle Gefahr, daß das nukleare System abstürzen könne, verband die Antagonisten. Indem Moskau und Washington darauf verzichteten, mehr als ein einziges Raketenabwehrsystem aufzustellen, boten sie tatsächlich die eigene Bevölkerung der Gegenseite als Geisel ihres Wohlverhaltens. Das Scheitern der strategischen Raketenabwehr führte zu zwei widersprüchlichen Erkenntnissen. Die eine lautete, daß Sicherheit allein aus Verhandlungen und Verträgen kommen konnte. Die andere aber lief darauf hinaus, daß neue technische Spielfiguren im strategischen Schach den Durchbruch ermöglichen würden, jedenfalls taktische Vorteile verschafften und strategische Durchbrüche versprachen.

3. Strategischer Umbruch?

Mitte der 70er Jahre beschritten beide Seiten diesen Weg, wenngleich auf technisch verschiedene Weise. Die Vereinigten Staaten entwickelten in ihren Laboratorien die Neutronenwaffe, um sowjetische Panzermassen in Europa zu lähmen. Die Sowjets entwickelten eine neue Generation von Mittelstreckenraketen, Codename SS 20, nach Präzision und Reichweite so ausgelegt, daß sie Europa bedrohten – vor allem die nicht-nukleare Bundesrepublik – nicht aber die USA. Das Angebot des nuklearen Sanktuariums an die USA war in diesen Waffen verbunden mit der Drohung der Apokalypse für die Europäer, am meisten die Nicht-Nuklearen unter ihnen. Was immer dies militärisch bedeutete, die „erweiterte Abschreckung" der Amerikaner wurde politisch und moralisch getestet, und die Sowjets rechneten sich eine Chance aus, das amerikanische Risiko vom europäischen zu trennen. Europa wurde zur Geisel gegen die Vereinigten Staaten genommen. Die Deutschen aber sollten zur

Rebellion gegen den Protektor von jenseits des Meeres getrieben werden. Ein *grand design*? Vielleicht erschien nur dem Westen als genial-böser Schachzug, was in Wahrheit nichts war als Ausnutzung des technischen Entwicklungsstandes auf der Suche nach einem politischen Zweck. Die Antwort ist nur noch von akademischem Interesse.

Während die Regierung Carter nach einigem Hin und Her die Neutronenwaffen vorerst aufgab, trieben die neuen sowjetischen Raketen nicht nur in die dritte große Ost-West-Krise der Nachkriegszeit, sondern auch zu einer damit eng verbundenen West-West-Vertrauenskrise. Es lag im Interesse der Europäer, daß die neuen Sowjetsysteme in den Nachfolgeverhandlungen zu SALT I einbezogen wurden. Als dies nicht geschah, zog der deutsche Bundeskanzler die Notbremse: Helmut Schmidts Rede im International Institute for Strategic Studies in London im Dezember 1977 war Auftakt einer Kraftprobe, deren innere Dynamik kaum geringer war als ihre äußere: Mit dem NATO-Doppelbeschluß vom November 1979 begab sich die Allianz in gefährliche Abhängigkeit von der sowjetischen Volksdiplomatie, von den pazifistischen Strömungen im protestantischen Nordwesteuropa und von der amerikanischen *Freeze*-Bewegung. Warum sollten die Sowjets auf ihre feinsten Waffen verzichten, solange ungewiß war, ob der Westen jemals die Kraft haben würde, seine Pershings und Cruise Missiles zu stationieren? Das Argument des Gleichgewichts, in der Öffentlichkeit viel gebraucht, war niemals überzeugend. Tatsächlich ging es darum, angesichts der geostrategischen Asymmetrie der existentiellen Bedrohung durch die Sowjetraketen eine existentielle Bedrohung der Sowjetunion entgegenzustellen: Dem psychologischen und strategischen Druck der Sowjets wollte der Westen raketengestütztes Verhandlungsgewicht entgegensetzen.

Die sowjetischen Unterhändler verließen am 23. November 1983 steinernen Gesichts die Genfer Verhandlungen, als das geschah, was sie ausgeschlossen hatten: Die Stationierung. Aber 1986 kamen sie zurück, dann wurde zügig verhandelt, im Dezember 1987 wurde unterzeichnet, und mittlerweile ist alles

Episode. Trotzdem lag darin der Schlüssel zur weiteren Abrüstung, strategisch auf der einen, konventionell auf der anderen Seite. Man war sich – die Hearings im amerikanischen Senat vom Februar 1988 belegen es – damals durchaus des Risikos bewußt, daß man mitten im Strom war: Eine Wende war unmöglich, Vorwärtsgehen ungewiß.

Aber 1987 ging es längst nicht mehr um Raketenschach. Es ging um Krise und Revolution von oben in der Sowjetunion und damit den Versuch des Reformzars, mit Amerikanern und Deutschen den historischen Kompromiß zu suchen. Daher folgte dem INF-Abkommen die Intensivierung der Verhandlung über strategische Systeme, deren Ratifizierung jetzt in Reichweite lag. Zugleich wurde auch, anders als in 15 Jahren MBFR-Verhandlungen, wo man niemals einen Anfangspunkt zu Reduzierungen zu definieren wußte, das Mandat für die Verhandlungen über konventionelle Stabilität in Europa – „wer mehr hat, muß mehr abräumen" – so festgelegt, daß am Ende gleiche Obergrenzen zwischen NATO und Warschauer Pakt stehen sollten. Seit November 1990 liegt das Ergebnis vor.

4. Die große Wende

Die Rüstungskontrolle hat, zusammen mit dem Helsinki-Prozeß seit 1973, die große Wende in Europa vorbereitet. Sie war Teil der Vertrauensbildung, die das östliche Imperium dazu bewog, über seine eigene Auflösung zu verhandeln, statt ins letzte Gefecht zu gehen. Aber man darf nicht vergessen, daß die großen historischen Prozesse der Jahre 1989/90 unter der unerbittlichen Vernunftmahnung nuklearer Waffen begannen, abliefen und noch immer weitergehen. Der Stabilitätsrahmen, im Kalten Krieg gebildet, hat sich in dessen Überwindung auf ungeahnte Weise bewährt. Dazu kam, und auch das entwikkelte sich unter Antezedentien der zurückliegenden vierzig Jahre, daß der neu entstehenden deutschen Zentralmacht der erneuerte Verzicht abgefordert wurde auf das exklusivste aller Großmachtattribute: Produktion und Besitz nuklearer Waffen.

Zusammen mit der Bundeswehr-Obergrenze von 370000 Mann und dem NATO-Sonderstatus zwischen Elbe und Oder gehörte dies zum Preis der deutschen Einheit, Teil des neuen europäischen Equilibriums.

Zugleich nahm der NATO-Gipfel in London, Anfang Juli 1990, nur wenige Tage vor der entscheidenden Kaukasus-Visite Bundeskanzler Kohls, als der deutsch-sowjetische Kompromiß abgeschlossen wurde, Abschied von der altgewordenen Doktrin der *„flexible response"*: Geringere Truppenzahlen, Preisgabe der Vorneverteidigung und nukleare Waffen nur noch als Instrument des „wahrhaft letzten Ratschlusses". Was das im einzelnen zu bedeuten hat, ist seitdem Teil der strategischen Revision, die auszugehen hat von der künftigen Gefahrenbeurteilung im Osten, im Süden und im Rest der Welt und am Ende dies zu übersetzen hat in ein strategisches Gesamtkonzept.

Aber gibt es für die Zukunft noch Bedarf an nuklearem Rückhalt, Gleichgewicht und Potential? Und, wenn dem so ist, gibt es dafür Verständnis und öffentliche Unterstützung? Noch immer gilt: Das Nukleare reißt die Hölle auf, gleichviel wo es beginnt. Nukleare Waffen bleiben sui generis: Der Schrecken aller Schrecken. Sie sind nicht zu verrechnen, nicht konventionell und nicht chemisch, sonst könnten sie die anderen Waffenarten nicht gefangenhalten. Denn bislang halten sie nicht nur einander in Schach, sondern legen auch den Bann der Angst auf den konventionellen, den chemischen, den biologischen Krieg.

Die Rüstungskontrolle der letzten dreißig Jahre war das legitime Kind von Furcht und Vernunft. Innerhalb einer berechenbaren nuklearen Konfiguration war sie das Mittel, die gegebene und scheinbar unaufhaltbare Konfrontation der Mächte zu begrenzen und zu rationalisieren. Wenn aber nicht jenseits der Vernunft der nukleare Abgrund sich auftut, ist dieser Rekurs an die Vernunft ohne Kraft. Was gilt seit 1990 noch von den Voraussetzungen, unter denen die Mächte lernten, das Nukleare zu denken? Das Nukleare zwang, als die Nachkriegszeit vorbei war und der Kalte Krieg stabilisiert, die USA in die Verantwortung für Europa wie in die Verhandlung mit der Sowjetunion. Umgekehrt galt auch für die Sowjetunion, daß sie ihr Schicksal nicht meistern konnte, ohne die konventionelle und nukleare Last zu vermindern und mit dem Westen den großen Ausgleich zu suchen. Aber inzwischen ist sie zerbrochen, der Sternenstaub des verlorenen Imperiums ist schmutzig, kalt und nuklear: Wo es kein nukleares Patt mehr gibt, wachsen Proliferationsrisiken. Vergeblich sucht man nach der alten Versicherung gegen brutale Rückfälle und dem alten Zwang zur Vernunft.

5. Waffen wie andere auch?

Das Nukleare ist nicht mehr strategischer Rahmen für das Management der Welt, sondern eine der großen Bedrohungen. Es ist wieder in die Doppeldeutigkeit des Urzustands zurückgeworfen. Der Zerfall der Sowjetunion hat längst die Frage aufgeworfen, wem das Nukleare dient, und zu welchem Ende. Die Versuchung nuklearer Schwellenländer in Nah- und Mittelost, die nach Fernbombern und Mittelstreckenraketen greifen, aus einer Existenzkrise die Flucht nach vorn zu wagen, wächst jeden Tag. Der Friedensprozeß im Nahen Osten begann, als Anwar al Sadat 1977 sich nach Jerusalem begab. Er wollte mit Israel Frieden, und die Russen, eingeschlossen ihr nukleares Hilfsangebot, sollten Ägypten in Frieden lassen. Seit zwei Jahren ist absehbar, daß der nach innen und außen erweiterte Friedensprozeß ein Wettrennen gegen die Zeit ist. Es geht darum, eine Struktur für Sicherheit und Vertrauen zu schaffen, bevor der Mittlere Osten mit Raketen und Massenvernichtungswaffen gefüllt ist – noch dazu in einer bipolaren Konfiguration, die in sich hochgradig instabil sein wird.

Die Golf-Krise 1990/91 erlaubte bereits einen Blick in die Zukunft. Nukleare Waffen spielten eine unsichtbare, aber wirksame Rolle. Es galt nicht nur, irakische Bestrebungen nach Nuklearwaffen vorgreifend zu verhindern, bevor sie den starken Mann von Bagdad zum König von Arabien machten, ihm die Dominanz über den Nahen Osten gaben und in Kombination mit Mittelstreckenraketen ihn zum Meister des Terrors über die Nachbarschaft erhoben. Nukleare Waffen dienten der US-geführten Koalition auch zur Abschreckung der irakischen Chemiewaffen.

Bald nach dem Zerbrechen der Sowjetunion lernte die Regierung der Ukraine, daß es der Besitz – die Eigentumsverhältnisse mochten offen bleiben – von Nuklearwaffen war, der sie vom Bittsteller zum Verhandlungspartner der Weltmächte erhob: Während die taktischen Systeme der Roten Armee beizeiten ins Innere Rußlands zurückgezogen worden waren, galt das nicht für mehr als 1600 interkontinentale Gefechtsköpfe. Sie geben der Ukraine Verhandlungsmacht weit über den Zeitpunkt im Dezember 1994 hinaus, da Kiew den Beitritt zum NPT erklärte.

Immerhin hatte – und hat – die Ukraine nukleare Gefechtsköpfe und Träger, wenn auch Kontrolle und Beherrschung unsicher sind. Für das düstere Nordkorea galt seit 1993 allenfalls die Vermutung, daß es im Besitz einiger Gefechtsköpfe sei – als Lieferant robuster Mittelstreckensysteme ist das Land ohnehin notorisch – oder sich daranmache, solche zu produzieren. Die USA, Gralshüter des NPT, übten direkt und indirekt – namentlich via Peking, was nicht umsonst war – Druck aus. Am Ende von achtzehn Monaten Nervenkrieg stand ein Abkommen, das Nordkorea alle Vorteile brachte – Lieferung moderner Reaktoren und Öl, internationale Achtbarkeit durch Verhandlungen und Unterschriften – der übrigen Welt aber nur die Hoffnung, das Gespenst sei gebannt und die nukleare Welt allem Anschein zum Trotz in Ordnung. Ob durch das Abkommen die drohende Entfesselung nuklearer Bestrebungen in Fernost gebannt ist, ist nicht ausgemacht.

Nuklearbesitz hat, wie sich zeigt, viele Motive. Zwischen Indien und Pakistan besteht ein Verhältnis der wechselseitigen Abschreckung, ohne formalisierten Prozeß der Entspannung oder gar Rüstungskontrolle. Bisher hat aber offenbar diese regionale Balance des Schreckens den erneuten Ausbruch des konventionellen Schießkriegs, ungeachtet des Kaschmir-Krieges, hintangehalten.

Für den Staat Israel liegt in der „*deliberate ambiguity*" der

Vergangenheit, welche sich der Welt längst zur Gewißheit verdichtete, daß das Land über etwa 200 Gefechtsköpfe und deren Träger verfügt, eine letzte Rückversicherung gegen arabische Bedrohungen der Gegenwart und Zukunft. Auch ist dies eine der Bedingungen, unter denen Israel Raum für Frieden geben kann. Wer den Israelis den Nuklearverzicht abfordert, entzieht dem Friedensprozeß eine entscheidende Bedingung. Es bleibt allerdings das Problem strategischer Asymmetrie: Die Araber haben Raum, die Israelis Nuklearmacht. Im übrigen findet sich in der „*nuclear ambiguity*" auch ein starkes Argument im Verkehr mit den USA, den Israeli Defence Forces immer das Beste zu liefern, damit die nukleare Option hinausgeschoben bleibt. Die Entwicklung einer seegestützten Nuklearkapazität mit Cruise Missiles als Trägern wird jetzt logische Folge des Bemühens, eine Zweitschlagkapazität zu erwerben und damit die nukleare Erstausstattung des Staates zu entlasten – und vor allem den befürchteten Erstschlag aus der weiteren Region gegen Israels Zentren zu entmutigen.

6. Der wilde Frieden

Bis 1990 wußte die Welt mit nuklearen Ungleichheiten zu leben. Warum trat seitdem das Problem in eine neue Dimension?

- Nukleare Schlüsseltechnologien und spaltbares Material sind seit dem Zerbrechen der Sowjetunion und den Entwicklungsanstrengungen von Ländern außerhalb des Nuklearklubs eher verfügbar.
- Während bisher Bauelemente, Blaupausen und Plutonium im Kern des Proliferationsproblems lagen, bieten jetzt Fachleute ihren Dienst an.
- Die Welthandelsverflechtung wächst, und nicht immer wird der Versuchung des „wenn nicht wir, dann andere" widerstanden.
- Das Ende der Sowjetunion und der Verfall ehedem eiserner Verhaltensregeln haben Kontrollen aufgeweicht, und Zehntausende von Nuklearwaffen aller Art zu bewachen, vom

Torpedo bis zur Landmine, ist schon in geordneten Verhältnissen nicht einfach.

- Für Länder der ehemals Dritten Welt sind robuste Trägersysteme mit einfachen Gefechtsköpfen nicht mehr jenseits der Reichweite: Primitive Waffen können in wenigen Jahren zur Verfügung stehen; nicht gegen Nordamerika, wohl aber gegen Europa.

Unterdessen vermindern die Supermächte ihre nuklearen Arsenale, und die Reichweite des Nonproliferationsvertrages (NPT) wird größer. Das kann zu heilsamem Druck auf außenstehende Länder führen, auf die Nuklearoption zu verzichten. Trotzdem ist nicht zu erwarten, daß düstere Regime darauf verzichten, Übermacht zu gewinnen, wenn sie zu haben ist, oder daß sie erworbene Nuklearmacht später in internationale Überwachungssysteme einbringen. Insbesondere im Mittleren und Nahen Osten, aber auch – wenn Nordkorea nicht wirksam überwacht wird – im Fernen Osten drohen neue Konfigurationen. Sie werden die strategischen Landkarten gründlich verändern, eingeschlossen für Westeuropa.

Ob das Nukleare eine Zukunft hat, ist nach alledem keine Frage mehr. Schwerlich werden die nuklearen Waffen noch einmal Rahmen für das Management der Welt sein können. Und doch geht es darum, eine wilde Zukunft zu gestalten. Alles kommt darauf an, nukleare Waffen einzudämmen und einzuhegen – ihre Abschaffung bleibt ein frommer Wunsch und hätte dazu unübersehbare politisch-strategische Folgen – und sie noch einmal zum Mittel zu machen, den Krieg selbst einzudämmen und einzuhegen. Dabei geht es nicht nur um den Krieg der Massenvernichtungswaffen, sondern auch um den konventionellen Krieg. Für diesen Zweck wird nicht nur der NPT zu verlängern und das *Safeguard*-Regime mit Zähnen und Klauen zu bewehren sein – was längst ins Zentrum der VN-Reform gehört. Man wird sich auch fragen müssen, wie ein künftiger Saddam Hussein, vielleicht geduldiger als der erste beim Unterwerfen ölhaltiger Nachbarn, auf dem Weg zu Nuklearmacht beizeiten anzuhalten wäre. Das wirft Fragen von Weltordnung – oder Weltunordnung – auf, die weit über das bestehende System der Staaten hinausweisen und doch kaum weiter entfernt sind als ein paar Jahre.

Man wird sich auch mit anderen Erfahrungen auseinandersetzen müssen, die seit 1990 zu machen waren, mit der bitteren Erkenntnis nämlich, daß in den Schluchten des Balkan theoretische Supermacht von praktischer Ohnmacht nicht zu unterscheiden war und ist. Auch gibt es offenbar kein Rezept, den neuerdings endemischen Typus des Krieges aus Staatszerfall, Befreiungsbewegungen und *Warlordism* zu ersticken. Es gilt das Wort, daß der Appetit beim Essen kommt. Auch wird der Zeitpunkt absehbar, da *non-state-actors* – mithin nicht für Land und Leute verantwortliche und somit nicht abschreckbare Handlungsträger – sich nuklearer Waffen oder anderer Massenvernichtungsmittel bemächtigen und damit verbrecherischen Forderungen Nachdruck verleihen.

Folgerungen für das europäisch-atlantische System

Diese Fragen müssen bald auf die Agenda rücken; heute beschäftigen sie die Staatskanzleien wenig. Unmittelbar dringend wird das Nukleare schon für die Rekonstruktion der Atlantischen Allianz wie für die Entfaltung der „Gemeinsamen Außen- und Sicherheitspolitik" der EU, die Kern der Politischen Union nach dem Maastrichter Vertrag sein soll und vorerst doch eher Wunschtraum ist statt Faktor der Weltpolitik. Es bleibt eine Binsenwahrheit, daß die Wirtschaft das Schicksal ist; doch ist es eine gleiche Binsenwahrheit, daß die Wirtschaft ohne inneren und internationalen Rechtsrahmen verloren ist. Dabei geht es um zwei miteinander eng verbundene Ziele:

– Die Rolle der USA in Europa ist nicht ausgespielt. Das amerikanische Engagement wird gebraucht als strategisches Gegengewicht zu Unübersichtlichkeit und Bedrohlichkeit der nuklearen Erbfolge der untergegangenen Sowjetunion; als Rückversicherungsgeber für Ost-Mitteleuropa; als Moderator des seit der deutschen Wiedervereinigung tief veränderten europäischen Systems; als Beruhiger nuklearer Ängste unter den nicht-nuklearen Europäern, die ohne den Schirm der USA ihre Verzichte zu überdenken hätten. In jedem Fall werden die atlantischen Nationen unter der Führung der USA sich, da Vertragsregime letzte Gewißheit nicht bieten und weil Abschreckung ihre Schärfe verlor, um taktische Raketenabwehr kümmern müssen: besser im NATO-Verbund als je getrennt.

– Die Einigung Europas erfordert, auch wenn man mit der Währung beginnt, im Moment schon gemeinsame Außen- und Sicherheitspolitik als Achse gemeinsamer Interessen. Eine solche Politik aber braucht, wenn sie sich nicht auf Überredungskünste beschränken will, die wirtschaftlichen und politischen Steigerungsmöglichkeiten. Im Gewebe der Gemeinsamen Außen- und Sicherheitspolitik muß mithin der militärische Faden von vornherein enthalten sein, und er darf nicht zuerst zerreißen, sondern muß bis zuletzt halten. Damit stellt sich nicht nur die Frage des deutschen Nuklearverzichts von 1954 und 1990 im europäischen Kontext auf veränderte Weise, sondern auch die der britischen und französischen Verfügung über nukleare Waffen als Ausdruck des Bestrebens, Herr über das eigene Schicksal zu bleiben. Mit anderen Worten, ohne Preisgabe der verschiedenen nationalen Sonderwege ist eine Gemeinsame Außen- und Sicherheitspolitik der Staaten der EU, gegebenenfalls unter Einbeziehung der WEU, im Grunde nicht denkbar, sobald man aus dem wirtschaftlichen ins strategische Fach übergeht. Man mag sich dieser Tatsache noch eine Weile verschließen, nur sollte man dann entweder die USA weiter um die Übernahme des Protektorats ersuchen – was schwerlich Gehör finden wird in Washington – oder die Akte zur europäischen Sicherheitspolitik ins Archiv legen. Nicht nur mindere Kriege auf dem Balkan zwingen zu praktischer Politik, sondern auch die neue, tief ambivalente Rolle des Nuklearen.

Die Denuklearisierung der Welt ist unerreichbar, und ob sie wünschbar ist, bleibt umstritten. Für die definitorische Phase, in die die Welt eingetreten ist, bleibt es indessen lebenswichtig, die Erfahrung des langen nuklearen Friedens zu bewahren. Der

Homo Faber, der das äußerste Mittel des Krieges suchte, fand – für etwas mehr als drei Jahrzehnte – die ultima ratio des Friedens. Jetzt aber könnte sich erweisen, daß der Preis des nuklearen Friedens der Vergangenheit in der Zukunft liegt, und daß er hoch sein wird.

Anmerkungen

Erich Bagge: Keine Atombombe für Hitler

1 Fiat Review of German Science 1939–1946, Nuclearphysics and Cosmic Rays, Published by the Office of Military Government for German Field Information Agencies, Technical Printed Under the Supervision of Dieterich'sche Verlagsbuchhandlung, Wiesbaden, 1948. PART I und PART II.

Stefan Fröhlich: Das Manhattan-Projekt

1 Eine sehr gute Gesamtdarstellung liefert Richard Rhodes, The Making of the Atomic Bomb, New York 1986; ebenfalls mit guten Einblicken in die Zusammenhänge: Martin J. Sherwin, A World Destroyed. Hiroshima and the Origins of the Arms Race, New York 1987.

2 Insgesamt beschäftigte das Projekt nahezu 120000 Personen. Von den 33 führenden Kernphysikern im Lande arbeiteten 20 am Manhattan-Projekt, von weiteren 150 als „kompetent und mit ausreichender Erfahrung auf dem Gebiet" apostrophierten Wissenschaftlern waren 57 am Projekt beteiligt. Hinzu kamen 47 „hoffnungsvolle" Nachwuchswissenschaftler, die unter 225 Physikern ausgewählt wurden.

3 James Phinney Baxter, Scientists Against Time, Boston 1947, S. 423.

4 Nicholas Spykman, America's Strategy in World Politics. The United States and the Balance of Power, New York 1942.

5 Alan S. Milward, War, Economy, and Society, 1939–1945, Berkeley 1977.

6 Der „*Top Policy Group*" gehörten von politischer Seite aus Kriegsminister Henry Stimson, der damalige Generalstabschef, George Marshall, und der prominente Abgeordnete Henry Wallace an. 1942 trat Brigadegeneral Leslie Groves vom „*Army Corps of Engineers*" der Gruppe als verantwortlicher Offizier für das Manhattan-Projekt bei. Stimson, bis dahin in Atomenergiefragen von seinen Beratern Harvey Bundy und George Harrison instruiert, wurde am 1. Mai 1943 die politische Verantwortung für das Projekt übertragen. Die entscheidende Rolle aber fiel Bush, Conant und Groves als Scharnieren zwischen der Wissenschaftsseite und der politischen Führung zu. Vgl. Martin Sherwin, a.a.O., S. 40–46.

7 Compton an Wallace, 23. Juni 1943. Roosevelt Papers, President's Secretary's File (PSF), Bush Folder, Roosevelt Library, Hyde Park, New York; Oppenheimer an J. Manley, 14. Juli 1942. Oppenheimer Manuscripts, Box 49, Library of Congress, Washington; Richard G. Hewlett/Oscar E. Anderson, The New World, 1939–1946. I. A History of the United States Atomic Energy Commission, University Park 1962, S. 179.

8 Vgl. Arthur Compton, The Atomic Crusade and Its Social Implications, in: The Annals of the American Academy of Political and Social Science, 1946, S. 15; Daniel Greenberg, The Politics of Pure Science, New York 1967, S. 71, 81.

9 Zu ihnen zählten Otto Frisch, Rudolph Peierls und Francis Simon in Großbritannien bzw. Einstein, Leo Szilard und Eugene Wigner in den USA.

10 Oppenheimer an Conant, 1. Februar 1943. Atomic Energy Commission (AEC), No. 296, Office of Scientific Research and Development, Section-1 (S-1) files, National Archives, Washington.

11 Conant und Groves an Oppenheimer, 25. Februar 1943. Ebd. No. 66.

12 Morrison an Oppenheimer, 29. Juli 1943. Oppenheimer manuscripts, Box 51, Morrison folder.

13 Unsigniertes Schreiben der Wissenschaftler des Met. Lab. an Roosevelt, 29. Juli 1943. Oppenheimer manuscripts, Box 51, Morrison folder.

14 James B. Conant, My Several Lives: Memoirs of a Social Inventor, New York 1970, S. 246.

15 Vgl. Vannevar Bush, Science – The Endless Frontier, Washington 1945; ders., Modern Arms and Free Men, New York 1949; ders., Pieces of the Action. Memoirs, New York 1970.

16 Dazu Michael S. Sherry, Preparing for the Next War: American Plans for Postwar Defense, 1941–1945, New Haven 1977, Kap. 5; Greenberg, a. a. O., S. 75–80.

17 Hewlett/Anderson, a. a. O., S. 20.

18 Bush, Pieces of the Action, S. 60f.

19 Leslie R. Groves, Now It Can Be Told, New York 1962, S. 132f.

20 Arthur Compton, Atomic Quest, New York 1956, S. 135ff.

21 Ebd. S. 139.

22 Hewlett/Anderson, a. a. O., S. 109.

23 Compton, a. a. O., S. 145.

24 Hewlett/Anderson, a. a. O., S. 115.

25 Arthur Compton, a. a. O., passim.

26 Conant, a. a. O., S. 227–280.

27 Compton, a. a. O., S. 6f.

Wieland Wagner: Das nukleare Inferno: Hiroshima und Nagasaki

1 Die Zahl der Darstellungen zum Thema Hiroshima und Nagasaki ist kaum noch zu überblicken; genannt seien hier vor allem die gründlichen – wenn auch populärwissenschaftlichen – Arbeiten von Richard Rhodes, Die Atombombe oder Die Geschichte des 8. Schöpfungstages, Nördlingen 1988, und Peter Wyden, Day One. Before Hiroshima and After, New York 1984; ferner: The Pacific War Research Society: The Day Man Lost. Hiroshima, 6. August 1945, Tokyo 1972.

2 Zu Ausmaß und Wirkung der atomaren Explosion: The Committee for the Compilation of Materials on Damage Caused by the Atomic Bombs in Hiroshima and Nagasaki (Hrsg.), The Impact of the A-Bomb. Hiroshima and Nagasaki, 1945–85, Tokyo 1985 (= gekürzte Fassung von: Nagasaki-shi Genbaku Saigai-shi Henshû Iinkai [Hrsg.], Hiroshima, Nagasaki no genbaku saigai, Tôkyô, 1981).

3 Speziell zu Nagasaki s. Nagasaki-shi (Hrsg.), Nagasaki wa kataritsugu. Nagasaki genbaku sensai-shi, Tôkyô 1991.

4 In westlichen Sprachen: Michihiko Hachiya, Hiroshima Tagebuch. Freiburg 1955; Mikio Kanda (Hrsg.), Der Blitz über dem Reisfeld. Witwen aus einem Dorf bei Hiroshima berichten. Nördlingen 1985; Mark u. Kyoko Selden (Hrsg.), The Atomic Bomb. Voices from Hiroshima and Nagasaki, Armonk, NY, und London 1989. Am umfassendsten: Saburô Ienaga u. a. (Hrsg)., Nihon no genbaku kiroku. 20 Bde., Tôkyô 1990 (= i. folg. zit. Genbaku kiroku).

5 Zur politischen und militärischen Vorbereitung der Atombombenabwürfe: Shinichi Arai, Genbaku tôka e no michi. Tôkyô 1985; Gar Alperovitz, Atomic Diplomacy: Hiroshima and Potsdam, New York 1965.

6 Truman äußert sich dazu auch im ersten Band seiner Memoiren, ders., Year of Decision, New York 1965, S. 463 (= Taschenbuchausgabe des Originals v. 1955).

7 Wieland Wagner, Japans Außenpolitik in der frühen Meiji-Zeit (1868–1894). Die politische und ideologische Grundlegung des japanischen Führungsanspruchs in Ostasien, Stuttgart 1990.

8 Bernd Martin, The Politics of Expansion of the Japanese Empire – Neo-Imperialism or Pan-Asiatic Mission?, in: Wolfgang Mommsen u. Jürgen Osthammel (Hrsg.), Imperialism and After. London 1986, S. 62–82.

9 Zit. in Stephen Harper, Miracle of Deliverance, London 1985, S. 27.

10 Sheila K. Johnson, American Attitudes Towards Japan 1941–1975, Washington 1975.

11 Die Nennung der japanischen Personennamen richtet sich nach der ja-

panischen Schreibweise: der Familienname wird vor dem Vornamen genannt.

12 Henry L. Stimson/McGeorge Bundy, On Active Service in Peace and War, London, New York, Melbourne, Sydney, Kapstadt 1948.

13 Akira Fujiwara, Nihon no haisen to genbaku tôka mondai, in: Hitotsubashi Ronshû 4 (1949), S. 485–497.

14 United States Strategic Bombing Survey, Reports, Pacific War. Washington, D. C., 1945–1947, insb. No. 3, 13, 60, 93.

15 Stimson, a. a. O., S. 364.

16 Truman, a. a. O.; Stimson, a. a. O., insb. S. 364ff.

17 Peter Wetzler, Kaiser Hirohito und der Krieg im Pazifik. Zur politischen Verantwortung des Tennô in der modernen japanischen Geschichte, in: Vierteljahrshefte für Zeitgeschichte 37 (89), Heft 4, S. 611–644; zum Ringen der japanischen Führung um die Kapitulation: Robert J. C. Butow, Japan's Decision to Surender, Stanford, Cal. [4]1965.

18 S. auch Bernd Martin, Die Einschätzung der Lage Deutschlands aus japanischer Sicht: Japans Abkehr vom Bündnis und seine Hinwendung auf Ostasien (1943–1945), in: Manfred Messerschmidt/Ekkehart Guth (Hrsg.), Die Zukunft des Reiches: Gegner, Verbündete und Neutrale (1943–1945). (= Vorträge zur Militärgeschichte 13), Herford, Bonn 1990, S. 127–146.

19 Wetzler, a. a. O., S. 638.

20 S. auch die Biographie von Shigenori Togô, The Cause of Japan, New York 1956, S. 243ff.

21 Fujiwara, a. a. O., S. 493.

22 S. auch Truman, a. a. O., S. 437.

23 Arai, a. a. O., S. 164ff.; Truman, a. a. O., S. 459.

24 Zu diesem Punkt besonders Alperovitz, a. a. O.

25 Wyden, a. a. O., S. 166–168.

26 Abdruck in: Butow, a. a. O., S. 243f.

27 Arai, a. a. O., S. 42; zum Entwurf auch Stimson, a. a. O., S. 368.

28 S. dazu Arai, a. a. O., S. 37ff., der seinen Vorwurf indes als „Hypothese" formuliert.

29 So ein Tagebuchvermerk von Truman, zit. n. Wyden, a. a. O., S. 223; zum Rassismus auf beiden Seiten: John Dower, War Without Mercy. Race and Power in the Pacific War, New York 1986.

30 Dower, a. a. O., S. 303.

31 Truman, a. a. O., S. 466; dt. Übers. n. Rhodes, a. a. O., S. 739.

32 Ebd., dt. Übers. zit. n. Rhodes, S. 738.

33 dazu: Butow, a. a. O.; Herbert Feist, Japan Subdued. The Atomic Bomb and the End of the War in the Pacific, Princeton, NY, 1961; und die Chronik des japanischen Außenministeriums: Gaimushô (Hrsg.), Shûsen-shi roku, Tôkyô 1987.

34 Rhodes, a. a. O., S. 589f.; Wyden, a. a. O., S. 86ff.

35 Fujiwara, a. a. O., S. 493.

36 Abdruck der kaiserlichen Erklärung in Butow, a. a. O., S. 176.
37 Ausführlich: The Pacific War Research Society, Japan's Longest Day, New York 1986.
38 Beide, Konoe und Yonai, benutzten in diesem Zusammenhang jeweils das japanische Wort „tenshi", zit. n. Arai, a. a. O., S. 252.
39 Abdruck in Butow, a. a. O., S. 245.
40 Abdruck d. Erklärung in Butow, a. a. O., S. 248.
41 Monica Braw, The Atomic Bomb Suppressed. American Censorship in Japan 1945–1949, Tokyo 1986.
42 Itsuko Ishikawa, „Sabetsu" to iu kurai yami no naka de ..., in: Genbaku kiroku, Bd. 12, S. 490–493.
43 Shigetoshi Iwamatsu, Hankaku to sensô sekinin. „Higaisha" Nihon to „kagaisha" Nihon, Tôkyô 1982, S. 13ff.
44 zit. n. Wyden, a. a. O., S. 342.
45 Japanischer Originaltitel „Hachigatsu no kyôshikyoku".
46 Truman, a. a. O., S. 462.
47 Saburô Ienaga, Genbaku tôka no sekinin, in: Genbaku kiroku, Bd. 1, S. 2–11, hier: S. 2.

Jost Dülffer: Die Suez- und Ungarn-Krise

1 Archiv der Gegenwart 1956, S. 6084f.
2 Am besten: Bennett Kovrig, The Myth of Liberation. East-Central Europe in U.S. Diplomacy and Politics since 1941, Baltimore/London 1973, S. 173–222; Emilio Vasari, Die Ungarische Revolution 1956, Stuttgart 1981; vgl. Anm. 14.
3 Brian McCauley, Hungary and Suez, 1956: The Limits of Soviet and American Power, in: Journal of Contemporary History 16 (1981), S. 777–800 (auch in Kiràly-Anm. 14).
4 William R. Louis/Roger Owen (Hrsg.), Suez 1956. The Crisis and Its Consequences, Oxford 1992; Herman Finer, Dulles Over Suez. The Theory and Practise of His Diplomacy, Chicago 1964; Keith Kyle, Suez, New York 1991; David Carlton, Britain and the Suez Crisis, London 1981; Stephen Z. Freiberger, Dawn over Suez. The Rise of American Power in the Middle East, 1953–1957, Chicago 1992.
5 W. Scott Lucas, Divided We Stand. Britain, the US and the Suez Crisis, London u. a. 1991; ders., The Path to Suez: Britain and the Struggle for the Middle East, 1953–1956, in: Anne Deighton (Hrsg.), Britain and the First Cold War, New York 1990, S. 253–272.
6 Aufschlußreich Mohammed Heikal, Das Kairo-Dossier. Aus den Geheimpapieren des Gamal Abdel Nasser, Wien u. a. 1972, Kap. 2 u. 3; vgl. Amin Hewedy, Nasser and the Crisis, in: Louis/Owen, a. a. O., S. 161–172.

7 Foreign Relations of the United States (FRUS) 1955–1957, Vol. XVI passim, Washington 1990; Documents Diplomatiques Français (DDF) 1956, Vol. 1 u. 2, Paris 1989 passim, lassen die Verhandlungen gut rekonstruieren.

8 Harold Macmillan, Riding the Storm 1956–1959, London 1971; vgl. Anthony Eden, Full Circle, London 1960; Sir Evelyn Shuckburgh, Descent to Suez, London 1986 (Tagebücher).

9 W. R. Louis, Dulles, Suez and the British, in: Roland H. Immerman (Hrsg.), John Foster Dulles and the Diplomacy of the Cold War, Princeton 1990, S. 133–158.

10 DDF (wie Anm. 7) dokumentiert dieses Vorgehen skandalöserweise nicht. Vgl. aber auch nach Pineaus Memoiren (1976): Maurice Vaïsse, France and the Suez Crisis, in: Louis/Owen, a.a.O., S. 131–144; Mordechai Bar-On, David Ben Gurion and the Sèvres Collusion, ebd., S. 145–160; vgl. Shimon Shamir, The Collapse of Projekt ALPHA, ebd. S. 73–100; Carlton, a.a.O. – mit britischen Dokumenten; Michael Bar-Zohar, David Ben Gurion. Der Gründer des Staates Israel, Bergisch Gladbach 1988, S. 401 ff.

11 Vgl. Anm. 10.

12 Louis, a.a.O., S. 140.

13 Stephen Ambrose, Eisenhower. The President, New York 1984, Vol. II, S. 351 (Hoover 8. 10.); Louis, a.a.O., S. 156 (Dulles 18. 11.).

14 Adam B. Ulam, Expansion and Coexistence. Soviet Foreign Policy 1917–1973, New York [2]1974, S. 586–599; Hannes Adomeit, Die Sowjetmacht in internationalen Krisen und Konflikten. Verhaltensmuster, Handlungsprinzip, Bestimmungsfaktoren, Baden-Baden 1983, S. 438–441; Ferenc Feher/Agnes Heller, Hungary 1956 Revisited, London 1983; Noel Barber, Seven Days of Freedom. The Hungarian Uprising 1956, London 1974; Bela K. Kiràly/Barbara Lotze/Nandor F. Dreisziger (Hrsg.), The First War between Socialist States: The Hungarian Revolution of 1956 and its Impact, New York 1984; Bela K. Kiràly/Paul Jonas (Hrsg.), The Hungarian Revolution of 1956 in Retrospect, Boulder 1978; Miklos Molnar, Victoire d'une défaite. Budapest 1956, Paris 1968.

15 Vgl. Anm. 2 u. 14.

16 FRUS 1955–1957, Vol. XXV: Eastern Europe, Washington 1990, No. 175, S. 419f.

17 Ebd., No. 26, S. 53–65; No. 30, S. 79f.; No. 56, S. 160f.; vgl. No. 12, S. 24 (13. 5. 55 – Lodge).

18 Ebd., No. 99; zum Folgenden vgl. vor allen Dingen Kovrig a.a.O., S. 187, 181f.

19 FRUS 1955–1957, Vol. XXV, No. 107, 116–118, 132, 153, 196.

20 Ebd., No. 116, S. 299, No. 151, S. 356 (31. 10.)

21 Chruschtschow erinnert sich, hrsg. v. Strobe Talbott, Reinbek 1971, S. 436–440; vgl. Khrushchev Remembers. The Glasnost Tapes, hrsg. v. Jerrold L. Schecter, Boston 1990, S. 120–127 (Ungarn).

22 New Statesman vom 7. 11. 1956, zit. n. Kovrig, a. a. O., S. 193.
23 Vgl. Lucas (Anm. 5).
24 Robert Murphy, Diplomat among Warriors, New York 1964, S. 390.
25 FRUS XVI, No. 415, S. 845f. mit Anm. 3; vgl. Richard K. Betts, Nuclear Blackmail and Nuclear Balance, Washington 1987, S. 62ff.; unergiebig: Jean-Christophe Romer, Le nucléaire dans la politique soviétique de crise 1950, 1956, 1962, in: Relations Internationales Nr. 68 (1991), S. 395–406.
26 FRUS XVI, No. 500, S. 986–988; zum Folgenden vgl. Heikal, a. a. O., S. 114.
27 McCauley, a. a. O., S. 75–77 mit Anm. 30.
28 FRUS XVI, No. 505, S. 993f.; Archiv der Gegenwart 1956, S. 6083.
29 Hans-Peter Schwarz, Adenauer. Der Staatsmann 1952–1967, Stuttgart 1991, S. 301–307; DDF 1956 III, Nr. 138, S. 231–238 (6. 11.).
30 FRUS XVI, No. 511, S. 1003–1007, No. 512, S. 1007f.; vgl. No. 524.
31 Diane B. Kunz, The Economic Diplomacy of the Suez Crisis, Chapel Hill 1991, hat diesen finanziellen Aspekt erstmals ins volle Licht gerückt (vgl. dies., in: Louis/Owen a. a. O.).
32 FRUS XVI, No. 525, S. 1025–1027 (Telefonprotokoll).
33 Ebd., No. 509, S. 1000–1001; vgl. No. 518. Zum folgenden: No. 520/21 vom 6. 11.; Kovrig, a. a. O.: „If the fellows start something, we may have to hit 'em – and if necessary, with everything in the bucket."
34 Richard Ned Lebow/Janice Gross Stein, We All Lost the Cold War, Princeton 1994.
35 McGeorge Bundy, Danger and Survival. Choices about the Bomb in the First Fifty Years, New York 1988, S. 475f., 508–511, 601.
36 Ebd., S. 598.
37 Henry Kissinger, Die Vernunft der Nationen. Über das Wesen der Außenpolitik, Berlin 1994, S. 589.
38 So etwa zeitgenössisch Adenauer (Anm. 29).

Reiner Pommerin: Die Berlin-Krise von 1961 und die Veränderung der Nuklearstrategie

1 Vgl. dazu „Probable Soviet Courses of Action with Respect to Germany Through Mid-1954", CIA Cold War Records. Selected Estimates on the Soviet Union, 1950–1959, Washington 1993, S. 131–133.
2 C. Cate berichtet, daß die Pläne für einen Mauerbau, die Geheimdienste nannten sie „*Operation Chinese Wall*", im Jahre 1952 vom Chef der Staatssicherheit der DDR, Wilhelm Zaisser, entwickelt worden seien, um sich am zu erwartenden Beitritt der Bundesrepublik zur EVG zu rä-

chen; vgl. dazu Curtis Cate, The Ides of August: The Berlin Crisis: A Case Study in U.S. Decision Making, New York 1978, S. 143f.

3 Ebd., S. 132f.

4 Vgl. dazu Johannes Steinhoff/Reiner Pommerin, Strategiewechsel: Bundesrepublik und Nuklearstrategie in der Ära Adenauer-Kennedy, Baden-Baden 1992, S. 21 ff.

5 Vgl. dazu die Rede von Außenminister John Foster Dulles, in: Department of State Bulletin, 25. 1. 1954, S. 107–110.

6 Vgl. dazu Department of State Press Release 674, 29. 11. 1954.

7 Jane E. Stromseth, The Origins of Flexible Response: NATO's Debate over Strategy in the 1960s, New York 1988, S. 35.

8 Vgl. dazu vor allem die Fernsehansprache Eisenhowers vom 16. März 1959, in: EA 14, 1959, D 170–177.

9 Vgl. dazu Wilhelm G. Grewe, Rückblenden 1976–1951. Aufzeichnungen eines Augenzeugen deutscher Außenpolitik von Adenauer bis Schmidt, Frankfurt am Main/Berlin/Wien 1979, S. 431.

10 Robert R. Bowie, The North Atlantic Nations Tasks For the 1960's. A Report to the Secretary of State August 1960. Nuclear History Program (Occasional Paper No. 7), Center for International Security Studies at Maryland, School of Public Affairs, University of Maryland, College Park 1991, S. 11.

11 Ebd.

12 Zit. n. Steinhoff/Pommerin, a. a. O., S. 60.

13 Ebd., S. 26.

14 Maxwell D. Taylor, The Uncertain Trumpet, New York 1960.

15 Zit. n. Steinhoff/Pommerin, a. a. O., S. 71 f.

16 Ebd., S. 77.

17 Vgl. dazu EA 13, 1958, S. 11314f.

18 EA 16, 1961, D 318.

19 Vgl. dazu Georg Schild, Die Kennedy-Administration und die Berlin-Krise von 1961, in: Zeitschrift für Geschichtswissenschaft 42 (1994), S. 703–711.

20 Vgl. dazu Peter Wyden, Wall: The Inside Story of Divided Berlin, New York 1989, S. 132–161.

21 Vgl. dazu Vladislav M. Zubok, Khrushchev and the Berlin Crisis (1958–1962). Cold War International History Project (Working Paper No. 6). Woodrow Wilson International Center for Scholars. Washington, DC., May 1993, S. 20.

22 Zit. n. Rudolf Morsey/Konrad Repgen (Hrsg.), Untersuchungen und Dokumente zur Ostpolitik und Biographie, Mainz 1974 (Adenauer Studien III), S. 162.

23 Vgl. dazu Diethelm Prowe, Der Brief Kennedys an Brandt vom 18. 8. 1961, in: VfZ 33 (1985), S. 373–383.

24 Vgl. dazu Willy Brandt, Begegnungen und Einsichten. Die Jahre 1968–1975, Hamburg 1976, S. 17.

25 Michael R. Beschloss, The Crisis Years. Kennedy and Khrushchev 1960–1963, New York 1991, S. 273.
26 Ebd., S. 266ff.
27 Vgl. dazu Steinhoff/Pommerin, a.a.O., S. 90.
28 Zit. n. Harald Nielsen, Employment and Handling of Nuclear-Weapons in the Warsaw Pact. Prepared for Sandia National Laboratories. June 1994, S. 9–11.
29 Ebd., S. 92f.
30 Zubok, a.a.O., S. 24.
31 Der Brief ist in englischer Übersetzung abgedruckt bei Hope M. Harrison, Ulbricht and the Concrete „Rose": New Archival Evidence on the Dynamics of Soviet-East German Relations and the Berlin Crisis, 1958–1961. Cold War International History Project (Working Paper No. 5). Woodrow Wilson International Center for Scholars. Washington, DC., May 1993, Appendix I.

Eckart Conze: Die Kuba-Krise: Wendepunkt des Kalten Krieges?

1 Zit. n. McGeorge Bundy, Danger and Survival. Choices About the Bomb in the First Fifty Years, New York 1988, S. 405.
2 Zu den Plänen für eine Invasion Kubas und einen Sturz Castros, die unter der Bezeichnung *„Operation Mongoose"* 1961/62 entstanden, siehe ausführlicher: James G. Hershberg, Before „The Missiles of October": Did Kennedy Plan a Military Strike against Cuba?, in: Diplomatic History 14 (1990), S. 163–198.
3 Zu den Warnungen des Senators Keating siehe auch: Thomas G. Paterson, The Historian as Detective: Senator Kenneth Keating, the Missiles in Cuba, and His Mysterious Sources, in: Diplomatic History 11 (1987), S. 67–70.
4 Vgl. zu den sowjetischen Motiven und Hintergründen der Stationierung vor allem: On the Brink. Americans and Soviets Reexamine the Cuban Missile Crisis, hrsg. von James G. Blight und David A. Welch, New York [2]1990, bes. S. 225–323.
5 Ebd., S. 293.
6 Vgl. hierzu ausführlicher: Raymond L. Garthoff, Intelligence Assessment and Policymaking: A Decision Point in the Kennedy Administration, in: ders., Reflections on the Cuban Missile Crisis, Washington, D.C., 1987, S. 138–146.
7 Nikita Khrushchev, Khrushchev Remembers, übers. und hrsg. von Strobe Talbott, Boston 1974, S. 494.
8 Die Tonbandprotokolle der ExComm.-Sitzungen vom 16. und

27. 10. 1962 sind publiziert und bilden eine zentrale Quelle für jede Analyse des amerikanischen Krisenmanagements während der Kuba-Krise: Documentation: White House Tapes and Minutes of the Cuban Missile Crisis. ExComm Meetings, 16. 10. 1962, in: International Security 10/1 (1985), S. 164–203; October 27, 1962: Transcripts of the Meetings of the ExComm, mit einer Einführung von David A. Welch und James G. Blight, in: International Security 12/3 (1987), S. 5–92.

9 Zit. n. Robert F. Kennedy, Dreizehn Tage, Darmstadt 1974, S. 20. General Hideki Tojo war japanischer Ministerpräsident von 1941 bis 1944 und der Hauptverantwortliche für den japanischen Überfall auf Pearl Harbor am 7. 12. 1941.

10 On the Brink, S. 411; vgl. auch: Robert F. Kennedy, a. a. O., S. 34.

11 Die Rede ist abgedruckt in: Robert F. Kennedy, a. a. O., S. 167–177.

12 Vgl. hierzu vor allem: On the Brink, S. 325–350.

13 McGeorge Bundy, a. a. O., S. 421.

14 Zu Einzelheiten der Jupiter-Stationierung in der Türkei und der Verzögerung ihres Abzugs 1961/62 vgl. ebd., S. 428f., sowie ausführlicher: Barton J. Bernstein, The Cuban Missile Crisis: Trading the Jupiters in Turkey?, in: Political Science Quarterly 95/1 (1980), S. 97–125.

15 Erst 1987 berichtete Dean Rusk erstmals über die Cordier-Option; vgl. On the Brink, S. 82–84.

16 Nikita Khrushchev, a. a. O., S. 497; vgl. auch McGeorge Bundy, a. a. O., S. 444.

17 Brief Nikita Chruschtschows an John F. Kennedy, 26. 10. 1962, zit.: Bernd Greiner, Kuba-Krise. 13 Tage im Oktober: Analysen, Dokumente, Zeitzeugen, Nördlingen 1988, S. 322.

18 Joseph S. Nye, in: On the Brink, a. a. O., S. 95.

19 Nikita Chruschtschow, Interview mit Norman Cousins kurz nach der Kuba-Krise, veröffentlicht in: Saturday Review, 10. 10. 1977, S. 4.

Christian Tuschhoff: Strategiepoker: Massive Vergeltung – flexible Antwort

1 Die Sowjetunion hatte am 4. Oktober 1957 einen künstlichen Satelliten mit der Bezeichnung „Sputnik“ in den Weltraum geschossen. Damit war klar geworden, daß sie über eine Raketentechnologie verfügte, mit der sie alle Punkte auf der Erde angreifen konnte. Zum ersten Mal in der Geschichte bildeten die beiden Ozeane keinen zuverlässigen Schutz mehr vor einem militärischen Angriff auf die USA. Dieses Bewußtsein, einer militärischen Gefahr unmittelbar ausgesetzt zu sein, war für die amerikanische Bevölkerung höchst ungewohnt und löste einen Schock aus.

2 Vgl. den Beitrag von Eckart Conze über die Kuba-Krise in diesem Band.

3 Diese Verrechnung der amerikanischen und europäischen Chips, die zur Bildung der Nuklearen Planungsgruppe führte, erfolgte nicht in unmittelbarem zeitlichen, jedoch in einem sachlichen Zusammenhang.

Weiterführende Literaturhinweise

F. Jörg Baldauf, Implementing Flexible Response: The US, Germany, and NATO's Conventional Forces, Ph. D. Thesis, Massachusetts Institute of Technology 1987.

Daniel Charles, Nuclear Planning in NATO. Pitfalls of First Use, Cambridge, Mass., 1987.

Ivo H. Daalder, The Nature and Practice of Flexible Response. NATO Strategy and Theater Nuclear Forces since 1967, New York 1991.

Laurence Freedman, The Evolution of Nuclear Strategy, Houndsmill 2nd ed. 1989.

John L. Gaddis, Strategies of Containment. A Critical Appraisal. Postwar American National Security Policy, New York 1982.

Helga Haftendorn, Kernwaffen und die Glaubwürdigkeit der Allianz: Die NATO-Krise von 1966/67, Baden-Baden 1994.

Catherine M. Kelleher, Germany and the Politics of Nuclear Weapons, New York 1975.

David N. Schwartz, NATO's Nuclear Dilemmas, Washington, D.C., 1983.

Johannes Steinhoff/Reiner Pommerin, Strategiewechsel: Bundesrepublik und Nuklearstrategie in der Ära Adenauer-Kennedy, Baden-Baden 1992.

Jane E. Stromseth, The Origins of Flexible Response. NATO's Debate over Strategy in the 1960s, Houndsmill 1988.

Christian Tuschhoff, Causes and Consequences of Germany's Deployment of Nuclear Capable Delivery Systems, 1957–1963, College Park, Md., 1994.

Christian Tuschhoff, Die Grundsteinlegung deutscher Sicherheitspolitik 1949–1955, Münster 1994.

Christian Tuschhoff, Die MC 70 und die Einführung nuklearer Trägersysteme in die Bundeswehr 1956–1959, Ebenhausen 1990.

Christian Tuschhoff, Multilaterale Verteidigungskooperation in der NATO und amerikanisch-deutscher Machttransfer, in: Gustav Schmidt (Hrsg.), Ost-West-Beziehungen: Konfrontation und Détente 1945–1989, Band 2, Bochum 1993, S. 253–271.

Christian Tuschhoff, Wiederbewaffnung, Westbindung und Wiedervereinigung, in: Jürgen Elvert/Michael Salewski (Hrsg.), Deutschland und der Westen im 19. und 20. Jahrhundert, Stuttgart 1993.

Reinhard Wolf: Nukleare Rüstungskonkurrenz. Ursachen, Auswirkungen und Perspektiven

1 Im Januar 1993 verfügten China, Frankreich und Großbritannien zusammen über etwa 1034 Gefechtsköpfe. Israels Arsenal wird auf 50–300 Nuklearwaffen geschätzt. Demgegenüber haben die Supermächte zusammen über 105000 Gefechtsköpfe produziert: Die USA stellten bis 1990 etwa 60000 Waffen her, die Sowjetunion bis 1986 mindestens 45000; vgl. Dunbar Lockwood/Jon Brook Wolfsthal, Nuclear Weapon Development and Proliferation, in: SIPRI Yearbook 1993, Oxford 1993, S. 221–257 (S. 237ff. u. 250); Kevin T. Knobloch, Managing Change in the U.S. Nuclear Weapons Complex, in: David P. O'Very/Christopher E. Paine/Dan W. Reicher (Hrsg.), Controlling the Atom in the 21st Century, Boulder, Co., 1994, S. 107–123 (S. 108); Christopher E. Paine/Thomas B. Cochran, Strengthening International Controls on the Military Applications of Nuclear Energy: Technical and Political Aspects of a Universal Nuclear Explosive Material Cutoff and Control ($NEMC^2$) System, in: O'Very et. al., a.a.O., S. 3–72 (S. 30).

2 Die beste Darstellung des Manhattan-Projekts ist Richard Rhodes, The Making of the Atomic Bomb, New York 1986; als beste Gesamtdarstellung der nuklearen Rüstungskonkurrenz vgl. McGeorge Bundy, Danger and Survival. Choices About the Bomb in the First Fifty Years, New York 1988; ein gut recherchierter Überblick ist auch John Newhouse, Krieg und Frieden im Atomzeitalter. Von Los Alamos bis SALT, München 1990.

3 Bundy, a.a.O., S. 203.

4 Thomas B. Cochran/William M. Arkin/Robert S. Norris/Jeffrey I. Sands, Nuclear Weapons Databook, Vol. IV: Soviet Nuclear Weapons, New York 1989, S. 25 (Tabelle 2.1).

5 Bundy, a.a.O., S. 322f.

6 Ted Greenwood, Making the MIRV. A Study in Defense Decision-Making, Cambridge, Mass., 1975.

7 Paine/Cochran, a.a.O., S. 30f.; International Institute for Strategic Studies, The Military Balance 1992–1993, London 1992, S. 222–226; „Vorerst keine weitere Abrüstung", Süddeutsche Zeitung, 23. 9. 1994, S. 1.

8 Raymond L. Garthoff, The Great Transition. American-Soviet Relations and the End of the Cold War, Washington, D.C., 1994, S. 490ff.

9 Karl-Heinz Kamp, Das nukleare Erbe der Sowjetunion – eine Aufgabe westlicher Sicherheitspolitik, in: Europa-Archiv 21 (1993), S. 623–632.

10 Cochran et. al., Soviet Nuclear Weapons, S. 25 (Tabelle 2.1.) und 40 (Tabelle 2.15); Nuclear Notebook, in: Bulletin of the Atomic Scientists 49 (Dezember 1993), S. 57.

11 Robert S. Norris et. al., Nuclear Weapons, in: SIPRI Yearbook 1990,

Oxford 1990, S. 3–50 (S. 23, Tabelle 1.8); Albert Wohlstetter, Rivals But No Race, in: Foreign Policy 16 (Fall 1974), S. 48–81 (S. 60, Abb. 4).

12 Manfred G. Schmidt, Bestimmungsfaktoren des Rüstungswettlaufs zwischen Ost und West, in: Dieter S. Lutz (Hrsg.), Sicherheitspolitik am Scheideweg?, Bonn (Bundeszentrale für politische Bildung) 1982, S. 161–175.

13 Als besten Überblick westlicher Vorstellungen vgl. Douglas Seay, What Are the Soviets' Objectives in Their Foreign, Military, and Arms Control Policies?, in: Lynn Eden/Steven E. Miller (Hrsg.), Nuclear Arguments. Understanding the Strategic Nuclear Arms and Arms Control Debates, Ithaca 1989, S. 47–108: die klassische westliche Interpretation stammt von George F. Kennan; vgl. X. The Sources of Soviet Conduct, in: Foreign Affairs, July 1947 (nachgedruckt in Foreign Affairs 65/4 [Spring 1987], S. 852–868).

14 Raymond L. Garthoff, Detente and Confrontation. American-Soviet Relations from Nixon to Reagan, Washington, D.C., 1985, S. 36–53; Daniel Frei, Sowjetische und amerikanische Feindbilder. Die kognitiven Grundlagen der Ost-West-Beziehungen, in: Aus Politik und Zeitgeschichte B5 (1986), S. 28–37; Keith A. Dunn, Die NATO aus sowjetischer Sicht, in: Lutz (Hrsg.), a. a. O., S. 231–240.

15 Lewis F. Richardson, Arms and Insecurity. A Mathematical Study of the Causes and Origins of War, Pittsburgh 1960; George W. Rathjens, The Dynamics of the Arms Race, in: Scientific American 220/4 (April 1969), S. 15–25.

16 Prominentester Vertreter dieser Schule war in Deutschland lange Zeit Dieter Senghaas (vgl. ders., Abschreckung und Frieden, Frankfurt a. M. 1972).

17 Graham T. Allison, Questions About the Arms Race: Who's Racing Whom?, in: Robert T. Pfaltzgraff (Hrsg.), Contrasting Approaches f. Strategic Arms Control, Lexington, Mass., 1974, S. 31–72.

18 James O. Jackson, The Secret Plan For WWIII, Time Magazine, 4. Juli 1994. Lothar Rühl, Die „Vorwärtsverteidigung" der NVA und der sowjetischen Streitkräfte in Deutschland bis 1990, in: Österreichische Militärische Zeitschrift 29/6 (November/Dezember 1991), S. 501–508.

19 Robert Jervis, The Illogic of American Nuclear Strategy, Ithaca 1984; Steven Kull, Minds At War. Nuclear Reality and the Inner Conflicts of Defense Policy Makers, New York 1988.

20 Michael D. Wallace, Arms Races and Escalation. Some New Evidence, in: J. David Singer and Associates, Explaining War. Selected Papers from the Correlates of War Project, Beverly Hills und London 1979, S. 240–252; ders., Some Persisting Findings – A Reply to Professor Weede, in: Journal of Conflict Resolution 24/2 (1980), S. 289–292.

21 Bundy, a. a. O., S. 363–365, 378–383, 438–462.

22 Bruce G. Blair, Strategic Command and Control. Redefining the Nuclear Threat, Washington, D.C., 1985; Ashton B. Carter, Assessing

Command System Vulnerability, in: Ashton B. Carter/John D. Steinbrunner/Charles A. Zraket (Hrsg.), Managing Nuclear Operations, Washington, D.C., 1987, S. 555–610.

23 Paul Bracken, The Command and Control of Nuclear Forces, New Haven 1983, S. 48f., 52–73.

24 Bruce G. Blair, The Logic of Accidental Nuclear War, Washington, D.C., 1993; Scott D. Sagan, The Limits of Safety. Organizations, Accidents, and Nuclear Weapons, Princeton 1993.

25 Zum letzten Punkt siehe Michael Salman/Kevin J. Sullivan/Stephen Van Evera, Analysis or Propaganda? Measuring American Strategic Nuclear Capability, 1969–88, in: Miller (Hrsg.), Nuclear Arguments, a.a.O., S. 172–263 (bes. S. 213–235).

26 Bundy, a.a.O., S. 454f.

27 Janne E. Nolan, Guardians of the Arsenal. The Politics of Nuclear Strategy, New York 1989, S. 248–261; Peter Douglas Feaver, Guarding the Guardians. Civilian Control of Nuclear Weapons in the United States, Ithaca 1992; Reinhard Wolf, Abschreckungstheorie und strategische Rüstungspolitik. Die Dislozierung der amerikanischen Interkontinental-Raketen in der Reagan-Administration, Baden-Baden 1992, S. 250–258.

28 The Harvard Nuclear Study Group, Living with Nuclear Weapons, Cambridge, Mass., 1983, S. 104.

29 Knobloch, a.a.O., S. 108 u. 110; Kamp. a.a.O., S. 628.

30 Ebd., S. 625f.

31 „Vorerst keine weitere Abrüstung", Süddeutsche Zeitung, 23. 9. 1994, S. 1.

32 Paine/Cochran, a.a.O., S. 8

33 Lockwood/Wolfsthal, a.a.O., S. 247.

34 Ebd., S. 250f.; Marc Dean Millot, Facing the Emerging Reality of Regional Nuclear Adversaries, in: The Washington Quarterly 17/4 (Summer 1994), S. 41–71.

35 Lewis A. Dunn, Containing Nuclear Proliferation (Adelphi Papers Nr. 263), London 1991, S. 11.

36 Garthoff, The Great Transition, a.a.O., S. 778f.

37 Der bekannteste Vertreter dieser Auffassung ist Kenneth Waltz; vgl. ders., The Spread of Nuclear Weapons: More May Be Better (Adelphi Papers Nr. 171), London 1981.

38 So zu Recht Christophe Carle, Mayhem or Deterrence? Regional and Global Security from Non-Proliferation to Post-Proliferation, in: Shelley A. Stahl/Geoffrey Kemp (Hrsg.), Arms Control and Weapons Proliferation in the Middle East and South Asia, New York 1992, S. 45–57.

39 Sagan, a.a.O.; Blair, The Logic of Accidental Nuclear War, a.a.O.

Erhard Forndran: Der säkulare Dialog: Rüstungskontrolle

1 Dazu Jost Dülffer, Regeln gegen den Krieg? Die Haager Friedenskonferenzen von 1899 und 1907 in der internationalen Politik, Berlin 1981.

2 Vgl. ausführlicher Gilbert Ziebura, Weltwirtschaft und Weltpolitik, 1922/24–1931. Zwischen Rekonstruktion und Zusammenbruch, Frankfurt a.M. 1984, vor allem S. 124ff.

3 Dazu u.a. Jürgen Rohwer (Hrsg.), Rüstungswettlauf zur See, Bonn 1991.

4 Vgl. Hermann Volle/Claus-Jürgen Duisberg, Probleme der Internationalen Abrüstung. Die Bemühungen der Vereinten Nationen um internationale Abrüstung und Sicherheit 1945–1961, 2. Bde., Frankfurt a.M. 1964.

5 So vor allem John W. Spanier/Joseph L. Nogee, The Politics of Disarmament. A Study in Soviet-American Gamesmanship, New York 1962.

6 Wegweisend Donald G. Brennan (Hrsg.), Arms Control, Disarmament, and National Security, New York 1961. In deutscher Übersetzung Uwe Nerlich (Hrsg.), Strategie der Abrüstung. Achtundzwanzig Problemanalysen, Gütersloh 1962.

7 Zum folgenden ausführlicher Erhard Forndran, Rüstungskontrolle. Friedenssicherung zwischen Abschreckung und Abrüstung, Düsseldorf 1970.

8 Vgl. dazu Erhard Forndran, Probleme der internationalen Abrüstung. Die Bemühungen um Abrüstung und kooperative Rüstungssteuerung 1962–1968, Frankfurt a.M. und Berlin 1970.

9 Vgl. Dieter Senghaas, Aufrüstung durch Rüstungskontrolle. Über den symbolischen Gebrauch von Politik, Stuttgart u.a. 1972, vor allem S. 21ff.

10 Zum folgenden ausführlicher Heinz-Jürgen Beuter, Von SALT zu START. Ein System antagonistischer Rüstungssteuerung, Baden-Baden 1982.

11 Vgl. zu den amerikanischen Vorschlägen der achtziger Jahre Ernst-Otto Czempiel, Machtprobe. Die USA und die Sowjetunion in den achtziger Jahren, München 1989.

12 Dazu Lothar Rühl, Auf dem Wege zu einem Abschreckungsminimum. Der START-II-Vertrag und seine Folgeprobleme, in: Europa Archiv 17 (1993), S. 499ff.

13 Vgl. dazu Wilfried von Bredow, Der KSZE-Prozeß, Darmstadt 1992.

14 Zu den Entwicklungen der letzten Jahre Erhard Forndran, Die Vereinigten Staaten von Amerika und Europa. Erfahrungen und Perspektiven transatlantischer Beziehungen seit dem Ersten Weltkrieg, Baden-Baden 1991, vor allem S. 248ff., S. 311ff. und S. 375ff.

Harald Müller: Die Beschwörung der Bombe: Nonproliferation

1 Joseph I. Liebermann, The Scorpion and the Tarantula. The Struggle to Control Atomic Weapons 1945–1949, Boston 1970.

2 Richard G. Hewlett/Jack M. Holl, Atoms for Peace and War, 1953–1961., Eisenhower and the Atomic Energy Commission, Berkeley, Calif., 1989, S. 209–237; Joseph F. Pilat/Robert E. Pendley/Charles K. Ebinger (Hrsg.), Atoms for Peace. An Analysis after Thirty Years, Boulder 1985.

3 David Fischer/Paul Szasz, Safeguarding the Atom. A Critical Appraisal, London 1985, S. 23–25, 75–79.

4 Mohamed I. Shaker, The Nuclear Nonproliferation Treaty. Origin and Implementation 1959–1979, London et. al. 1980.

5 Fischer/Szasz, a. a. O.

6 Bernd W. Kubbig, Nuklearenergie und nukleare Proliferation. Die inneramerikanischen Auseinandersetzungen um die Grundsätze der US-Nonproliferationspolitik, 1974–1980, Frankfurt a. M. 1981.

7 Zur Geschichte der Überprüfungskonferenzen vgl. Harald Müller/David Fischer/Wolfgang Kötter, Nuclear Non-Proliferation and Global Order, Oxford 1994, Kap. 2–7.

8 Ebd., Kap. 8.

9 Vgl. Selig S. Harrison, The North Korean Nuclear Crisis: From Stalemate to Breakthrough, in: Arms Control Today, November 1994, S. 18–20, sowie Jon Wolfsthal, U.S., Pyongyang Reach Accord on North's Nuclear Program, in: ebd., S. 25, 32.

10 Carnegie Endowment for Peace/Monterey Institute for International Studies, Nuclear Successor States of the Soviet Union: Nuclear Weapon and Sensitive Export Status Report, Washington, D.C., 1994.

Ilona Stölken-Fitschen: Bombe und Kultur

1 Zu Atomängsten und -hoffnungen aus amerikanischer Perspektive: Paul Boyer, By the Bomb's Early Light. American Thought and Culture at the Dawn of the Atomic Age, New York 1985; Spencer R. Weart, Nuclear Fear. A History of Images, Cambridge and London 1988.

2 William L. Laurence, Dämmerung über Punkt Null. Die Geschichte der Atombombe (Dawn over Zero, 1946), München und Leipzig 1948.

3 Richard Rhodes, Die Atombombe oder Die Geschichte des 8. Schöpfungstages (The Making of the Atomic Bomb, 1986), Nördlingen 1988, S. 682.

4 Time, 20. Aug. 1945 („Atomic Age").

5 Monica Braw, The Atomic Bomb Suppressed. American Censorship in Japan 1945–1949, Malmö 1986.

6 Allan M. Winkler, Life Under a Cloud. American Anxiety about the Atom, New York and Oxford 1993, S. 27ff.

7 Ilona Stölken-Fitschen, Der verspätete Schock – Hiroshima und der Beginn des atomaren Zeitalters, in: Salewski/Stölken-Fitschen, Moderne Zeiten. Technik und Zeitgeist im 19. und 20. Jahrhundert, Stuttgart 1994, S. 139–155.

8 Jeffrey Davis, Bikini's Silver Lining, in: New York Times Magazine, 1 May 1994.

9 Howard Ball, Justice Downwind. America's Atomic Testing Program in the 50s, New York and Oxford 1986.

10 A. Costandina Titus, Bombs in the Backyard. Atomic Testing and American Politics, Reno and Las Vegas 1986.

11 Allan M. Winkler, A 40-Year History of Civil Defense, in: Bulletin of the Atomic Scientists 40 (1984) 6, S. 16–22.

12 Life, 15. Sept. 1961 („Fallout Shelters").

13 Time, 18. Aug. 1961 („Gun Thy Neighbor").

14 Ralph E. Lapp, Die Reise des Glücklichen Drachen. Eine moderne Odyssee (The Voyage of the Lucky Dragon, 1958), Düsseldorf 1958.

15 Zum folgenden Ilona Stölken-Fitschen, Atombombe und Geistesgeschichte. Eine Studie der fünfziger Jahre aus deutscher Sicht. Baden-Baden 1995 (im Druck).

16 Marc Cioc, Pax Atomica. The Nuclear Defense Debate in West Germany During the Adenauer Era, New York 1988.

17 Karl-Heinz Rupp, Außerparlamentarische Opposition in der Ära Adenauer. Der Kampf gegen die Atombewaffnung in den fünfziger Jahren, Köln ^{3}1984.

18 Mark Walker, Die Uranmaschine. Mythos und Wirklichkeit der deutschen Atombombe (German National Socialism and the Quest for Nuclear Power. 1939–1949, 1989), Berlin 1990.

Otfried Höffe: Zur Ethik des Atomzeitalters: Neun Thesen

Zitierte Literatur

André Glucksmann, La force du vertige, Paris 1983 (dt.: Die Philosophie der Abschreckung, Stuttgart 1984).

Dieter Henrich, Ethik zum nuklearen Frieden, Frankfurt a. M. 1990.

Otfried Höffe, Moral als Preis der Moderne. Ein Versuch über Wissenschaft, Technik und Umwelt, Frankfurt a. M. 1993.
– (Hrsg.), Kant. Zum ewigen Frieden, Reihe ‚Klassiker Auslegen', Berlin. 1995.
Hans Jonas, Das Prinzip Verantwortung. Versuch einer Ethik für die technologische Zivilisation, Frankfurt a. M. 1979.
Ernst Tugendhat, Nachdenken über die Atomkriegsgefahr und warum man sie nicht sieht, Berlin. 1987, ^{2}1988.

Autorenverzeichnis

Erich Bagge gehörte zum engsten Kreis der Physiker, die in Deutschland mit dem Bau der Atombombe befaßt waren. Er war von 1957 bis 1980 Professor für Physik an der Universität Kiel und gehört zu den Mitbegründern der Zeitschrift „Kerntechnik".

Eckart Conze, Dr. phil., ist wissenschaftlicher Assistent am Seminar für Zeitgeschichte der Universität Tübingen.

Jost Dülffer, Dr. phil., ist Professor für Neuere Geschichte an der Universität Köln.

Erhard Forndran, Dr. phil., ist Professor für Politikwissenschaft an der Universität Magdeburg.

Stefan Fröhlich, Dr. phil., ist Lehrbeauftragter an der Universität Bonn und Habilitationsstipendiat des German Marshall Fund of the United States.

Otfried Höffe, Dr. phil., ist Professor für Philosophie an der Universität Tübingen.

Harald Müller, Dr. habil., ist Forschungsgruppenleiter an der Hessischen Stiftung Friedens- und Konfliktforschung in Frankfurt und Privatdozent für Politikwissenschaft an der Technischen Hochschule Darmstadt.

Reiner Pommerin, Dr. phil., ist Professor für Neuere und Neueste Geschichte an der Technischen Universität Dresden.

Michael Salewski, Dr. phil., ist Professor für Mittelalterliche und Neuere Geschichte an der Universität Kiel. Er ist Vorsitzender der Ranke-Gesellschaft und Herausgeber der Zeitschrift „Das historisch-politische Buch".

Ilona Stölken-Fitschen, Dr. phil., hat mit einer Arbeit über die Kulturgeschichte der Atombombe promoviert und lebt zur Zeit in den Vereinigten Staaten.

Michael Stürmer, Dr. phil., ist Professor für Mittelalterliche und Neuere Geschichte an der Universität Erlangen und Direktor des Forschungsinstituts für Internationale Politik und Sicherheit, Stiftung Wissenschaft und Politik in Ebenhausen.

Christian Tuschhoff, Dr. phil., war wissenschaftlicher Mitarbeiter an der Arbeitsstelle Transatlantische Außen- und Sicherheitspolitik der Freien Universität Berlin und ist Visiting DAAD Professor an der Emory University in Atlanta, Georgia.

Wieland Wagner, Dr. phil., war Leiter des Japan-Büros von VWD – Vereinigte Wirtschaftsdienste in Tokio und ist wissenschaftlicher Assistent am Historischen Seminar der Universität Freiburg i. Breisgau.

Reinhard Wolf, Dr. phil., ist wissenschaftlicher Assistent am Institut für Politikwissenschaft der Universität Halle-Wittenberg.